KB264607

임동석중국사상100

전국책

戰國策

4/4

劉向 編 / 林東錫 譯註

"상아, 물소 뿔, 진주, 옥. 진괴한 이런 물건들은 사람의 이목은 즐겁게 하지만 쓰임에는 적절하지 않다. 그런가 하면 금석이나 초목, 실, 삼베, 오곡, 육재는 쓰임에는 적절하나 이를 사용하면 닳아지고 취하면 고갈된다. 그렇다면 사람의 이목을 즐겁게 하면서 이를 사용하기에도 적절하며, 써도 닳지 아니하고 취하여도 고갈되지 않고, 똑똑한 자나 불초한 자라도 그를 통해 얻는 바가 각기 그 자신의 재능에 따라주고, 어진 사람이나 지혜로운 사람이나 그를 통해 보는 바가 각기 그 자신의 분수에 따라주되 무엇이든지 구하여 얻지 못할 것이 없는 것은 오직 책뿐이로다!"

《소동파전집》(34) 〈이씨산방장서기〉에서 구당(丘堂) 여원구(呂元九) 선생의 글씨

책머리에

내가 《전국책》에 관심을 가지고 자료를 모으고 손을 대기 시작한 지는 이미 30년 가까이 된다.

70년대 중반 유학을 떠나기 전 국내 자료를 모으다가 대만臺灣에 이르러보니 그 원본을 쉽게 볼 수 있을 뿐 아니라 백화어 초역본抄譯本이 책방마다 즐비한 것을 보고 놀라움과 흥분을 감추지 못하였던 기억이 새롭다.

그리하여 박사과정 학업 중 틈틈이 이를 번역하고 정리하여 학위취득 후 귀국하여 《전국책》이라는 이름으로 출간한 적이 있다.

그러나 그 책은 전체의 반 정도 분량이었고 나아가 재미있고 널리 알려진 문장만을 대충 간추려 역주한 것으로 학문적 성과나 본격적 연구에는 너무나 미흡하였다. 그리하여 다시 국내외 자료를 모으기 시작하여 일찍이 이미 작업을 마쳤으나 여러 사정으로 인하여 이를 출간하지 못한 채 미루고 있었다. 나아가 다른 역주작업에 매달려 일찍이 손으로 원고지에 작성한 방대한 분량의 뭉치는 먼지를 뒤집어쓴 채 어디엔가 방치되어 세월을 삭이고 있었다.

이를 근래 총서로 내기로 하고 찾아내어 다시 정리하며 보았더니 시대가 변하여 문체가 달라지고 내용 표현 또한 오류와 미진함이 이루 말할 수 없었다. 이에 이를 고치고 조정하였으나 역시 누조漏粗하고 소략疏略하기는 마찬가지일 것이다. 무엇보다 연구자나 독자들께서 편달과 질책 있기를 바란다.

《전국책》은 중국 전국시대 나라별 사료의 총집으로 중국뿐 아니라 우리나라에도 널리 알려진 중국고전 연구의 필수적인 자료이다. 서한西漢 성제成帝 때 유향劉向이 정리하여 12개국 역사 고사를 33권으로 편정하였다. 대체로 전국 말기까지의 각 나라 책사策士의 유세 기록, 역사 고사와 국별 흥망의 대사, 천자로부터 서인에 이르기까지의 일사逸事 등이 총망라된 500여 장의,

비교적 방대한 잡저이다. 동한東漢의 고유高誘가 이 책에 대하여 주를 붙인 후, 북송北宋에 이르러 유향의 정리본과 고유의 주가 잔실殘失되자 증공曾鞏이 이를 교정하여 새로운 연구와 정리가 시작되었고, 남송南宋 초에 드디어 요굉姚宏이 증공의 교보校補를 근거로 《전국책교주戰國策校注》가 간행되었으며, 동시에 포표鮑彪가 교주를, 다시 원대元代에 이르러 오사도吳師道가 중교重校를 거쳐 지금의 면모를 갖추게 되었다.

〈사고전서四庫全書〉에는 『사학史學』의 잡사류雜史類에 소속시켰으며, 《전국책주戰國策注》(33권7책), (한漢)고유주高誘注, 그리고 《포씨전국책주鮑氏戰國策注》 4책冊, 원元, 포표찬鮑彪撰, 《전국책교주戰國策校注》, 10권8책, 원元, 오사도찬吳師道撰 등 3종이 들어 있다. 그리고 《한서漢書》 예문지藝文志 제자학諸子學 종횡가縱橫家에는 소진蘇秦과 장의張儀 등 본 《전국책》의 주요 활동인물의 저작이 서명 명칭만 전하고 있다.

《전국책》의 주된 내용은 전국시대 모신, 책사들의 논쟁과 정치주장, 국제간의 분쟁해결과 부국강병의 약육강식의 처절한 현실을 그대로 반영한 것으로서 역사기록 못지않게 처세술과 논리적 논쟁의 문제를 일깨워주는 교양서로서도 가치를 지니고 있다.

한편 학술적인 면에서는 본 내용이 《사기》의 전국시대 부분에 거의 모두 반영되었으며 이후 각 학술과 문학면에 끊임없이 인용되어 그 활용도와 중국 고전 산문 연구에 귀중한 자료가 되고 있다.

한문학에서도 본 《전국책》 내용이 한대 이후 시, 산문, 희곡 등 각 방면에 주제로 재창조되고 각색되어 중국학의 중요한 전거로 광범위하게 인용되고 있어 국내에서의 원전에 대한 완벽한 역주와 정리는 실로 시급한 상황이었다.

이처럼 《전국책》은 후대 문학에 심원한 영향을 주고 있으며, 특히 한초漢初의

가의賈誼, 조착晁錯과 사마천司馬遷은 모두 이의 영향을 받았고, 사마천은 직접 이 사료를 《사기》에 반영하여 그 가치를 인정하고 있다. 더구나 송대 소순蘇洵, 소식蘇軾, 소철蘇轍을 위시한 당송팔대가의 "고문운동"은 직접 이 《전국책》의 문체를 본받고자 하였다.

한편 1973년 호남성湖南省 장사長沙 마왕퇴馬王堆 3호 한묘漢墓에서 출토된 백서帛書 중에 전국종횡가의 저작 27편이 나타났다. 그 중 11편은 지금의 《전국책》과 거의 비슷하나 나머지 16편은 전혀 새로운 기록으로 학계에서는 《전국책》의 일문逸文으로 보고 있다. 이에 이를 흔히 《백서전국책帛書戰國策》, 혹은 《전국종횡가서戰國縱橫家書》라 하여 이 방면의 연구에 귀중한 자료로 평가받고 있다.

우리 한국에서는 《전국책》을 원전으로 한 고사와 일화의 원문이 중고등학교 한문교과서는 물론 대학의 한문교재 등에 널리 실려 있고, 일상 언어생활에서도 《전국책》 출전의 고사(蛇足, 狐假虎威 등)를 사용하고 있어, 이에 대한 원전의 번역과 주석은 매우 가치있는 작업이라 할 수 있다. 이처럼 고한문의 해독에 필수적인 활용서인 이 《전국책》은 당송산문이 한국의 한문 해독의 기본 단계인 현실에 맞추어 기본 한학교재로서 그 가치는 널리 알려져 있었다. 이렇게 보면 이 《전국책》은 정확한 판본과 누락됨이 없는 번역과 상주는 반드시 선행되어야 한다.

이에 역자는 일찍이 급한 대로 《전국책》을 낸 적이 있지만 그 번역서는 이미 20년 전의 일이며 그 당시 국내 여러 가지 사정으로 평역본에 가깝게 단순하게 출판한 것이다. 더구나 총 500여 장의 내용 중에 200여 장의 초략본으로 번역 형식도 원문, 역문 외에 간단한 주석으로 학술적 면모를 충분히 반영하지 못하였으며, 지금 살펴보면 오역과 누소함에 부끄러움을 감출 수 없었다.

게다가 당시의 대본도 일정하게 고정시킨 것이 아니라 국내에 알려진 일화를 알리기 위한 조략粗略한 상태로 출간되었다. 이에 금번 역주는 전체 완역을 기본으로 고유 주까지 참작하여 축자축구식으로 완정본으로 출간함을 기본으로 하였다.

특히 고전 전적은 완역과 주의 적확한 처리, 기존 연구서의 적극적인 반영 등이 필수불가결이다. 아울러 국내 각 도서관에 소장된 고장서 중에《전국책》(15종 이상)을 점검하여 중국판본과의 차이점, 조선시대 국내 연구 동향까지도 자료를 제시하고자 하였다.

그러다가 근년에 전통문화연구회의 도움으로 강독본講讀本 교재로써《역주 전국책譯註戰國策》(Ⅰ. Ⅱ. 각 2002년과 2004년)을 내기도 하였다. 그 책은 순전히 고문학습을 위한 원전 해독용으로 원문과 원문에 대한 간단한 역주, 그리고 해석 중심으로 이루어졌으며, 지면 관계로 그 동안 심혈을 기울여 작업해 두었던 세주細註와 「참고 및 관련 자료」, 그리고 「부록」의 중요한 각종 학술 자료는 신지 못하여 안타까움을 이루 말할 수 없었다. 그러나 그나마 실제 큰 성과였던 셈이며 지금도 전통문화연구원 여러분들께 감사함을 느끼고 있다.

한편《전국책》의 원출전의 여러 가지 고사성어(蛇足, 漁父之利, 鷄鳴狗盜, 戰國四公子, 狡兔三窟, 奇貨, 徙木, 狐假虎威 등)와 주요 어휘는 물론, 역사적 연관관계를 정확한 고증과 전거를 밝힘으로써 이를 인용한 한문 교학에 이바지할 수 있게 될 것이며, 무엇보다 참고란에 관련 자료를 원문으로 제시함으로써 한학계와 중국문학계의 원전 활용에 도움을 줄 수 있지 않을까 기대한다.

苗浦 林東錫이 負郭齋에서 적다

일러두기

1. 이 책은 《전국책戰國策》 고유高誘 주 및 문연각文淵閣 사고전서四庫全書 《전국책》과 기타 현대 백화어 역본 등을 널리 참고하여 전체를 모두 역주한 것이다.

2. 구체적으로 《전국책고씨주戰國策高氏注》(四部刊要本 3책, 世界書局 印本 臺灣)을 저본底本으로 삼고, 요굉본姚宏本과 포표본鮑彪本의 주注 등을 모두 모은 황비열黃丕烈의 〈사례거총서본士禮居叢書本〉을 점교點校하여 활자본으로 정리한 《전국책戰國策》(上海古籍出版社, 1998)을 대조하여 참고하였다.

3. 번역은 원의에 충실하도록 노력하였다. 그러나 문장이 워낙 난해하고 역사적 배경이 복잡한 부분은 의역, 또는 보충역을 가하였다.

4. 중국 현대 백화어 번역문을 참조하되 서로 다른 부분은 기존 연구가들의 주석을 참고하는 것으로 기준을 삼았다.

5. 원문의 표점은 현대 중국의 문장 부호법을 원용하였으며 번역문의 문장부호는 우리의 한글표기법을 따랐다.

6. 전체 일련번호(001～500)를 부여하고 다시 ( ) 안에 33책의 책장번호와 그 책 내의 일련번호를 넣어 찾아보기 쉽게 하였다.

7. 각 장의 제목은 우선 전체 내용을 알 수 있도록 하였으나 일부는 그 문장 내의 주된 표현이나 중요한 문장 일부를 제시한 것도 있다.

8. 한글 제목 다음의 한문제목은 중국 고판본의 일반적인 장 명칭名稱으로 널리 인용되고 있으므로 본서에서도 역시 원문의 첫머리 한 구句를 내세웠다.

9. 한글 역문 다음에 주요 어휘, 인명, 지명, 구절, 역사적 내용 등을 주註로 처리하였다.

10. '참고 및 관련자료' 난을 설정하여 본문 해석에서 충분히 다루지 못한 내용을 보충 설명하였으며, 이어 다른 전적典籍이나 기록의 관련 자료 원문으로 실어 연구와 비교에 도움이 되도록 하였다.

11. 부록에는 전국시대 상황과 《전국책》 전체에 대한 해제, 그리고 《전국책》의
    서지적書誌的 문제 등을 다루었다. 아울러 마왕퇴馬王堆 출토의 《전국종횡가서
    戰國從橫家書》(일명 帛書戰國策)의 원문과 설명 등을 실었으며 우리나라 조선시대
    《전국책》 관련 기록을 제시하였다. 그리고 자료편에는 인본류印本類와 중국
    역대 《전국책》에 대한 서문序文, 식어識語, 해제解題, 발문跋文, 제요提要 등
    관련 자료를 폭넓게 실어 이 방면의 연구자에게 도움이 되도록 하였다.

참고문헌

1. 《戰國策注》四庫全書本 (文淵閣)
2. 《鮑氏戰國策注》四庫全書本 (文淵閣)
3. 《戰國策校注》四庫全書本 (文淵閣)
4. 《戰國策高氏注》四部備要本
5. 《戰國策》廣文書局本
6. 《帛書戰國策》馬王堆出土本
7. 《戰國策》士禮居本
8. 《戰國策》中華書局聚珍倣宋版印本
9. 《戰國策》惜陰軒叢書本
10. 《戰國策正解》河洛圖書印本
11. 《戰國策高氏注》四部刊要本(上中下) 世界書局(印本) 1975 臺北
12. 《白話戰國策》(上中下) 馮作民譯註 星光出版社 1981 臺北
13. 《新譯戰國策》(上下) 溫興隆 三民書局 1996 臺北
14. 《戰國策全譯》王守謙, 喻芳葵, 王鳳春, 李燁 貴州人民出版社 1992 貴州
15. 《戰國策》明, 閔齊伋(裁注) 烏程閔氏刊朱墨藍三色套印本 中國子學名著集成 78
16. 《帛書戰國策》馬王堆出土本 河洛圖書出版社 1977 臺北
17. 《戰國策》高誘(注) 廣文書局(印本) 1972 臺北
18. 《戰國策注釋》(上中下) 何建章 中華書局 1990 北京
19. 《戰國策新校注》(上下) 繆文遠 巴蜀書社 1987 四川(成都)
20. 《戰國策校釋二種》王念孫, 金正煒 首都師範大學出版社 1994 北京
21. 《讀書雜志(戰國策)》王念孫 首都師範大學出版社 1994 北京
22. 《戰國策補釋》金正煒 首都師範大學出版社 1994 北京
23. 《戰國策》陳鉞 1982 正言出版社 臺南

24. 《戰國策硏究》 鄭良樹 臺灣學生書局 1975 臺灣

25. 《國策精華》 秦同培 世界書局 1975 臺北

26. 《戰國策詳註》 吳縣 郭希汾(輯注) 臺灣時代書局(印本) 1975 臺北

27. 《戰國策》 葉玉麟 北一出版社 1976 臺南

28. 《戰國策初探》 張正男 臺灣商務印書館 1984 臺北

29. 《戰國人物》 余宗瑜 興豐印刷廠 1978 臺北

30. 《戰國策正解》 橫田雄孝 河洛圖書(印本) 1976 臺北

31. 《戰國策》(上中下) 全釋漢文大系 近藤光男 集英社 소화57(1982) 東京

32. 《Intrigues(戰國策)》Studies of the Chan-kuo Ts'e. J.I.Crump, Jr. The University of Michigan. 1964

33. 《戰國策》 林東錫 1986 敎學硏究社 서울

34. 《戰國策》 劉向(漢)編, 鮑彪(宋)校注, 吳師道(元)重校, 肅宗11年(1685) 7册(零本), 活字(戊申字) 34.4×22.2cm. 跋: 至順四年(1333)……吳師道. 所藏本: 卷3(1册)缺. 奎章閣 中國본 1698

35. 《戰國策》 (漢)劉向 定著, (宋)鮑彪校注. 中國木板本. 10卷8册, 24.8×15.6cm 標題紙書名: 宋鮑彪先生戰國策全註. 序: 萬曆九年辛巳(1581) ……(明)張一鯤. 紹興十七年丁卯(1147) ……(宋)鮑彪. 國立圖書館 일산 古 2225-9

36. 《戰國策》 (漢)劉向撰, (宋)鮑彪校注, (元)吳師道重校, 戊申字本(肅宗末年) 10卷7册, 33.2×21.8cm. 序: 萬曆九年辛巳(1581) ……(明)張一鯤. 校注序: 至正十五年(1355)……(元)陳祖仁. 國立圖書館 일산 古 2225-8.

37. 《戰國策》 (漢)劉向撰. 中國木板本. 光緒23(1897) 5册. 24.5×15.1㎝. 國立圖書館 古 2225-13.

38. 《戰國策》 (漢)劉向著, (宋)鮑彪校注, (元)吳師道重校. 中國木板本, (1581). 33卷8册, 26×16cm. 國立圖書館 승계 古 2225-14.

39.《戰國策》(漢)劉向著, 朝鮮 張維(編) 寫本 46張, 30.5×18.5cm. 國立圖書館
　　한 31-487.

40.《戰國策》(漢)劉向著, (宋)鮑彪校注, (元)吳師道重校. 古活字本(戊申字),
　　10卷 6册, 33×21.3cm. 刻序: 萬曆九年辛巳(1581) ……張一鯤. 序: 紹興
　　十七年丁卯(1147) ……鮑彪. 國立圖書館 한-56-다3.

41.《戰國策》(南宋)鮑彪校注, 庚子字本. 1卷. 35mm, 마이크로필름(포지티브),
　　序: 紹興十七年丁卯(1147)……(南宋)鮑彪. 國立圖書館 古 M2225-4.

42.《戰國策》第5. (漢)劉向著, 中國木板本刊, 1册, 25.5×16.5cm. 國立圖書館
　　승계, 古 2225-15.

43.《戰國策》卷7-8. (漢)劉向撰, 戊申字本(肅宗年間), 21册. 31.5×20.7cm.
　　國立圖書館 일산 古 2225-7.

44.《戰國策》鮑彪(宋)校注, 吳師道(元)重校, 戊申字板(肅宗年間, 1675-1720),
　　10卷 8册, 33.5×21.5cm. 線裝. 序: 嘉靖改元(1522)鼠日儀封王廷相子
　　衡序. 藏書閣 2-331.

45.《戰國策詳註》(漢)劉向著, 新活字本, 上海文明書局, 1册(卷19-23),
　　19.5×13.0cm. 國立圖書館 古 2225-34.

46.《戰國策抄》劉向(漢)編. 1册(50張), 寫本. 28.7×17cm. 古320. 952-Y91j.

47.《戰國策抄選》(漢)劉向撰, 筆寫本, 100張, 30.8×21.5cm. 國立圖書館
　　한56-다8)

48.《戰國策》劉向著, 寫者未詳, 寫年未詳, 1册, 筆寫本. 25.5×16.5cm. 四周無邊,
　　無郭無界, 行字數否定, 無魚尾. 古 222.037 建國大 圖書館所藏.

49.《戰國策》劉向著(年紀未詳), 零本1册(76張), 木板本, 15×25cm. 左右雙邊,
　　半匡, 12×17.8cm. 9行20字. 版心: 上黑魚尾. 古 222.037 建國大 圖書館所藏.

50. 《戰國策》文盛堂, 1746(乾隆11年) 33卷10册, 中國木板本, 16×25㎝.
    四周單邊, 半匡, 20.3×13㎝. 9行19字, 版心: 上黑魚尾. 印: 朴漢益印.
    古 222.037. 建國大圖書館所藏.

51. 《戰國策》鮑彪注, 吳師道校, 年紀未詳, 零本3册, 木板本. 25×15㎝. 四周單邊,
    半匡, 17.8×11.6㎝. 9行20字. 版心: 上黑魚尾. 222.037. 建國大圖書館所藏.

52. 《戰國策詳解》劉向著, 郭希汾輯註, 王懋校訂, 上海文明書局, 刊年未詳,
    3册, 石版本(中國本). 20×13.4㎝. 四周單邊. 半郭, 16.5×11㎝. 有界. 14行
    字數否定, 上黑魚尾. 222.037. 建國大圖書館所藏.

54. 文淵閣 四庫全書 406: 臺灣商務印書館影印
    ①《戰國策》漢 高誘 注, 宋 姚宏續注(1. 東周)
    ②《鮑氏戰國策注》宋 鮑彪 注(1. 西周)

55. 文淵閣 四庫全書 407: 臺灣商務印書館影印《戰國策校注》(卷首) 宋 鮑彪
    原注, 原 吳師道 補正(1. 西周)

56. 四部備要本(史部)《戰國策》上海中華書局據士禮居黃氏覆剡川姚氏本校刊,
    中華書局印本, 1989 北京. (1. 東周)

57. 高誘주《戰國策》上海書店(國學基本叢書選印, 1934년 商務印書館本 復印)
    1987, 상해

58. 《國語, 戰國策》(古典名著普及文庫) 岳麓書社 1988 長沙

59. 《戰國策校注》(吳師道重校) 四部叢刊初編史部(46) 商務印書館 1926년本
    重印. 上海書店, 1989, 上海

60. 《國策精華》(四部精華, p27-53) 北京古籍出版社 1988, 北京

61. 《戰國策》(상중하) 西漢 劉向集錄, 上海古籍出版社. (編著者 표시없음)
    1988 上海.

62. 林東錫(譯)《戰國策》敎學硏究社 1986

63. 李相玉(譯)《戰國策》明文堂 2000

64.《戰國策》劉向(漢)編, 鮑彪(宋)校注, 吳師道(元)重校, 肅宗11年(1685)
　　7冊(零本), 活字(戊申字). 奎章閣, 中國本(1698)

65.《戰國策》(漢)劉向 定著, (宋)鮑彪校注. 中國木板本. 10卷8冊. 1581),
　　國立圖書館 일산 古 2225-9

66.《戰國策》(漢)劉向撰, (宋)鮑彪校注, (元)吳師道重校, 戊申字本(肅宗末年)
　　10卷7冊, 國立圖書館 일산 古 2225-8.

67.《戰國策》(漢)劉向撰. 中國木板本. 光緒23(1897) 5冊. 國立圖書館
　　古 2225-13.

68.《戰國策》(漢)劉向著, (宋)鮑彪校注, (元)吳師道重校. 中國木板本, (1581).
　　33卷8冊, 國立圖書館 승계 古 2225-14.

69.《戰國策》(漢)劉向著, 朝鮮 張維(編) 寫本 國立圖書館 한 31-487.

70.《戰國策》(漢)劉向著, (宋)鮑彪校注, (元)吳師道重校. 古活字本(戊申字),
　　10卷 6冊, 國立圖書館 한-56-다3.

71.《戰國策》(南宋)鮑彪校注, 庚子字本. 1卷. 國立圖書館 古 M2225-4.

72.《戰國策》第5. (漢)劉向著, 中國木板本刊, 1冊, 國立圖書館 승계,
　　古 2225-15.

73.《戰國策》卷7-8. (漢)劉向撰, 戊申字本(肅宗年間), 21冊. 國立圖書館
　　일산 古 2225-7.

74.《戰國策》鮑彪(宋)校注, 吳師道(元)重校, 戊申字板(肅宗年間, 1675- 1720),
　　10卷 8冊, 藏書閣 2-331.

75.《戰國策詳註》(漢)劉向著, 新活字本, 上海文明書局, 1冊(卷19-23), 國立
　　圖書館 古 2225-34.

76.《戰國策抄》劉向(漢)編. 1冊(50張), 寫本. 古320. 952-Y91j.

77. 《戰國策抄選》(漢)劉向撰, 筆寫本, 100張, 國立圖書館 한56-다8)

78. 《戰國策》劉向著, 寫者·寫年未詳, 1册, 筆寫本. 古 222.037 建國大 圖書館 所藏.

79. 《戰國策》劉向著(年紀未詳), 零本1册(76張), 木板本, 古 222.037 建國大 圖書館所藏.

80. 惜陰軒叢書本 《戰國策》

81. 司馬遷 《史記》 鼎文書局(活字本) 1972 臺北

82. 王延棟(編) 《戰國策詞典》 南開大學出版社 2002 天津

83. 點校本 《戰國策》(上下) 上海古籍出版社 1998

84. 陳鉞 《戰國策》 1982 正言出版社 臺南

85. 鄭良樹 《戰國策硏究》 臺灣學生書局 1975 臺灣

86. 秦同培 《國策精華》 世界書局 1975 臺北

87. 吳縣 郭希汾(輯注) 《戰國策詳註》 臺灣時代書局(印本) 1975 臺北

88. 葉玉麟 《戰國策》 北一出版社 1976 臺南

89. 張正男 《戰國策初探》 臺灣商務印書館 1984 臺北

90. 余宗瑜 《戰國人物》 興豐印刷廠 1978 臺北

91. 近藤光男 《戰國策》(上中下) 全釋漢文大系 集英社 昭和57(1982) 東京

92. 林秀一 《戰國策》(上中下) 新釋漢文大系 明治書院 平成13. 東京

93. 元, 曾先之 《十八史略》

기타 二十五史, 十三經 및 辭典類, 工具類 서적은 생략함.

〈고대 수레 모습〉(漢, 畫像磚)

〈武人陶俑〉 1974년 陝西 臨潼縣 秦始皇陵 兵馬俑坑 출토

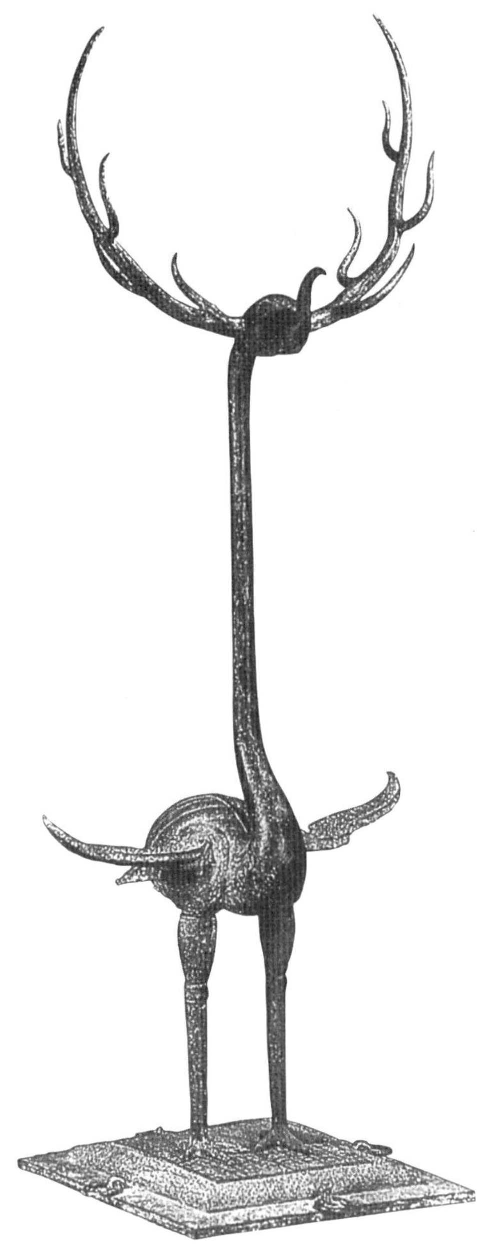

〈鹿角立鶴〉湖北 隋州 戰國 曾侯乙墓 出土

차 례

❧ 책머리에
❧ 일러두기
❧ 참고문헌
❧ 부록

戰國策 하

권27. 한책韓策(二) (총22장)

권28. 한책韓策(三) (총24장)

권29. 연책燕策(一) (총15장)

권30. 연책燕策(二) (총14장)

권33. 중산책中山策 (총10장)

부록

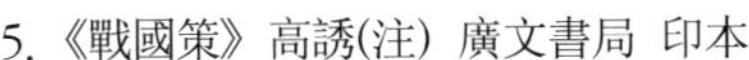

5.《戰國策》高誘(注) 廣文書局 印本

6.《帛書戰國策》(戰國縱橫家書) 長沙 馬王堆 출토

7.《戰國策》士禮居本

8.《戰國策》中華書局聚珍倣宋版 인본

9.《戰國策》李錫齡(校訂) 惜陰軒叢書本

10.《戰國策正解》(日)橫田惟孝

11.《戰國策詳註》郭希汾(輯註), 王懋(校訂)

12.《戰國策》四部備要本

13.《戰國策》明 萬曆 烏程閔氏刊本

14.《戰國策注》淸 乾隆 文盛堂藏版本

15.《戰國策》明抄本

16.《戰國策校注》四部叢刊本

권2. 서주책西周策 (총17장)

권5. 진책秦策(三) (총18장)

권6.　진책秦策(四)　(총10장)

권7.　진책秦策(五)　(총8장)

戰國策

권9. 제책齊策(二) (총8장)

권10. 제책齊策(三) (총12장)

권11. 제책齊策(四) (총11장)

권12. 제책齊策(五) (총1장)

권13. 제책齊策(六) (총10장)

권14. 초책楚策(一) (총20장)

권15. 초책楚策(二) (총9장)

권16. 초책楚策(三) (총10장)

권19.　조책趙策(二)　(총7장)

戰國策 下

권20. 조책趙策(三) (총23장)

권25.　위책魏策(四)　(총27장)

권26. 한책韓策 (一) (총25장)

戰國策

유향(劉向)

권27 한책 韓策 (二)

총22장(396~417)

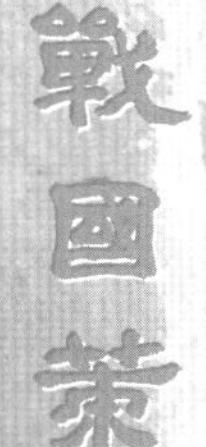

온몸을 내 몸 위에

초楚나라가 다섯 달 동안이나 한韓나라의 옹씨雍氏 땅을 포위하고 있을 때였다. 한나라는 진秦나라에 사자를 보내어 구원을 요청하였는데 그 사신들의 관과 수레 덮개가 서로 보일 정도였다. 그렇지만 진나라 군대는 효산殽山을 넘어 구원하러 올 기색이 없었다. 한나라에서는 다시 상근尙靳을 진나라에 보냈다. 상근은 진왕에게 이렇게 말하였다.

"한나라는 진나라에 있어서 평시에는 진나라를 은폐시켜 주는 울타리요, 전시에는 기러기 무리처럼 나란히 달려나가 도와줍니다. 지금 한나라가 이미 곤액에 처해 있는데, 진나라는 효산을 넘어 구원하려 들지 않고 있습니다. 제가 들으니 입술이 거덜나면 그 이가 시린 법이라 하였습니다. 원컨대 대왕은 깊이 헤아려 보시기 바랍니다."

왕의 어머니인 선태후宣太后가 이렇게 말하였다.

"한나라의 많은 사신이 왔었지만 상근의 말이 가장 설득력이 있구나!"

그리고는 상근을 불러들이게 하였다. 선태후는 상근에게 이렇게 말하였다.

"내가 선왕(先王, 자신의 남편)을 모실 때 선왕께서 잠자리에서 다리만 내게 올려놓았을 때는 힘들어 견딜 수 없으나 온몸을 내 몸 위에 올려놓았을 때는 무거운 줄 몰랐소. 왜 그랬겠소? 이는 내게 좋은 점이 있기 때문이었소. 지금 한나라를 돕고자 하나 우리는 군대도 많지 않고, 군량도 부족하니 한나라를 구해 주기에 힘이 벅차오. 무릇 한나라를 구하려면 하루에 1천 금씩 들 텐데, 내게 조금이라도 유리한 것이 없이 어찌 이렇게 해줄 수 있겠소?"

상근은 한왕에게 이를 글로 써서 보고하였다. 한왕은 이번에는 장취張翠를 보내었다. 장취는 병을 핑계로 하루에 한 현縣씩 밖에 가지 않았다. 장취가 진나라에 이르자 감무甘茂가 이렇게 말하였다.

"한나라가 급하기는 급한 모양입니다. 이렇게 병이난 선생까지 오시는 걸 보니."

그러자 장취는 이렇게 말하였다.

"한나라는 아직 급하지 않습니다. 장차 급해지겠지요."

감무는 이렇게 말하였다.

"진나라는 대국이며, 게다가 임금은 지혜롭습니다. 따라서 한나라의 완급緩急에 대해 모르실 리 없지요. 그런데 선생이 지금 급하지 않다고 하니 그게 될 말이오?"

장취는 다시 이렇게 말하였다.

"한나라가 급하였다면 꺾여서 초楚나라에 귀속되었을 겁니다. 그렇게 되었다면 제가 무엇 때문에 여기까지 왔겠소?"

"알았소. 선생은 더 이상 말하지 마시오!"

그리고 감무는 진왕에게 달려갔다.

"한나라 공중公仲은 진나라에서 구원병이 올 것이라는 것을 믿기 때문에 초나라에 버티고 있는 것입니다. 지금 옹씨 땅이 포위당하였는데, 진나라 구원병이 효산을 넘어서지 않고 있으면 한나라를 포기하는 꼴이 됩니다. 공중은 그때는 고개를 돌려 우리를 쳐다보지도 않을 것입니다. 또 공숙公叔은 그 나라를 남쪽 초나라에 결합시켜 버리겠지요. 초와 한이 합해지면 위나라는 그들의 말을 듣지 않을 수 없을 것이며, 그리하여 그 세 나라가 우리 진나라를 치겠다고 도모할 것입니다. 그러면 진나라 토벌의 형세가 이루어집니다. 앉아서 공격을 당하는 것과 우리가 지금 그들을 치는 것, 어느 것이 유리하겠습니까?"

진왕은 이 말을 듣고 "좋다"하고는 과연 구원병을 효산을 넘어 한나라를 구하도록 보냈다.

楚圍雍氏五月. 韓令使者求救於秦, 冠蓋相望也, 秦師不下殽. 韓又令尚靳使秦, 謂秦王曰:「韓之於秦也, 居爲隱蔽, 出爲鴈行. 今韓已病矣, 秦師不下殽. 臣聞之, 脣揭者其齒寒, 願大王之熟計之.」宣太后曰:「使者來者衆矣, 獨尚子之言是.」召尚子入. 宣太后謂尚子曰:「妾事先王也, 先王以其髀加妾之身, 妾困不疲(支)也; 盡置其身妾之上, 而妾弗重也, 何也? 以其少有利焉. 今佐韓, 兵不衆, 糧不多, 則不足以救韓. 夫救韓之危, 日費千金, 獨不可使妾少有利焉?」

尚靳歸書報韓王, 韓王遣張翠. 張翠稱病, 日行一縣. 張翠至, 甘茂曰:
「韓急矣, 先生病而來.」張翠曰:「韓未急也, 且急矣.」甘茂曰:「秦重國知王也,
韓之急緩莫不知. 今先生言不急, 可乎?」張翠曰:「韓急則折而入於楚矣,
臣安敢來?」甘茂曰:「先生毋復言也.」甘茂入言秦王曰:「公仲柄得秦師,
故敢捍楚. 今雍氏圍, 而秦師不下殽, 是無韓也. 公仲且抑首而不朝, 公叔且以
國南合於楚. 楚·韓爲一, 魏氏不敢不聽, 是楚以三國謀秦也. 如此則伐秦之
形成矣. 不識坐而待伐, 孰與伐人之利?」秦王曰:「善.」果下師於殽以救韓.

【雍氏之戰】B.C. 307년의 일. 雍氏는 지금의 河南省 扶渭縣 서남. 禹縣의
　　동북.

【冠蓋相望】심부름 보낸 사신의 관과 수레의 뚜껑이 서로 보일 정도로 줄을
　　이었다는 뜻.

【殽山】崤山으로도 쓰며, 秦과 산동 육국의 경계. 函谷關 근처.

【尚靳】韓나라의 신하.

【秦王】秦의 昭王.

【脣揭者其齒寒】脣亡齒寒과 같은 말. 脣亡齒寒은 ≪左傳≫ 僖公 5년에 실려있는
　　말.

【宣太后】惠文王의 아내이며, 昭王의 어머니. 음행한 행동이 있었다. "秦宣太
　　后愛魏醜夫"(074장 참조) 한편 鮑本에는 宣太后의 말이 너무 음란하다고
　　하였다. "補曰: 宣太后之言汚鄙甚矣! 以「愛魏醜夫欲使爲殉」觀之, 則此言不
　　以爲恥, 可知秦母后之惡有自來矣!"

【先王】宣太后의 남편 惠文王. 昭王의 아버지.

【盡置其身妾之上】宣太后는 楚나라 여자이므로 韓나라와 楚나라의 싸움에서
　　韓나라 편을 들어주고 싶지 않았다. 그래서 이 말을 하면서 韓나라가 秦나라를
　　조금씩 섬기는 것보다 나라를 秦나라 섬기는데 모두 쓰는 것이 어떠냐는
　　뜻이 들어 있다.

【韓王】韓의 襄王.

【張翠】韓나라 신하.

【甘茂】秦나라 장수. 당시 재상이었다.

【公仲】韓나라 재상.

【公叔】韓나라 신하.

1. 雍氏之戰이 일어났을 때 秦나라에서는 어린 昭王이 즉위하여 그의 어머니 宣太后가 수렴청정하며 甘茂가 재상을 맡고 있었다. 그리고 公仲은 韓나라 재상이었으며, 이때 公叔이 그 재상 자리를 이어받은 것으로 보인다.

2. 본장의 내용은 《史記》 甘茂列傳에 甘茂가 秦昭王에게 진언한 부분으로 되어 있으나 출입이 심하다. 433장 참조. 한편 내용의 일부는 433장과 비슷하다.

3. 《史記》 甘茂列傳

武王竟至周, 而卒於周. 其弟立, 爲昭王. 王母宣太后, 楚女也. 楚懷王怨前秦敗楚於丹陽而韓不救, 乃以兵圍韓雍氏. 韓使公仲侈告急於秦. 秦昭王新立, 太后楚人, 不肯救. 公仲因甘茂, 茂爲韓言於秦昭王曰:「公仲方有得秦救, 故敢扞楚也. 今雍氏圍, 秦師不下殽, 公仲且仰首而不朝, 公叔且以國南合於楚. 楚·韓爲一, 魏氏不敢不聽, 然則伐秦之形成矣. 不識坐而待伐孰與伐人之利?」秦王曰:「善.」乃下師於殽以救韓. 楚兵去.

4. 鮑本의 평어

『補曰: 大事記: 赧王十五年, 楚圍雍氏, 引此章云, 此卽周紀所載之事. 楚前圍雍氏, 在赧王三年, 秦惠王猶在位, 安得有宣太后? 楚後圍雍氏, 甘茂出奔已數年, 兩者皆不合.』

진나라 옥새를 얻고 싶다

초楚나라가 한韓나라 옹씨雍氏 땅을 포위하였다. 한나라는 냉향冷向, 冷向을 진秦나라에 보내어 구원을 요청하였다. 진나라는 우선 공손매公孫昧를 사신으로 한나라에 보냈다. 공중치公仲侈가 공손매를 만나자 물었다.

"그대는 장차 진나라가 우리를 구해 줄 것이라고 보십니까? 아니면 도와주지 않으리라 보십니까?"

공손매는 이렇게 대답하였다.

"진왕秦王이 이렇게 핑계를 대더군요. 즉 '남정南鄭과 남전藍田을 거쳐 초나라를 공격할 테니 공중치께서는 삼천三川에서 출병하여 기다리게 하라'구요. 제가 보기에는 남정에 와서 주둔할 뿐, 한나라와 연합하지는 않을 것 같습니다."

공중치가 물었다.

"그렇다면 어떻게 하면 좋소?"

공손매가 설명하였다.

"진나라는 틀림없이 장의張儀의 옛날 방법을 쓸 것입니다. 즉 옛날 초나라 위왕威王이 위魏나라 대량大梁을 공격할 때, 장의는 진왕秦王에게 이렇게 말했지요. '진나라가 초나라를 도와 양(위)나라를 공격하게 되면 위나라는 오히려 초나라와 강화를 맺을 것이며, 한나라는 원래부터 위나라와 동맹국입니다. 이는 진나라의 고립만 초래할 뿐입니다. 그러므로 오히려 위나라를 강하게 해주느니만 못합니다'라구요.

그 결과 피씨皮氏 땅을 공격하여 위나라를 강하게 해주었습니다. 초楚 위왕威王은 과연 노하여 더욱 위나라를 공격하게 되었고, 진나라는 그 틈을 이용하여 서하西河의 밖을 차지한 후 돌아가 버렸습니다. 지금 그 방법은 진나라가 겉으로 한나라를 구해 준다고 큰소리치면서 속으로는 초나라와 약속을 하는 것입니다. 그러면 그대 한나라는 진나라를 믿고 강한 척하면서 초나라와의 작전을 가볍게 여기게 될 것이요, 초나라는 진나라가 더 이상 용병하지 않는다고 밀약한 바가 있어 그대 한나라와의 작전을 쉽게 이끌 수 있게 됩니다.

그대가 만약 초나라를 이기면, 진나라는 그대가 초나라를 이겨 주고 있는 틈을 타서 곧 삼천 지방을 쉽게 차지해 갈 것이요, 그대가 초나라에게 지면 삼천을 봉쇄하여 이를 지켜 당신만 구원을 받지 못하게 되는 것입니다. 그렇게 될까 저는 큰 걱정입니다. 또 사마강司馬康이 세 번이나 초나라 서울 영郢을 다녀왔고, 감무甘茂와 소헌昭獻이 국경에서 우연히 만난 것처럼 해서 회담을 갖고 서로 진나라 옥새를 얻고 싶다(즉 진나라의 벼슬자리를 얻고 싶다)라고 하였으나 사실은 또 다른 밀약이 있었을 것입니다.”

공중치는 두려워 물었다.

“그러면 이 일을 어떻게 하면 좋겠소?”

공손매는 다시 이렇게 일러주었다.

“그대는 반드시 한나라를 먼저 생각하고 진나라를 뒤로하실 것이며, 자신을 먼저 하시고 장의를 뒤로하십시오. 그러자면 우선 한나라를 제·초 두 나라와 결합시키느니만 못합니다. 진나라는 틀림없이 나라를 그대에게 맡길 것이며, 지금의 곤란도 해결해 줄 것입니다. 이는 겉으로 장의만 멀리 할 뿐이지 기실은 진나라를 잃는 것은 아닙니다.”

楚圍雍氏, 韓令冷(泠)向借救於秦, 秦爲發使公孫昧入韓. 公仲曰:「子以秦爲將救韓乎? 其不乎?」對曰:「秦王之言曰:『請道於南鄭·藍田以入攻楚, 出兵於三川以待公.』殆不合, 軍於南鄭矣.」公仲曰:「奈何?」對曰:「秦王必祖張儀之故謀. 楚威王攻梁, 張儀謂秦王曰:『與楚攻梁, 魏折而入於楚. 韓固其與國也, 是秦孤也. 故不如出兵以勁魏.』於是攻皮氏. 魏氏勁, 威王怒, 楚與魏大戰, 秦取西河之外以歸. 今也其將揚(陽)言救韓, 而陰善楚, 公恃秦而勁, 必輕與楚戰. 楚陰得秦之不用也, 必易與公相支也. 公戰勝楚, 遂與公乘楚, 易三川而歸, 公戰不勝楚, 塞三川而守之, 公不能救也. 臣甚惡其事. 司馬康(庚)三反之郢矣, 甘茂與昭獻遇於境, 其言曰收璽, 其實猶有約也.」公中恐曰:「然則奈何?」對曰:「公必先韓而後秦, 先身而後張儀. (臣)以公不如亟以國合於齊, 楚·秦必季國於公以解伐. 是公之所以外者儀而已, 其實猶之不失秦也.」

【雍氏】陽翟, 河南省 禹縣과 扶南縣 사이.

【楚圍雍氏】楚나라는 먼저 秦惠王 때에 雍氏를 포위한 일이 있었다. 그 후 다시 秦昭王 때에 포위하였다. 여기 사건은 두 번째의 일.

【冷向】韓나라의 신하. 泠向으로도 쓴다.

【公孫眛】秦나라 신하. "秦爲發使公孫眛"라 되어 있으나 ≪史記≫ 韓世家에는 "秦未爲發, 使公孫眛"로 되어 있다.

【秦王】昭王. 혹은 昭襄王으로도 칭하였다.

【南鄭·藍田】지금의 陝西省 南鄭縣과 藍田縣.

【三川】지금의 河南省 洛陽縣 부근. 그 땅은 河水·洛水·伊水가 흘러 생긴 이름.

【秦王】惠文王.

【皮氏】지금의 山西省 河津縣 西楊村. 원래 魏나라 邑 이름. 韓나라 땅이 아니다. 오류인 듯하다. ≪史記≫에도 "於是攻皮氏"의 다섯 글자가 없다.

【西河】魏나라 郡, 황하의 서쪽.

【司馬康】秦나라 大夫. ≪史記≫에는 '司馬庚'으로 되어있다.

【甘茂】秦나라 장군.

【昭獻】楚나라 令尹 昭奚恤. ≪史記≫에는 '昭魚'로 되어있다.

【收璽】≪史記≫ 索隱에 "劉氏云, 詐言昭魚來秦, 欲得秦官之印璽, 收, 卽取之義"라 하였다.

【外者儀】儀는 張儀. 그러나 이때는 이미 張儀가 죽은 지 10년 후이다.

1. ≪史記≫ 韓世家

楚圍雍氏, 韓求救於秦. 秦未爲發, 使公孫眛入韓. 公仲曰:「子以秦爲且救韓乎?」對曰:「秦王之言曰:『請道南鄭·藍田, 出兵於楚以待公』, 殆不合矣.」公仲曰:「子以爲果乎?」對曰:「秦王必祖張儀之故智. 楚威王攻梁也, 張儀謂秦王曰:『與楚攻魏, 魏折而入於楚, 韓固其與國也, 是秦孤也. 不如出兵以到之, 魏楚大戰, 秦取西河之外以歸.』今其狀陽言與韓, 其實陰善楚. 公待秦而到, 必輕與楚戰. 楚陰得秦之不用也, 必易與公相支也. 公戰而勝楚, 遂與公乘楚, 施三川而歸. 公戰不勝楚, 楚塞三川守之, 公不能救也. 竊爲公患之. 司馬庚三反於郢, 甘茂與昭魚遇於商於, 其言收璽, 實類有約也.」公仲恐, 曰:「然則奈何?」曰:「公必先韓而後秦, 先身而後張儀. 公不如亟以國合於齊楚, 齊楚必委國於公. 公之所惡者張儀也, 其實猶不無秦也.」於是楚解雍氏圍.

2. 鮑本의 평어

『正曰: 卽上文義委國於公云云. 補曰: 徐廣云, 秦紀惠王後十三年, 楚圍雍氏. 紀年於此亦說楚景翠圍雍氏, 韓宣惠王卒, 秦助韓共敗楚屈匃. 又云齊·宋圍煮棗. 皆與史記·年表及田完世家符同. 此是前圍雍氏事也. 後圍雍氏, 是赧王十五年事. 大事記書楚景翠圍韓雍氏, 秦樗里疾帥師救韓敗楚, 解題具載. 徐說謂世家合而爲一者, 誤. 又按正義云: 徐見張儀尙存, 生此前後之見, 此是公孫眛, 却述張儀時事. 愚謂, 此策雖曰祖張儀故謀, 其下云'先身後儀', 又云'所外者儀', 似非儀死後之辭. 然楚圍之解, 實以秦救, 公孫眛之言, 爲不可信耳. 此章宜在前, 鮑序次誤. 又按大事記云: 韓年表書秦助我攻楚, 圍景痤. 楚將之名與紀年不同, 蓋紀年云屈匃也. 愚按, '韓''楚世家'竝云敗楚將屈匃丹陽. 夫丹陽之與雍氏相去遠矣. 景痤恐卽景翠, 聲轉而訛. 景痤之敗, 雍氏之戰也. 屈匃之敗, 丹陽之戰也. 丹陽之役, 其雍氏之後歟? 大事記首書丹陽之役, 後書景翠圍韓. 且丹陽大敗之餘, 楚力未蘇, 何暇於圍韓哉?』

398(27-3) 公仲爲韓魏易地
두 나라의 땅을 바꿀 계획

공중치公仲侈가 한韓·위魏 두 나라의 땅을 바꿀 계획을 추진하자 공숙公叔이 극력 반대를 하였다. 그래도 들어주지 않자 공숙은 망명을 서둘렀다. 이때 사척史惕이 말리며 공숙에게 말하였다.

"귀하가 망명해 버리면 일은 더 쉽게 이루어집니다. 게다가 나중에 귀국할 만한 구실로 만들지 못하면 도리어 귀하는 천하의 경멸만 받습니다. 모른 척 공중치를 따르느니만 못합니다. 그랬다가 한지韓地가 북쪽에 있게 되면 조趙나라에 해롭고, 위지魏地가 남쪽에 있게 되면 초楚에 해롭습니다. 그대는 그때 초·조 두 나라에게 이를 거론하는 겁니다. 초·조 두 나라는 몹시 싫어해서 조나라는 즉시 군대를 일으켜 양장羊腸의 요새에 이를 것이며 초나라는 역시 군대를 일으켜 방성方城에서 위협할 것입니다. 그때는 토지 교환의 계획이 실패하는 것입니다."

公仲爲韓·魏易地, 公叔爭之而不聽, 且亡. 史惕謂公叔曰:「公亡, 則易必可成矣. 公無辭以後(復)反, 且示天下輕公, 公不若順之. 夫韓地易於上, 則害於趙; 魏地易於下, 則害於楚. 公不如告楚·趙, 楚·趙惡之. 趙聞之, 起兵臨羊腸, 楚聞之, 發兵臨方城, 而易必敗矣.」

【公仲爲韓魏易地】 公仲은 複姓, 公仲侈, 易地는 〈西周策〉의 "韓魏易地"를 볼 것.
【公叔】 韓나라 公族 大夫, 즉 韓公叔, 襄王의 아들로 相國을 지냈다. 그 뒤 魏의 상국도 지냈다.
【史惕】 韓나라 신하.
【羊腸】 趙나라 요새. 山西省 晉城縣과 陽城縣의 경계.
【方城】 楚나라 요새. 〈西周〉 "韓魏易地"의 註를 참조할 것.

399(27-4) 錡宣之教韓王取秦
진나라를 끌어들이는 방법

기선지錡宣之가 한왕韓王에게 진秦나라를 끌어들이는 방법을 가르쳐 주었다.

"공숙公叔에게 수레 1백 승을 갖추어 주고 널리 선전하되 초楚나라에 가서 한나라 삼천三川의 땅과 바꾸려 한다라고 하십시오. 그리고 나서 이번에는 공중公仲을 진나라에 보내어 진왕秦王에게 '삼천 사람들은 모두 진나라가 틀림없이 자신들의 땅을 빼앗을 것이라고 수근거립니다. 그래서 한나라 왕은 마음을 놓지 못하고 있습니다. 이때 귀국 진왕께서는 어찌 양자襄子를 한나라에 인질로 보내면서 귀국이 삼천 땅을 공격하지 않겠다는 확신을 한왕이 갖도록 해주지 않습니까?'라고 말하게 하십시오. 그 양자를 우리 한나라에 인질로 오게 하면 진나라 태자에게 큰 덕을 베푸는 것이 됩니다."

錡宣之教韓王取秦, 曰:「爲公叔具車百乘, 言之楚, 易三川. 因令公仲謂秦王曰:『三川之言曰: '秦王必取我'. 韓王之心, 不可解矣. 王何不試以襄子爲質於韓, 令韓王知王之不取三川也?』因以出襄子而德太子.」

【錡宣之】 유세객.
【韓王】 韓나라의 襄王.
【公叔】 韓나라 신하. 재상.
【公仲】 韓나라 신하. 재상.
【韓王之心, 不可解矣】 秦나라에게 빼앗기느니 楚나라에게 준다는 뜻. 鮑注에 "言其聞三川之言, 恐空失地, 故來與楚易"라 하였다.
【襄子】 여러 공자 중의 하나. 秦나라 태자에게 불편한 인물. 鮑注에 『王, 秦王. 襄子, 秦諸公子不善太子者』라 하였다.
【以襄子爲質於韓】 鮑注에 "韓之易地, 畏秦取之也, 今秦入質, 則不取可知"라 하였다.
【德太子】 태자가 자신의 숙적인 襄子를 韓나라에서 인질로 데려가 주어 고맙게 여긴다는 뜻.

400(27-5) 襄陵之役
양릉 전투

양릉襄陵의 싸움에서 필장畢長이 공숙公叔에게 말하였다.

"무력을 쓰지 마십시오. 그러면 초楚·위魏 두 나라가 모두 귀하의 나라를 고맙게 생각할 것입니다. 무릇 초나라에서는 위나라 공자公子 고高를 태자로 세우려고, 틀림없이 위나라를 쳐들어갈 것입니다. 이때 귀하는 어찌 사람을 시켜 소양昭陽에게 이렇게 말하지 않습니까? '전쟁에 이기지 못하리라고 확실히 판단되면 그대를 위해 내가 군대를 보내어 위나라로 출병할 것이다'라구요. 이는 귀하가 지금 군대를 보내지 않을 수 있는 이유가 됩니다. 그렇게 해놓으면 태자 고高·소양昭陽·위왕魏王 모두 그대를 고맙게 여길 것입니다."

襄陵之役, 畢長謂公叔曰:「請毋用兵, 而楚·魏皆德公之國矣. 夫楚欲置公子高(咎), 必以兵臨魏. 公何不令人說昭子曰:『戰夫必勝, 請爲子起兵以之魏?』子有辭以毋戰, 於是以太子扁(高)·昭揚(陽)·梁王皆德公矣.」

【襄陵】 魏나라 땅. 지금의 河南省 睢縣 서쪽.
【畢長】 유세객.
【公叔】 韓나라의 중신.
【公子高】 公子 咎를 가리킨다. 楚나라에서 魏나라의 太子 嗣를 폐하고 자신과 가까운 太子 高(咎)를 세울 것을 요구하였다.
【昭陽】 楚나라 신하. (058·115·131·171·205장 참조), 장군.

참고 및 관련 자료

1. 襄陵之戰은 昭陽이 魏나라의 襄陵에서 싸움을 벌여 위의 여덟 개 城을 점령한 전투이다. B.C. 323년. 131·319·382장 참조.
2. 鮑本의 평어
『補曰: 大事記: 韓世家襄王十二年, 太子嬰死, 公子咎, 公子蟣虱爭爲太子. 時蟣虱質於楚, 楚欲內之, 遂圍雍氏. 蟣虱竟不得歸韓, 韓立咎爲太子. 戰國策與世家所載, 參錯重複, 不可詳考. 大略二公子各有所主, 公仲主蟣虱, 公叔主咎. 愚按: 楚策, 韓公叔有齊‧魏, 而太子有楚‧秦. 據此, 則公叔挾齊‧魏以主咎, 公仲挾秦‧楚以主蟣虱也.』

덕을 베푸는 것이 아닙니다

　　공숙公叔이 풍군馮君을 진秦나라에 사신으로 보냈다. 그러나 풍군은
자신이 진나라에서 붙들릴까 걱정되어, 양향陽向을 시켜 진왕秦王에게
이렇게 말해 주도록 부탁하였다.

　　"풍군을 붙들어 놓고 한韓나라 신하와 친하겠다는 것은 지혜로운 일이
아닌 듯합니다. 오히려 풍군을 잘 대접하여 그를 바탕으로 진나라의
일꾼이 되게 하십시오. 그러면 풍군은 대왕의 은혜에 감복하여 공숙의
말을 듣지 않고 태자와 다투는 일에 관여하지 않게 될 것입니다. 이는
왕이 널리 덕을 베푸는 것이지만 실지로는 한나라에게 해를 입히는
것이 됩니다."

　　公叔使馮君於秦, 恐留, 敎陽向說秦王曰:「留馮君以善韓臣非上知也.
主君不如善馮君, 而資之以秦. 馮君廣王而不聽公叔, 以與太子爭, 則王澤布,
而害於韓矣.」

【公叔】韓나라 公叔. 재상.
【馮君】韓나라 신하인 듯하다.
【陽向】유세객인 듯하다.
【秦王】秦나라 昭王.
【以與太子爭】《史記》 韓世家에 의하면 太子 伯嬰은 B.C. 300년에 죽고
　　그 이듬해에 太子 咎가 들어선다. 따라서 여기서는 太子 咎와 幾瑟(蟣虱)의
　　싸움으로 볼 수 있다.

402(27-7) 謂公叔曰
땅은 돌려받아야 합니다

어떤 이가 공숙公叔에게 말하였다.

"그대는 진秦나라로부터 무수武遂 땅을 되찾으려 하면서 그 틈을 이용해 초楚나라가 능히 하외河外를 점령하리라는 근심은 않고 있군요. 그래서 그대는 먼저 사람을 시켜 초왕楚王을 겁내게 해놓고, 다시 사람을 시켜 진나라에게 무수 땅을 돌려 달라고 하셔야 합니다. 초왕에게 이렇게 말하십시오.

'우리 한나라에서는 특사를 진나라에 보내어 무수 땅을 되돌려 받으려 합니다. 진왕秦王이 이를 허락하면 만승의 나라로부터 우리의 요구를 성취하는 것입니다. 또 한나라가 무수의 땅을 되찾아 진나라의 진출을 막게 되면 더 이상 진나라에 대한 근심이 없어지므로 그때는 귀국 초나라를 모셔 저희 한나라는 귀국의 한 현縣처럼 굴겠습니다. 만약 진나라가 이를 거절해서 무수를 되돌려 주지 않으면 진나라와 우리 한나라의 원한은 더욱 깊어집니다. 그때는 우리 한나라가 당연히 귀국 초나라를 섬길 수밖에 없습니다'라구요."

謂公叔曰:「公欲得武遂於秦, 而不患楚之能揚河外也. 公不如令人恐楚王, 而令人爲公求武遂於秦. 謂楚王曰:『發重使爲韓求武遂於秦. 秦王聽, 是令得行於萬乘之主也. 韓得武遂以恨(限)秦, 毋秦患而得(德)楚. 韓, 楚之縣而已. 秦不聽, 是秦·韓之怨深, 而交(事)楚也.』」

【公叔】韓나라 재상.
【武遂】386장에서처럼 B.C. 306년 甘茂가 武遂 땅을 韓나라에 되돌려 주었다. 그러나 3년 후 秦나라는 다시 이 武遂를 회수하고 만다.
【楚王】懷王(?).
【秦王】昭王.

배에 물이 새 들어오면

어떤 이가 공숙公叔에게 일러주었다.

"배를 탈 때 물이 새어들어 오는 곳을 막지 않으면 침몰하고 맙니다. 물이 새는 곳을 막았으되 수신水神 양후陽侯의 파도를 가벼이 여겼다가는 배는 전복되고 맙니다. 지금 그대가 설공薛公과 말이 통한다고 해서 진秦나라를 깔보고 있는데, 이는 마치 물새는 배에다가 수신의 물결을 가벼이 보는 것과 같습니다. 원컨대 공은 통찰이 있으시기를 바랍니다."

謂公叔曰:「乘舟, 舟漏而弗塞, 則舟沉矣. 塞漏舟, 而輕陽侯之波, 則舟覆矣. 今公自以辯於薛公而輕秦, 是塞漏舟而輕陽侯之波也, 願公之察也.」

【陽侯】水神의 이름. ≪漢書≫ 揚雄傳 注에 "陽侯古之諸侯也, 有罪自投江, 其神爲大波"라 하였다. ≪搜神記≫ 및 ≪博物志≫ 참조.
【薛公】즉 孟嘗君. 당시 齊나라 相國.

404(27-9) 齊令周最使鄭
집에서 화를 내는 자

제齊나라가 주최周最를 한韓나라 서울 신정新鄭에 파견하여 한요韓擾를 재상으로 세우고, 대신 공숙公叔을 파면시키도록 하라는 임무를 맡겼다. 주최는 걱정스러웠다.

"공숙과 나는 주周나라 임금에게 함께 사랑을 받고 있는데, 나에게 신정에 가서 그를 내쫓고 한요를 세우게 하다니! 속담에 '집에서 화를 내는 자는 밖에서도 얼굴에 그 모습이 나타난다'라 하였는데, 공숙의 그 성격을 어떻게 다룬 담! 지금 공숙은 제나라와 원한 관계이니 내가 어찌 그런 말을 전할 수 있으랴. 주나라 임금이 나를 무척이나 원망할 텐데."

옆에서 이 말을 들은 사사史舍가 이렇게 말하였다.

"염려 말게. 그대는 가게. 내가 따라가서 그대를 오히려 공숙으로부터 고맙다는 말을 듣게 해줄 테니."

주최가 신정에 이르러 공숙을 만나자 역시 공숙은 크게 화부터 내었다. 이때 같이 갔던 사사가 들어와 공숙에게 이렇게 말하였다.

"주최가 정말로 오지 않겠다는 것을 제가 강제로 오게 하였소. 주최가 오기 싫어한 것도 그대를 위해서이지만 내가 억지로 오게 한 것도 역시 그대를 위한 것입니다."

공숙이 물었다.

"무슨 뜻이오?"

사사는 이렇게 설명하였다.

"저의 제나라 대부 중에 어느 서자 집에서 개를 기르고 있었습니다. 그런데 그 개가 어찌나 사납던지 감히 꾸짖을 수도 없습니다. 꾸짖으면 달려들어 사람을 물지요. 그러자 어떤 사람이 이를 꾸짖어 다루어 보겠다고 나섰습니다. 그는 먼저 눈을 부릅뜨고 개를 노려본 다음 서서히 이를 꾸짖었습니다. 개는 꿈쩍도 못하였습니다. 다시 꾸짖자 개는 드디어 더 이상 사람을 물 마음이 없어지고 말았습니다.

지금 주최가 진실로 그대의 일 때문에 부득이 사신으로 이곳에 오기는 하였지만, 그는 당신과의 관계로 인해 예의를 갖추어 천천히 그 의견을 말할 것입니다. 그러면 정왕(鄭王. 즉 韓王)은 틀림없이 제나라 왕이 그리 급하지 않다고 여기고 제나라 의견을 허락하지 않을 것입니다. 그러나 주최가 오지 않았다고 해보십시오. 반드시 그 누군가 다른 사람이 왔겠지요. 그는 오면 그대는 만날 필요를 느끼지 않고 새로 재상이 될 한요에게 잘 보이기 위해 애쓸 것입니다. 그래서 그 사자는 서두르게 될 것이고 급한 상황이라 겁을 주겠지요. 그러면 귀국 임금은 결국 제나라 요구를 허락하고 말 것입니다."

공숙이 말하였다.

"그렇군요."

그리고 드디어 주최를 더욱 융숭히 대접해 주었다. 왕도 역시 한요를 재상으로 임명하라는 제나라의 요구를 허락하지 않았다.

齊令周最使鄭, 立韓擾而廢公叔. 周最患之, 曰:「公叔之與周君交也, 令我使鄭, 立韓擾而廢公叔 語曰:『怒於室者色於市.』今公叔怨齊, 無奈何也, 必(絶)周君而深怨我矣.」史舍曰:「公行矣, 請令公叔必重公.」

周最行至鄭, 公叔大怒. 史舍入見曰:「周最固不欲來使, 臣竊强之. 周最不欲來, 以爲公也; 臣之强之也, 亦以爲公也.」公叔曰:「請聞其說.」對曰:「齊大夫諸子有犬, 犬猛不可叱, 叱之必噬人. 客有請叱之者, 疾視而徐叱之, 犬不動; 復叱之, 犬遂無噬人之心. 今周最固得事足下, 而以不得已之故來使, 彼將禮陳其辭而緩其言, 鄭王必以齊王爲不急, 必不許也. 今周最不來, 他人必來. 來使者無交於公, 而欲德於韓擾, 其使之必疾, 言之必急, 則鄭王必許之矣.」公叔曰:「善.」遂重周最. 王果不許韓擾.

【周最】 周나라 출신의 齊나라 신하. 周寂로도 쓴다.
【新鄭】 韓나라 서울. 지금의 河南省 新鄭縣.
【韓擾】 韓나라 공신.
【公叔】 韓公叔. 韓나라 재상.

【史舍】韓나라 신하.

【鄭王】韓나라 서울이 新鄭이여서 鄭王이라 부른 것. 魏王을 梁王이라 부른 것과 같다.

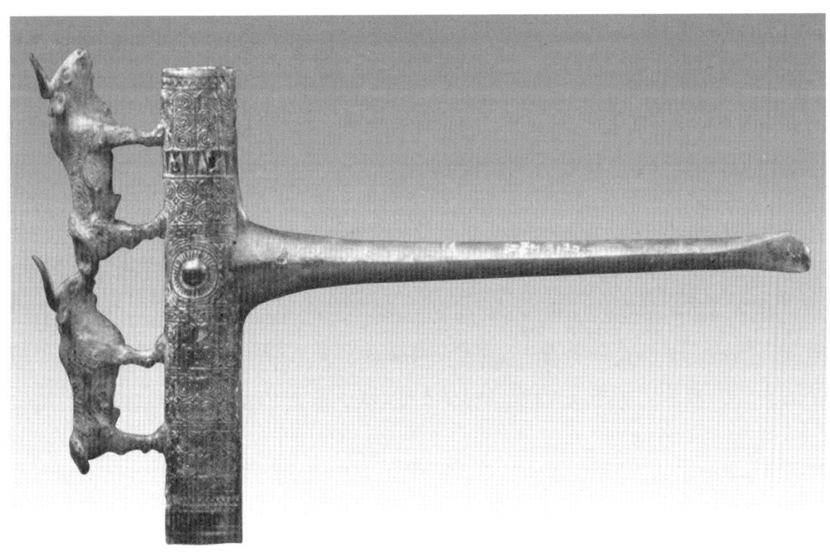

〈銅啄〉(전체) 戰國시대 병기. 雲南 출토

405(27-10) 韓公叔與幾瑟爭國
태자 옹립 문제

한공숙韓公叔과 기슬幾瑟이 태자 옹립 문제를 두고 다투었다. 이때 정강鄭强이 초楚나라 왕의 심부름으로 한韓나라에 와 있다가 이를 보고 거짓으로 초나라 신성新城·양인陽人 땅을 태자 기슬에게 준다고 속여 공숙과 더욱 싸우도록 하였다. 초나라는 정강이 제멋대로 땅을 준다고 하였다고 화를 내며 이를 처벌하려 하였다. 그러자 정강이 초왕에게 스스로를 이렇게 변호하였다.

"제가 거짓으로 땅을 태자에게 준다고 한 것은 이 초나라를 위해서였습니다. 제 말 좀 들어보십시오. 태자 기슬이 우리 신성과 양인 땅을 믿고 공숙과 싸워 이기게 되면, 공숙 편이었던 위魏나라가 가만히 있지 않고 한나라를 칠 것입니다. 한나라가 급해지면 틀림없이 우리 초나라에게 목을 걸고 도와달라고 할 것입니다. 그때 태자는 어느 겨를에 우리에게 땅을 달라고 하겠습니까? 또 태자가 공숙에게 졌다고 가정해 봅시다. 그러면 태자가 다행히 죽지 않는다 해도 결국 우리 초나라로 올 것입니다. 그런 처지에 옛날 약속한 땅을 달라고 감히 요구하겠습니까?"

초왕이 말하였다.

"그렇군."

그리고 정강을 처벌하지 않았다.

韓公叔與幾瑟爭國. 鄭强(彊)爲楚王使於韓, 矯以新城·陽人合(命)世子, 以與公叔爭國. 楚怒, 將罪之. 鄭强曰:「臣之矯與之, 以爲國也. 臣曰, 世子得新城·陽人, 以與公叔爭國, 而得全, 魏必急韓氏; 韓氏急, 必縣命於楚, 又何新城·陽人敢索? 若戰而不勝, 走(幸)而不死, 今且以至, 又安敢言地?」楚王曰:「善.」乃弗罪.

【韓公叔】韓나라 재상.
【幾瑟】蟣虱로도 쓰며, 韓나라 태자.

【鄭强】鄭彊, 鄭申으로도 쓰며 楚나라 신하. 303·382·383장 참조.
【新城】襄城. 지금의 河南省 襄城縣 서쪽. 楚나라 땅.
【陽人】원래 周나라의 故城. 지금의 河南省 臨汝縣. 역시 楚나라 땅.

406(27-11) 韓公叔與幾瑟爭國中庶子
어찌 나라쯤 안전하기를

한공숙韓公叔과 기슬幾瑟이 나라 일로 싸웠다. 중서자中庶子 강강이 태자에게 일렀다.

"제齊나라 군대가 들어오기 전에 급히 공숙을 쳐버리십시오."

태자는 반대하였다.

"안 되오. 나라 안에서 싸우면 반드시 분열되오."

그러자 중서자는 이렇게 말하였다.

"일이 성공되지 않으면 몸을 망쳐요. 어찌 나라쯤 안전하기를 바라겠소?"

태자는 듣지 않았다. 제나라 군사가 들어오자 태자는 도망 갈 수밖에 없었다.

韓公叔與幾瑟爭國. 中庶子强謂太子曰:「不若及齊師未入, 急擊公叔.」太子曰:「不可. 戰之於國中必分.」對曰:「事不成, 身必危, 尚何足以圖國之全爲?」太子弗聽, 齊師果入, 太子出走.

【韓公叔與幾瑟爭國】 公叔과 幾瑟은 둘 모두 韓襄王의 아들. 당시 태자였던 嬰이 일찍 죽자 公叔·幾瑟·公子 咎 등이 태자 자리다툼을 하였다. ≪史記≫ 韓世家에는 幾瑟을 蟣蝨이라고 썼다. 결국 公子 咎가 王(釐王)이 되었다.
【中庶子强謂太子】 中庶子는 官名. 宮中 및 諸吏의 嫡子·庶子 등의 版籍을 맡았다. 强은 人名, 鄭强이 아닌가 한다. 여기서 太子는 문장의 의미상 마땅히 幾瑟이겠으나 幾瑟은 당시 楚나라에 인질로 가서 아직 돌아오지 않고 있었다.

1. ≪史記≫ 韓世家

十二年, 太子嬰死. 公子咎·公子蟣蝨爭爲太子. 時蟣蝨質於楚. 蘇代謂韓咎曰:「蟣蝨亡在楚, 楚王欲內之甚. 今楚兵十餘萬在方城之外, 公何不令楚王築萬室之都雍氏之旁, 韓必起兵以救之, 公必將矣. 公因以韓楚之兵奉蟣蝨而內之, 其聽公必矣, 必以楚韓封公也.」韓咎從其計.

태자 기슬

제명齊明이 공숙公叔에게 이런 계책을 일러주었다.

"제齊나라에서는 태자 기슬幾瑟을 내쫓아 주었는데, 초楚나라가 이를 받아 우대해 주고 있습니다. 지금 초나라에서는 그래도 제나라와 심히 가까워지려고 하고 있습니다. 이를 이용하십시오. 귀하는 제나라 왕에게 부탁하여 초왕에게 이렇게 요구해보십시오. '왕(초왕)께서 나(제왕)를 위해 기슬을 내쫓아 궁지에 몰아 주십시오.' 이에 초왕이 제왕의 요구를 들어주면 이는 제·초 두 나라가 친하다는 뜻입니다. 그러면 기슬은 쫓겨나게 되지요. 만약 초왕이 제왕 요구를 거절하면 이는 초나라가 분명히 몰래 기슬과 더불어 우리 한韓나라에 어떤 음모를 꾸미고 있음을 알 수 있는 것입니다."

齊明謂公叔曰:「齊逐幾瑟, 楚善之. 今楚欲善齊甚, 公何不令齊王謂楚王: 『王爲我逐幾瑟以窮之.』楚聽, 是齊·楚合, 而幾瑟走也; 楚王不聽, 是有陰 於韓也.」

【齊明】 유세객. 책사.
【公叔】 韓나라 재상. 幾瑟과 싸워 이겼다. 405·406·408장 등 참조.
【幾瑟】 韓나라 태자. 公叔과 싸워 패하여 齊나라를 거쳐 楚나라에 망명하였다.

남의 근심거리

공숙公叔이 장차 기슬幾瑟을 죽이려 하자 어떤 사람이 공숙에게 일렀다. "지금 태자께서 당신을 중히 여기는 것은 기슬이 두렵기 때문입니다. 그런 기슬이 죽고 나면 태자에게는 근심이 없어져 그대를 가벼이 보게 됩니다. 조정 안에서는 왕이 늙어 모두 지금의 태자가 정권을 장악해 주리라고 기대하고 있습니다. 그래서 모두 태자를 섬기려고 드는 것입니다. 태자로서는 밖으로 기슬의 근심이 없어지고, 안으로 대부들의 힘을 얻게 되어 당신이 낮아지는 것은 당연한 이치. 그러니 기슬을 죽이지 말고 태자의 근심거리로 둬두십시오. 그러면 태자는 틀림없이 종신토록 그대를 중히 여길 것입니다."

公叔將殺幾瑟也. (或)謂公叔曰:「太子之重公也, 畏幾瑟也. 今幾瑟死, 太子無患, 必輕公. 韓大夫見王老, 冀太子之用事也, 固欲事之. 太子外無幾瑟之患, 而內收諸大夫以自輔也, 公必輕矣. 不如無殺幾瑟, 以恐太子, 太子必終身重公矣.」

【太子】公子 咎를 가리킨다(韓咎). 太子 嬰이 일찍 죽자 公子 幾瑟은 楚나라에 인질로 가서 끝내 돌아오지 못하였다. 이에 咎가 太子가 되었다가 나중에 왕위에 올랐다. 이가 곧 釐王이다.
【王】太子 咎의 父. 즉 襄王(倉).

409(27-14) 公叔且殺幾瑟
마음놓고 보필할 수도 없는 사람

공숙公叔이 다시 초楚나라에 망명중인 기슬幾瑟을 죽이려고 하였다.
이때 송혁宋赫이 공숙에게 이렇게 말하였다.

"기슬이 그렇게 난을 부릴 수 있는 것은 국내에 부형父兄이 있고,
밖으로는 진秦·초楚 두 나라의 믿을 세력이 있기 때문입니다. 지금 그를
죽이게 되면 국내에서는 좋아할 사람이 곧 태자밖에 없고 공연히 귀하만
낮아집니다. 이 한韓나라의 대부들은 왕이 연로하여 곧 태자가 왕으로
들어설 것으로 보고 몰래 이 태자 백영伯嬰을 섬기고 있습니다. 진·초
두 나라도 역시 기슬이 피살되고 나면 그래도 한나라를 놓치지 않기
위해 몰래 태자 백영을 받들게 될 것입니다. 그렇게 되면 백영이 역시
귀하에게 기슬처럼 원수지간이 됩니다. 그러니 기슬을 죽이지 말고
그대로 두십시오. 백영이 기슬을 두려워하는 한 귀하에게 영원히 도움을
받으려 할 것입니다.

게다가 한나라 대부들조차 기슬이 더 이상 말썽을 일으키지 않으리라고
믿지 못하게 되어 백영을 마음놓고 보필하지도 못할 것입니다. 진·초
두 나라도 역시 기슬을 껴안고 백영을 견제할 것이며, 백영은 밖으로
진·초 두 나라의 배경도 없고, 안으로 지지하는 부형도 없게 되어 제멋대로
하지 못할 것입니다. 이것이 바로 귀하에게 가장 편할 것입니다."

公叔且殺幾瑟也, 宋赫爲謂公叔曰:「幾瑟之能爲亂也, 內得父兄, 而外
得秦·楚也. 今公殺之, 太子無患, 必輕公. 韓大夫知王之老而太子定, 必陰
事之. 秦·楚若無韓, 必陰事伯嬰. 伯嬰亦幾瑟也. 公不如勿殺. 伯嬰恐, 必(陰)
保於公. 韓大夫不能必其不入也, 必不敢輔伯嬰以爲亂. 秦·楚挾幾瑟以塞
伯嬰, 伯嬰外無秦·楚之權, 內無父兄之衆, 必不能爲亂矣. 此便於公.」

【公叔】 韓나라 대부. 幾瑟을 방축해 버렸다.
【宋赫】 유세객. 策士.

【父兄】韓나라 내의 公仲 등 幾瑟 지지세력.
【太子】伯嬰. 韓나라의 太子.

410(27-15) 謂新城君曰
그대를 받들어 국사를 맡길 것이다

(소대蘇代가) 초楚나라 신성군新城君에게 일렀다.

"공숙公叔과 백영伯嬰은 진秦·초楚 두 나라가 기슬幾瑟을 받아 주지나 않을까 심히 두려워하고 있습니다. 이때 그대는 어찌하여 한韓나라를 대신해서 초나라에게 인질을 돌려보내 달라고 권유하지 않습니까? 초왕楚王이 이를 들어주어 기슬을 한나라로 돌려보내 주게 되면, 공숙과 백영은 진나라와 초나라가 기슬을 전혀 문제삼지 않는다는 것을 알게 되어 진·초 두 나라에 가까이할 것입니다. 진·초 두 나라가 합하고 한나라 힘까지 얻게 되면, 곤궁에 빠진 위魏나라 누르기는 쉽습니다. 위나라는 그 때문에 감히 동쪽으로 제齊나라와 합할 수 없게 되고, 제나라는 고립상태가 됩니다. 또 다른 방법은 진나라로 하여금 초나라에 있는 한나라 인질을 진나라로 보내라고 하는 것입니다. 초나라가 들어주지 않으면 한나라는 초나라를 원망하게 되어, 곧 제·위 두 나라와 결합하여 그를 질시하게 됩니다. 이런 상황이 되면 초나라는 틀림없이 당신을 중히 여기게 됩니다. 그대가 진·초 두 나라의 총애를 받으면서 한나라에게 은혜를 베풀면 공숙과 백영은 틀림없이 그대를 받들어 국사를 맡길 것입니다."

謂新城君曰:「公叔, 伯嬰恐秦·楚之內幾瑟也, 公何不爲韓求質子於楚? 楚王聽而人質子於韓, 則公叔·伯嬰必知秦·楚之不以幾瑟爲事也, 必以韓合於秦·楚矣. 秦·楚挾韓以窘魏, 魏氏不敢東, 是齊孤也. 公又令秦求質子於楚, 楚不聽, 則怨結於韓. 韓挾齊·魏以眎楚, 楚王必重公矣. 公挾秦·楚之重, 以積德於韓, 則公叔·伯嬰必以國事公矣.」

【謂新城君曰】新城君. 이름은 羋戎. 楚나라 사람. 秦나라 宣太后의 同父弟, 昭王이 이를 新城君에 봉하였다. 혹은 華陽君이라고도 한다. 당시 蘇秦의 동생인 蘇代가 가서 遊說하였다. (《史記》 韓世家 참조)
【公叔, 伯嬰恐秦, 楚之內幾瑟也】內는 納, 公叔, 伯嬰·幾瑟은 모두 韓나라

襄王의 아들.

【楚王聽】楚王은 懷王. ≪史記≫ 正義에 "當云楚王不聽人質子於韓, 承前脫不字耳"라 하였다. 그러나 여기서는 원문대로 풀었다.

【必重公】≪史記≫ 正義에 "楚必尊重羋戎以求秦救矣"라 하였다. ≪史記≫ 韓世家 참조.

1. ≪史記≫ 韓世家

蘇代又謂秦太后弟羋戎曰:「公叔伯嬰恐秦楚之內蟣蝨也, 公何不爲韓求質子於楚? 楚王聽入質子於韓, 則公叔伯嬰知秦楚之不以蟣蝨爲事, 必以韓合於秦楚. 秦楚挾韓以窘魏, 魏氏不敢合於齊, 是齊孤也. 公又爲秦求質子於楚, 楚不聽, 怨結於韓. 韓挾齊魏以圍楚, 楚必重公. 公挾秦楚之重以積德於韓, 公叔伯嬰必以國待公.」於是蟣蝨竟不得歸韓. 韓立咎爲太子. 齊·魏王來.

411(27-16) 胡衍之出幾瑟於楚
쓸모 없는 인질

　호연胡衍이 기슬幾瑟을 초楚나라로부터 고국 한韓나라로 귀국시키려고 먼저 기슬과 친한 공중公仲에게 이렇게 일러주었다.

　"위왕魏王에게 이렇게 말하십시오. '태자 기슬이 초나라에 있는 한, 한나라는 감히 초나라를 이반할 수가 없었습니다. 그리고 나서 그대 위나라에서는 어찌 공자公子 구咎를 시험삼아 모시면서 왕에게 그를 한나라 태자로 책봉해 달라고 요구하지 않습니까?' 그러면서 다시 사람을 이번에는 초나라에 보내어 초왕楚王에게 이렇게 말하도록 하는 것입니다. '한나라에서는 공자 구를 태자로 삼아 기슬을 까맣게 잊고 있습니다. 이는 귀국 초나라 왕이 쓸모 없는 인질을 껴안고 있는 셈입니다. 그러니 왕께서는 어서 기슬을 한나라로 귀국시키십시오. 기슬이 고국에 돌아가 정권을 잡게 되면 틀림없이 한나라를 통틀어 자신에게 불리한 요구를 하였던 위나라를 상대로 복수전을 벌일 것이며, 동시에 귀국 초나라에게는 매우 고맙게 여길 것입니다.'"

　胡衍之出幾瑟於楚也, 敎公仲:「謂魏王曰:『太子在楚, 韓不敢離楚也.』 公何不試奉公子咎, 而爲之請太子?」因令人謂楚王曰:『韓立公子咎而棄 幾瑟, 是王抱虛質也. 王不如亟歸幾瑟. 幾瑟入, 必以韓權報讎於魏, 而德 王矣.』」

【胡衍】韓나라 신하.
【幾瑟】楚나라에 망명 중이었음.
【公仲】韓나라 重臣. 幾瑟과 친하였던 듯하다.
【魏王】魏의 襄王. ≪史記≫에는 哀王으로 되어있다.
【公子咎】태자로 책봉된 韓나라 公子. 咎 혹은 高로 쓴다.
【楚王】楚의 懷王.

1. 이 사건은 韓나라 太子 伯嬰이 죽고 나서 다시 국내의 太子 咎(高)와 楚나라에 망명중인 幾瑟의 싸움이다.(B.C. 300~299년쯤) 그러나 ≪史記≫ 韓世家에는 幾瑟이 귀국하였다는 기록이 없이 公子 咎가 태자에 책립되었다고 하였다.

2. 鮑本의 평어

『正曰: 大事記謂: 公仲始主幾瑟, 後持兩端. 幾瑟旣不得入, 遂改主咎. 以此章爲證. 愚謂, 勸仲試奉咎者, 將以行其謂楚之謀, 激楚王之早入幾瑟耳, 非果有奉咎之心也. 楚旣敗雍氏, 幾瑟卒不得入, 公仲直以勢窮力竭而遂止耳.』

412(27-17) 幾瑟亡之楚
늦게 숙여 오는 나라가 먼저 망할 것이다

기슬幾瑟이 초楚나라에 망명해 있을 때 초나라에서는 진秦나라와 힘을 합해 기슬을 귀국시켜 복위시켜 주려고 하였다.

이때 미융羋戎(진나라 신하)에게 어떤 사람이 이런 계책을 일러주었다.

"한韓나라 공숙公叔을 재상에서 쫓아내고 대신 기슬을 귀국시켜 재상이 되도록 하는 일은 그 공이 모두 초나라에게 돌아갑니다. 지금 기슬이 아직 초나라에 망명중인 이때, 초나라는 다시 우리 진나라를 끌어들여 그를 귀국시켜 복위를 시켜주려고 서두르고 있습니다. 기슬이 자기 조국 신정新鄭으로 가게 되면 한나라는 초나라의 하나의 현縣처럼 되어 버리고 맙니다. 그러니 귀하께서는 어서 진왕秦王에게 백영伯嬰이 한나라 태자가 된 것을 축하해 주라고 하십시오. 이 일로 한나라와 초나라가 단교하면 한나라는 겁을 먹고 우리 진나라 쪽으로 급히 달려올 것입니다. 이미 맺어진 한·위 두 나라의 관계를 이용하면 제齊나라나 초나라 중에 우리에게 늦게 숙여 오는 나라가 먼저 망할 것입니다. 이것이 곧 왕업을 이루는 길입니다."

　幾瑟亡之楚, 楚將收秦而復之. 謂羋戎曰：「廢公叔而相幾瑟者楚也. 今幾瑟亡之楚, 楚又收秦而復之, 幾瑟入鄭之日, 韓, 楚之縣邑(已). 公不如令秦王賀伯嬰之立也. 韓絶於楚, 其事秦必疾, 秦挾韓親魏, 齊·楚後至者先亡. 此王業也.」

【羋戎】秦나라 신하. 羋는 楚나라 성씨. 宣太后(惠文王의 后)의 이복동생. 084·085·105·215장 참조. 新城君, 華陽君으로도 불린다.
【公叔】韓나라의 재상. 幾瑟과 적대관계.
【新鄭】韓나라의 서울.
【秦王】昭王.
【伯嬰】韓나라의 태자. 왕위에 오르지 못하고 죽음.(B.C. 300년)
【後至者先亡】먼저 숙여 오는 나라는 秦·魏·韓과 함께 동맹국이 된다는 뜻.

413(27-18) 冷向謂韓咎
그가 왕위에 오르면

냉향冷向, 泠向이 한구韓咎에게 이런 계략을 일러주었다.

"기슬幾瑟이 초楚나라에 망명중인데 초왕楚王은 이를 귀국시켜 복위해 주려고 심히 애를 쓰고 있습니다. 그래서 초나라 병사 10여 만 명을 방성方城 밖까지 보내 놓고 있지요. 제가 초나라에 가서 초나라로 하여금 우리 한韓나라의 옹씨雍氏 근처에 1만 가구의 도시를 세우라고 하겠습니다. 이를 한나라에서 알면 틀림없이 군대를 일으켜 막으라고 할 것입니다. 그리고 그대는 그 군대의 장군이 될 것입니다. 그때 그대는 초·한 두 나라의 군대를 결합시켜 기슬을 받들고, 이 신정新鄭으로 들어오십시오. 기슬이 이 나라에 귀국하여 왕위에 오르게 되면 그대를 고맙게 여길 것이며, 한·초 두 나라가 통틀어 그대를 받들어 모실 것입니다."

冷向謂韓咎曰:「幾瑟亡在楚, 楚王欲復之甚, 令楚兵十餘萬在方城之外. 臣請令楚築萬家之都於雍氏之旁, 韓必起兵以禁之, 公必將矣. 公因以楚· 韓之兵奉幾瑟而內之鄭, 幾瑟得入而德公, 必以韓·楚奉公矣.」

【冷向】유세객. '泠向'으로도 표기한다.
【韓咎】원래 韓咎는 公子 咎(高). 그러나 여기 내용으로 보아 公仲의 오기가 아닌가 한다.
【楚王】懷王.
【方城】楚나라와 韓나라 국경 근처의 요새. 398장 참조.
【雍氏】韓나라 땅. 396장 등 참조.
【新鄭】韓나라 수도.

1. ≪**史記**≫ 韓世家에도 실려 있으나 내용이 약간 다르다.

2. ≪**史記**≫ 韓世家

十二年, 太子嬰死. 公子咎·公子蟣蝨爭爲太子. 時蟣蝨質於楚. 蘇代謂韓咎曰: 「蟣蝨亡在楚, 楚王欲內之甚. 今楚兵十餘萬在方城之外, 公何不令楚王築萬室之都雍氏之旁, 韓必起兵以救之, 公必將矣. 公因以韓楚之兵奉蟣蝨而內之, 其聽公必矣, 必以楚韓封公也.」韓咎從其計.

414(27-19) 楚令景鯉入韓
버림받을 사람

초楚나라에서는 경리景鯉를 한韓나라에 보냈고, 한나라에서는 태자 백영伯嬰을 진秦나라에 보내려고 하였다. 경리는 한나라가 진나라와 결합하지나 않을까 걱정이었다. 이때 냉향冷向이 마침 태자 백영에게 이렇게 말하였다.

"태자께서 진나라에 가시면 그들은 태자를 구금하고 초나라와 합쳐 기슬을 귀국시켜 복위토록 할 것입니다. 그러면 거꾸로 태자께서 버림을 받게 됩니다."

楚令景鯉入韓, 韓且內伯嬰於秦, 景鯉患之. 冷向謂伯嬰曰:「太子入秦, 秦必留太子而合楚, 以復幾瑟也, 是太子反棄之.」

【景鯉】 楚나라 신하. 098・099・136・191・197・391장 참조.
【伯嬰】 韓나라 태자. B.C. 300년에 죽었다.
【冷向】 유세객.

참고 및 관련 자료

1. ≪史記≫ 韓世家에는 B.C. 300년에 太子 伯嬰이 秦나라에 조공하였다고 되어 있다.
2. 鮑本의 평어
『彪謂: 太子, 國子之本也, 而紛紛不定若此, 韓置相, 其皆何事耶? 正曰: 己若入秦, 而秦與楚得幾瑟, 反爲自棄也. 大事記云: 置嗣不定, 大臣外連敵國, 相與爲市, 國之不亡者幸也! 愚觀咎與幾瑟爭立, 實大臣輔之爭, 而鮑謂置相何事', 獨弗考乎?』

구실을 찾아 둘러대기

한구韓咎가 왕이 되었으면서도 아직 안정되지 못한 상태였다. 그 한구의 동생幾瑟이 주周나라에 있었는데 주왕周王은 이 동생에게 병거 백승에 중한 보물을 실어 보내어 그를 왕으로 삼으려 하였다. 그러나 한나라 백성들이 그 기슬을 거부하지나 않을까 걱정이었다. 이때 주나라 신하 기모회蔡母恢가 주왕에게 이렇게 일렀다.

"백금을 주어 보내느니만 못합니다. 그래서 기슬이 왕이 되면 이를 경비용으로 쓰도록 하고, 기슬이 왕위에 오르지 못하면 한구에게 반역자를 돌려보내는 것이라고 둘러대면 됩니다."

韓咎立爲君而未定也, 其弟在周, 周欲以車百乘重而送之, 恐韓咎入韓之不立也. 蔡母恢曰:「不如以百金從之, 韓咎立, 因(曰)也以爲戒; 不立, 則曰來效賊也.」

【韓咎】韓나라의 公子 咎. 401·411장 참조.
【蔡母恢】당시 周나라의 재상이었던 듯하다. '蔡母恢'로도 쓴다. 039·188·313장 참조.

참고 및 관련 자료

1. 이 해석은 ≪韓非子≫를 따랐다. 그러나 ≪戰國策新譯≫과 ≪戰國策全譯≫은 이 해석과 크게 다르게 되어있다
2. ≪**韓非子**≫ 說林下
韓咎立爲君, 未定也, 弟在周, 周欲重之, 而恐韓咎不立也. 蔡母恢曰:「不若以車百乘送之, 得立, 因曰爲戒; 不立, 則曰來效賊也.」
3. 鮑本의 분석
『幾瑟·伯嬰難之. 補曰: 韓襄王十二年, 公子咎·公子幾瑟爭立, 楚圍雍氏. 次年, 魏襄王與齊閔王會於韓, 立咎爲太子. 此策必其爭立之時, 若旣卽位, 則何未定之有?』

416(27-21) 史疾爲韓使楚
까치를 까치라 부르면

사질史疾이 한韓나라를 위하여 초楚나라에 사신으로 가서 초왕楚王과 이렇게 주고받았다. 초왕이 물었다.

"선생은 어느 방면의 학문을 믿습니까?"

"저는 열어구列禦寇의 말을 연구합니다."

"열자는 무엇을 종지宗旨로 삼지요?"

"정正을 귀히 여깁니다."

"정正자 하나면 가히 나라를 다스릴 수 있습니까?"

"있지요."

"우리 초나라에는 도적이 많은데, 정正만 있으면 도적도 막을 수 있습니까?"

"아무렴요."

"정으로 도적을 막는다니 무슨 뜻이오?"

이때 잠깐 사이 까치가 옥상에 앉아 있었다.

"대왕께 여쭙겠는데 초나라 사람들은 저 새를 무엇이라 부릅니까?"

"까치라고 부르지요."

"까마귀라고 하면 안 됩니까?"

"안 되지요."

"그렇군요. 그럼 지금 대왕의 나라에는 주국柱國·영윤令尹·사마司馬· 전령典令 등의 관직을 두고 있어 그 임무를 수행합니다. 반드시 청렴결백하며 그 일을 해낼 능력이 있는 자들이라고 말씀하시겠지요. 그런데 지금 도둑들이 공공연히 횡행하는 데도 이를 막지 못합니다. 이는 까마귀를 까마귀라 하지 않고 까치를 까치라 하지 않는 것과 똑같습니다."

史疾爲韓使楚, 楚王問曰:「客何方所循?」曰:「治列子圉寇之言.」曰: 「何貴?」曰:「貴正.」王曰:「正亦可爲國乎?」曰:「可.」王曰:「楚國多盜, 正可以圉盜乎?」曰:「可.」曰:「以正圉盜, 奈何?」頃間有鵲止於屋上者, 曰:「請問楚人謂此鳥何?」王曰:「謂之鵲.」曰:「謂之烏, 可乎?」曰:「不可.」

曰:「今王之國有柱國·令尹·司馬·典令, 其任官置吏, 必曰廉潔勝任.
今盜賊公行, 而弗能禁也, 此烏不爲烏, 鵲不爲鵲也.」

【史疾】韓나라의 신하인 듯하다.
【楚王】楚나라 考烈王.
【列圉寇】列禦寇로도 쓰며 道家의 대표적인 인물. 鄭나라 사람. 鄭穆公(재위
   B.C. 627~606년) 때라고도 하나 오히려 鄭繻公(B.C. 422~396년) 때의 인물로
   보는 편이 타당하다. 열자의 學問은 黃老를 宗旨로 하며 저서로는 ≪列子≫가
   있고 ≪莊子≫에 따로 列子篇이 있다. 淸淡主義의 '貴虛'에 주안점을 두고
   있으며 唐나라 때에 道敎가 흥성하자 이 책을 ≪沖虛至德眞經≫이라 하여
   老子의 ≪道德經≫, 莊子의 ≪南華眞經≫ 등과 함께 격상시켜 道敎三經으로
   삼기도 하였다. ≪列子≫ 책은 晉의 張湛의 注 ≪列子注≫ 8권이 널리 읽히고
   있다.
【柱國】楚나라 관직으로 최고 직급.
【令尹】역시 楚나라의 관직이며 재상.
【司馬】군사 총책.
【典令】문서 및 교육 담당의 총책.

참고 및 관련 자료

1. 鮑注에는 오히려 申不害, 韓非子의 학술이라고 하였다.
『按, 此言循名, 有申·韓之意, 而以爲列圉寇所治, 何歟? 抑申·韓原於道德,
本不異歟?』
2. 이는 圉寇(禦寇)의 이름이 '도적을 막다'라는 것에 빗대어 희롱한 내용이다.

417(27-22) 聶政刺韓傀
자객 섭정

한괴韓傀가 한韓의 재상이 되었을 때 엄수嚴遂가 임금에게 총애를 받게 되자 두 사람은 서로 적수가 되었다. 엄수가 정면으로 한괴의 과실을 지적하자, 한괴는 조정에서 엄수를 심하게 질책하였다. 엄수는 화 끝에 칼을 뽑아들고 달려들었으나 주위 사람들이 말려 미연에 그치고 말았다. 이 일이 있은 후, 엄수는 주벌이 두려워 국외로 도망하여 여러 나라를 유랑하면서 한괴에게 복수할 만한 인물을 찾아다녔다. 그가 제齊나라에 이르자 어떤 이가 일러주었다.

"지軹 땅의 심정리深井里 마을에 섭정聶政이라는 자가 있는데 용감한 인물입니다. 지금 그는 원수를 피해서 도살장에 숨어 백정 노릇을 하고 있지요."

엄수는 드디어 몰래 섭정과 친교를 맺고 후하게 대해 주었다. 그러자 섭정은 이상히 여겨 물었다.

"그대는 나를 어디에 쓰려고 그러십니까?"

엄수는 이렇게 얼버무렸다.

"내가 그대를 위해 힘쓴 지도 얼마 되지 않고, 지금의 모시는 대접도 소홀한데 감히 부탁드릴 것이 무엇이 있겠습니까?"

이에 엄수는 주연을 베풀어 먼저 섭정의 노모에게 잔을 올리며 황금 1백 일鎰까지 바치며 축수祝壽하였다. 섭정은 놀랍기도 하려니와 그 많은 금덩어리는 더욱 괴이하여 끝내 그 엄중자嚴仲子, 嚴遂의 호의를 사양하였다. 엄중자는 그래도 억지로 주려고 하였다. 섭정은 한사코 사양하면서 이렇게 말하였다.

"저는 노모가 계시고 집도 가난하여 나그네처럼 떠돌며 개나 잡는 백정이오. 그래도 아침저녁으로 맛있고 부드러운 음식을 차려 어머니를 잘 봉양하고 있소. 어머니 모실 것은 다 구비되어 있습니다. 의로 보아도 중자께서 내려주시는 것을 감히 감당할 수 없습니다."

엄수는 사람들을 피해 섭정에게 이렇게 부탁하였다.

"저에게는 원수가 있어 고국을 떠나 제후를 유랑하면서 살아가고 있습니다. 그러다가 제나라에 이르러서 그대의 높은 기개를 듣게 되었습니다. 백금을 이렇게 직접 바치는 것은 노모의 거친 식량 값으로 드리는 것뿐이며, 그저 그대와 즐겁게 지낼 것을 바라오. 어찌 감히 그대에게 요구하는 게 있겠소?"

그러나 섭정은 이렇게 거부하였다.

"제가 이렇게 뜻을 낮추고 몸을 욕되게 하면서 시정에 묻혀 사는 이유는 다만 다행히 어머니를 봉양할 수 있는 즐거움 때문이오. 어머니가 살아 계신 한 저는 감히 마구 내 몸을 남에게 맡길 수 없소."

그래도 엄수는 놓고 가려고 하고, 섭정은 이를 받지 않으려 하였다. 그런데도 엄수는 빈주지례賓主之禮를 갖추어 인사를 드린 후 돌아갔다.

오랜 후, 섭정의 어머니는 세상을 떠났고, 섭정은 장례를 치르고 상복까지 벗게 되었다. 그제야 섭정은 이렇게 말하였다.

"아! 나는 그저 시정에 묻혀 살아 개나 잡는 천한 인물이다. 그에 비하면 엄수는 제후의 경상卿相으로서 천 리를 멀다 않고 수레를 굽혀 나와 친교를 맺었다. 그런데 내가 그를 대한 것은 너무 박하였고, 그에 맞게 보답할 만한 아무런 공로도 없었다. 더구나 엄수는 그런 나에게 백금이나 주면서 어머니의 장수를 빌어주었었다. 비록 내가 받지는 않았지만 그가 나를 깊이 알아 준 것만은 틀림없다. 무릇 현자가 자기를 괴롭힌 원수의 일로 인해서 스스로 이 궁벽한 곳까지 나를 믿고 왔었는데, 나라고 어찌 침묵을 지키며 없던 일로 여길 수 있으랴? 또 지난날 그가 나에게 요구할 때 내가 거절한 것은 다만 어머니가 생존해 계셨기 때문이었지만 어머니는 지금 천수를 누리시고 돌아가셨으니 나는 장차 나를 알아주는 자를 위해 쓰이리라."

그 길로 섭정은 서쪽으로 복양濮陽의 엄수에게 찾아가 그를 만나 이렇게 물었다.

"지난날 제가 그대에게 허락을 하지 않은 것은 노모가 살아 계셨기 때문이었소. 지금 어머니는 불행히 돌아가셨으니 그대가 소위 원수를 갚겠다는 대상은 누구요?"

엄수는 모든 사실을 다 말해 주었다.

"저의 원수는 한나라 재상인 한괴이며, 그는 한나라 임금의 계부季父가 되오. 그의 일족도 번성하여 호위도 철통같소. 그동안 내가 자객을 보냈지만 모두 실패하고 말았소. 지금 그대가 다행히 포기하지 않으시니 청컨대 거마와 장사를 더 보태어 그대를 도울 날개로 삼아 주겠소."

그러자 섭정은 이렇게 말하였다.

"한나라와 위(衛. 복양)나라는 먼 거리가 아니오. 지금 남의 재상을 죽여야 하고 더구나 그는 왕의 친족이오. 이런 형세 속에는 많은 사람을 써서는 안 됩니다. 사람이 많게 되면 이해관계가 생기지 않을 수 없습니다. 이해관계가 생기면 비밀은 누설되게 마련이며 말이 새나가면 한나라에서는 온 나라를 다 들어 그대를 원수로 만들텐데 어찌 위험하지 않겠소?"

드디어 섭정은 수레와 인원을 모두 사양하고 홀로 칼 하나에 의지하여 한나라에 이르렀다.

한나라는 마침 동맹지회東孟之會가 열려, 그 자리에는 왕과 재상이 모두 참석해 있었으며, 호위와 경계는 삼엄하였다. 섭정은 곧바로 계단을 뛰어올라 한괴를 찔렀다. 한괴는 도망하여 급한 나머지 임금 애후哀侯를 껴안았다.

섭정은 쫓아가서 그를 찌르고 아울러 애후도 찔러 버렸다. 좌우는 큰 혼란에 빠졌고 섭정이 크게 부르짖으며 마구 죽인 자도 수십 명이나 되었다.

그리고 나서 섭정은 스스로 자신의 얼굴 가죽을 벗기고 눈알을 후벼내고, 배를 갈라 창자를 내놓고는 드디어 죽고 말았다.

한나라에서는 섭정의 시체를 거리에 내어놓고 현상금 1천 금을 걸었지만 시간이 흘러도 누구라고 밝혀 주는 자가 없었다.

섭정의 누이가 이 소식을 듣고 말하였다.

"내 동생은 지극히 어진 녀석이야. 누나인 내가 내 몸을 아껴 동생의 그 의기로운 이름을 손상시킬 수야 없지. 이는 내 동생의 본뜻도 아닐 거야."

그리고는 한나라에 이르러 동생 시체를 보고 울부짖었다.

"용감하도다! 기개와 긍지의 우뚝 솟음이여. 이는 맹분孟賁·하육夏育보다 훌륭하고, 성형成荊보다 높도다. 죽으면서 그 이름을 남기지 않은 것은, 지금 부모님도 돌아가시고 형제도 없는 터이니, 분명 나를 보호하려고 그랬을 것이다. 내 몸이 아까워 동생의 이름을 드날리지 못하게 하는 짓은 내 차마 하지 못하리라."

이에 시신을 껴안고 흐느꼈다.

"이는 내 동생 지 땅 심정리의 섭정이다."

이렇게 소리치며 누이도 그 곁에서 자살해 버렸다.

진晉·초楚·제齊·위衛 등 여러 나라 사람들이 이를 듣고 모두 한 마디씩 하였다.

"홀로 섭정만이 훌륭한 것이 아니라, 그 누이야말로 정말 열녀列女, 烈女로다."

섭정의 이름이 후세에 널리 알려지게 된 것은 그의 누이가 저해지주菹醢 之誅를 피하지 않고 그 이름을 밝혀냈기 때문이다.

韓傀相韓(韓相俠累), 嚴遂重於君, 二人相害也. 嚴遂政議直指, 擧韓傀之過. 韓傀以之叱之於朝. 嚴遂拔劍趨之, 以救解. 於是嚴遂懼誅, 亡去游, 求人可以報韓傀者.

至齊, 齊人或言:「軹深井里聶政, 勇敢士也, 避仇隱於屠者之間.」嚴遂陰交於聶政, 以意厚之. 聶政問曰:「子欲安用我乎?」嚴遂曰:「吾得爲役之日淺, 事今薄, 奚敢有請?」於是嚴遂乃具酒, 觴聶政母前, 仲子奉黃金百鎰, 前爲聶政母壽. 聶政驚, 愈怪其厚, 固謝嚴仲子. 仲子固進, 而聶政謝曰:「臣有老母, 家貧, 客游以爲狗屠, 可旦夕得甘脆以養親. 親供養備, 義不敢當仲子之賜.」嚴仲子辟人, 因爲聶政語曰:「臣有仇, 而行游諸侯衆矣. 然至齊, 聞足下義甚高. 故直進百金者, 特以爲夫人麤糲之費, 以交足下之驩, 豈敢以有求邪?」聶政曰:「臣所以降志辱身, 居市井(屠)者, 徒幸而養老母. 老母在, 政身未敢以許人也.」嚴仲子固讓, 聶政竟不肯受. 然仲子卒備賓主之禮而去.

久之, 聶政母死, 旣葬, 除服. 聶政曰:「嗟乎! 政乃市井之人, 鼓刀以屠, 而嚴仲子乃諸侯之卿相也, 不遠千里, 枉車騎而交臣, 臣之所以待之至淺鮮矣, 未有大功可以稱者, 而嚴仲子擧百金爲親壽, 我雖不受, 然是深知政也. 夫賢者以感忿睚眦之意, 而親信窮僻之人, 而政獨安可嘿然而止乎? 且前日要政, 政徒以老母. 老母今以天年終, 政將爲知己者用.」

遂西至濮陽, 見嚴仲子曰:「前所以不許仲子者, 徒以親在. 今親不幸, 仲子所欲報仇者爲誰?」嚴仲子具告曰:「臣之仇韓相傀. 傀又韓君之季父也, 宗族盛, 兵衛設, 臣使人刺之, 終莫能就. 今足下幸而不棄, 請益具車騎壯士, 以爲羽翼.」政曰:「韓與衛, 中間不遠, 今殺人之相, 相又國君之親, 此其勢不可以多人. 多人不能無生得失, 生得失則語泄, 語泄則韓擧國而與仲者爲讎也, 豈不殆哉!」遂謝車騎人徒, 辭, 獨行仗劍至韓.

韓適有東孟之會, 韓王及相皆在焉, 持兵戟而衛者甚衆. 聶政直入, 上階刺韓傀. 韓傀走而抱哀侯, 聶政刺之, 兼中哀侯, 左右大亂. 聶政大呼, 所殺者數十人. 因自皮面抉眼, 自屠出腸, 遂以死. 韓取聶政屍(暴)於市, 縣購之千金. 久之莫知誰子.

政姊聞之, 曰:「弟至賢, 不可愛妾之軀, 滅吾弟之名, 非弟意也.」乃之韓. 視之曰:「勇哉! 氣矜之隆. 是其軼賁・育而高成荊矣. 令死而無名, 父母旣歿矣, 兄弟無有, 此爲我故也. 夫愛身不揚弟之名, 吾不忍也.」乃抱屍而器之曰:「此吾弟軹深井里聶政也.」亦自殺於屍下.

晉・楚・齊・衛聞之曰:「非獨政之能, 乃其姊者, 亦列女也.」聶政之所以名施於後世者, 其姊不避菹醢之誅, 以揚其名也.

【韓傀】字는 俠累. 韓나라 哀侯 때의 재상.
【嚴遂】字는 仲子. 衛나라 濮陽 사람.
【政議直指】'政'을 '正'으로도 본다.
【軹 深井里】軹는 魏나라 地名. 지금의 河南省 濟源縣. 深井里는 軹邑의 마을.
【聶政】魏나라 사람으로 일찍이 사람을 죽여 도망 끝에 어머니를 모시고 齊나라에 머물러 개 백정이 되어 있었다.
【麤糲之費】麤는 粗, 糲는 糙米. 즉 거친 밥값.
【市井】옛날에는 시장이 없었다. 우물가에 모여 서로 필요한 물건을 바꾸는 형태에서 발달하였기 때문에 생긴 이름.
【除服】母喪에는 齊衰 3년을 입는다. 이 상기가 끝남을 말한다.

【濮陽】 衛나라의 도읍. 河北省 濮陽縣.

【季父】 아버지 行列의 막내.

【韓與衛】 韓나라 도읍 新鄭에서 衛나라 도읍 濮陽까지의 거리.

【東孟之會】 高誘 注에 "東孟, 地名也"라 하였다. 그러나 ≪史記≫에는 이 말이 없어 내용과 地名을 알 수 없다. 423장 참조. 다만 ≪水經注≫ 卷8. 濟水 注에 "酸棗, 城北, 韓之市地也. 聶政爲濮陽嚴仲子刺韓相俠累, 遂披面而死, 其姊哭之於此城內"라 하였다. 酸棗는 지금의 河南省 延津縣에 있다.

【哀侯】 文侯의 아들. 이때 哀侯는 許異가 발로 넘어뜨려 거짓 죽은 척하여 살아났다. 423장 참조. 韓策 본문 참조.

【皮面抉眼】 남이 자기 시체를 알아볼 수 없도록 한 일.

【姊】 ≪史記≫에는 "聶政姊曰榮"이라 하였고, 注에는 "一作娄"라 하였다.

【軼賁育而高成荊】 軼은 '超過하다'의 뜻, 賁育은 孟賁과 夏育, 전국시대의 力士. 쇠꼬리를 뽑고 千鈞의 쇠를 들었다 한다. 成荊 역시 고대 大力士. 鮑本에 "說文: 成荊, 古之勇士. 今對賁·育, 復似兩人. 補曰: '呂氏春秋', '豫讓必死於襄子, 而趙氏皆恐; 成荊致死於韓王, 而周人皆畏'. 按此對豫讓言, 則一人也"라 하였다.

【菹醢之誅】 고대의 酷刑. 인육을 소금에 절이는 형벌. 즉 聶政의 누이가 이런 형벌도 두려워하지 않고 동생의 이름을 세상에 알렸음을 말한다.

【列女】 烈女와 같다.

【此爲我故】 섭정이 마지막 남은 누이를 보호하기 위하여 이름을 숨기고 죽었음을 말함.

1. ≪史記≫ 刺客列傳에도 있다. 그러나 ≪史記≫에는 韓傀를 俠累라 하였다. B.C. 371년의 사건이다.

2. ≪史記≫ 刺客列傳

聶政者, 軹深井里人也. 殺人避仇, 與母·姊如齊, 以屠爲事.

久之, 濮陽嚴仲子事韓哀侯, 與韓相俠累有卻. 嚴仲子恐誅, 亡去, 游求人可以報俠累者. 至齊, 齊人或言聶政勇敢士也, 避仇隱於屠者之閒. 嚴仲子至門請, 數反, 然後具酒自暢聶政母前. 酒酣, 嚴仲子奉黃金百溢, 前爲聶政母壽. 聶政驚怪其厚, 固謝嚴仲子. 嚴仲子固進, 而聶政謝曰:「臣幸有老母, 家貧, 客游以爲狗屠, 可以旦夕得甘毳以養親. 親供養備, 不敢當仲子之賜.」 嚴仲子辟人, 因爲聶政言曰:

「臣有仇, 而行游諸侯衆矣; 然至齊, 竊聞足下義甚高, 故進百金者, 將用爲大人麤糲之費, 得以交足下之驩, 豈敢以有求望邪!」聶政曰:「臣所以降志辱身居市井屠者, 徒幸以養老母; 老母在, 政身未敢以許人也.」嚴仲子固讓, 聶政竟不肯受也. 然嚴仲子卒備賓主之禮而去.

久之, 聶政母死. 旣已葬, 除服, 聶政曰:「嗟乎! 政乃市井之人, 鼓刀以屠; 而嚴仲子乃諸侯之卿相也, 不遠千里, 枉車騎而交臣. 臣之所以待之, 至淺鮮矣, 未有大功可以稱者, 而嚴仲子奉百金爲親壽, 我雖不受, 然是者徒深知政也. 夫賢者以感忿睚眦之意而親信窮僻之人, 而政獨安得嘿然而已乎! 且前日要政, 政徒以老母; 老母今以天年終, 政將爲知己者用.」乃遂西至濮陽, 見嚴仲子曰:「前日所以不許仲子者, 徒以親在; 今不幸而母以天年終. 仲子所欲報仇者爲誰? 請得從事焉!」

嚴仲子具告曰:「臣之仇韓相俠累, 俠累又韓君之季父也, 宗族盛多, 居處兵衛甚設, 臣欲使人刺之, 終莫能就. 今足下幸而不棄, 請益其車騎壯士可爲足下輔翼者.」

聶政曰:「韓之與衛, 相去中閒不甚遠, 今殺人之相, 相又國君之親, 此其勢不可以多人, 多人不能無生得失, 生得失則語泄, 語泄是韓擧國而與仲子爲讎, 豈不殆哉!」遂謝車騎人徒, 聶政乃辭獨行.

杖劍至韓, 韓相俠累方坐府上, 持兵戟而衛侍者甚衆. 聶政直入, 上階刺殺俠累, 左右大亂. 聶政大呼, 所擊殺者數十人, 因自皮面決眼, 自屠出腸, 遂以死.

韓取聶政屍暴於市, 購問莫知誰子. 於是韓(購)縣(購)之, 有能言殺相俠累者予千金. 久之莫知也.

政姊榮聞人有刺殺韓相者, 賊不得, 國不知其名姓, 暴其尸而縣之千金, 乃於邑曰:「其是吾弟與? 嗟乎, 嚴仲子知吾弟!」立起, 如韓, 之市, 而死者果政也, 伏尸哭極哀, 曰:「是軹深井里所謂聶政者也.」市行者諸衆人皆曰:「此人暴虐吾國相, 王縣購其名姓千金, 夫人不聞與? 何敢來識之也?」榮應之曰:「聞之. 然政所以蒙汚辱自棄於市販之閒者, 爲老母幸無恙, 妾未嫁也. 親旣以天年下世, 妾已嫁夫, 嚴仲子乃察擧吾弟困汚之中而交之, 澤厚矣, 可柰何! 士固爲知己者死, 今乃以妾尙在之故, 重自刑以絶從, 妾其柰何畏歿身之誅, 終滅賢弟之名!」大驚韓市人. 乃大呼天者三, 卒於邑悲哀而死政之旁.

晉・楚・齊・衛聞之, 皆曰:「非獨政能也, 乃其姊亦烈女也. 鄉使政誠知其姊無濡忍之志, 不重暴骸之難, 必絶險千里以列其名, 姊弟俱僇於韓市者, 亦未必敢以身許嚴仲子也. 嚴仲子亦可謂知人能得士矣!」

3. ≪**列女傳**≫ 續列女傳 節義

齊勇士聶政之姊也. 聶政母旣終, 獨有姊在. 及爲濮陽嚴仲子刺韓相俠累, 所殺者數十人, 恐禍及姊. 因自披其面, 抉其目, 自屠剔而死. 韓暴其尸於市, 購問以千金, 莫知爲誰. 姊曰:「弟至賢, 愛妾之軀, 滅吾之弟名, 非弟意也.」乃之韓, 哭聶政尸. 謂史曰:「殺韓相者, 妾之弟軹深井里聶政也.」亦自殺於尸下. 晉‧楚‧齊‧衛聞之曰:「非獨聶政之勇, 乃其姊者烈女也.」君子謂聶政姊仁而有勇, 不去死以滅名. 詩云:「死喪之滅, 兄弟孔懷.」此之謂也.

4. 鮑本의 평어

『彪謂: 政之始終於其親, 孝矣. 其臨財也, 義矣. 嘗欲評其死, 感其義烈, 不忍下筆. 獨以謂人之居世, 不可不知人, 亦不可妄爲人知也. 遂唯知政, 故得行其志. 惜乎, 遂褊猵狷細人耳, 政不幸謬爲所知, 故死於是! 使其受知明主與賢相, 則其所成就, 豈不有萬萬於此者乎? 哀哉! 補曰: 大事記:, 按史記‧韓世家, 烈侯三年, 聶政殺韓相俠累; 十一年, 烈侯卒; 子文侯立, 十年卒; 子哀侯立, 六年, 韓嚴弑其君哀侯. 聶政之刺俠累, 與哀侯之弑, 相去遠矣, 而聶政傳乃謂嚴仲子事哀侯, 與韓相俠累有郤, 使政刺累. 與世家不合. 蓋其氏偶同, 故刺客傳誤以爲哀侯之時. 策曰: 東孟之會, 韓王及相皆在焉, 聶政刺韓傀兼中哀侯. 又曰: 聶政刺相, 兼中哀侯, 許異蹴哀侯而竑之, 是故哀侯爲君而許異終身相焉. 考之世家, 哀侯旣弑, 其子懿侯卽立, 許異將誰相哉? 俠累旣死, 烈侯猶在位十年, 謂之終身相可也. 則此乃烈侯三年之事, 但戰國策誤以爲哀侯耳. 又烈王五年, 韓嚴遂弑哀侯, 解題引索隱云: 紀年, 晉桓公邑哀侯於鄭, 韓山堅賊其君哀侯而立韓若山. 山堅卽韓嚴也, 若山卽懿侯也. 愚按, 此事, 國策誤合二事爲一, 司馬遷兩存而不決, 故溫公與劉道原書‧蘇氏古史皆疑之. 大事記考之未盡, 且史記‧年表‧世家兩書韓嚴, 是聶政之事乃嚴遂; 而弑哀侯者, 乃韓嚴. 大事記謂氏偶同, 又不知韓嚴遂‧韓嚴, 國‧氏‧名交混也. 通鑑書嚴遂弑哀侯, 大事記因之未改, 當從史書韓嚴. 綱目書'廢遂'下注. 哀侯以韓庵爲相, 而愛韓遂, 二人相害, 遂刺庵于朝, 倂中哀侯, 亦仍誤也. 正曰: 史遷作刺客傳, 失在獎盜, 而年表書盜殺韓相俠累, 獨爲得春秋書法. 綱目‧大事記不能易也. 父母遺體不敢毀傷, 以不義而滅其得爲孝乎? 非有夙昔之遇, 如智伯之於豫讓; 非有累世之恩, 如韓之於子房, 以欲報仇之故, 厚己而使爲不義, 得爲知己乎? 鮑陳說區區, 陋矣. 補曰: '姊娣之死, 蓋兄弟之義', 策述其言, 以爲不愛身以揚弟之名, 而說者徒知論名, 而不及義, 此皆戰國之習也. 史記云: '使政知姊無濡忍之志, 不重暴骸之難, 必絶險千里以列其名, 姐弟俱僇於韓市者, 亦未必敢以身許仲子也.'

列女傳云: '嫈仁而有勇, 不怯死以滅名. 詩云: 死喪之威, 兄弟孔懷云云, 此之謂也.'
愚謂: 子長得政之情, 子政得嫈之志, 然一則曰列其名, 一則曰不滅名, 猶未免世
俗之失也.』

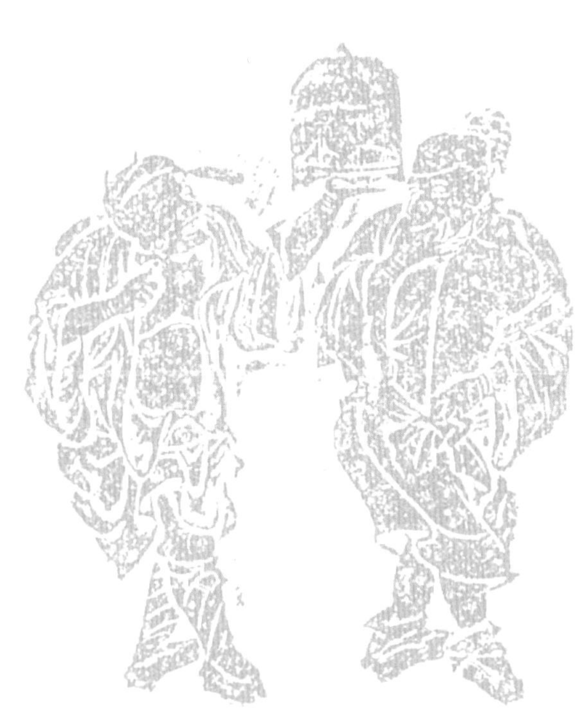

권28 한책 韓策 (三)

총23장(418~441)

418(28-1) 或謂韓公仲
쌍둥이가 아무리 닮았어도

어떤 이가 한韓나라 공중치公仲侈에게 일렀다.

"무릇 쌍둥이가 아무리 닮았어도 오직 그 어머니만은 구분해 내며, 이익과 손해가 아주 닮은 경우라도, 지혜로운 자는 이를 가려낼 줄 압니다. 지금 공의 나라는 그 이해가 닮은 것이 마치 쌍둥이와 같습니다. 정도를 밟아 처리하면 임금은 더욱 높여지고 그대 자신은 안전지지만, 정도를 벗어나면 임금은 낮아지고 당신은 위험해집니다. 지금 진秦·위魏 두 나라가 강화조약을 맺으려고 하는데, 만약 그대가 이들을 묶어두지 않으면 나라는 그들의 계략에 말려들게 됩니다. 한나라가 위나라처럼 말려들어 진나라를 섬기게 되면 이는 위나라의 종과도 같아져 틀림없이 가벼운 위치로 전락해 버리고, 한나라 임금은 낮아지고 말 것입니다.

진나라가 한나라까지 가까이 해두면 장차 반드시 가장 아끼는 신하를 한나라에 파견하여 한나라 정치를 간섭할 것이니, 그때 위험해지는 것은 바로 당신입니다. 지금 당신과 안성군安成君이 진·위 두 나라의 강화회담에 가서 중재해 주십시오. 이루어져도 당신에게는 복이요, 실패해도 복이 되는 것입니다.

진·위 두 나라의 강화가 이루어져서 당신이 이들을 묶어두면 한나라는 진·위 두 나라의 대문 역할을 하게 됩니다. 이는 결국 한나라 위치는 올라가고 임금은 존귀해지는 것입니다. 안성군은 동쪽으로 위나라의 신임을 얻고, 서쪽으로는 진나라에게 귀한 존재가 되어 계약서의 반쪽을 손에 쥐고, 그대를 위해 진·위 두 나라 왕에게 덕을 베풀어 봉지를 얻고 제후가 되면 곧 당신의 덕으로 여기게 될 것입니다.

한·위 두 나라가 안정되고 그대는 종신토록 재상의 위치를 지켜내면 이는 곧 주존신안主尊身安이 되는 것입니다. 반대로 진·위 두 나라가 서로 회합하지 못하고 결렬된다고 합시다. 제나라는 위나라를 얻지 못한데 화를 내면서 틀림없이 한나라를 끌어들여 위나라를 막으려 할 것이요, 위나라는 진나라를 배척하고 한나라를 끌어들여 진나라에 대비하려 할 것입니다. 이때 그대는 좋은 비단을 골라잡고 끊어 갖는 격이 됩니다.

진·위 두 나라가 화합하면 두 나라 모두 당신 말을 듣게 되고, 결렬되면 양국은 다투어 그대를 끌어들이려 할 테니, 이야말로 성공해도 복이요, 실패해도 복이라는 것입니다. 귀하는 더 이상 의심하지 마시기 바랍니다."

或謂韓公仲曰:「夫攣子之相似者, 唯其母知之而已; 利害之相似者, 唯智者知之而已. 今公國, 其利害之相似, 正如攣子之相似也. 得以其道爲之, 則主尊而身安; 不得其道, 則主卑而身危. 今秦·魏之和成, 而非公適(兩)束之, 則韓必謀矣. 若韓隨魏以善秦, 是爲魏從也, 則韓輕矣, 主卑矣. 秦已善韓, 必將欲置其所愛信者, 令用事於韓以完之, 是公危矣. 今公與安成君爲秦·魏之和, 成固爲福, 不成亦爲福. 秦·魏之和成, 而公適(兩)束之, 是韓爲秦·魏之門戶也, 是韓重而主尊矣. 安成君東重於魏, 而西貴於秦, 操右契而爲公責德於秦·魏之主, 裂地而爲諸侯, 公之事也. 若夫安韓·魏而終身相, 公之下服, 此主尊而身安矣. 秦·魏不終相聽者也. 齊怒於不得魏, 必欲善韓以塞魏; 魏不聽秦, 必務善韓以備秦, 是公擇布而割也. 秦·魏和, 則兩國德公; 不和, 則兩國爭事公. 所謂成爲福, 不成亦爲福者也. 願公之無疑也.」

【韓公仲】 韓나라 相國 公仲侈.
【安成君】 秦나라가 封한 사람. 그 사람은 알 수 없다. 安成은 본래 魏나라 읍으로 秦나라가 빼앗아 그 사람에게 봉하였다.
【操右契】 鮑氏注에 "左契待合而己, 右契可以責取(取財物於人)"라 하였다.

419(28-2) 或謂公仲
만 배나 넘는 값

어떤 이가 한韓나라 재상 공중公仲에게 일러주었다.

"지금 단번에 임금에게는 충성을 다하고 나라는 편안해지며, 자신에게는 이로움이 생기는 일이 있습니다. 원컨대 귀하께서는 실행에 옮겨 보십시오. 지금은 천하가 각자 흩어져서 진秦나라를 섬기고 있기 때문에, 귀국 한나라가 가장 낮은 위치가 되어 있습니다. 또 천하 제후가 합종을 하여 진나라에 등을 돌리게 되면 한나라가 가장 약한 채로 참가하게 됩니다. 이렇게 이합離合이 차례로 연속되는 한, 한나라가 어찌해도 가장 위험합니다. 이것은 귀국의 임금은 물론 나라 전체의 장로나 백성들이 모두 크게 걱정하고 있는 일입니다. 그러니 지금 귀하께서는 이 한나라를 우선 제일 먼저 진나라에 연합시키십시오. 그러면 천하 제후들이 모두 이를 따를 것이며 한나라는 결국 천하 제후들을 이끌고 진나라를 섬기는 격이 되어 진나라는 한나라를 은혜스럽게 여기며 후하게 대해 줄 것입니다. 한나라가 천하 제후들과 함께 진나라를 조견朝見하면서 유독 홀로 진나라로부터 칭찬을 듣게 되는 것입니다. 공께서는 이 계책을 실행해 보십시오. 이것이 바로 임금에게 충성을 다하는 길입니다. 만약 천하가 귀하의 제의를 따르지 않게 되면, 진나라의 명령도 듣지 않겠지요. 진나라는 화가 나서 군대를 일으켜 자기에게 불복하는 나라를 토벌할 것입니다.

진나라는 다른 제후들과 원한과 싸움에 얽혀 있은 지 오래이면서 아직 결판이 나지 않고 있는 이때에 귀국은 병사와 백성을 휴식시켜 그 틈을 기다리십시오. 이는 나라를 편안히 한다는 것입니다. 이것이 앞서 말한 나라를 편안히 한다는 뜻입니다. 옛날 주교周佼가 서주西周를 이끌고 진나라를 잘 받들도록 하자 진나라는 그에게 경양梗陽 땅을 봉해 주었고, 또 주계周啓가 동주東周로서 진나라를 잘 섬기도록 하자 진나라는 그에게 평원平原 땅을 봉해 주었습니다. 지금 그대가 한나라로서 진나라를 섬기게 한다면 한나라는 그 양주兩周보다 중하여 더 이상 계산할 것도 없을 것입니다.

또 진나라가 다투고 있는 형세로 보아도 주나라 시절보다 1만 배나

값을 쳐줄 것입니다. 그래서 지금 그대가 한나라를 천하의 그 어느 제후보다
먼저 진나라에 연합시키면 진나라에서는 귀하에게 제후의 벼슬을 내려
천하에 널리 자랑해 줄 것입니다. 공께서 이를 실행하시면 이것이 귀하
스스로에게 이롭다 는 것입니다. 원컨대 귀하께서는 더욱 힘써 보시기
바랍니다."

或謂公仲曰:「今有一擧而可以忠於主, 便於國, 利於身, 願公之行之也.
今天下散而事秦, 則韓最輕矣; (今)天下合而離秦, 則韓最弱矣; 合離之相續,
則韓最先危矣. 此君國長民之大患也. 今公以韓先合於秦, 天下隨之, 是韓
以天下事秦, 秦之德韓也厚矣. 韓與天下朝秦, 而獨厚取德焉, 公行之計,
是其於主也至忠矣. 天下不合秦, 秦令而不聽, 秦必起兵以誅不服. 秦久與天
下結怨構難, 而兵不決, 韓息士兵以待其釁, 公行之計, 是其於國也, 大便也.
昔者, 周佼以西周善於秦, 而封於梗陽; 周啓以東周善於秦, 而封於平原.
今公以韓善秦, 韓之重於兩周也無計, 而秦之爭機也萬於周之時. 今公以韓
爲天下先合於秦, 秦必以公爲諸侯, 以明示天下, 公行之計, 是其於身大利也.
願公之加務也.」

【公仲】韓나라 재상. 公仲侈.
【周佼】서주의 신하.
【梗陽】지금의 山西省 淸原縣.
【周啓】동주의 신하.
【平原】지금의 山東省 平原縣 남쪽.

합종연횡을 밥먹듯이 바꾸고

한韓나라 장수 한민韓珉이 송宋나라를 공격하자 진왕秦王이 크게 노하였다.

"내가 송나라를 아낌은 신성新城이나 양진陽晉과 같다. 한민이 나와 교분도 있으면서 내가 가장 아끼는 곳을 공격하다니 이 어찌된 일인가?"

이때 소진蘇秦, 蘇代이 한민을 위하여 진왕을 달랬다.

"한민이 송나라를 공격한 것은 대왕을 위해서 입니다. 한민이 강한 한나라와 송나라까지 합해 왕을 보필하게 되면 초楚·위魏 두 나라가 틀림없이 두려워할 것입니다. 그들이 두려워하는 한 서쪽으로 귀국 진나라를 섬길 것은 틀림없는 이치입니다. 그때 왕께서는 군대 하나 허비하지 않고 사람 하나 희생 없이, 아무 일 없이 앉아서 안읍安邑을 얻게 됩니다. 한민이 이를 위해 진나라에 기도하고 있는 것입니다."

진왕은 의아해하였다.

"나는 아무래도 한민을 이해하지 못하겠소. 합종과 연횡을 밥먹듯이 바꾸고 있소. 이는 어떻게 설명해야겠소?"

소진은 이렇게 설명해 주었다.

"천하가 한결같이 진실로 한韓나라를 이해하려 합니다. 한나라가 이미 송나라를 치고 있으면서 서쪽으로 계속 귀국 진나라를 섬겨, 만승지국인 귀국을 보필로 여기고 있습니다. 서쪽으로 귀국 진나라를 섬기지 않고는 송나라를 얻는다 해도 불안해지기 때문입니다. 중원의 머리가 흰 노학자 유세객들은 모두가 지혜를 모아 진나라와 한나라의 우호관계를 무너뜨리려 하고 있습니다.

그래서 수레 손잡이를 잡고 채찍을 몰아 귀국 서쪽으로 내닫는 자는 단 하나도 한나라를 좋게 말하는 사람이 없습니다. 마찬가지로 역시 수레를 몰아 동쪽 다른 제후국으로 내닫는 자는 단 하나 귀국 진나라를 좋게 말하는 자가 없습니다. 이처럼 모두가 한·진 두 나라의 결합을 싫어하는 이유는 어디에 있겠습니까? 이는 진(晉, 魏를 말함)·초 두 나라는 지혜롭고 한·진秦 두 나라는 어리석다고 여기기 때문입니다. 위나라와 초나라가 결합되면 한·진 두 나라의 사정을 살필 것이요, 한·진 두 나라가 결합하면 반드시 위·초 두 나라를 칠 계획을 세울 것이라고 보는 것입니다. 청컨대 결정을 내리시지요.”

진왕이 말하였다.

“옳구나.”

韓人攻宋, 秦王大怒曰:「吾愛宋, 與新城·陽晉同也. 韓珉與我交, 而攻我甚所愛, 何也?」蘇秦(代)爲韓說秦王曰:「韓珉之攻宋, 所以爲王也. 以韓之强, 輔之以宋, 楚·魏必恐. 恐, 必西面事秦. 王不折一兵, 不殺一人, 無事而割安邑, 此韓珉之所以禱於秦也.」秦王曰:「吾固患韓之難知, 一從一橫, 此其說何也?」對曰:「天下固令韓可知也. 韓故(固)已攻宋矣, 其西面事秦, 以萬乘自輔; 不西事秦, 則宋地不安矣. 中國白頭游敖之士, 皆積智欲離秦·韓之交. 伏軾結靼西馳者, 未有一人言善韓者也; 伏軾結靼東馳者, 未有一人言善秦者也. 皆不欲韓·秦之合者何也? 則晉·楚智而韓·秦愚也. 晉·楚合, 必伺韓·秦; 韓·秦合, 必圖晉·楚. 請以決事.」秦王曰:「善.」

【韓珉】 韓나라 장수.
【秦王】 秦나라 昭王.
【新城】 원래 韓나라 땅. 지금의 河南省 商丘縣 남쪽.
【陽晉】 원래 衛나라 땅. 지금의 山東省 鄆城縣 서쪽.
【蘇秦】 合從家. 그러나 ≪史記≫에는 여기가 蘇代로 되어 있다.

1. ≪史記≫ 田敬仲完世家에도 실려있으나 韓나라가 齊나라로, 韓珉이 韓聶으로, 蘇秦이 蘇代로 바뀌어져 있다.

2. ≪史記≫ 田敬仲完世家

三十八年, 伐宋. 秦昭王怒曰:「吾愛宋與愛新城·陽晉同. 韓聶與吾友也, 而攻吾所愛, 何也?」蘇代爲齊謂秦王曰:「韓聶之攻宋, 所以爲王也. 齊彊, 輔之以宋, 楚魏必恐, 恐必西事秦, 是王不煩一兵, 不傷一士, 無事而割安邑也, 此韓聶之所禱於王也.」秦王曰:「吾患齊之難知. 一從一衡, 其說何也?」對曰:「天下國令齊可知乎? 齊以攻宋, 其知事秦以萬乘之國自輔, 不西事秦則宋治不安. 中國白頭游敖之士皆積智欲離齊秦之交, 伏式結軼西馳者, 未有一人言善齊者也, 伏式結軼東馳者, 未有一人言善秦者也. 何則? 皆不欲齊秦之合也. 何晉楚之智而齊秦之愚也! 晉楚合必議齊秦, 齊秦合必圖晉楚, 請以此決事.」秦王曰:「諾.」於是齊遂伐宋, 宋王出亡, 死於溫. 齊南割楚之淮北, 西侵三晉, 欲以幷周室, 爲天子. 泗上諸侯鄒魯之君皆稱臣, 諸侯恐懼.

3. 鮑本의 평어

『補曰: 趙策, 謂魏王曰'韓珉處於趙, 去齊三千里', 王以此疑齊曰'有秦陰'; 五國伐秦無功, 蘇代謂齊王擧說奉陽君之辭曰: '天下爭秦, 秦內韓珉於齊', 又云「與韓氏大吏東勉, 齊王必無召珉」. 而韓策云'韓珉相齊'. 蓋韓珉爲齊伐宋也. 首句不云'韓攻宋', 而云'韓人', 疑'人'卽'珉'之訛. 蘇代爲燕反間, 勸齊伐宋, 將以敝齊而爲燕, 恐秦之敗其事, 故游說以止之爾. 史記恐有所據, 當考.』

4. 黃丕烈의 주

『丕烈案: 鮑氏引史記·齊世家此下'韓'字皆作'齊'. 考此策文必本亦作'齊'. 史記·索隱引此策文異同, 不及'韓''齊'字, 可證. 因韓珉而在韓策, 後人乃誤改之耳.』

421(28-4) 或謂韓王
백이 같이 의롭다해도

어떤 이가 한왕韓王에게 말하였다.

"진왕秦王이 양梁나라를 쳐서 강絳과 안읍安邑을 공격하려 하고 있습니다. 이 한나라에서는 장차 어떤 대책을 가지고 있는지요? 진나라가 이 한나라를 치고자 하는 것은 동쪽으로 주실周室을 엿보기 위함입니다. 오랫동안 꿈꾸며 잊지 못하던 일입니다. 지금 이 한나라는 이를 잘 살펴보지 않고 진나라에 가까이하려 하시니 이는 산동 여러 나라의 큰 화근이 될 것입니다. 또 지금 진나라가 위나라를 공격하는 것은 위나라를 얻고 나서 이 한나라와 맞닿기 위함입니다. 즉 위나라가 자기들 명령을 듣지 않을까 하여 미리 고통을 주어 자신들과 굳게 뭉치도록 하는 것입니다. 왕께서는 이를 잘 살펴보지도 않고 중립을 지키겠다고 하시니 위나라는 틀림없이 한나라가 이미 자기편이 아니라고 화를 내고 진나라에 붙어 한나라를 들이 칠 것입니다.

그러니 왕께서는 깊이 헤아리셔야 합니다. 왕께서는 어서 급히 중신을 사신으로 하여 조趙·위魏 두 나라에 파견하셔서 다시금 형제의 우의를 다지십시오. 그리하여 산동 여러 나라의 정예병사들로 하여금 한·위 두 나라의 서쪽을 지키게 하십시오. 그렇게 하지 않으면 산동은 더 이상 구해낼 수 없습니다. 이것이 바로 만세의 계책입니다. 진나라가 천하를 병탄하여 왕이 되겠다는 것은 옛날과 같지 않습니다. 그들은 상대가 자기를 섬기기를 마치 아들이 아버지 섬기듯 해도 결국 망할 것이요, 또 행동이 비록 백이伯夷같이 의롭다 해도 멸망시킬 것이요, 행동이 걸桀·주紂 같다 해도 멸망시킬 것입니다. 이처럼 아무리 잘 섬긴다 해도 아무런 이익이 없습니다.

따라서 진나라를 섬겼다고 해서 스스로 존속할 수 없을 뿐더러 도리어 이로 인해 국가의 멸망을 재촉할 뿐입니다. 그러므로 산동 여러 나라가 능히 종친을 맺어 서로 견고하기가 하나의 나라같이 하지 않으면 틀림없이 모두가 망하고 말 것입니다."

或謂韓王曰:「秦王欲出事於梁, 而欲攻絳·安邑, 韓計將安出矣? 秦之欲伐韓, 以東闚周室甚, 唯寐忘之. 今韓不察, 因欲與秦, 必爲山東大禍矣. 秦之欲攻梁也, 欲得梁以臨韓, 恐梁之不聽也, 故欲病(痛)之以固交也. 王不察, 因欲中立, 梁必怒於韓之不與己, 必折爲秦用, 韓必擧矣. 願王熟慮之也. 不如急發重使之趙·梁, 約復爲兄弟, 使山東皆以銳師戌韓·梁之西邊. 非爲此也, 山東無以救亡, 此萬世之計也. 秦之欲并天下而王之也, 不與古同. 事之雖如子之事父, 猶將亡之也; 行雖如伯夷, 猶將亡之也; 行雖如桀·紂, 猶將亡之也. 雖善事之無益也. 不可以爲存, 適足以自令亟亡也. 然則山東非能從親, 合而相堅如一者, 必皆亡矣.」

【韓王】韓의 安釐王.
【闚周室】周나라 왕실을 엿본다는 것은 종주국 천자가 되겠다는 야심을 뜻함.
【伯夷】伯夷·叔齊가 서로 왕위를 양보한 것같이 그렇게 秦나라를 잘 섬겨도 결국 멸망시킬 것이라는 뜻. 伯夷·叔齊는 ≪史記≫ 伯夷列傳 참조.
【桀紂】桀紂처럼 포악해도 물론 商湯과 周武王이 멸망시키듯 한다는 뜻.

참고 및 관련 자료

1. 鮑本의 평어
『彪謂: 秦之大情, 此士陳之無餘蘊矣, 非蘇氏兄弟不能也. 說之著明如此, 而聽之者藐藐, 豈天亡之邪? 蓋漢運將興, 而秦爲之鸇獺也.』

우물에서 불을 찾아

어떤 이가 정왕鄭王에게 일렀다.

"소희후昭釐侯는 일대의 이름난 군주요, 신불해申不害는 일대의 똑똑한 신하입니다. 한韓·위魏 두 나라는 서로 동등한 국가이면서 신불해와 소희후가 직접 규옥珪玉을 잡고 가서 양왕(梁王. 魏王)을 뵌 것은 결코 비천함을 좋아하고 존귀를 싫어해서가 아니며, 또한 사려가 깊지 않거나 계획을 실패해서도 아닙니다.

신불해가 일찍이 왕에게 계획을 설명한 적이 있습니다. '내가 규옥을 잡고 위왕을 뵈면

〈朱繪獸耳陶壺〉(부분) 戰國 燕. 1964 北京 昌平 출토

위왕은 우리 한나라에게 지원을 얻을 수 있다고 여겨, 천하를 깔보게 될 것입니다. 이렇게 되면 위나라는 장차 곤란이 닥치겠지요. 제후들은 위나라가 한나라를 섬긴다는 것을 싫어하게 됩니다. 이는 우리가 한 사람에게 숙여서 만민의 위로 올라서게 되는 것입니다. 위나라의 병력을 약화시키고 한나라의 권력을 증강시키기에 위나라를 받드는 것보다 더 좋은 방법은 없습니다.'

소희후는 그의 말대로 하였으니 곧 현명한 군주요, 신불해는 국사를 고려하여 이렇게 말하였으니 충성된 신하인 것입니다. 지금의 한나라는 옛날의 한나라보다 약해졌으며, 지금의 진나라는 옛날의 진나라보다 강해졌습니다. 게다가 진나라는 양왕의 마음까지 얻고 있는데 왕과

여러 신하들은 결코 진나라를 믿고는 한나라를 안정시킬 수는 없다고 여기고 있으니, 제가 보기에 대왕은 결코 소희후만 못한 것 같고, 왕의 여러 신하들은 아무래도 신불해만 못한 것 같습니다.

옛날 진秦 목공穆公은 한원韓原에서 진晉나라를 굴복시키고 서쪽의 패자가 되었고, 진晉 문공文公은 성복城濮에서 승리하여 천하를 안정시켰습니다. 이는 한 번 싸움으로 존귀함을 세워 천하에 공명이 날리도록 한 것입니다. 지금 진나라는 여러 대를 내려오면서 강성해져서 큰 승리는 수십 번이요, 작은 승리도 수백 번이건만 아직도 크게는 왕업을 이루지 못하고 작게는 패업도 이루지 못하였으며, 명예나 존귀도 세운 바 없고 제도나 법령도 남에게 영향을 준 것이 없습니다.

옛날 춘추시대의 군사 행동을 할 때는 명분도 있었고 실리도 있었습니다. 명분이란 마음을 공격할 수 있는 것이요, 실리란 형체(토지)를 공격하는 것입니다. 지난날 오吳·월越 두 나라가 교전할 때 월나라가 대패하여 회계산會稽山에 숨었습니다. 오나라가 월나라에 들어와 백성을 안무하자 월왕은 대부 문종文種을 시켜 오나라에게 강화를 요청하였습니다. 그 조건으로 월나라 백성은 오나라의 노비나 첩이 되고, 자신은 스스로 짐승을 잡아 오왕의 예물로 바치며, 오나라 집사執事들의 뒷시중이나 들겠다구요. 오나라가 과연 이를 허락하였으며, 따로 맹약을 맺지는 않았습니다. 이는 오나라가 월나라의 마음을 공격한 좋은 예입니다. 그 후 월나라와 오나라는 다시 싸움이 붙어 반대로 오나라가 대패하고 말았습니다. 이번에 오나라가 반대로 월나라에게 남자는 노복으로, 여자는 비첩으로 삼으며, 오나라는 월나라에게 받았던 예를 다 갖추어 주겠다고 애걸해 왔습니다. 이때 월나라는 들어주지 않고 오나라를 아주 멸해 버리고 오왕 부차夫差를 사로잡아 버렸습니다. 이것은 월나라가 오나라의 형체를 공격한 좋은 예입니다.

지금 그秦의 마음을 공격하려 하십니까? 그렇다면 오나라가 월나라에게 처음 하듯 하십시오. 지금 그의 형체를 공격하려 하십니까? 그럼 마땅히 월나라가 오나라에게 하듯 하십시오. 형체를 공격하기로는 월나라만한 게 없고 마음을 공격하기로는 오나라만한 게 없습니다. 군신·상하·소장·

귀천이 모두 패왕의 사업을 끝냈다고 소리 지르는 것은 제 생각으로는 마치 사람이 우물에 들어가면서 '내가 장차 너를 위해 불을 구해 오겠다'라고 하는 것과 같습니다."

謂鄭王曰:「昭釐侯, 一世之明君也; 申不害, 一世之賢士也; 韓與魏, 敵侔之國也. 申不害與昭釐侯執珪而見梁君, 非好卑而惡尊也, 非慮過而議失也. 申不害之計事, 曰:『我執珪於魏, 魏君必得志於韓, 必外靡於天下矣, 是魏弊矣. 諸侯惡魏必事韓, 是我免(俛)於一人之下, 而信於萬人之上也. 夫弱魏之兵, 而重韓之權, 莫如朝魏.』昭釐侯聽而行之, 明君也; 申不害慮事而言之, 忠臣也. 今之韓弱於始之韓, 而今之秦强於始之秦. 今秦有梁君之心矣, 而王與諸臣不事爲尊秦以定韓者, 臣竊以爲王之明爲不如昭釐侯, 而王之諸臣忠莫如申不害也.

昔者, (秦)穆公一勝於韓原而霸西州, 晉文公一勝於城濮而定天下, 此以一勝立尊令, 成功名於天下. 今秦數世强矣, 大勝以千(十)數, 小勝以百數, 大之不王, 小之不霸, 名尊無所立, 制令無所行, 然而春秋用兵者, 非以求主尊成名於天下也. 昔先王之攻, 有爲名者, 有爲實者. 爲名者攻其心, 爲實者攻其形. 昔者, 吳與越戰, 越人大敗, 保於會稽之上. 吳人入越而戶撫之. 越王使大夫種行成於吳, 請男爲臣, 女爲妾, 身執禽而隨諸御. 吳人果聽其辭, 與成而不盟, 此攻其心者也. 其後越與吳戰, 吳人大敗, 亦請男爲臣, 女爲妾, 反以越事吳之禮事越. 越人不聽也, 遂殘吳國而禽夫差, 此攻其形者也. 今將攻其心乎? 宜使如吳; 攻其形乎? 宜使如越. 夫攻形不如越, 而攻心不如吳, 而君臣·上下·少長·貴賤, 畢呼霸王, 臣竊以爲猶之井中而謂曰: 『我將爲爾求火也.』」

【鄭王】 韓王을 말한다. 즉 韓의 宣惠王. 昭侯의 아들. 鄭나라는 韓哀侯의 2년에 韓나라에게 멸망하였다. 그리하여 鄭은 수도 陽翟을 피해 新鄭으로 옮겼다. 당시 여기에 許異가 봉해져 있었다.
【昭釐侯】 昭侯라고도 하며 哀侯의 孫子. 申不害를 相國으로 삼았었다.
【申不害】 昭侯를 도와 15년을 相國에 앉아 외인의 침입이 없었다. 그의 학문은

黃老(道家, 즉 黃帝와 老子)를 주로 하여 刑名으로 다스렸다. 뒤에 法家의 대가로 널리 알려져있다.

【穆公……西州】 周襄王 7년(B.C. 645년)에 秦穆公이 晉惠公과 韓原(지금의 陝西省 韓城縣의 동쪽 山西省과의 경계)에서 싸워 惠公을 사로잡았다. 이로부터 穆公은 西戎 각국까지 제패하여 패자가 되었다.

【晉 文公……定天下】 周襄王 20년(B.C. 632년)에 文公이 城濮(지금의 山東省 濮縣)에서 당시 北進 세력인 楚나라를 대패시켜 周室에 조견하여 패자가 되었다. 楚나라 成王이 中原을 쟁패하려 들었기 때문에 '定天下'라 한 것이다.

【會稽】 산 이름. 浙江省 紹興縣.

【越王使大夫種行成】 越王은 勾踐, 大夫種은 大夫 文種(文은 姓).

【臣妾】 남녀의 賤함을 이른다. 《書傳》에 "役人賤者男曰臣, 女曰妾"이라 하였다.

【身執禽】 越王 자신이 짐승을 사냥하여 吳王에게 바치는 천한 종 노릇을 하겠다는 뜻이다. 《禮記》 檀弓篇 注에 "諸侯用禽贄, 降尊就卑之義"라 하였다.

1. 원래 다음 장 즉 423장과 연결되어 있다.

강한 나라와 친교를 맺어 두는 것은

"동맹東孟의 회맹 때 섭정聶政과 양견陽堅, 陽豎이 대낮에 칼을 들고 달려들어 상국과 임금을 찔렀습니다. 이때 허이許異가 애후哀侯를 발로 밟아 죽여버렸습니다. 그리하여 정군鄭君, 懿侯을 세웠습니다.

그런데 한韓나라 백성들이 모두 그의 명령을 들어주지 않자 허이는 먼저 임금을 세우는 일부터 서둘렀습니다. 그래서 애후(哀侯, 懿侯의 오기)가 임금이 되었고, 허이는 종신토록 상국이 되었으며 한나라가 애후(의후)를 받드는 것 만큼이나 허이를 받들게 되었던 것입니다.

어떤 사람이 지금 '한나라의 임금이 어떤 일도 할 수 없으니 차라리 종신토록 대신 허이의 재상이 되라'라고 한다면 이는 제 생각으로는 '아무 것도 할 수 없다'는 것에 대해 모책이 잘못된 것이라고 보아야 하지 않을까요?

또 옛날 환공桓公은 제후를 아홉 번이나 불러모아 회맹을 하면서도 한 번도 주周 양왕襄王의 명령을 듣지 않은 적이 없습니다.

이렇게 양왕을 높이면서 환공은 역시 패자가 되었습니다. 제후를 아홉 번이나 부를 수 있는 제 환공의 힘이었지만 양왕을 높일 줄 알았던 것입니다. 지금 '천자는 아무 일도 할 수 없다. 차라리 제 환공을 위할 줄이나 알아라'라고 하지만 여기서 '아무 것도 할 수 없다'라는 것은 모책이 잘못되었을 뿐더러 존중해야될 대상이 누구인지도 모르는 것이 아닐까요! 한나라의 수십만 선비가 모두 애후를 임금으로 받들고 있으나, 허이 홀로 상국의 자리를 누리고 있는 것은 다른 이유에서가 아닙니다. 모든 제후들이 주실에 매이지 않은 이가 없건만 환공 홀로 패자가 된 것도 역시 다른 이유에서가 아닙니다. 그러니 지금 강국 중에 어느 나라가 제왕帝王이 될 징조가 있는지를 살펴, 남보다 먼저 그를 돕는 쪽으로 국력을 모아, 환공이나 허이처럼 앞서 나서야 합니다. 이를 어찌 훌륭한 모책이라 아니할 수 있겠습니까? 먼저 강국을 도와주어 그 나라가 왕자가 되면 나는 패자가 되는 것이요, 그 나라가 실패하면

나는 그들의 병화兵禍로부터 피할 수 있으며 나를 감히 벌하지는 못하게
해두는 방법입니다.

　강국이 성공하면 나는 왕을 세워 주고 패자가 되는 것이요, 그게
실패하면 나를 덕스럽게만 해두는 게 됩니다. 한나라는 강한 나라를
도와주면 그 강한 나라의 성공에는 내가 복 받을 일이 있고, 그 강한
나라의 실패에는 내 화가 없어지는 것입니다. 따라서 먼저 강한 나라와
친교를 맺어 두는 것은 바로 성인의 계책입니다.”

「東孟之會, 聶政·陽堅(豎)刺相兼君. 許異蹴哀侯而殪之, 立以爲鄭君.
韓氏之衆無不聽令者, 則許異爲之先也. 是故哀侯爲君, 而許異終身相焉.
而韓氏之尊許異也, 猶其尊哀侯也. 今日(曰)『鄭君不可得而爲也, 雖終身
相之焉.』然而吾『弗爲』云者, 豈不爲過謀哉! 昔齊桓公九合諸侯, 未嘗不
以周襄王之命. 然則雖尊襄王, 桓公亦定霸矣. 九合之尊桓公也, 猶其尊襄
王也. 今日(曰)『天子不可得而爲也, 雖爲桓公.』吾『弗爲』云者, 豈不爲過謀
而不知尊哉! 韓氏之士數十萬, 皆戴哀侯以爲君, 而許異獨取相焉者, 無他;
諸侯之君, 無不任事於周室也, 而桓公獨取霸者, 亦無他也. 今强國將有帝
王之豐, 而以國先者, 此桓公·許異之類也. 豈可不謂善謀哉? 夫先與强國
之利, 强國能王, 則我必爲之霸; 强國不能王, 則可以辟(避)其兵, 使之無伐我.
然則强國事成, 則我立帝而霸; 强國之事不成, 猶之厚德我也. 今與强國,
强國之事成則有福, 不成則無患, 然則先與强國者, 聖人之計也.」

【東孟之會】〈韓策〉 417장 “韓傀相韓”의 注 참조.
【許異蹴哀侯而殪之】許異는 韓哀侯 때의 臣下. 許異는 聶政이 韓傀를 살해할
　때에 哀侯를 밟아 죽이고, 懿侯를 왕으로 옹위하였다. 따라서 본문의 처음
　哀侯 다음은 모두가 懿侯이어야 한다. 《史記》 韓世家 哀侯 6년(B.C. 371년)에
　“韓嚴弑其君, 而子懿侯立”이라 하였고, 《竹書紀年》에도 “韓山堅(陽豎)賊
　其君哀侯”라 하였다. 417장 “韓傀相韓”의 注 참조.
【立以爲鄭君】韓나라 도읍이 新鄭이었다. 그 때문에 韓王을 鄭君이라 부른
　것이다.

【齊桓公九合諸侯】齊桓公. 이름은 小白, 춘추오패의 으뜸. 재위시 아홉 번이나
제후를 모아 회맹하였다.
【周襄王】이름은 鄭. 惠王의 아들. 재위 33년.
【强國】秦나라를 말한다.

1. 원래 앞의 422장과 연결된 것이다. 따라서 어떤 사람이 鄭王(韓王)에게
말한 내용이 계속되고 있는 것이다. 그러나 본문의 내용은 해석이 아주 상반된
경우가 있다. 여기서는 ≪戰國策新譯≫을 따랐다.

424(28-7) 韓陽役於三川
임금을 모시고 싶지 않다고

한韓나라 공자公子 한양韓陽이 삼천三川에서 싸우다가 돌아가고 싶은 생각이 간절하였다. 이때 이 눈치를 알아차린 족강足强이라는 자가 한양을 위해 한왕韓王에게 이렇게 말하였다.

"삼천이 이미 평정되었습니다. 왕께서도 역시 알고 계십니까? 그곳에 부역하던 사람들이 모두 공자 한양을 대단히 귀히 여겨 그를 임금으로 모시고 싶어한다고들 합니다."

왕은 놀라 여러 공자들 중에 삼천에서 복무하고 있는 자들을 모두 불러 귀환시켜 버렸다.

韓陽役於三川而欲歸, 足强爲之說韓王曰:「三川服矣, 王亦知之乎? 役且共貴公子.」王於是召諸公子役於三川者而歸之.

【韓陽】 韓나라 公子 중의 하나.
【足强】 유세객. 책사. 혹은 韓陽의 부하인 듯하다.
【韓王】 韓 桓惠王.
【役於三川者】 鮑注에 "役, 役人. 公子, 謂陽等輩. 貴, 言立之爲君"이라 하였다.

425(28-8) 秦大國也
미인을 팔아 황금을 마련하다

"진秦나라는 대국이요, 한韓나라는 소국입니다. 한나라는 진나라로부터 소원한 관계로 밀렸으나 그래도 진나라와 가까이 하려고 노력하고 있습니다. 한나라는 황금을 바치지 아니하면 안 된다고 여겨 우선 그 황금을 구하기 위해 한나라 출신의 미인을 국외로 팔았습니다. 미인의 값이 비싸 제후들도 사기가 어려웠지요. 그런데 공교롭게도 진나라가 이 미인을 3천 금에 사주었습니다. 한나라는 그 값으로 다시 진나라에 갖다 바쳤습니다. 진나라로서는 돈과 한나라의 미인을 함께 얻게 된 것입니다. 하지만 진나라에 팔려간 한나라의 미인은 진나라 사람들에게 이렇게 악담을 하고 있었습니다.

'한나라는 진나라를 멀리한다.'

이로 보면 한나라는 미인과 금을 다 잃었고, 도리어 진나라로부터 더욱 소원해진 것만 분명해지고 말았습니다. 그래서 어떤 이가 한나라에게 이렇게 말하였습니다. '더 이상 사치를 부릴 것 없습니다. 금만 가지고 진나라를 섬겼더라면 진나라에게 효력이 있었을 것이며, 한나라가 진나라를 거북하게 여긴다는 것이 폭로되지도 않았을 것입니다. 미인은 한나라 출신이니 한나라 사정을 잘 알고 있을 것입니다. 따라서 계책을 잘 세우는 자는 절대로 속사정을 잘 아는 자를 내세우지 않는 법입니다.'"

「秦, 大國也. 韓, 小國也. 韓甚疏秦. 然而見親秦,(或增韓)計之, 非金無以也, 故賣美人. 美人之賈貴, 諸侯不能買, 故秦買之三千金. 韓因以其金事秦, 秦反得其金與韓之美人. 韓之美人因言於秦曰: 韓甚疏秦.」從是觀之, 韓亡美人與金, 其疏秦乃始益明. 故客有說韓者曰:『不如止淫用, 以是爲金以事秦, 是金必行, 而韓之疏秦不明. 美人知內行者也, 故善爲計者, 不見內行.』」

【韓甚疏秦】鮑注에 "美人怨韓賣之, 又知韓之情"이라 하였다.

1. 이이야기는 누군가가 韓나라 왕이나 重臣에게 예를 들어 설명한 대화체이다.

426(28-9) 張丑之合齊楚
지친 틈을 이용하여

장축張丑이 제齊·초楚 두 나라를 합하여 위魏나라와 동맹을 맺으려고 먼저 한韓나라 공중公仲에게 말하였다.

"지금 귀하는 급히 위나라의 운運 땅을 공격하고 계신데 위나라는 다급해지면 틀림없이 제·초 두 나라에게 땅을 떼어 주면서 강화하여 도와 달라고 할 것입니다. 그러니 공격을 하지 않는 것이 좋을 것입니다. 그러면 느긋해진 위나라는 제·초 두 나라와 강화를 하지 않고 도리어 그들과 싸울 것입니다. 위나라가 그 싸움에 이기면 지친 틈을 타서 운 땅을 다시 공격하면 쉽게 얻을 수 있을 것이며, 만약 위나라가 진다면 위나라는 그 땅을 이 귀국 한나라에게 바치고 말 것입니다."

공중이 허락하였다.

"그렇군요."

이에 장축은 다시 제·초 두 나라에 가서 이렇게 말하였다.

"한나라는 이미 위나라와 화해하였습니다. 믿지 못하신다면서 어찌 공중이 위나라 운 땅을 공격하는지를 보시지 않으십니까?"

공중은 과연 운 땅을 공격하지 않았다. 제·초 두 나라는 두 나라가 합할까 두려워 얼른 위나라와 강화를 맺으면서 한나라에게는 이를 알려 주지도 않았다.

張丑之合齊·楚講於魏也, 謂韓公仲曰:「今公疾攻魏之運(鄆), 魏急, 則必以地和於齊·楚, 故公不如勿攻也. 魏緩則必戰. 戰勝, 攻運而取之易矣; 戰不勝, 則魏且內之.」公仲曰:「諾.」張丑因謂齊·楚曰:「韓已與魏矣. 以爲不然, 則蓋(盍)觀公仲之攻也?」公仲不攻, 齊·楚恐, 因講於魏, 而不告韓.

【張丑】 당시 魏나라에 벼슬하고 있었던 듯하다.
【公仲】 韓나라 재상. 公仲侈.
【運】 '鄆'이라고도 쓰며 지금의 山西省 安邑縣 서남.
【蓋】 '盍'(何不)이다. 혹은 '공격의 여부'로 볼 수도 있다.

427(28-10) 或謂韓相國
편작을 좋아하는 이유

어떤 이가 한韓나라 상국相國 공중公仲에게 말하였다.

"사람들이 편작扁鵲을 좋아하는 이유는 옹종臃腫의 어려운 병을 고쳐 주기 때문입니다. 사람들에게 편작을 좋아하라고 하면서 그런 큰 병이 없다면 사람들은 그렇게 하지 않을 것입니다. 지금 그대가 평원군平原君을 섬겨 잘 대해 주는 것은 진秦나라라고 하는 큰 병이 있기 때문입니다. 그러나 뒤집어 보면 귀하는 평원군을 잘 대해 주기 때문에 진나라로부터 미움을 받는 것입니다. 원컨대 그대는 깊이 헤아려 보십시오."

或謂韓相國曰:「人之所以善扁鵲者, 爲有臃腫也; 使善扁鵲而無臃腫也, 則人莫之爲之也. 今君以所事善平原君者, 爲惡於秦也; 而善平原君乃所以 惡於秦也. 願君之熟計之也.」

【公仲】 韓나라 재상. 相國은 재상의 직책을 말한다.
【扁鵲】 뛰어난 의사. 전설상의 명의. 063장 참조.
【臃腫】 악독한 종기. 癰腫과 같다.
【平原君】 趙나라의 公子 趙勝. 전국사공자의 하나. 087·500장 등 참조.

신임을 얻으면서도 상국에 오르지 못하는 자

공중公仲이 한민韓珉을 시켜 진秦나라에 가서 옛날의 무수武隧, 武遂 땅을 되돌려 받아 오도록 하였지만 초楚나라의 노여움을 살까 걱정이었다. 이때 초나라 당객唐客이 공중에게 일렀다.

"한韓나라가 진나라를 섬겨 무수 땅을 되돌려 받으려고 하는데 대해 우리 초나라로서는 조금도 미워할 게 없습니다. 한나라가 무수 땅을 얻으면 그 형세로 보아 초나라와는 오히려 친해질 가능이 있습니다. 제가 말씀드리는 것은 감히 초나라를 위한 계책이 아닙니다. 지금 한나라 공족들 가운에 백성의 신임을 얻으면서도 상국을 하지 못하는 자가 있습니다. 한나라가 독립할 수 없으니 형세로 보아 틀림없이 초나라와 가까이 할 것입니다. 더구나 초왕楚王은 '나는 나라 힘을 기울여 한민을 도와 한나라 상국으로 삼아 놓으려 하는데 가능할까? 공족이 그 한민을 미워하면 그는 그럴수록 한나라로써 초나라를 보위하려 들겠지'라고 하였습니다."

공중이 듣고 기뻐하며 당객에게 여러 신하 앞에서 벼슬을 주고 한·초 두 나라의 일을 모두 그에게 일임하였다.

公仲使韓珉之秦求武隧(遂), 而恐楚之怒也. 唐客謂公仲曰:「韓之事秦也, 且以求武隧也, 非弊(敝)邑之所憎也. 韓已得武隧, 其形乃可以善楚. 臣願有言, 而不敢爲楚計. 今韓之父兄得衆者毋相, 韓不能獨立, 勢必(不)善楚. 王曰:『吾欲以國輔韓珉而相之可乎? 父兄惡珉, 珉必以國保楚.』」公仲說, 士(仕)唐客於諸公, 而使之主韓·楚之事.

【公仲】 公仲侈. 韓나라 相國.
【韓珉】 韓나라 公族大夫.
【武隧】 武遂라고도 쓰며 원래 韓나라 읍이었다. 지금 山西省 臨汾縣. 秦나라와의 싸움에서 빼앗겼으나 강화를 맺고 되돌려 받기로 하였었다.
【唐客】 楚나라 신하. 唐且(唐雎)가 아닌가 한다.

【不善楚】‘不’ 자는 연문이다.(吳師道, 鮑彪)

【王】 楚의 懷王.

【勢必(不)善楚】 그러니 韓珉을 믿고 秦에 보내는 등 권리를 주었다가는 楚에게 이용당한다는 뜻. 그러나 鮑彪는 “勢必不善楚”를 “勢必善楚”로 보아 “한나라가 독립할 수 없으니 형세로 보아 초나라와 가까워질 수밖에 없다”는 뜻으로 보았다.

429(28-12) 韓相公仲珉使韓侈之秦
변화무쌍한 사람

한韓나라 상국相國 공중민公仲珉이 전 상국이었던 한치韓侈를 진秦나라로 보내어 진나라 대신 우리 한나라가 위魏나라를 치겠다고 알리도록 하였다. 진왕秦王이 대단히 기뻐하였다. 한치가 아직 귀국하지 못하고 당唐 땅에 있을 때, 상국 공중민이 죽고 말았다. 한치는 사람을 시켜 진왕에게 이렇게 아뢰도록 하였다.

"위나라 사자가 한민 다음으로 상국이 된 한진韓辰에게 '위나라를 위하여 한치를 죽여달라'고 하였습니다. 한진이 이렇게 반대하였습니다. '안 되오. 진왕이 이미 그에게 벼슬을 주어 위나라를 치기로 약속하였소'라구요. 그러자 사자는 이렇게 말하였다고 합니다. '진나라가 한치에게 벼슬을 준 것은 공중민을 중히 여겨서 한 일입니다. 그런데 공중민은 이미 죽어 버렸으니 한치가 진나라에 간다고 해도 받아 주지 않을 것입니다. 진나라 같은 나라가 어찌 그런 인물을 보호하였다가 위왕에게 원한을 사는 일을 하겠습니까?' 한진이 이 말을 듣고 겁을 내어 장차 그의 말을 듣고 한치를 죽이려 한 것입니다. 지금 대왕이 그를 불러 주지 않으면 그는 산 속으로 숨어 버릴 것입니다."

진왕이 이 말을 듣고 감탄하였다.

"모두들 나를 어찌 이렇게 변화무쌍한 사람으로 알고 있는가! 한치가 지금 어디에 숨어 있는가?"

그리고는 한치를 불러 약속대로의 관직을 수여하였다.

韓相公仲珉使韓侈之秦, 請攻魏, 秦王說之. 韓侈在唐, 公仲珉死. 韓侈謂秦王曰:「魏之使者謂後相韓辰曰:『公必爲魏罪韓侈.』韓辰曰:『不可. 秦王仕之, 又與約事.』使者曰:『秦之仕韓侈也, 以重公仲也. 今公仲死, 韓侈之秦, 秦必弗入. 入, 又奚爲挾之以恨魏王乎?』韓辰患之, 將聽之矣. 今王不召韓侈, 韓侈且伏於山中矣.」秦王曰:「何意寡人如是之權也! 令(今)安伏?」召韓侈而仕之.

【公仲珉】즉 韓珉, 公中侈를 이어 相國이 되었다.

【韓侈】즉 公仲侈.

【秦王】秦의 昭襄王.

【唐】杜城. 지금의 陝西省 長安縣. 원래 唐은 夏代의 古國(지금의 山西省 翼城縣)이었다. 周武王 때 반란을 일으켰다가 成王에게 멸망당하였다. 그 자손이 杜 땅으로 옮겼으나 周室의 叔虞에게 封해졌다. 뒤에 晉나라가 되었다.

【韓辰】公中侈. 公仲珉 다음으로 韓나라 相國이 되었다.

【韓侈謂秦王】한치가 직접 진왕에게 말한 것이 아니라 사람을 시켜 유세한 것으로 보아야 한다.

【安伏】秦나라의 신하. 즉 人名으로 보기도 한다. 鮑本에는 "秦人, 正曰無考"라고 하였고, 黃丕烈은 注에서 "丕烈案: '令'當作'今'. 上文云且伏於山中, 故此問其今者方安所伏也. 鮑以爲秦人, 吳云'無考', 皆誤甚"이라 하였다. '安'은 의문부사이다.

430(28-13) 客卿爲韓謂秦王
남을 위해 자신을 깔보는 자

어떤 객경客卿이 한韓나라를 위하여 진왕秦王에게 말하였다.

"한민韓珉은 정치를 하면서 자신의 임금만 알지 남의 임금은 모르며, 자기 국가만 알지 남의 국가는 모릅니다. 한민公仲珉같은 인물이야 진秦나라의 세력으로 능히 이를 굴복시킬 수 있습니다. 진나라가 강해지는 것만으로 곧 그에게 재앙이 되기에 충분합니다. 한나라가 제齊·송宋 두 나라 군대를 수원首垣까지 몰아갔으며, 더욱 멀리 위魏나라 수도 대량大梁의 외곽까지 임박하였으면서도, 위나라로 더 들어가지 못한 것은 나중에 기회를 보아 강화를 맺어 남양南陽의 요로를 거쳐 네 나라(한·송·제·위) 힘을 모아 서쪽으로 우리 진나라로 머리를 돌리려는 의도 때문입니다. 그것이 결실을 맺지 못한 것은 서로 떠들어대기를 연燕나라는 제나라를 믿다가 망하였고, 위나라는 진나라에게 망하였으며, 진陳·채蔡는 초楚나라에게 망하였는데, 이것은 모두 지리형세 때문이라고 하면서 군신들이 작당하여 공동으로 임금의 안목을 흐리게 해놓고는, 사리에 빠져 남의 제후를 위해 자기 국가를 깔보았기 때문입니다. 그러니 신하를 오히려 조심해야 하는 것입니다.

지금 대왕께서는 다행히도 귀천의 위치를 정확히 해두셔서 장의張儀가 존귀할 때 공손학公孫郝을 대들지 못하게 하였습니다. 이것은 부속된 신하가 대신의 일에는 간섭하지 못하게 해두신 것입니다. 또 공손학이 존귀할 때에는 감무甘茂를 입에 오르지 못하게 하였으니, 이는 대신은 임금 가까운 신하의 일을 관여하지 못하도록 막은 것입니다. 귀천이 서로 간섭하지 않고 각각 자기의 바른 위치를 지켜 함께 몰려들어 대왕을 모시게 해놓았으니, 군신의 현능과 불초를 환하게 알 수 있는 겁니다. 이것은 대왕의 첫째 명철하신 점입니다.

다음은 옛날 공손학이 제나라와 한나라를 걱정해 주다가 더 이상 존귀를 받지 못하게 되었지요. 이는 대신된 자가 감히 남의 제후를 위해 자기 나라를 깔볼 수 없다는 것을 보여 주신 예입니다. 뒤집어서 제나라와 한나라는 일찍이 공손학 때문에 진나라로 하여금 용납을 받지 못하게

하였으니 이는 아무리 제후라고 남의 나라 군신의 일로 인해서 내정을
간섭할 수 없음을 밝히신 것입니다. 내외가 서로 간섭을 하지 못하게
해두셨으니 제후들의 진정과 허위를 환하게 알 수 있게 된 것입니다.
이것이 대왕의 두 번 째 명철하신 점입니다.

  공손학과 저리질樗里疾이 한나라를 치지 말자고 하였을 때 한나라가
사방으로 물러가자 대왕께서는 이를 쳐서 성공하였고 감무가 초·조
두 나라와 약속을 하고 돌아와 위나라를 치자 우리에게 유리하도록 강화를
맺고 끝내 버렸습니다. 감무가 장차 한나라 의양 땅을 공격하자 대왕은
오히려 이를 불러 열병閱兵을 해버렸습니다. 아무래도 군신들의 지혜는
대왕의 명찰에 따를 수 없습니다. 그래서 제 생각으로는 공중公仲이 대왕을
받들어 모시도록 하기에 좌우 신하의 말을 들을 필요가 없습니다.”

　客卿爲韓謂秦王曰:「韓珉之議, 知其君不知異君, 知其國不知異國. 彼公
仲者, 秦勢能詘之.(以)秦之强, 首之者, 珉爲疾矣. 進齊·宋之兵至首坦(垣),
遠薄梁郭, 所以不及(反)魏者, 以爲成(戍)而過南陽之道, 欲以四國西首也.
所以不者, 皆曰以燕亡於齊, 魏亡於秦, 陳·蔡亡於楚, 此皆絶地形, 羣臣比
周以蔽其上, 大臣爲諸侯輕國也. 今王位正, 張儀之貴, 不得議公孫郝(赫),
是從臣不事大臣也; 公孫郝之貴, 不得議甘戊(茂), 則大臣不得事近臣矣.
貴賤不相事, 各得其位, 輻湊以事其上, 則羣臣之賢不肖, 可得而知也. 王之
明一也. 公孫郝嘗疾齊·韓而不加貴, 則爲大臣不敢爲諸侯輕國矣; 齊,
韓嘗因公孫郝而不受, 則諸侯不敢因羣臣以爲能矣. 外內不相爲, 則諸侯之
情僞可得而知也. 王之明二也. 公孫郝·樗里疾請無攻韓, 陳四辟去, 王猶攻
之也. 甘茂約楚·趙而反(攻)敬魏, 是其講我, 茂且攻宜陽, 王猶校之也.
羣臣之知, 無幾於王之明者, 臣故願公仲之國以侍(待)於王, 而無自左右也.」

【客卿】他國人으로서 卿이 된 자. 여기서는 秦나라의 客卿을 말한다.
【秦王】昭襄王.
【首坦】‘首垣’의 오기이다. ‘長垣’이라고도 하며 지금의 河北省 長垣縣. 魏나라
　　邑.

【南陽】河南省 沁陽縣.

【燕亡於齊】周赧王 元年(B.C. 314년)에 齊湣王이 燕噲의 讓國事件을 틈타 發兵해서 공격하였으며, 2년 후에 燕昭王이 다시 나라를 일으켰다.

【魏亡於秦】周顯王 29년(B.C. 340년)에 秦나가가 魏나라를 공격, 魏나라는 西河를 떼어 주고 수도를 大梁으로 옮겼다.

【陳蔡亡於楚】周敬王 42년(B.C. 478년)에 陳나라가 楚나라에게 멸망하였으며 그 후 周貞王 22년(B.C. 447년)에 蔡나라도 楚나라에게 멸망당하였다.

【公孫郝】≪史記≫에는 '公孫赧'. 혹은 '公孫衍'으로도 표기한다. 혹은 犀首로도 불리며 일찍이 秦나라 相國을 역임하였다.

【甘茂】秦나라의 武王 때 좌승상. 뒤에 樗里疾과 반목이 생겨 魏나라로 도망하였다.

【樗里疾】秦나라 公子. 일찍이 將軍, 相國 등을 지냈다.

【宜陽】지금의 河南省 宜陽縣. 韓나라의 중요한 읍이다.

1. 이 사건은 秦武王 때로 여겨진다. 宜陽之戰(002·031·064·068·384·385·386장)은 武王 말년의 일이다. 문장 내용의 일부는 순통하지 못하여 구체적인 뜻을 알기 어렵다.

2. 鮑本의 평어

『正曰: 謂公仲一心聽王, 不由左右. 補曰: 大事記引此策在韓襄二年, 秦武元年. 解題云: 韓客謂向壽曰:「今王之愛習公也, 不如公孫郝」. 當時所謂從臣, 指愛習而侍從者也. 秦用其愛習爲人主私人, 其權至與大臣相抗, 古無是也. 愚謂, 公孫郝挾韓而議大臣, 必不得與而爭於中, 故此士欲王自聽. 公仲之待事而不由左右陳駕御之術, 以稔强明猜忌之見爾. 張儀出走, 毀者固非一人, 而茂攻宜陽, 亦以郝爲憂. 大臣卒爲從臣所勝, 愛習眞可畏哉!』

그대를 두고 흥정하려 할 것입니다

한민韓珉이 제齊나라 재상이 되어 있으면서 관리로 하여금 공주수公疇豎를 내쫓게 하고, 주周나라가 진秦나라의 성양군成陽君을 억류한 데 대해 크게 화를 내었다. 어떤 이가 이를 알고 한민에게 말하였다.

"귀하는 두 사람이 어진 이이기 때문에 그들이 가는 나라에서 그들을 중히 등용한다고 보십니까? 그렇다면 그들을 작은 나라에 그대로 머물러 있게 두느니만 못합니다. 왜냐구요? 성양군은 진나라를 위해 한韓나라를 떠났고, 공주수는 초왕楚王이 아끼는 인물입니다. 그런데 지금 그대가 그들을 내쫓으면 그들은 틀림없이 진나라와 초나라로 들어가 귀하의 걱정거리가 될 것입니다. 또 귀하가 천하 제후들과 잘 사귀지 못한다는 것도 밝혀집니다. 천하에 귀하와 관계가 좋지 않은 자로서 제齊나라에 들어가 뜻을 펴보려던 사람들은 모두 그들과 더불어 제나라에 모여 그대를 두고 흥정하려 할 것입니다."

韓珉相齊, 令吏逐公疇豎, 大(又)怒於周之留成陽君也. 謂韓珉曰:「公以二人者爲賢人也, 所入之國, 因用之乎? 則不如其處小國. 何也? 成陽君爲秦去韓, 公疇豎楚王善之. 今公因逐之, 二人者必入秦·楚, 必爲公患. 且明公之不善於天下. 天下之不善公者, 與欲有求於齊者, 且收之, 以臨齊而市公.」

【韓珉】 韓나라 사람으로 齊나라의 재상이 되었다.
【公疇豎】 내용으로 보아 楚나라의 신임을 받던 인물인 듯하다.
【成陽君】 秦나라 공자 중의 하나. 081·272장 참조. 한편 周나라가 成陽君을 억류한 사건에 대해 鮑本에는 "君本在齊, 爲秦善之, 珉欲使之之秦, 過周, 周人留之, 故怒. 正曰: 成陽君, 韓人. 鮑於魏策已言之"라 하였다.

나라를 깔보려는 의도

어떤 이가 산양군山陽君에게 일렀다.

"진秦나라는 그대를 산양山陽 땅에 봉해 주려 하고, 제齊나라는 그대를 거莒 땅에 봉해 주려고 하고 있소. 이는 제齊·진秦 두 나라가 한韓나라를 중시해서가 아니면, 곧 그대의 품행을 어질 게 보아 그런 것입니다. 지금 초楚나라가 제나라를 공격해서 거 땅을 탈취해 놓고는, 위로 제나라와 상대도 않을 뿐더러 아래로 당신을 거 땅에 받아들이지 않겠다고 하고 있소. 이는 제·진 두 나라의 위세를 자극하여 한나라를 깔보려는 의도입니다."

그러자 산양군은 사신이 되어 초나라로 가겠다고 나섰다.

或謂山陽君曰:「秦封君以山陽, 齊封君以莒. 齊·秦非重韓則賢君之行也. 今楚攻齊取莒, 上及不交齊, 次弗納於君, 是棘齊·秦之威而輕韓也.」山陽君因使之楚.

【山陽君】韓나라 사람. 성명은 불명.
【山陽】陝西省 山陽縣.
【莒】山東省 莒縣.

433(28-16) 趙魏攻華陽
우리는 급하지 않습니다

조趙·위魏 두 나라가 연합하여 화양華陽을 공격하자 한韓나라는 진秦나라에 위급함을 알려 구원을 요청하였다. 그 사신들의 관冠과 수레가 서로 마주 볼 정도였지만 진나라는 한나라를 구하러 와 주지 않았다. 한나라 상국이 전령田苓에게 이렇게 부탁하였다.

"일이 급하오. 그대가 지금 비록 아픈 몸이시지만 억지로라도 하룻밤 달려가 힘써 주십시오."

그래서 전령은 진나라로 가서 양후穰侯를 접견하였다. 양후가 먼저 물었다.

"한나라가 그렇게 위급한 상태요? 어찌 당신을 직접 보냈소?"

전령은 짐짓 이렇게 대답하였다.

"아니오. 아직 급하지 않습니다."

양후는 버럭 화를 내며 물었다.

"그렇다면 그대는 무슨 일로 그대 임금의 사신이 되어 여기까지 왔소? 연도에 서로 마주볼 정도의 사신들이 몰려와 한나라가 심히 급하다고 하는데, 그대는 아직 급하지 않다니 무슨 말이오?"

전령은 이렇게 대답하였다.

"우리 한나라가 급해졌다면 이미 다른 나라에 붙어버렸을 것입니다."

양후는 놀라 말하였다.

"그대가 우리 왕까지 만날 필요도 없소. 내가 청하여 군대를 일으켜 한나라를 구하러 가겠소."

그리고 8일 만에 진나라 군사는 조·위 두 나라의 연합군을 화양 아래에서 대패시켰다.

趙·魏攻華陽, 韓謁急於秦. 冠蓋相望, 秦不救. 韓相國謂田苓曰:「事急, 願公雖疾, 爲一宿之行.」田苓見穰侯, 穰侯曰:「韓急乎? 何故使公來?」田苓對曰:「未急也.」穰侯怒曰:「是何以爲公之王使乎? 冠蓋相望, 告弊邑

甚急, 公曰未急, 何也?」田苳曰:「彼韓急, 則將變矣.」穰侯曰:「公無見王矣,
臣請令發兵救韓.」八日中, 大敗趙·魏於華陽之下.

【華陽】고대 華國. 춘추시대 鄭나라에 속하였다가 전국시대에는 韓나라 땅이
   되었다. 지금의 河南省 新鄭縣 東南.
【田苳】≪史記≫에는 '陳筮'로 되어있으며, 集解에 '筮, 一作筌'이라 하였다.
   索隱에는 "徐廣云一作筌, 戰國策作田荼"라 하였으나 근거를 알 수 없다. 韓나라
   客卿으로 '陳'과 '田'은 同姓이므로 서로 互稱한다.
【穰侯】전국시대 秦나라 昭王의 어머니 宣太后와 同母異父의 동생. 魏冉.
   昭王이 즉위하자 네 번이나 相國을 지냈으며 穰侯에 봉해졌다. 뒤에 王은
   范雎를 등용하고 穰侯의 재상직과 봉읍을 빼앗았다. 穰邑은 지금의 河南省
   鄧縣.

参고 및 관련 자료

1. ≪史記≫ 韓世家에도 실려 있으며 華陽之戰(B.C. 274년) 때의 일이다.
   내용은 396장과 상당히 흡사하다.
2. ≪史記≫ 韓世家
二十三年, 趙·魏攻我華陽. 韓告急於秦, 秦不救. 韓相國謂陳筮曰:「事急, 願公
   雖病, 爲一宿之行.」陳筮見穰侯. 穰侯曰:「事急乎? 故使公來.」陳筮曰:「未急也.」
穰侯怒曰:「是可以爲公之主使乎? 夫冠蓋相望, 告敝邑甚急, 公來言未急, 何也?」
陳筮曰:「彼韓急則將變而佗從, 以未急, 故復來耳.」穰侯曰:「公無見王, 請今發
   兵救韓.」八日而至, 敗趙·魏於華陽之下. 是歲, 釐王卒, 子桓惠王立.

434(28-17) 秦招楚而伐齊
우리에게 매달리게 하십시오

진秦나라가 초楚나라를 불러 함께 제齊나라를 치고자 하였다. 그러자 한韓나라 신하 냉향冷向이 초나라 영윤슈尹 진진陳軫에게 말하였다.

"진나라는 앞으로 틀림없이 다른 나라와 결합하여 초나라를 배반할 것입니다. 초나라 내의 제나라와 친한 사람들은 서쪽의 진나라와는 합할 수 없음을 알고, 틀림없이 초나라를 제나라에 연합시키려고 힘쓸 것입니다. 제·초 두 나라가 합해지면 연燕나라와 조趙나라는 따르지 않을 수 없습니다. 제나라가 이 네 나라를 묶어 진나라에 대항하면 제나라는 아주 안전해지는 것입니다."

그리고는 계속 말을 이었다.

"진왕秦王이 정말로 제나라를 치려는 것으로 보십니까? 그렇게 하려면 진나라로서는 먼저 초나라 내의 친제親齊 세력을 이용하려 할 것입니다. 친제 인물들이 초나라에 제나라의 세력을 끌어들이면 초나라는 그들을 견제하기 위해 진나라에 매달리겠지요. 이렇게 하여 강한 진나라는 진·초 두 나라를 자기편으로 묶어두게 되어 연·조 두 나라가 따르지 않을 리 없고, 제나라만 고립되어 버리는 것입니다. 그대를 위해 일러 준 저의 말로서 진왕을 설득해 보십시오."

秦招楚而伐齊, 冷向謂陳軫曰:「秦王必外向. 楚之齊者知西不合於秦, 必且務以楚合於齊. 齊·楚合, 燕·趙不敢不聽. 齊以四國敵秦, 是齊不窮也.」向曰:「秦王誠必欲伐齊乎? 不如先收於楚之齊者, 楚之齊者先務以楚合於齊, 則楚必卽秦矣. 以强秦而有晉楚, 則燕·趙不敢不聽, 是齊孤矣. 向請爲公說秦王.」

【冷向】 韓나라의 신하. 泠向으로도 쓴다.
【陳軫】 楚의 客卿으로 당시 楚의 슈尹(相國)이 되어 있었다.
【秦王】 秦의 昭襄王.
【以强秦而有晉楚】 '晉'은 연문이다.(鮑彪)

435(28-18) 韓氏逐向晉於周
내쫓은 자와 받아들인 자

한韓나라가 상진向晉을 주周나라에서 내쫓도록 하였다. 그러자 주나라 성회成恢가 상진을 위하여 먼저 위왕魏王에게 말하였다.

"주나라는 관대한 나라이니 틀림없이 상진을 다시 부를 것입니다. 왕께서는 어찌 그를 먼저 불러들이라고 말하지 않습니까? 이는 왕께서 상진을 주나라에 심어 놓는 것과 같습니다."

위왕이 말하였다.

"좋습니다."

그리고 나서 성회는 다시 한나라 왕을 찾아갔다.

"상진을 내쫓은 것은 이 한나라입니다. 그런데 상진을 복귀시킨 것은 위나라입니다. 이것이 어찌 한나라의 힘으로 돌려보내 줌만 하겠습니까! 왜냐하면 위나라는 주나라에 상진을 심어 놓는 셈이 되지만 한나라는 도리어 좋은 기회를 놓지는 꼴이 되니까요."

한왕이 말하였다.

"그렇군요."

그리고는 상진을 복귀시키도록 청하였다.

韓氏逐向晉於周, 周(使)成恢爲之謂魏王曰:「周必寬而反之, 王何不爲之先言? 是王有向晉於周也.」魏王曰:「諾.」成恢因爲謂韓王曰:「逐向晉者韓也, 而還之者魏也, 豈如道韓反之哉! 是魏有向晉於周, 而韓王失之也.」韓王曰:「善.」亦因請復之.

【向晉】周나라 신하. 向은 姓氏의 경우 '상'으로 읽는다.
【成恢】魏나라 사람. 319장 참조.
【魏王】魏나라 惠王.
【韓王】韓나라 宣惠王.

436(28-19) 張登請費繟
죄를 용서해 주는 조건으로

장등張登이 비설費繟에게 말해주었다.

"먼저 공자公子 모牟를 통해 한왕韓王에게 이렇게 말하십시오. '비설이라는 인물은 서주西周에게는 원수이고, 동주東周에게는 보물입니다. 게다가 그의 집은 만금을 쌓아놓은 큰 부자입니다. 왕께서는 어찌하여 그를 불러 삼천三川의 수령으로 삼지 않으십니까? 그렇게 되면 비설은 삼천에서는 서주의 침략을 막아 줄 것이요, 그의 재물을 다 들어 왕을 섬길 것입니다. 서주에서는 그들대로 이 비설을 미워하여, 자기 선왕先王의 보물을 왕께 갖다 바치면서 이를 저지시키려 할 것입니다'라구요. 한왕은 그렇게 해줄 것입니다. 그러면 서주에서는 이 소식을 듣고 틀림없이 그대의 죄를 용서해 주는 조건으로 그 자가 삼천 수령되는 것을 저지할 것입니다."

張登請(謂)費繟曰:「請令公子年(牟)謂韓王曰:『費繟, 西周讎之, 東周寶之. 此其家萬金, 王何不召之, 以爲三川之守? 是繟以三川與西周戒也, 必盡其家以事王. 西周惡之, 必效先王之器以止王.』韓王必爲之. 西周聞之, 必解子之罪, 以止子之事.」

【張登】유세객. 492·493장 참조.
【費繟】周나라 신하.
【公子 年】'年'은 '牟'의 오기이다. 254·261장. 魏나라의 공자이다.
【韓王】桓惠王.
【三川】韓나라 땅.
【解子之罪】'서주가 桓王의 보물로 막는 것이 아니라 그대 죄를 사하여 줌으로써 三川의 수령이 되지 못하게 할 것'이라는 뜻.

참고 및 관련 자료

1. 어느 왕 시기인지는 분명치 않다.

2. 鮑本의 평어

『守三川非縲之欲, 登云云, 解其罪耳. 正曰: 韓釐王元年, 趙滅中山. 大事記載韓・
燕・中山稱王, 在周顯王四十六年, 當宣惠王十年. 中山策有張登, 去此時甚遠.
然此策本不可定爲何王之世, 鮑强附之.』

437(28-20) 安邑之御史死
벼슬자리를 두고 안달

안읍安邑의 어사御史가 죽었다. 그 다음 차례의 인물이 그 어사 자리를 얻지 못할까 안달이었다. 이때 수輸의 어떤 이가 안읍령安邑令에게 말하였다.

"일찍이 공손기公孫綦라는 사람이 누군가를 위하여 이 어사 자리를 위왕魏王에게 청탁한 적이 있습니다. 그랬더니 왕께서는 '그곳엔 그 다음 차례의 인물이 있지 않은가? 나는 그곳의 법을 마구 깨뜨릴 수 없다'라 하였다 합니다."

그러자 수령은 급히 그 다음 사람을 어사 자리에 앉혀 버렸다.

安邑之御史死, 其次恐不得也. 輸人爲之謂安(邑)令曰:「公孫綦爲人請御史於王, 王曰:『彼固有次乎? 吾難敗其法.』」因遽置之.

【安邑】魏나라 惠王이 大梁으로 서울을 옮기기 전의 수도.
【御史】戰國時代 관리 직책 이름.
【輸】安邑 내의 어떤 마을.
【公孫綦】御史를 청탁하였던 인물.

참고 및 관련 자료

1. 본장은 〈魏策〉에 편집될 것이 잘못된 것으로 보고 있다.
2. 鮑本의 고증
『令聞王言, 故立其次. 大事記:「前漢百官表」, 監御史, 秦官, 掌監郡. 此策云云, 六國已遣御史監掌矣, 非獨秦也. 正曰: 魏都安邑, 在惠王未徙大梁前, 昭王十年獻安邑於秦, 章次不當在此.』

438(28-21) 魏王爲九里之盟
구리의 회맹

위왕魏王이 구리九里에서 회맹을 열면서 주周나라 천자의 지위를 회복하겠다고 나섰다. 이때 방희房喜라는 사람이 한왕韓王에게 말하였다.

"위왕의 말을 들어주지 마십시오. 주나라가 천자 지위를 되찾는 것은, 큰 나라들은 싫어합니다. 그저 작은 나라들만 이를 이롭게 여깁니다. 대왕과 큰 나라들이 찬성하지 않으면 위나라가 어찌 작은 나라들을 믿고 주나라의 천자 지위를 회복시킬 수 있겠습니까?"

魏王爲九里之盟, 且復天子. 房喜謂韓王曰:「勿聽之也. 大國惡有天子, 而小國利之. 王與大國弗聽, 魏安能與小國立之?」

【魏王】魏나라 惠王.
【九里】지명 위 혜왕이 제후를 불러 회맹한 곳으로 '臼里'로도 표기한다.
【房喜】유세객. ≪韓非子≫에는 '彭喜'로 되어있다.
【韓王】韓나라 昭侯.

> 참고 및 관련 자료

1. ≪韓非子≫ 說林(上)에도 실려 있으나 韓王이 鄭君으로 되어 있다.

2. ≪韓非子≫ 說林(上)

魏惠王爲臼里之盟, 將復立於天子. 彭喜謂鄭君曰:「君聽. 大國惡有天子, 小國利之. 若君與大弗聽, 魏焉能與小立之?」

3. 한편 이 九里之盟(臼里之盟)과 天子 지위 회복에 대하여 鮑本에는 이렇게 설명하고 있다.

『正曰: 大事記, 按韓非子, 魏惠公爲臼里之盟, 將復立天子, 彭喜謂鄭君曰, 「君勿聽」云云. 戰國策所載與此同, 但止言魏王而不言惠王, 以臼里爲九里, 以彭喜爲房喜, 以鄭君爲韓王. 所謂將復立天子者, 是時七國旣稱王, 不以周爲天子也. 或者猶咎孟子勸諸侯行王道, 何哉? 盟不知何年, 附載於愼靚王三年, 魏惠王薨之前. 按此策當屬惠王.』

439(28-22) 建信君輕韓熙
나라는 형태를 갖추어야

　　조趙나라 재상 건신군建信君이 한韓나라 사람 한희韓熙를 깔보고 있었다. 이에 조나라 신하 조오趙敖가 한희를 위하여 건신군에게 말하였다.

　　"나라는 형태를 갖추어야 존재합니다. 이것이 없으면 망합니다. 바로 위魏나라지요. 합종이 없을 수 없어 겨우 따라 존속하고 있는 나라가 한나라입니다. 그런데 지금 귀하가 한희를 깔보는 이유는 그가 초楚·위 두 나라와 친하기 때문입니다. 진秦나라에서 귀하가 도리어 초·위 두 나라를 끌어들이려 하는 것을 알게 되면, 틀림없이 한나라를 중히 여겨 자기편을 만들 것입니다. 이처럼 산동이 합종을 하면 한나라의 존재가 미미해지지만 진나라와 한나라가 연횡을 하면 그만큼 한나라가 중시되는 것입니다. 그러니 합종을 서둘러 낮아지는 경우를 택하지 않겠지요. 그리하여 진나라가 군대를 삼천三川에서 집결시키면 남쪽으로 언릉鄢陵·상채上蔡·소릉邵陵의 길이 막혀 버립니다. 위나라가 급해져서 조나라를 구원해 낼 길이 막막해 집니다. 진나라가 만약 한단邯鄲을 깨뜨리면 우리 조나라는 망하고 맙니다. 그러므로 귀하께서는 한나라를 끌어들여야 합니다. 그래야 화환을 없앨 수 있습니다."

　　建信君輕韓熙, 趙敖爲謂建信侯(君)曰:「國形有之而存, 無之而亡者, 魏也. 不可無而從者, 韓也. 今君之輕韓熙者, 交善楚·魏也. 秦見君之交反善於楚·魏也, 其收韓必重矣. 從則韓輕, 橫則韓重, 則無從輕矣. 秦出兵於三川, 則南圍鄢, 蔡·邵之道不通矣. 魏急, 其救趙必緩矣. 秦擧兵破邯鄲, 趙必亡矣. 故君收韓, 可以無豐.」

【建信君】 趙나라 재상. 孝成王의 重臣.
【韓熙】 韓나라 귀족이거나 재상.
【趙敖】 趙나라 신하.
【三川】 韓나라 땅.

【鄢陵】 魏나라 땅. 343장.

【上蔡】 楚나라 땅. 340장.

【邵陵】 역시 楚나라 땅.

【邯鄲】 趙나라 서울.

【釁】 원래 틈이 벌어짐을 뜻한다. 인신하여 禍患의 의미로 쓰인다.

440(28-23) 段産謂新城君
밤길 가는 자

단산段産이 진秦나라 재상 신성군新城君에게 말하였다.

"무릇 밤에 다니는 자는 결코 어떤 나쁜 짓을 하지 않았음에도 개가 자신을 보고 짖는 것을 막을 수 없습니다. 제가 지금 낭중郞中 벼슬에 있기 때문에 능히 귀하에 대한 비방이 임금에게 들어가지 못하게 해드릴 수는 있습니다. 그러나 안타깝게도 귀하에게 저를 나쁘게 말하는 사람들의 입은 막을 길이 없습니다. 원컨대 살펴 주시기 바랍니다."

段産謂新城君曰:「夫宵行者能無爲姦, 而不能令狗無吠己. 今臣處郞中, 能無議君於王, 而不能令人毋議臣於君. 願君察之也.」

【段産】 韓나라의 郞中(?).
【新城君】 秦나라 昭王의 어머니 宣太后의 이복동생. ≪史記≫ 韓世家에는 미융(羋戎)(084·085·105·215·412장)이라 하였다.
【郞中】 임금 가까이 있는 宿衛近臣.

참고 및 관련 자료

1. 본장은 魏策(四) 350장의 異傳이다.
白珪謂新城君曰:「夜行者能無爲姦, 不能禁狗使無吠己也. 故臣能無議君於王, 不能禁人議臣於君也.」

441(28-24) 段干越人謂新城君
너무 긴 천리마 고삐

단간월인段干越人이 진秦나라 재상 신성군新城君에게 말하였다.
"왕량王良의 제자가 말을 몰면서 하루에 천리를 갈 수 있다고 하였습니다.
그가 조보造父의 제자를 만나자 조보의 제자가 '이 말은 1천 리를 달릴
수 없다'라는 것이었습니다. 그러자 왕량의 제자는 다시 '참마驂馬도 천리마
이며, 복마服馬도 천리마인데 어찌 하루에 1천 리를 가지 못한다고 하는가?'
라 물었지요. 이에 조보의 제자는 '그대의 고삐 줄이 너무 길다'라 하였답니다.
고삐의 길이는 말에게 만분의 일밖에 영향을 미치지 않지만, 그래도
그 때문에 천리를 갈 수가 없다는 것입니다. 지금 저는 비록 불초하기는
하나 진나라에서 만분의 일 정도 가치는 있습니다. 그런데 상국께서
저를 만나 장애를 제거해 주지 않으시니, 이로써 고삐가 너무 긴 것입니다."

段干越人謂新城君曰:「王良之弟子駕, 云取千里馬, 遇造父之弟子. 造父
之弟子曰:『馬不千里.』王良弟子曰:『馬, 千里之馬也; 服, 千里之服也.
而不能取千里, 何也?』曰:『子繹牽長.』故繹牽於事, 萬分之一也, 而難千里
之行. 今臣雖不肖, 於秦亦萬分之一也, 而相國見臣不釋塞者, 是繹牽長也.」

【段干越人】段干은 성씨. 越人은 이름. 魏나라 사람.
【新城君】秦나라의 재상. 羋戎. 宣太后의 이복동생.
【王良】趙 簡子를 섬겼던 馭馬의 名人. 이름은 '郵無恤'이라 한다.
【造父】周 穆王의 八駿馬를 다루었던 전설상의 馭馬 名人. 趙나라의 元祖이기도
하다.
【驂馬·服馬】고대에 수레 하나를 네 마리 말이 끌 경우 바깥 두 필을 '驂馬',
안쪽 두 필을 '服馬'라 불렀다.
【繹牽】고삐의 줄을 말한다. ≪文選≫의 인용에는 '纏牽'으로 되어있다.
【相國】新城君을 가리킨다.

1. 고삐가 너무 길다는 것은 작은 장애이지만 그 결과의 과오는 크다는 것을 비유한 것이다.

2. ≪文選≫ 勵志詩 注

戰國策: 段干越謂韓相新城君曰:「昔王良弟子駕千里馬, 過京父之弟子. 京父之弟子曰:『馬, 千里之馬也; 服, 千里之服也. 而不能取千里, 何也?』曰:『子纏牽長.』故纏牽於事, 萬分之一也, 而難千里之行. 今臣雖不肖, 於秦亦萬分之一也, 而相國見臣不懌者, 是纏牽長也.」千里之馬, 繫以長索, 則爲累矣. 人雖有容貌, 不脩德, 如千里之馬也.

권29 연책 燕策 (一)

총15장(442~456)

연燕

주周나라와 동성同姓인 희성姬姓이며 백작伯爵이다. 주周 무왕武王이 동생 소공召公(奭)을 봉하여 북연北燕이라 불렀으며 그 지역은 원래 지금의 하북성河北省 대흥현大興縣이었다. 그 후 춘추春秋 헌공獻公 때에 강해지기 시작하여 전국戰國시대 문공文公에 이르러 칠웅七雄의 반열에 들게 되었다. 그 관할 지역은 지금의 하북성河北省 북부北部, 그리고 요동반도 및 요녕성遼寧省 일대였으며 도읍은 계薊(지금의 北京 근처)였다.

이 연나라는 중원에서 가장 먼 동북쪽에 치우쳐 융戎, 적狄, 예맥濊貊 등과 인접하였고 남으로는 제齊, 조趙, 중산中山 등과 이웃하고 있었다. 이왕易王에 이르러 처음 칭왕稱王하였고(B.C. 323년) 그 아들 연왕燕王 쾌噲에 이르러 재상 자지子之에게 선양禪讓한 일로 혼란을 겪을 때 제齊 선왕宣王의 침공을 받아 한 때 국토가 잔폐하는 일을 당하였다. 그 뒤 소왕昭王은 악의樂毅를 등용하여 중흥에 성공하여 결국 제齊나라를 공격, 수도 임치臨淄까지 들어가 거莒와 즉묵卽墨을 제외한 제나라 70여성을 탈취하는 성공을 거두기도 하였다.(B.C. 284년)

그러나 소왕이 죽고 혜왕惠王이 즉위하여 참언을 듣고 악의樂毅를 기겁騎劫으로 대신하자 제나라에서는 전단田單을 등용하여 잃었던 땅을 수복하고 이에 따라 연나라는 다시 참패의 시련을 맞기도 하였다. 한편 이 때 이미 진秦나라는 삼진三晉을 공격하여 조왕趙王을 사로잡고 직접 연나라에 위협을 가하기 시작하는 시기가 되었다.(B.C. 228년) 이듬해 그 유명한 태자太子 단丹은 형가荊軻를 만나 소설보다 핍진한 진시황秦始皇 시살弑殺 작전을 벌이게 된다. 그러나 이 일이 실패로 돌아간 뒤 진나라는 즉시 왕전王翦으로 하여금 연나라에게 대공세를 펴, 수도 계薊까지 이르러 연왕燕王 희喜는 요동까지 도망하였지만 다음해 진나라 장수 왕분王賁에 의해 사로잡히고 결국 진나라 천하통일의 최종 희생물이 되고 말았다.(B.C. 222년) 이 연나라 역사는 사마천司馬遷의 《사기史記》 연소공세가 燕召公世家에 자세히 기록되어 있다.

포표鮑彪의 주注에 이렇게 밝히고 있다.

"연燕나라는 동쪽으로는 어양漁陽·우북평右北平·요서遼西·요동遼東이며 서쪽으로는 곡谷·대군代郡·안문鴈門이며 남쪽으로는 탁군涿郡의 이易·용성容城·범양范陽이었으며 북쪽으로는 신성新城·고안故安·탁현涿縣·양향良鄕·신창新昌이었으며 발해渤海의 안차安次·낙랑樂浪·현토玄菟 역시 이에 속하였다."(燕: 東有漁陽·右北平·遼西·遼東; 西有上谷·代郡·鴈門; 南有涿郡之易·容城·范陽; 北有新城·故安·涿縣·良鄕·新昌. 及勃海之安次·樂浪·玄菟亦屬焉.)

442(29-1) 蘇秦將爲從
소진의 연나라 유세

소진蘇秦이 합종合從을 위하여 북쪽 연燕나라로 가서 문후文侯에게 유세하였다.

"연나라는 동쪽으로 조선朝鮮과 요동遼東에 접해 있고, 북쪽으로는 임호林胡와 누번樓煩, 서쪽으로는 운중雲中·구원九原, 남쪽으로는 호타呼沱·역수易水가 둘러싸여 국토는 2천여 리에 대갑帶甲은 수십만이며 병거 7백 승에 기마는 6천 필, 게다가 식량은 10년을 지탱할 만합니다. 남쪽으로 갈석碣石·안문鴈門의 옥토가 있고, 북쪽으로 조율棗栗의 산출이 풍부하여 백성이 비록 경작을 않는다 해도 대추·밤만으로도 능히 식량으로 대신할 수 있습니다. 이를 일러 천부天府의 땅이라 하는 것입니다. 이처럼 안락무사安樂無事하여 복군살장覆軍殺將의 근심이 없는 곳으로서 세상에 연나라만한 곳이 없습니다.

대왕은 그 이유를 알고 있었습니까? 무릇 연나라가 구병寇兵의 범침을 받지 않고 있는 것은 남쪽으로 조趙나라가 방패가 되어 주고 있기 때문입니다.

진秦·조趙 두 나라가 다섯 번 싸워 진나라가 두 번 이기고 조나라가 세 번 이겼습니다. 그래서 서로 피해만 보고 말았는데 대왕께서는 오히려 안전하게 그 뒤를 제압하고 있으니 이것이 연나라가 난을 당하지 않는 이유입니다. 또 만약 진나라가 연나라를 공격하려 든다면 운중·구원을 넘어 대代·상곡上谷을 지나 멀리 수천 리나 이어진 길을 넘어야 합니다. 그리하여 연나라를 얻었다 해도 진나라는 진실로 이 땅을 지켜내기 어렵다는 걸 알게 됩니다. 이처럼 진나라가 연나라에게 피해를 줄 수 없다는 것은 명확합니다.

그러나 조나라가 연나라를 공격한다면 상황은 다릅니다. 군대를 호령하면 채 열흘이 못 되어 수십만의 중군衆軍이 동원東垣에 들이닥치게 됩니다. 호타를 건너 역수를 넘어 네 닷새를 넘지 않아 국도國都에 다다르게 됩니다. 그러므로 진나라의 연나라 공격은 수천 리 밖의 싸움이요, 조나라의 연나라 공격은 1백 리 안의 싸움입니다. 무릇 1백 리 안의 근심을 접어두고 수천 리 밖의 화환을 걱정하시다니 이보다 더 큰 과실은 없을 것입니다. 그러므로 대왕께서는 조나라와 종친을 맺어 천하를 하나로 묶어두시면 틀림없이 나라의 근심거리는 사라질 것입니다.”

연왕이 말하였다.

“우리나라가 고작 보잘것없어, 서쪽으로는 진나라의 위협이 도사리고 있고, 남쪽으로는 제·조 두 나라와 연접되어 있습니다. 제·조 두 나라도 또한 강국입니다. 지금 귀국의 주군主君께서 다행히 선생을 보내어 합종의 방법으로 우리 연나라를 안정시킬 계획을 일러주시니 나라를 들어 이를 따르겠습니다.”

그리고는 소진에게 거마車馬·금백金帛을 선물로 주어 조趙나라로 가도록 하였다.

蘇秦將爲從, 北說燕文侯曰:「燕東有朝鮮·遼東, 北有林胡·樓煩, 西有雲中·九原, 南有呼沱·易水. 地方二千餘里, 帶甲數十萬, 車七百乘, 騎六千疋, 粟支十年. 南有碣石·鴈門之饒, 北有棗栗(栗)之利, 民雖不由田作, 棗栗之實, 足食於民矣. 此所謂天府也. 夫安樂無事, 不見覆軍殺將之憂, 無過燕矣. 大王知其所以然乎? 夫燕之所以不犯寇被兵者, 以趙之爲蔽於南也. 秦·趙五戰, 秦再勝而趙三勝. 秦·趙相弊, 而王以全燕制其後, 此燕之所以不犯難也. 且夫秦之攻燕也, 踰雲中·九原, 過代·上谷, 彌地踵道數千里, 雖得燕城, 秦計固不能守也. 秦之不能害燕亦明矣. 今趙之攻燕也, 發興號令, 不至十日, 而數十萬之衆, 軍於東垣矣. 度呼沱, 涉易水, 不至四五日, 距國都矣. 故曰, 秦之攻燕也, 戰於千里之外; 趙之攻燕也, 戰於百里之內. 夫不憂百里之患, 而重千里之外, 計無過於此者. 是故願大王與趙從親, 天下爲一, 則國必無患矣.」

燕王曰:「寡人國小, 西迫强秦, 南近齊·趙. 齊·趙, 强國也, 今主君幸敎詔之, 合從以安燕, 敬以國從.」 於是齎蘇秦車馬金帛以至趙.

【文侯】≪史記≫에는 文公으로 되어있다. 당시 燕의 임금.
【朝鮮】韓半島의 북부. 滿洲(東北三省).

【遼東】 지금의 遼東半島 일대. 遼寧省 일대.

【林胡】 국명. 澹林이라고도 하며 代郡의 북쪽. 즉 지금의 내몽고 지역.

【樓煩】 춘추시대 北狄의 일맥, 전국시대 趙의 武寧王에게 소멸되었다. 지금의 山西省 西北쪽 寧武, 保德縣 등지.

【雲中】 郡名. 지금의 山西省 長城 밖 일대.

【九原】 지명. 지금의 내몽고 西北部 일대.

【呼沱】 滹沱, 嘑沱로도 쓰며, 山西省 繁岐縣에서 발원하여 河北省을 거쳐 天津의 運河로 들어가는 물.

【易水】 河北省의 易縣에서 발원하는 물.

【碣石】 산 이름. 지금의 山東省 海豐縣의 馬谷山.

【鴈門】 역시 山名. 山西省 代縣.

【代】 趙나라 郡名. 지금의 山西省 東北部 및 河北省의 蔚縣 부근.

【上谷】 河北省의 중서부.

【東垣】 趙邑. 지금의 河北省 正定縣.

【國都】 지금의 북경 근처. 燕나라 서울 薊.

【燕王】 文侯. 원래 文侯의 아들 易王 10년에 비로소 稱王을 하였지만 여기서 높여 부른 것이다.

1. 蘇秦이 燕나라 文公에게 유세한 것은 B.C. 334년의 일이다.

2. 《史記》 燕世家

去游燕, 歲餘而後得見. 說燕文侯曰:「燕東有朝鮮·遼東, 北有林胡·樓煩, 西有雲中·九原, 南有嘑沱·易水, 地方二千餘里, 帶甲數十萬, 車六百乘, 騎六千匹, 粟支數年. 南有碣石·鴈門之饒, 北有棗粟之利, 民雖不佃作而足於棗栗矣. 此所謂天府者也.

夫安樂無事, 不見覆軍殺將, 無過燕者. 大王知其所以然乎? 夫燕之所以不犯寇被甲兵者, 以趙之爲蔽其南也. 秦·趙五戰, 秦再勝而趙三勝. 秦·趙相斃, 而王以全燕制其後, 此燕之所以不犯寇也. 且夫秦之攻燕也, 踰雲中·九原, 過代·上谷, 彌地數千里, 雖得燕城, 秦計固不能守也. 秦之不能害燕亦明矣. 今趙之攻燕也, 發號出令, 不至十日而數十萬之軍軍於東垣矣. 渡嘑沱, 涉易水, 不至四五日而距國都矣. 故曰秦之攻燕也, 戰於千里之外; 趙之攻燕也, 戰於百里之內. 夫不憂百里之患而重千里之外, 計無過於此者. 是故願大王與趙從親, 天下爲一, 則燕國必無患矣.」
文侯曰:「子言則可, 然吾國小, 西迫彊趙, 南近齊, 齊·趙彊國也. 子必欲合從以
安燕, 寡人請以國從.」於是資蘇秦車馬金帛以至趙.

443(29-2)　奉陽君李兌甚不取於蘇秦
미워도 가까이 해야 합니다

조趙나라 재상 봉양군奉陽君 이태李兌는 소진蘇秦을 매우 싫어하였다. 이때 소진은 연燕나라에 있었다. 이에 조나라 신하 이태가 소진을 위하여 봉양군에게 이렇게 말하였다.

"제齊나라와 연나라가 분리되면 조나라 위치가 높아집니다. 제나라와 연나라가 결합하면 조나라가 가벼워집니다. 지금 그대는 연나라가 제나라와 결합되도록 하고 계시니 이는 조나라에게 이로울 것이 없습니다. 제 생각에 이는 귀하가 취하실 일이 아니라고 봅니다."

봉양군이 말하였다.

"내 어찌 연나라를 제나라에 합하겠소?"

이태는 이렇게 설명하였다.

"무릇 연나라에 의해 제압 당하고 있는 자는 바로 소진입니다. 그러나 연나라는 약한 나라입니다. 동쪽으로는 제나라만 못하고 서쪽으로는 조나라만 못합니다. 그러니 동쪽에 제나라가 없고, 서쪽의 조나라가 없다면 어찌 버틸 수 있겠습니까? 그런데 귀하는 소진과 관계가 원만하지 못하시니 소진이 능히 약한 연나라를 껴안고 천하에 외롭게 남아 있으려 하겠습니까? 그들 연나라를 몰아 제나라에 합하도록 할 것입니다. 또 연나라는 한 번 망할 뻔한 여파가 있어 그 나라를 이끌어감에는 외교를 중시하고 큰 나라를 섬기는 것으로 중요한 일로 삼고 있습니다.

그래서 그대를 위해 계책을 세워 드리건대 소진이 좋더라도 가까이 해야 하며 소진이 미워도 가까이 해야 합니다. 그리하여 연·제 두 나라 사이에 서로 의심을 하도록 해야 합니다. 연·제 두 나라가 서로 의심하면 조나라가 중시됩니다. 제왕齊王이 소진을 의심하면 바로 귀하는 좋은 것을 많이 얻게 됩니다."

봉양군이 말하였다.

"좋습니다.

그리고는 소진에게 사신을 보내어 교류를 맺기를 청하였다.

奉陽君李兌甚不取於蘇秦. 蘇秦在燕, 李兌因爲蘇秦謂奉陽君曰:「齊·
燕離則趙重, 齊·燕合則趙輕. 今君之齊, 非趙之利也. 臣竊爲君不取也.」
奉陽君曰:「何吾合燕於齊?」對曰:「夫制於燕者蘇子也. 而燕弱國也, 東不
如齊, 西不如趙, 豈能東無齊·西無趙哉? 而君甚不善蘇秦, 蘇秦能抱弱燕
而孤於天下哉? 是驅燕而使合於齊也. 且燕亡國之餘也, 其以權立, 以重外,
以事貴. 故爲君計, 善蘇秦則取(之), 不善亦取之, 以疑燕·齊. 燕·齊疑.
則趙重矣. 齊王疑蘇秦, 則君多資.」奉陽君曰:「善.」乃使使與蘇秦結交.

【奉陽君李兌甚不取於蘇秦】 상당히 복잡한 문제가 얽혀 있다. 먼저 奉陽君은
趙成으로 趙나라 肅侯의 동생이다. ≪史記≫ 蘇秦列傳에 "乃東之趙, 趙肅侯令
其弟成爲相, 號奉陽君, 奉陽君弗說之. 又游燕, 歲餘而後得見"이라 하였으며,
그 시기는 B.C. 334년이다. 그러나 이상하게도 같은 ≪史記≫ 趙世家에는
趙成의 封號를 安平君으로 趙 惠文王 初年(B.C. 295년)에 재상으로 삼았으며,
이때 李兌(030·084·243장)는 司寇의 벼슬로 奉陽君을 보좌하고 있었다.
따라서 본장의 奉陽君은 또 다른 사람일 수도 있다. 그래서 鮑本에는 여기서의
李兌 두 글자는 衍文이라 보았다.
【蘇秦】 ≪史記≫에 의하면 趙나라에서 이를 좋아하지 아니하자 燕나라로
갔다고 하여 본문 내용과 같다.

참고 및 관련 자료

1. ≪史記≫ 蘇秦列傳
乃東之趙. 趙肅侯令其弟成爲相, 號奉陽君. 奉陽君弗說之.

444(29-3) 權之難
권(權) 땅의 전투

권權 땅의 전투에서 연燕나라는 또다시 제齊나라에게 패배하여 조趙나라에 구원을 요청하였지만, 조나라가 이를 들어주지 않고 있었다. 이때 쾌자噲子가 문공文公, 燕에게 이렇게 계책을 일러주었다.

"땅을 떼어 제나라에게 주고 제나라와 연합할 것이라고 하면 조나라는 틀림없이 우리를 구하러 올 것입니다. 우리를 구하지 않았다가는 자신들도 제나라를 섬기지 않을 수 없기 때문이지요."

문공이 말하였다.

"그렇군요."

그리고는 곽임郭任을 시켜 땅을 떼어 제나라에 주어 강화를 청하도록 시켰다. 조나라가 이 소문을 듣고 드디어 군대를 내어 연나라를 구해 주었다.

權之難, 燕再戰不勝, 趙弗救. 噲子謂文公曰:「不如以地請合於齊, 趙必救我. 若不吾救, 不得不事.」文公曰:「善.」令郭任以地請講於齊. 趙聞之, 遂出兵救燕.

【權】 133장에는 權이 楚나라 땅으로 되어 있다. 燕과 楚 두 나라는 국경이 맞닿지 않아 같은 이름의 다른 곳이 아닌가 한다.
【噲子】 燕나라의 신하인 듯하다.(?)
【文公】 燕나라 文公.
【郭任】 燕나라 신하.

참고 및 관련 자료

1. 權之戰은 燕나라가 누구와 언제, 어떻게 싸운 전쟁인지 확실치가 않다.

아무리 배가 고파도

연燕나라 문공文公 때에 진秦 혜왕惠王이 자신의 딸을 연燕 태자太子의 처로 삼아 주었다. 그 후 문공이 죽자 태자는 이왕易王으로 즉위하였다. 제齊 선왕宣王은 연나라에 상사喪事가 생긴 것을 틈타 이를 공격하여 10개 성을 빼앗아 버렸다.

그러자 무안군武安君 소진蘇秦이 연나라를 위하여 제왕을 달랬다. 먼저 재배하고 축하를 하고는 즉시 하늘을 우러러 조의를 표하였다. 제왕은 이상하기도 하고 두렵기도 해서 창에다 손을 대며 물러서 물었다.

"이 어찌 축하와 조의가 이렇게 급히 동시에 일어나는고?"

소진이 대답하였다.

"사람이 아무리 배가 고파도 오훼烏喙를 먹어서는 안 되는 이유는, 그것을 먹으면 비록 잠시 배는 부르나 곧 뒤따라 그 독 때문에 죽음과 같은 고통을 당하게 되기 때문입니다. 지금 연나라가 비록 약소국이기는 하나 강한 진나라의 젊은 사위 나라입니다. 대왕이 그의 10개 성을 이익으로 여기고 있지만, 이는 강한 진나라에 깊은 원한을 사는 것입니다. 지금 약한 연나라가 대열을 이루어 앞에 나서고, 그 뒤를 강한 진나라가 제압하면서 천하의 정병을 불러온 꼴이 되었으니 이는 바로 오훼를 먹은 것과 같이 되고 말았습니다."

제왕이 물었다.

"그럼 어쩌면 좋겠소?"

소진은 이렇게 설명하였다.

"어진 사람이 일을 처리할 때는 화를 돌려 복으로 만들고, 패배를 원인으로 공을 이룬다고 하였습니다. 그래서 옛날 환공桓公은 부인 하나를 쫓아버림으로서 명성이 더욱 높아졌고, 한헌韓獻은 죄를 얻고도 우정을 더욱 굳게 하였던 것입니다. 이는 모두 전화위복轉禍爲福, 인패위공因敗爲功의 좋은 예입니다. 대왕께서 저의 말을 들어주신다면 우선 먼저 연나라에게 그 10개 성을 되돌려 주시고 진나라에게 사죄하느니만 못합니다. 그렇게

하면 진나라는 자신 때문에 연나라의 10성을 반환한 것으로 알고 고맙게
여길 것입니다. 연나라는 까닭 없이 10성을 되돌려 받는 것으로, 역시
대왕을 고맙게 여길 것입니다. 이는 강한 원한을 버리고 두터운 교분을
세우는 것이 됩니다. 그래서 연나라와 진나라가 함께 귀국 제나라를
섬기게 되면 대왕의 호령은 천하가 다 따르게 됩니다. 바로 허사虛辭로써
진나라를 끌어들이고 10성의 일로 천하를 얻는 결과가 되는 것입니다.
이는 곧 패왕의 업입니다. 소위 전화위복하고, 인패성공은 바로 이런
것입니다."

제왕은 크게 기뻐하며 이에 10성을 연나라에 돌려주고 금 1천 근을
뒤따라 보내 주며, 진나라에게는 땅에 머리를 조아려 형제국이 되어줄
것을 청하며 죄를 빌었다.

燕文公時, 秦惠王以其女爲燕太子婦. 文公卒, 易王立. 齊宣王因燕喪
攻之, 取十城. 武安君蘇秦爲燕說齊王, 再拜而賀, 因仰而弔. 齊王按戈而
卻曰:「此一何慶弔相隨之速也?」對曰:「人之飢所以不食烏喙者, 以爲
雖偸充腹, 而與死同患也. 今燕雖弱小, 强秦之少婿也. 王利其十城, 而深
與强秦爲仇. 今使弱燕爲鴈行, 而强秦制其後, 以招天下之精兵, 此食烏
喙之類也.」齊王曰:「然則奈何?」對曰:「聖人之制事也, 轉禍而爲福,
因敗而爲功. 故桓公負婦人而名益尊, 韓獻開罪而交愈固, 此皆轉禍而爲福,
因敗而爲功者也. 王能聽臣, 莫如歸燕之十城, 卑辭以謝秦. 秦知王以己
之故歸燕城也, 秦必德王. 燕無故而得十城, 燕亦德王. 是棄强仇而立厚
交也. 且夫燕·秦之俱事齊, 則大王號令天下皆從. 是王以虛辭附秦, 而以
十城取天下也. 此霸王之業矣. 所謂轉禍爲福, 因敗成功者也.」齊王大說,
乃歸燕城. 以金千斤謝其後, 頓首塗中, 願爲兄弟, 而請罪於秦.

【燕文公】燕 文侯.
【燕太子】나중에 易王이 되었다. 재위 10년 만에 왕을 칭하였다.
【其女爲燕太子婦】〈秦策〉"公孫衍欲窮張儀"篇 참고.
【齊宣王】이름은 田辟彊, 威王의 아들이며 湣王의 아버지.

【武安君蘇秦】蘇秦이 六國合從을 이룬 후 趙나라에 돌아오자 趙 肅侯가 그를 武安君에 封하였다.

【桉戈而卻】‘桉’은 ‘按’과 같다. ‘창을 만지며 물러서다’의 뜻. 그러나 긴 창을 임금이 잡고 있다는 것은 맞지 않다. 劍의 뜻으로 보아야 한다. ≪史記≫에는 이 구절이 없다.

【烏喙】풀 이름. ‘附子라고도 하며, 毛茛科에 속하는 多年草의 약초. 뿌리가 두텁고 劇毒性이 있다. 藥材로 쓰인다.

【轉禍爲福, 因敗爲功】禍를 돌려서 복이 되게 하고 실패를 말미암아 공이 되도록 함을 말한다.

【桓公負婦人】≪史記≫ 齊世家에 “桓公二十九年, 與夫人蔡姬戲船中, 蔡姬習水, 蕩公, 公懼止之, 不止, 出船, 怒歸蔡姬, 弗絶, 蔡亦怒, 嫁其女, 桓公聞而怒, 興師往伐”이라 하였다. 그로부터 계속해서 桓公은 楚나라를 치고 楚나라와 召陵에서 盟約을 맺었다. 그 후 桓公의 이름은 더욱 높아졌다.

【韓獻開罪】韓獻은 춘추시대 晉나라 卿 벼슬의 韓闕, 中軍元帥에 올랐다. 죽은 후 號를 獻子라고 하였다. 開罪는 晉靈公 때 당시 中軍元帥(戰國 때의 相國에 해당)인 趙盾이 秦나라와 싸우면서 門客 중에 韓闕(즉 韓獻)을 추천하여 中軍司馬(군사 재판관)로 삼았다. 三軍이 도읍을 떠나 멀지 않은 곳에서 趙盾은 잘못하여 뒤따르고 있던 수레의 飮具를 부수었다. 그러자 韓闕은 홀로 달려가 그 사자를 군법대로 처형하였다. 어떤 사람이 趙盾에게 韓闕은 背恩忘德한 놈이라고 하자 오히려 그를 불러 크게 칭찬을 하였다. ≪左傳≫ 獻公 12년(B.C. 597년) 참조.

참고 및 관련 자료

1. ≪史記≫ 蘇秦列傳에도 실려있으나 내용은 약간 차이가 있다.

2. ≪史記≫ 蘇秦列傳

秦惠王以其女爲燕太子婦. 是歲, 文侯卒, 太子立, 是爲燕易王. 易王初立, 齊宣王因燕喪伐燕, 取十城. 易王謂蘇秦曰:「往日先生至燕, 而先王資先生見趙, 遂約六國從. 今齊先伐趙, 次至燕, 以先生之故爲天下笑, 先生能爲燕得侵地乎?」蘇秦大慚, 曰:「請爲王取之.」

蘇秦見齊王, 再拜, 俯而慶, 仰而弔. 齊王曰:「是何慶弔相隨之速也?」蘇秦曰:「臣聞飢人所以飢而不食烏喙者, 爲其愈充腹而與餓死同患也. 今燕雖弱小,

卽秦王之少壻也. 大王利其十城而長與彊秦爲仇. 今使弱燕爲鴈行而彊秦敝其後,
以招天下之精兵, 是食烏喙之類也.」齊王愀然變色曰:「然則奈何?」蘇秦曰:
「臣聞古之善制事者, 轉禍爲福, 因敗爲功. 大王誠能聽臣計, 卽歸燕之十城. 燕無
故而得十城, 必喜; 秦王知以己之故而歸燕之十城, 亦必喜. 此所謂弃仇讎而得
石交者也. 夫燕・秦俱事齊, 則大王號令天下, 莫敢不聽. 是王以虛辭附秦, 以十
城取天下. 此霸王之業也.」王曰:「善.」於是乃歸燕之十城.

446(29-5) 人有惡蘇秦於燕王者
외간 남자와 사통한 여인

어떤 이가 소진蘇秦을 헐뜯어 연왕燕王에게 이렇게 말하였다.

"무안군(武安君, 소진)은 천하에 신용 없는 놈입니다. 대왕께서 만승의 임금으로서 스스로 굽혀, 그를 조정에서 높여 주었으니 이는 천하에 임금이 소인과 한 무리가 된 것을 보여 준 것입니다."

무안군(소진)이 제齊나라로부터 돌아오자 연왕은 과연 숙소조차도 마련해 주지 않았다. 화가 난 소진이 연왕을 만났다.

"저는 원래 동주東周의 촌놈으로 처음에 족하(足下, 임금)를 뵈었을 때는 지척의 공도 없었습니다. 그런데 그때는 족하가 저를 교외에까지 나와 맞아 주고 조정에서 높여 주더니 지금 내가 임금을 위해 사신으로 제나라에 가서 10개 성을 되받아오고, 위급한 연燕나라를 구해 주는 공을 세웠는데도 저의 말을 들어주지 않고 있는 것은, 틀림없이 어떤 자가 저를 믿지 못할 인물이라고 말하며 대왕 앞에서 중상모략하였기 때문일 것입니다. 제가 신용이 없는 것은 곧 족하에게 복이 되는 일입니다. 제가 만약 미생尾生 같은 믿음이 있고, 백이伯夷처럼 청렴하며, 증자曾子처럼 효성이 있다고 합시다. 이 셋은 천하에 고매한 품행을 갖춘 사람들인데 그래야만 족하를 섬길 수 있다고 보십니까?"

임금이 대답하였다.

"그렇소."

소진은 이렇게 말하였다.

"그러한 것을 모두 갖추었다면 저는 족하를 섬기지 못하였을 것입니다."

소진은 말을 이었다.

"무릇 증삼 같은 효성이 있었다면 의로 보아 단 하룻밤이라도 부모를 떠나 밖에서 잘 수 없었을 텐데 족하가 어찌 저를 제나라에 사신으로 보낼 수 있었겠습니까? 또 백이처럼 청렴했다면 소손素飡도 먹지 아니하고 무왕武王의 의를 때묻은 것이라 여겨 그 신하도 되지 않은 절개에, 고죽국孤竹國의 임금자리도 버리고 수양산首陽山에서 굶어죽었습니다. 청렴이 이와 같다면 어찌 수천 리를 걸어와 약한 연나라의 위험한 임금을 섬기겠습니까? 또 믿음이 미생같다면 다리 밑에서 만나기로 한 애인이 시간이 되어도 오지 않자 불어나는 물에도 떠나지 않고 다리 난간을 껴안고 물에 묻혀 죽었습니다. 믿음이 지극하기가 이와 같다면 어찌 연나라와 진秦나라의 위세를 제齊나라에다 드날려 대공을 세우려 하겠습니까? 또 세상에 신용 있게 행동한다고 하는 자는 모두 자신을 위해 하는 것이지, 남을 위한 것이 아닙니다. 모두 스스로를 은폐하려고 하는 짓이지 진취적인 길은 아닙니다.

무릇 삼왕三王이 차례대로 흥기하였고, 오패五霸가 돌고돌아 흥성한 것은 모두가 자신을 은폐해서 된 일이 아닙니다. 임금 노릇도 자신을 은폐하고 무슨 일이 될 것 같습니까? 그렇다면 제나라는 영구營丘 땅 외에 이익을 두지 않았을 것이며, 족하는 초楚나라 국경을 넘어 보지 못하였을 것이요, 변방의 성밖을 엿볼 수 없었을 것입니다. 저는 노모가 주周나라에 살아 계신데도 노모를 떠나 족하를 섬겼으니 이는 은폐의 술책을 버리고 진취의 길을 도모하였기 때문입니다. 그러므로 저의 이 진취적인 길은 족하와 화합될 수 없습니다. 족하는 바로 은폐를 무기로 삼는 임금인 때문이요, 저는 진취를 앞세우는 신하이기 때문입니다. 그래서 저의 충성과 믿음이 임금에게 죄를 얻게 된 것입니다.”

연왕이 물었다.

“충성과 믿음이 어찌 죄가 된단 말이오?”

소진은 다시 이렇게 대답하였다.

“족하는 알지 못합니다. 저의 이웃집에 멀리 외지에 가서 벼슬하는 자가 있었습니다. 그 처는 남편 없는 틈에 외간 남자와 사통을 하고 있었습니다. 그 남편이 장차 돌아올 때가 되자 그 외간 남자는 걱정에 쌓였습니다. 이때 그 여자가 ‘그대는 아무 걱정 마십시오. 내가 이미 술에 독약을 타서 기다리고 있습니다’라 하였습니다. 이틀 후, 그 남편이 집으로 돌아왔습니다. 그 여자는 첩을 시켜 술병을 들고 들어오게 하였습니다. 첩은 그 술에 독약이 들어 있는 것을 알고는, 올리자니 주인 남편이 죽게 되겠고 말을 하자니 처가 쫓겨나게 되겠기에, 거짓으로 넘어지는 체하고는 술을 엎어 버렸습니다. 남편은 노하여 그 첩을 태질하였답니다.

그러므로 한 번 넘어져 술을 엎지르자 위로는 남편을 살렸고 아래로는
처를 살려 주어, 충성됨의 지극하기가 이와 같았건만 태질을 면하지
못하였으니 이것이 바로 충성과 믿음이 죄가 되었다는 것입니다.

　저의 일이 마침 불행히도 그 첩이 술 엎지른 꼴과 같아졌군요. 제가
족하를 섬기는 것은 의를 높여 나라를 유익하게 해드리려는 것이었는데
지금 오히려 죄가 되었으니 저는 앞으로 천하에 족하를 섬길 자들이
감히 다시는 무슨 일을 자신을 가지고 꼭 해내겠다고 나서주지 못할까
두렵습니다. 또 제가 제나라를 설득하면서 그들을 조금도 속이지 않았겠
습니까? 제나라를 설득하기에 저의 말솜씨만 한 것이 없습니다. 비록
요堯·순舜 같은 슬기로도 감히 나 같은 자를 뽑아보내지 못하였을 것입니다.”

人有惡蘇秦於燕王者, 曰:「武安君, 天下不信人也. 王以萬乘下之, 尊之
於廷, 示天下與小人羣也.」武安君從齊來, 而燕王不館也. 謂燕王曰:「臣東
周之鄙人也, 見足下身無咫尺之功, 而足下迎臣於郊, 顯臣於廷. 今臣爲足
下使, 利得十城, 功存危燕, 足下不聽臣者, 人必有言臣不信, 傷臣於王者.
臣之不信, 是足下之福也. 使臣信如尾生, 廉如伯夷, 孝如曾參, 三者天下之
高行, 而以事足下, 不可乎?」燕王曰:「可.」曰:「有此, 臣亦不事足下矣.」
蘇秦曰:「且夫孝如曾參, 義不離親一夕宿於外, 足下安得使之之齊? 廉如
伯夷, 不取素飡, 汙武王之義而不臣焉, 辭孤竹之君, 餓而死於首陽之山.
廉如此者, 何肯步行數千里, 而事弱燕之危主乎? 信如尾生, 期而不來,
抱梁柱而死. 信至如此, 何肯楊(揚)燕·秦之威於齊而取大功乎哉? 且夫信
行者, 所以自爲也, 非所以爲人也. 皆自覆之術, 非進取之道也. 且夫三王
代興, 五霸迭盛, 皆不自覆也. 君以自覆爲可乎? 則齊不益於營丘, 足下不踰
楚境, 不窺於邊城之外. 且臣有老母於周, 離老母而事足下, 去自覆之術,
而謀進取之道, 臣之趣固不與足下合者. 足下皆自覆之君也, 僕者進取之
臣也, 所謂以忠信得罪於君者也.」

　燕王曰:「夫忠信, 又何罪之有也?」對曰:「足下不知也. 臣鄰家有遠爲吏者,
其妻私人. 其夫且歸, 其私之者憂之. 其妻曰:『公勿憂也, 吾已爲藥酒以待
之矣.』後二日, 夫至. 妻使妾奉巵酒進之. 妾知其藥酒也, 進之則殺主父,

言之則逐主母, 乃陽僵棄酒. 主父大怒而笞之. 故妾一僵而棄酒, 上以活主父,
下以存主母也. 忠至如此, 然不免於笞, 此以忠信得罪者也. 臣之事, 適不幸
而有類妾之棄酒也. 且臣之事足下, 亢義益國, 今乃得罪, 臣恐天下後事足
下者, 莫敢自必也. 且臣之說齊, 曾不欺之也? 使之說齊者, 莫如臣之言也,
雖堯·舜之智, 不敢取也.」

【燕王】 易王.

【武安君從齊來】 武安君은 蘇秦. 蘇秦이 齊나라에 가서 燕나라가 빼앗겼던
  10개 城을 되찾아왔다.

【不館】 숙소를 준비해 두지 않음. 《史記》에는 '不官', 즉 그 원래의 관직을
  박탈한다는 뜻으로 되어 있음.

【東周】 周나라 考烈王 말년에 河南의 惠公이 그 아들 班을 鞏(지금의 河南省
  鞏縣)에 封하여 왕으로 받들고 東周라 칭하였다.

【尾生】 尾生은 複姓, 微生, 혹은 춘추시대 魯나라 사람 微生高가 아닌가 한다.
  《莊子》 盜跖篇에 "尾生與女子, 期於梁下, 女子不來, 水至不去, 抱梁柱而死"라
  하였다. 《史記》 蘇秦傳에는 본 《戰國策》을 臺本으로 쓴 것으로 "信如尾生,
  與女子期於梁下, 女子不來, 水至不去, 抱柱而死"라 하였다. 그리고 《漢書》
  東方朔傳의 注에 "尾生, 古之信士, 與女子期於橋下, 待之不至, 遇水而死"라
  하였다.

【伯夷】 商代 孤竹君인 墨胎初의 아들. 그가 죽을 때 伯夷의 동생 叔齊를
  왕으로 잇도록 유언을 남겼다. 叔齊는 형에게 미루다가 둘 모두 周遊天下에
  나섰다. 마침 西伯 昌 周文王이 노인을 잘 받든다는 말을 듣고 그를 찾아가자
  그는 죽고 아들 武王이 殷나라 紂를 친다고 나섰다. 伯夷와 叔齊가 말렸으나
  듣지 않자 首陽山(或說에 지금의 山西省 永濟縣 남쪽의 雷當山이라고도
  한다)에 숨어 고사리를 캐먹다 굶어죽었다. 《史記》 伯夷傳 참조.

【曾參】 孔子의 제자로 효성이 지극하기로 이름을 남겼다. 聖道를 깨달아
  '一以貫之'를 말하였다.

【三王】 夏·殷·周 三代의 開國王(즉 禹·湯·文·武).

【而以事足下, 不可乎】 여기서의 '不' 자는 연문이다. (鮑彪)

【五霸】 異說이 있으나 대개 齊 桓公·晉 文公·宋 襄公·秦 穆公·楚 莊王을
  칭한다.

【營丘】齊나라의 초기 도읍지. 원래 太公望 呂尙이 처음 齊나라에 封해지자 營丘에 도읍을 건설하였다.(지금의 山東省 昌樂縣) 그 후 獻公 때 이르러 臨淄로 옮겼다. 그러나 臨淄도 역시 營丘라 부르기도 한다.

【其妻私人】그 처가 남과 사통함을 말한다.

1. 《史記》蘇秦列傳에도 들어 있으며, 처의 사통을 예로 든 것과 전체적인 흐름은 455장 蘇代의 것과 아주 흡사하다.

2. 《史記》蘇秦列傳

人有毁蘇秦者曰:「左右賣國反覆之臣也, 將作亂.」蘇秦恐得罪歸, 而燕王不復官也. 蘇秦見燕王曰:「臣, 東周之鄙人也, 無有分寸之功, 而王親拜之於廟而禮之於廷. 今臣爲王卻齊之兵而(攻)得十城, 宜以益親. 今來而王不官臣者, 人必有以不信傷臣於王者. 臣之不信, 王之福也. 臣聞忠信者, 所以自爲也; 進取者, 所以爲人也. 且臣之說齊王, 曾非欺之也. 臣弃老母於東周, 固去自爲而行進取也. 今有孝如曾參, 廉如伯夷, 信如尾生. 得此三人者以事大王, 何若?」王曰:「足矣.」蘇秦曰:「孝如曾參, 義不離其親一宿於外, 王又安能使之步行千里而事弱燕之危王哉? 廉如伯夷, 義不爲孤竹君之嗣, 不肯爲武王臣, 不受封侯而餓死首陽山下. 有廉如此, 王又安能使之步行千里而行進取於齊哉? 信如尾生, 與女子期於梁下, 女子不來, 水至不去, 抱柱而死. 有信如此, 王又安能使之步行千里卻齊之彊兵哉? 臣所謂以忠信得罪於上者也.」燕王曰:「若不忠信耳, 豈有以忠信而得罪者乎?」蘇秦曰:「不然. 臣聞客有遠爲吏而其妻私於人者, 其夫將來, 其私者憂之, 妻曰『勿憂, 吾已作藥酒待之矣』. 居三日, 其夫果至, 妻使妾擧藥酒進之. 妾欲言酒之有藥, 則恐其逐主母也; 欲勿言乎, 則恐其殺主父也. 於是乎詳僵而弃酒. 主父大怒, 笞之五十. 故妾一僵而覆酒, 上存主父, 下存主母, 然而不免於笞, 惡在乎忠信之無罪也? 夫臣之過, 不幸而類是乎!」燕王曰:「先生覆就故官.」益厚遇之.

3. 鮑本의 평어

『言無成功者, 雖聖智不足取也. 按, 秦傳有而略. 補曰: 此與後章「蘇代謂燕昭王」章同. 惟中一段, 彼言燕欲伐齊事爲異, 記者或有差互, 不可考也. 人言秦不信, 故秦言己之不信, 乃足下之福, 如尾生亦無益, 謂守行義不成功名者之不足貴也. 又曰: 僕所謂以忠信得罪, 則又以信自待公爲反覆, 以誑時君而莫有詰之者也.』

장의의 연나라 유세

장의張儀가 진秦나라를 위하여 합종을 깨고 연횡을 이루고자 연왕燕王에게 말하였다.

"대왕에게 가깝기로 조趙나라만한 이가 없습니다. 그러나 옛날 조왕趙王은 그의 누이를 대왕代王의 처로 삼아 주고, 그 나라를 겸병하려고 계획을 꾸몄습니다. 그래서 대왕에게 구주句注의 험한 요새에서 회의를 하자고 약속해 놓고는, 공인工人을 시켜 먼저 금두金斗를 만들되 그 자루를 길게 늘리도록 하였습니다. 그것으로 사람을 내리쳐 죽일 수 있도록 말입니다. 회의가 시작되어 주연이 벌어졌을 때 조왕은 몰래 부엌의 요리사에게 일렀습니다. '술이 거나하게 오르면 너는 뜨거운 국물을 가져와 바치는 척하면서 금두를 꺼내 대왕을 쳐죽여라.' 이에 정말 술이 올라 즐거움에 빠져 있을 때 뜨거운 국을 가져오라고 시키자 요리사는 금두의 국자로 국을 나눠 담은 척하다가 대왕의 머리를 내리쳤습니다. 대왕은 머릿속의 골수가 땅에 흘러내려 죽었습니다. 대왕의 처(조왕의 누이)는 이 소식을 듣자 곧 뾰족한 비녀로 스스로 찔러 죽어 버렸습니다. 그래서 지금도 그곳에 마계산摩笄山이라는 산이 있게 되었고, 이러한 사실을 모르는 자는 천하에 없습니다.

이처럼 조나라 왕은 포악무도하여 친척에게조차도 그러한 짓을 한 것은 대왕도 밝히 하는 바일 것입니다. 그런데도 이러한 조왕과 친할 수 있다고 여기십니까? 조나라는 일찍이 군대를 일으켜 연나라를 공격하여, 수도까지 포위하여 대왕을 위협하자, 대왕은 할 수 없이 10개 성을 떼어 주고 조나라에게 사죄를 한 후 물러가게 하였었습니다. 지금 조나라는 민지澠池의 회합에 참가하여 진왕秦王을 조견하고 장차 하간河間을 떼어 주고 진나라를 섬기겠다고 나섰습니다.

대왕이 만약 진나라를 섬기지 않다가는, 진나라는 곧 병력을 풀어 운중雲中, 구원九原을 공략하며, 조나라를 몰아 연나라를 치도록 하면, 대왕의 역수易水와 장성長城은 대왕의 소유로 남아 있을 수 없습니다.

게다가 지금 조나라는 진나라에 있어서 군현郡縣처럼 속해져 있어서, 홀로 마구 남의 나라를 공격할 수 없습니다. 이럴 때 대왕이 진나라를 섬긴다면 진나라는 틀림없이 기뻐할 것이며, 조나라도 혼자 망동을 부리지 못할 것입니다. 이렇게 되면 대왕은 서쪽으로 강한 진나라의 도움이 있고 남쪽으로는 제齊·조 두 나라에 대한 우환이 없어집니다. 그러므로 대왕께서는 깊이 고려해 보시기 바랍니다."

연왕이 말하였다.

"나는 벽루한 만이蠻夷의 땅에 처해 있어 비록 대남자로 태어났으면서 하는 일은 어린아이와 같아, 말에도 정도를 구하지 못하고, 계획에도 일을 제대로 결단하지 못하였습니다. 지금 다행히 상객께서 오셔서 가르쳐 주시니 사직을 받들어 서쪽 진나라를 섬길 것이며 상산常山가의 5개 성을 바치겠습니다."

張儀爲秦破從連橫, 謂燕王曰:「大王之所親, 莫如趙. 昔趙王以其姊爲代王妻, 欲幷代, 約與代王遇於句注之塞. 乃令工人作爲金斗, 長其尾, 令之可以擊人. 與代王飮, 而陰告廚人曰:『卽酒酣樂, 進熱歠, 卽因反斗擊之.』於是酒酣樂進取熱歠. 廚人進斟羹, 因反斗而擊之, 代王腦塗地. 其姊聞之, 摩笄以自刺也. 故至今有摩笄之山, 天下莫不聞.

夫趙王之狼戾無親, 大王之所明見知也. 且以趙王爲可親邪? 趙興兵而攻燕, 再圍燕都而劫大王, 大王割十城乃卻以謝. 今趙王已入朝澠池, 效河間以事秦. 大王不事秦, 秦下甲雲中·九原, 驅趙而攻燕, 則易水·長城非王之有也. 且今時趙之於秦, 猶郡縣也, 不敢妄興師以征伐. 今大王事秦, 秦王必喜, 而趙不敢妄動矣. 是西有强秦之援, 而南無齊·趙之患, 是故願大王之熟計之也.」

燕王曰:「寡人蠻夷辟處, 雖大男子, 裁如嬰兒, 言不足以求正, 謀不足以決事. 今大客幸而敎之, 請奉社稷西面而事秦, 獻常山之尾五城.」

【燕王】 昭王. 이름은 平, 王噲의 아들. 樂毅 장군을 등용 齊나라를 쳐서 雪恥報國
하였다.

【張儀爲秦破從連橫】 蘇秦이 죽자 張儀는 楚・韓 두 나라를 連橫으로 설득하고
秦나라로 왔다. 秦 惠王은 五邑을 張儀에게 주어 武信君에 봉하고 다시 동으로
가서 齊・趙 두 나라를 거쳐 燕나라에 이르게 한다.

【趙王】 춘추 말기의 趙나라 襄子. 이름은 毋卹・韓氏・魏氏와 더불어 知伯을
멸한 후 더욱 강성해져서 三晉으로 전국 칠웅에 들게 된다. 그 누이를 代國에
시집보낸 후 代를 멸망시키고 郡으로 삼았다.

【代王】 고대 國名. 지금 河北省 蔚縣 東北地. 그 왕명은 알 수 없다. 趙襄子에게
소멸되었다.

【句注】 산 이름. 雁門王. 혹 西陘山, 옛날 九塞의 하나. 지금의 山西省 代縣
西北.

【金斗】 쇠로 만든 勺子, 원래 도량형기나 여기서 내용으로 보아 우리의 국자와
같은 것. 《史記》 趙世家에는 銅枓. 그 注에는 "其形方, 有柄取斟水器"라 함.

【摩笄山】 摩는 磨. 笄는 비녀, 즉 송곳처럼 날카롭게 간 비녀. 지금 河北省
蔚縣 東南. 《史記》 趙世家에는 "襄子平代地, 其姊聞之, 泣而呼天, 摩笄自殺,
代人憐之, 所死地名之爲摩笄之山"이라 하였음.

【趙興兵而攻燕】 《史記》 張儀傳에도 역시 이 문장이 있으나 燕世家, 趙世家에
전혀 이런 싸움이 기재되지 않은 것으로 보아 司馬遷이 《史記》를 쓸 때
《戰國策》의 이 문장을 고증 없이 옮기기만 한 듯하다.

【趙王】 武靈王 雍, 雄才가 있어 사방을 경략하고 재위 27년 만에 이들 惠文王에게
禪位해 주고 主父로 자처하였다.

【入朝澠池】〈齊策〉 "張儀爲秦連橫" 注 참고.

【河間】 지금의 河北省 河間縣.

【雲中・九原】 "蘇秦將爲從"(〈燕策〉) 注 참조.

【易水・長城】 易水는 물 이름. 河北省 易縣에서 발원함. 長城은 燕나라의
長城.

【秦王】 惠文王. 곧 惠王. 孝公의 아들이며 武王 및 昭王의 아버지.

【常山】 즉 恒山. 中國 五嶽中의 北嶽.

1. ≪史記≫ 張儀列傳

北之燕, 說燕昭王曰:「大王之所親莫如趙. 昔趙襄子嘗以其姊爲代王妻, 欲幷代, 約與代王遇於句注之塞. 乃令工人作爲金斗, 長其尾, 令可以擊人. 與代王飮, 陰告廚人曰:『卽酒酣樂, 進熱啜, 反斗以擊之.』於是酒酣樂, 進熱啜, 廚人進斟, 因反斗以擊代王, 殺之, 王腦塗地. 其姊聞之, 因摩笄以自刺, 故至今有摩笄之山. 代王之亡, 天下莫不聞.

夫趙王之很戾無親, 大王之所明見, 且以趙王爲可親乎? 趙興兵攻燕, 再圍燕都而劫大王, 大王割十城以謝. 今趙王已入朝澠池, 效河閒以事秦. 今大王不事秦, 秦下甲雲中·九原, 驅趙而攻燕, 則易水·長城非大王之有也. 且今時趙之於秦猶郡縣也, 不敢妄擧師以攻伐. 今王事秦, 秦王必喜, 趙不敢妄動, 是西有彊秦之援, 而南無齊·趙之患, 是故願大王孰計之.」

燕王曰:「寡人蠻夷僻處, 雖大男子裁如嬰兒, 言不足以采正計. 今上客幸敎之, 請西面而事秦, 獻恆山之尾五城.」

2. ≪史記≫ 趙世家

襄子姊前爲代王夫人. 簡子旣葬, 未除服, 北登夏屋, 請代王. 使廚人操銅枓以食代王及從者, 行斟, 陰令宰人各以枓擊殺代王及從官, 遂興兵平代地. 其姊聞之, 泣而呼天, 摩笄自殺. 代人憐之, 所死地名之爲摩笄之山. 遂以代封伯魯子周爲代成君. 伯魯者, 襄子兄, 故太子. 太子蚤死, 故封其子.

3. 鮑本의 평어

『彪謂: 燕昭, 賢智主也, 非儀此說能震動. 且人之性稟, 有父子不相肖者, 自襄至武靈七八傳矣, 而欲以其狼戾無親例之, 人豈信之哉? 然而燕昭之聽之也, 卑甚. 蓋拊摩新附之民, 勢未可以有事, 又諸國從之者衆, 故爲卑辭以紓其國, 是儀之橫有天幸也. 加之數年, 收集繕治有其緒, 則若云者固昭王之所乘而棄者. 史言蘇代復重燕, 燕使約從如初, 此昭王之素所畜積也.』

연나라의 내란

궁타宮他가 연燕나라를 위하여 위魏나라에 사신으로 갔다. 그러나 위왕魏王이 그의 말을 들어주지 않아 몇 달 동안 그대로 머물러 있을 수밖에 없었다. 이때 어떤 객客이 위왕에게 말하였다.

"임금께서 연나라 사신의 말을 들어주지 않으시니 무슨 이유라도 있습니까?"

위왕이 말하였다.

"그들 연나라에 내란이 일어났기 때문이오."

그는 이렇게 말하였다.

"옛날 탕湯이 걸桀을 토벌할 때, 그 국내에 스스로 난이 일어나기를 바랬습니다. 대란이 일어나면 그 땅을 차지할 수 있고, 소란小亂이 일어나면 그 보물을 얻게 되는 것입니다. 지금 그 연나라 사신은 '어떠한 일이라도 다 들어 줄 것이며 보물이고 땅이고 다 바쳐서 시키는 대로 하겠다'라 하고 있습니다. 그런데도 왕께서는 그를 만나보지 않으시렵니까?"

이 말에 위왕은 궁타를 만나 이야기를 잘 들어주고 그를 보내 주었다.

宮他爲燕使魏, 魏不聽, 留之數月. 客謂魏王曰:「不聽燕使何也?」曰:「以其亂也.」對曰:「湯之伐桀, 欲其亂也. 故大亂者可得其地, 小亂者可得其寶. 今燕客之言曰:『事苟可聽, 雖盡寶‧地, 猶爲之也.』王何爲不見?」魏王說, 因見燕客而遣之.

【宮他】周나라 사람. 유세객. 026‧042‧362장 등 참조.
【魏王】魏 昭王.
【湯之伐桀】殷(商)의 湯王이 夏의 末王 桀을 멸망시킨 일.

1. 이는 燕 昭王이 정식으로 즉위하지 않았을 때였으므로 魏 昭王이 그 사신을
만나기를 거절한 것이다.

2. 鮑本의 평어

『彪謂: 是客也, 以鄰國爲壑者也, 彼惡知所謂天下爲度者乎?』

449(29-8) 蘇秦死
좋은 수가 있으리라

소진蘇秦이 죽자 그의 동생 소대蘇代가 그의 뒤를 잇고자 하여 북쪽으로 가서 연왕燕王 쾌噲를 만났다.

"저는 동주東周의 비천한 인물입니다. 대왕의 의가 심히 높고 심히 순리에 맞음을 듣고 나서 제가 똑똑하지는 못하나 홀로 생각에 농사짓던 호미를 집어던지고 찾아와 일을 돕고자 합니다. 우선 조趙나라 한단邯鄲에 이르러 보니 한단에서 들은 바가 제 고향 동주에서 들은 것보다 높았습니다. 그래서 뜻을 품고 이에 이 연나라의 궁정까지 오게 되었습니다. 대왕의 군신과 아래 관리들까지 살펴보니 대왕은 과연 천하의 명석한 군주이심을 느꼈습니다."

연왕이 물었다.

"그대가 말한 소위 천하의 명석한 군주라는 것은 무엇을 말함이오?"

소대가 설명하였다.

"제가 들으니 명석한 군주란 자기의 과실을 듣기에는 힘쓰지만 자기를 칭찬하는 말은 듣기를 좋아하지 않는다 하였습니다. 저는 이에 왕의 과실을 말씀드릴까 합니다. 무릇 제齊나라와 조나라는 대왕의 원수이고, 초楚나라와 위魏나라는 바로 대왕의 후원자입니다. 그런데 지금 대왕께서는 원수 나라를 받들어 모시면서 후원하는 나라를 치고 있으니, 이는 바로 귀국 연나라에게 아무 이익도 되지 못하는 일입니다. 왕께서 스스로 이렇게 하고 있으니 이는 계책이 잘못된 것입니다. 그런 사실을 알고도 이를 대왕께 간하지 않는다면 이는 충신이라 할 수 없겠지요."

그러자 왕은 반박하고 나섰다.

"내가 제나라와 조나라에 대하여 감히 치지 못하고 있을 뿐이오."

소대는 이렇게 설명하였다.

"무릇 남을 어떻게 해볼 마음도 없으면서 남에게 의심부터 받는 일은 위태로우며, 남을 어떻게 도모해 볼 마음이 있으면서 남이 이를 알게 하면 이는 졸렬한 것이며, 그 모책이 실행에 옮겨지기도 전에 밖으로 소문이 퍼지면 이는 위험한 것입니다. 지금 제가 들으니 왕께서는 평시에도 안정을 얻지 못하고 음식에 그 맛을 느끼지 못하면서 오로지 제나라에 보복할 생각만 가지고 계시다구요. 그리고 스스로 갑옷을 입어 보고는 '좋은 수가 있으리라'고 하고, 또 부인께서도 그 갑옷의 띠를 만들면서 '좋은 수가 있으리라' 하신다는 데 정말입니까?"

왕은 이 말에 놀랐다.

"그대도 이미 소문을 듣고 있군요. 이 마당에 내 무엇을 숨기리요. 나는 제나라에 대해 깊은 원한이 쌓여 있고 이를 갚기 위해 벼른 지가 2년이 되었소. 제나라는 나의 원수요, 그래서 내가 치려는 거요. 그러나 나라가 지금 피폐한 때를 당하고 있는지라 역부족이오. 그대가 능히 우리 연나라가 제나라에게 복수할 수 있게만 해준다면 내가 이 나라를 다 들어 그대에게 맡기겠소."

소대는 신이 났다.

"무릇 천하에 전국칠웅戰國七雄이 있습니다. 그 중에 연나라가 가장 약하지요. 그러니 홀로 싸워서는 불가능하지만 어느 나라라도 연합하기만 하면 중해지지 않는 경우가 없습니다. 남쪽으로 초나라에 붙으면 초나라가 강해집니다. 서쪽으로 진秦나라에 붙으면 진나라가 강해지고 중앙으로 한韓·위 두 나라와 합치면 한·위 두 나라가 대단해지고 맙니다. 이렇게 하면 귀국 연나라를 끌어들인 나라가 강해지기 마련이므로 그들은 왕을 중히 여기지 않을 수 없습니다. 지금 제왕齊王은 가장 힘이 있는 군주로 스스로 그 힘을 쓰고 있습니다.

남쪽으로 초나라를 5년 동안 공격하여 그들의 재물을 모두 흩어 버렸고, 서쪽으로는 3년 동안이나 진나라를 곤궁에 몰아, 그 백성은 초췌하고 사졸은 피폐해지고 말았습니다. 또 그들은 북쪽으로 귀국 연나라와 싸워 귀국의 삼군을 엎어 버리고 두 장수를 잡아갔습니다. 그런가 하면 그래도 힘이 남아 그 여병餘兵으로 남쪽으로 5천 승의 강한 송宋나라를 들어치고 12개의 제후들을 겸병해 버렸습니다.

그러나 이렇게 해서 그 제나라 임금은 자신의 욕심을 채웠을지 모르나 그 백성의 힘은 고갈되고 말았으니 어찌 얻었다 할 수 있겠습니까?

또 제가 들으니 전쟁이 잦으면 백성이 노고롭게 되고 전쟁이 길어지면 병사가 피폐해진다 하였습니다."

왕이 이에 이렇게 물었다.

"내가 들으니 제나라에는 맑은 제수濟水와 탁한 황하黃河가 있어 이를 견고한 자연 방비로 삼을 수 있고, 장성張城과 거방鉅防이 있어 족히 요새가 될 수 있다고 하였는데 정말 그렇소?"

소대는 이렇게 대답하였다.

"천시天時가 함께 해주지 않는다면 비록 청제淸濟와 탁하濁河가 있다고 한들 어찌 견고한 방위가 되겠으며, 백성의 힘이 다하고 피폐해진다면 장성과 거방이 어찌 요새가 될 수 있겠습니까? 또 제나라는 지난번 평시에는 제수濟水의 서쪽 지역 사람들은 부역을 시키지 않았습니다. 이는 조나라를 방비하기 위해 미리 쉬게 하였던 것입니다. 또 하수河水의 북쪽 장정도 징집하지 않았습니다. 이는 바로 귀국 연나라를 대비하기 위한 것이었습니다. 그러자 지금은 제서이건 하북이건 모두 징집하여 그 지역 내는 피폐해졌습니다.

그 제나라의 교만한 임금은 더 이상 좋은 계책을 낼 수 없으며, 나라를 망칠 신하들은 재물만 탐내고 있지요. 이때 왕께서는 능히 공자公子나 동생을 사랑만 하지 마시고 이들을 제나라에 인질로 보내시고, 또 보주寶珠·옥백玉帛을 써서 그 좌우 신하들에게 바치는 데에 인색하게 하지 마십시오. 그러면 제나라는 연나라에게 고맙게 여기면서 송나라쯤은 쉽게 멸망시키리라 여기고 나라와 백성을 더욱 피폐하게 할 것입니다. 그리하여 제나라가 스스로 망하게 해야 합니다."

왕은 감탄하였다.

"내 끝까지 그대의 말로 하늘에 명을 수행하겠소."

소대는 이렇게 말을 맺었다.

"안에 있는 도적들을 서로 작당하지 못하도록 하십시오. 그렇지 않으면 밖의 적을 막아낼 길이 없습니다. 왕께서는 스스로 외교에만 힘쓰십시오. 저는 제나라에 가서 그 내부를 움직여 왕께 보답하겠습니다. 이것이 제나라를 망하게 하는 지름길입니다."

蘇秦死, 其弟蘇代欲繼之, 乃北見燕王噲曰:「臣東周之鄙人也, 竊聞王義
甚高甚順, 鄙人不敏, 竊釋鉏耨而干大王. 至於邯鄲, 所聞於邯鄲者, 又高於
所聞東周. 臣竊負其志, 乃至燕廷, 觀王之羣臣下吏, 大王天下之明主也.」
王曰:「子之所謂天下之明主者, 何如者也?」對曰:「臣聞之, 明主者務聞其過,
不欲聞其善. 臣請謁王之過. 夫齊‧趙者, 王之仇讎也; 楚‧魏者, 王之援國也.
今王奉仇讎以伐援國, 非所以利燕也. 王自慮此則計過. 無以諫者, 非忠臣也.」
王曰:「寡人之於齊‧趙也, 非所敢欲伐也.」曰:「夫無謀人之心, 而令人疑之,
殆; 有謀人之心, 而令人知之, 拙; 謀未發而聞於外, 則危. 今臣聞王居處不安,
食飲不甘, 思念報齊, 身自削甲扎, 曰有大數矣, 妻自組甲絣, 曰有大數矣,
有之乎?」王曰:「子聞之, 寡人不敢隱也. 我有深怨積怒於齊, 而欲報之二
年矣. 齊者, 我讎國也, 故寡人之所欲伐也. 直患國弊, 力不足矣. 子能以燕
敵齊, 則寡人奉國而委之於子矣.」

對曰:「凡天下之戰國七, 而燕處弱焉. 獨戰則不能, 有所附則無不重. 南附
楚則楚重, 西附秦則秦重, 中附韓‧魏則韓‧魏重. 且苟所附之國重, 此必使
王重矣. 今夫齊王, 長主也, 而自用也. 南攻楚五年, 稸積散. 西困秦三年,
民憔悴, 士罷弊. 北與燕戰, 覆三軍, 獲二將. 而又以其餘兵南面而舉五千乘
之勁宋, 而包十二諸侯. 此其君之欲得也, 其民力竭也, 安猶取哉? 且臣聞之,
數戰則民勞, 久師則兵弊.」王曰:「吾聞齊有清濟‧濁河, 可以爲固; 有長城‧
鉅防, 足以爲塞. 誠有之乎?」對曰:「天時不與, 雖有清濟‧濁河, 可足以爲固?
民力窮弊, 雖有長城‧鉅防, 何足以爲塞? 且異日也, 濟西不役, 所以備趙也;
河北不師, 所以備燕也. 今濟西‧河北, 盡以役矣, 封內弊矣. 夫驕主必不好計,
而亡國之臣貪於財. 王誠能毋愛寵子‧母弟以爲質, 寶珠玉帛以事其左右,
彼且德燕而輕亡宋, 則齊可亡已.」王曰:「吾終以子受命於天矣!」

曰:「內寇不與, 外敵不可距(拒). 王自治其外, 臣自報其內, 此乃亡之
之勢也.」

【蘇秦死】蘇秦이 죽은 것은 B.C. 317년 《史記》 蘇秦列傳 참조.

【蘇代】蘇秦의 동생. 유세가.

【燕王 噲】왕위를 子之(당시 상국)에게 물려주었다가 큰 혼란을 빚은 인물.

【邯鄲】趙나라의 도읍.

【濟水】河南省에서 발원하여 山東을 거쳐 바다로 들어가는 강.

【鉅防】큰 堤防.

【濟西】지금의 山東省 聊城縣·高唐縣 일대.

【河北】지금의 河北省 滄縣·景縣 일대.

1. 《史記》 蘇秦列傳 중의 蘇代를 언급한 부분에 수록되어 있다.

2. 《史記》 蘇秦列傳

蘇秦既死, 其事大泄. 齊後聞之, 乃恨怒燕. 燕甚恐. 蘇秦之弟曰代, 代弟蘇厲, 見兄遂, 亦皆學. 及蘇秦死. 代乃求見燕王, 欲襲故事. 曰:「臣, 東周之鄙人也. 竊聞大王義甚高, 鄙人不敏, 釋鉏耨而干大王. 至於邯鄲, 所見者絀於所聞於東周, 臣竊負其志. 及至燕廷, 觀王之羣臣下吏, 王, 天下之明王也.」燕王曰:「子所謂明王者何如也?」對曰:「臣聞明王務聞其過, 不欲聞其善, 臣請謁王之過. 夫齊·趙者, 燕之仇讎也; 楚·魏者, 燕之援國也. 今王奉仇讎以伐援國, 非所以利燕也. 王自慮之, 此則計過, 無以聞者, 非忠臣也.」王曰:「夫齊者固寡人之讎, 所欲伐也, 直患國敝力不足也. 子能以燕伐齊, 則寡人舉國委子.」對曰:「凡天下戰國七, 燕處弱焉. 獨戰則不能, 有所附則無不重. 南附楚, 楚重; 西附秦, 秦重; 中附韓·魏, 韓·魏重. 且苟所附之國重, 此必使王重矣. 今夫齊, 長主而自用也. 南攻楚五年, 畜聚竭; 西困秦三年, 士卒罷敝; 北與燕人戰, 覆三軍, 得二將. 然而以其餘兵南面舉五千乘之大宋, 而包十二諸侯. 此其君欲得, 其民力竭, 惡足取乎! 且臣聞之, 數戰則民勞, 入師則兵敝矣.」燕王曰:「吾聞齊有清濟·濁河可以爲固, 長城·鉅防足以爲塞, 誠有之乎?」對曰:「天時不與, 雖有清濟·濁河, 惡足以爲固! 民力罷敝, 雖有長城·鉅防, 惡足以爲塞! 且異日濟西不師, 所以備趙也; 河北不師, 所以備燕也. 今濟西河北盡已役矣, 封內敝矣. 夫驕君必好利, 而亡國之臣必貪於財. 王誠能無羞從子母弟以爲質, 寶珠玉帛以事左右, 彼將有德燕而輕亡宋, 則齊可亡已.」燕王曰:「吾終以子受命於天矣.」燕乃使一子質於齊. 而蘇厲因燕質子而求見齊王. 齊王怨蘇秦, 欲囚蘇厲. 燕質子爲謝, 已遂委質爲齊臣.

3. 鮑本에는 蘇代가 상대한 燕王이 昭王이어야 한다고 주장하였다.
『彪謂: 燕昭之擧, 實自代發之. 正曰: 大事記云: 戰國策載蘇代說燕之辭, 誤以爲噲,
使噲能有志如是, 豈至覆國乎? 論其世, 考其事, 皆說昭王之辭也. 按, 史記誤同.』

450(29-9) 燕王噲旣立
나라를 넘겨주시지요

연왕燕王 쾌噲가 즉위한 후에 소진蘇秦이 제齊나라에서 살해당하였다. 소진이 일찍이 연나라에서 활동할 때, 연나라 상국相國 자지子之와는 자녀를 혼인시켜 친척을 맺어두었었다. 동생 소대蘇代도 역시 상국 자지와 친구 사이가 되어 있었으며 소진이 죽자 제齊 선왕宣王은 다시 소대를 등용하였다. 연왕 쾌가 즉위한 지 3년, 초楚·조趙·한韓·위魏 네 나라와 더불어 진秦나라를 공격하였지만 승리 없이 돌아오고 말았다. 당시 상국 자지의 권력은 지극하여 일체의 국정을 독단하고 있었다. 소대가 제나라를 위해 일을 벌이려 연나라로 왔다. 연왕이 소대에게 물었다.

"제나라 선왕은 어떤 사람인가?"

소대가 대답하였다.

"그는 패업을 성공할 만한 인물이 못 됩니다."

"어째서?"

소대는 이렇게 설명하였다.

"그는 신하를 믿지 않습니다."

소대는 이 말로 연왕을 격동시켜 자지를 더욱 신임하게 하기 위한 수작이었다. 과연 연왕은 자지를 더욱 믿게 되었고, 자지는 자지대로 소대에게 1백 일鎰의 금을 선사하고 그가 시키는 대로 듣게 되었다.

그때 같은 패거리인 녹모수鹿毛壽가 연왕에게 말하였다.

"나라를 자지에게 넘겨주시느니만 못합니다. 사람들이 요堯를 칭송하고 있는 것은 그가 천하를 허유許由에게 양도하였기 때문입니다. 허유가 끝내 받지 않았으므로 이는 양도한 명성만 있고 실제로는 천하를 잃은 것이 없습니다. 지금 만약 왕께서 나라를 상국인 자지에게 넘겨준다면 자지는 틀림없이 받지 않을 것입니다. 대왕은 곧 요임금 같은 행동을 하신 것이 됩니다."

이 계략에 속은 연왕은 나라를 다 들어 자지에게 위촉하였고, 자지의 권세는 막중하게 되었다. 이쯤 되자 또 다른 어떤 자가 이렇게 제안하였다.

"우禹임금이 익益에게 천하를 맡겨두고 자신의 아들 계啓는 오히려 신하로 삼았다가, 늙게 되자 계에게는 천하를 넘겨 줄 수 없다고 여기고 익에게 물려주었습니다. 그러자 계와 그를 지지하던 도당들은 익을 공격하여 천하를 빼앗아 버렸습니다. 이는 우가 명의상 천하를 익에게 넘겨 준 것뿐, 실제로는 계로 하여금 천하를 탈취하게 한 것입니다. 지금 왕께서는 말로 천하를 자지에게 넘겨주었지만 관리들은 태자의 신하가 아닌 자가 없습니다. 이는 명의상 자지에게 위탁하는 것뿐이고 실제로는 오히려 태자에게 국정을 장악하게 한 것입니다."

이 말을 듣자 연왕은 관리의 직인을 다 거둬들여 그 중에 3백 석 이상의 봉록을 받는 자의 것은 자지에게 넘겨주었다. 자지는 이로부터 실제로 남면南面하여 왕 노릇을 시작하였고, 늙은 연쾌는 정사에 관여하지 않고 오히려 신하의 위치가 되어 일체의 국사는 자지의 손에서 결정되었다.

자지가 국정을 장악한 지 3년째 되던 해, 연나라에서는 대란이 일어나 백성은 비통과 원한에 빠졌다. 장군 시피市被와 태자 평平은 자지를 칠 준비를 서둘렀다.

한편 제나라 상국 저자儲子가 제 선왕에게 이렇게 건의하였다.

"이 기회에 자지의 지위를 엎어 버리면 틀림없이 연나라를 깨뜨릴 수 있습니다."

이에 따라 제 선왕은 사람을 파견하여 태자 평에게 일렀다.

"과인은 당신 태자께서 의기로운 분으로서 사사로움을 폐하고 공을 받들며 군신의 명의를 바로 세우고 부자의 위치를 정확히 한다고 들었소. 그러나 우리나라는 작고 힘이 없어 앞뒤에서 도와 드릴 수는 없으나 원한다면 오직 태자의 명령을 기다리겠습니다."

태자는 이에 무리를 모으고, 장군 시피는 궁전을 포위하여 자지를 공격하였다. 그러나 이겨내지 못하자 장군 시피와 백성들은 도리어 태자 평을 공격하였다. 시피는 결국 죽음을 당하고 말았다. 싸움이 수개월을 끌자 수만 명이 죽고 연나라 백성들은 원망 끝에 태자에게 배반할 생각까지 품게 되었다.

이때 맹자孟子가 제 선왕에게 일렀다.

"지금 연나라를 공략하는 것은 마치 주周 문왕文王·무왕武王이 주紂 같은 폭군을 칠 기회를 만난 것과 같습니다. 기회를 놓치지 마십시오."

제 선왕은 결국 장자章子에게 오도五都의 군대를 주어 북쪽 연나라 가까운 민중들과 함께 연나라를 공격하였다. 마침 연나라 자지의 군사들은 싸움에 지쳐 대항을 포기하고, 성문도 잠그지 않고 있었다. 연왕 쾌는 피살당하고 제나라는 대승을 거두었으며 자지도 결국 죽음을 당하고 말았다. 2년이 지난 후 연나라 백성들은 태자 평을 왕으로 맞이하니 이가 곧 연의 소왕昭王이다.

燕王噲旣立, 蘇秦死於齊. 蘇秦之在燕也, 與其相子之爲婚, 而蘇代與子之交. 及蘇秦死, 而齊宣王復用蘇代.

燕噲三年, 與楚·三晉攻秦, 不勝而還. 子之相燕, 貴重主斷. 蘇代爲齊使於燕, 燕王問之曰:「齊宣王何如?」對曰:「必不霸.」燕王曰:「何也?」對曰:「不信其臣.」蘇代欲以激燕王以厚任子之也. 於是燕王大信子之. 子之因遺蘇代百金, 聽其所使.

鹿毛壽謂燕王曰:「不如以國讓子之. 人謂堯賢者, 以其讓天下於許由, 由必不受, 有讓天下之名, 實不失天下. 今王以國讓相子之, 子之必不敢受, 是王與堯同行也.」燕王因擧國屬子之, 子之大重.

或曰:「禹授益而以啓爲吏, 及老, 而以啓爲不足任天下, 傳之益也. 啓與支(友)黨攻益而奪之天下, 是禹名傳天下於益, 其實令啓自取之. 今王言屬國子之, 而吏無非太子人者, 是名屬子之, 而太子用事.」王因收印自三百石吏而效之子之. 子之南面行王事, 而噲老不聽政, 顧爲臣, 國事皆決子之.

子之三年, 燕國大亂, 百姓恫怨. 將軍市被·太子平謀, 將攻子之. 儲子謂齊宣王:「因而仆之, 破燕必矣.」王因令人謂太子平曰:「寡人聞太子之義, 將廢私而立公, 飭君臣之義, 正父子之位. 寡人之國小, 不足先後. 雖然, 則唯太子所以令之.」太子因數黨聚衆, 將軍市被圍公宮, 攻子之, 不克; 將軍市被及百姓乃反攻太子平. 將軍市被死已殉, 國構難數月, 死者數萬衆, 燕人恫怨(恐), 百姓離意.

孟軻謂齊宣王曰:「今伐燕, 此文·武之時, 不可失也.」王因令章子將五都之兵, 以因北地之衆以伐燕. 士卒不戰, 城門不閉, 燕王噲死. 齊大勝燕, 子之亡. 二年, 燕人立公(太)子平, 是爲燕昭王.

【燕王 噲】燕나라 易王의 아들. 재위 7년만에 본문 내용처럼 판단을 잘못하여 나라를 子之에게 넘겼다. 그 때문에 諡號가 없다.

【蘇秦死於齊】蘇秦은 燕나라에서 易王의 어머니 文侯 부인과 사통하다가 誅罰이 두려워 계략 끝에 燕王에게 거짓 죄를 진 것처럼 齊나라로 쫓아 주면 齊나라에 가서 간첩활동을 하겠다고 하였다. 齊나라는 이에 속아 그를 높이 客卿으로 삼았다. 그 후 大夫들의 싸움 끝에 발각되어 車裂刑을 당하였다.

【子之】燕나라 相國. 噲로부터 燕나라를 물려받아 내란 끝에 죽었다.

【蘇代】蘇秦의 동생. 그 다음 동생은 蘇厲, 삼형제 모두 合從을 主張하였다.

【齊 宣王】≪史記≫에는 ‘齊湣王’으로 되어 있으나 宣王이 옳다. 司馬遷이 ≪史記≫를 쓸 때 田和 아래 悼子 一世를 빼놓았기 때문이다.

【不信其臣】임금에게 子之를 높여주도록 부추긴 말이다.

【鹿毛壽】燕나라 臣下. 모두 子之, 蘇代의 일당.

【許由】堯가 천하를 양위하려 하자 거절하였다. 巢父와의 고사로 유명하다.

【禹授益而以啓爲吏】益은 伯益, 舜의 신하로 禹를 도와 治水 사업에 공을 세웠다. 禹가 천하를 주려 하자 箕山에 숨었다. 啓는 禹의 아들. ≪十八史略≫에 “(禹)南巡至會稽山而崩, 子啓賢, 能繼禹道, 禹嘗薦益於天, 謳歌朝覲者, 不之益而之啓, 曰吾君之子也. 啓遂立”이라 하였다.

【三百石吏而效】鄭玄은 “效, 呈也, 以印呈與子之”라고 하였다. 즉 3백 석 이상의 관리는 직인을 子之에게 바쳐 子之가 다시 임명하게 하였다.

【市被】燕나라 장군.

【太子 平】燕 昭王.

【儲子】당시 제나라의 상국(재상).

【孟軻】전국시대 鄒人. 字는 子輿, 子思에게 배워 孔子의 뜻을 펴 ≪孟子≫ 7편을 지었다. 뒤에 亞聖으로 불렸다. 한편 이 구절이 지금의 ≪孟子≫에 없는 것에 대해 鮑本에는 “補曰: 此當時所謂孟子勸齊伐燕者也. 使無孟子之書, 則人將此言之信乎? 要之聖賢決無足事也. 推此, 則凡後世之誣罔聖賢而無徵者可知”라 하였다.

【文武之時】≪史記≫ 索隱에 “謂如武王成文王之業, 伐紂之時, 然此語與孟子不同”이라 하였다.

【章子將五都之兵】 章子는 齊나라 사람. 五都는 곧 齊나라. 수도 臨淄가 고대 五都 중의 하나여서 붙인 말.

1. ≪史記≫ 燕昭公世家, 蘇秦列傳 등에 나뉘어 실려 있으며, ≪韓非子≫ 外儲說右下에도 실려 있다.

2. ≪韓非子≫ 外儲說右下

子之相燕, 貴而主斷. 蘇代爲齊使燕, 王問之曰:「齊王亦何如主也?」對曰:「必不霸矣.」燕王曰:「何也?」對曰:「昔桓公之霸也, 內事屬鮑叔, 外事屬管仲, 桓公被髮而御婦人, 日遊於市. 今齊王不信其大臣.」於是燕王因益大信子之. 子之聞之, 使人遺蘇代金百鎰, 而聽其所使之.

一曰: 蘇代爲秦使燕, 見無益子之, 則必不得事而還, 貢賜又不出, 於是見燕王, 乃譽齊王, 燕王曰:「齊王何若是之賢也? 則將必王乎?」蘇代曰:「救亡不暇, 安得王哉?」燕王曰:「何也?」曰:「其任所愛不均.」燕王曰:「其亡何也?」曰:「昔者, 齊桓公愛管仲, 置以爲仲父, 內事理焉, 外事斷焉, 擧國而歸之, 故一匡天下, 九合諸侯. 今齊任所愛不均, 是以知其亡也.」燕王曰:「今吾任子之, 天下未之聞也?」於是明日張朝而聽子之.

潘壽謂燕王曰:「王不如以國讓子之. 人所以謂堯賢者, 以其讓天下於許由, 許由必不受也, 則是堯有讓許由之名而實不失天下也. 今王以國讓子之, 子之必不受也, 則是王有讓子之之名而與堯同行也.」於是燕王因擧國而屬之, 子之大重.

一曰: 潘壽, 隱者. 燕使人聘之. 潘壽見燕王曰: 臣恐子之之如益也.」王曰:「何益哉?」對曰:「古者, 禹死, 將傳天下於益, 啓之人因相與攻益而立啓. 今王信愛子之, 將傳國子之, 太子之人盡懷印, 爲子之之人無一人在朝廷者. 王不幸棄群臣, 則子之亦益也.」王因收吏璽, 自三百石以上皆效之子之, 子之大重. 夫人主之所以鏡照者, 諸侯之士徒也, 今諸侯之士徒皆私門之黨也. 人主之所以自羽翼者, 巖穴之士徒也, 今巖穴之士徒皆私門之舍人也. 是何也? 奪褫之資在子之也. 故吳章曰:「人主不佯憎愛人. 佯愛人, 不得復憎也; 佯憎人, 不得復愛也.」

一曰: 燕王欲傳國於子之也, 問之潘壽, 對曰:「禹愛益而任天下於益, 已而以啓人爲吏. 及老, 而以啓爲不足任天下, 故傳天下於益, 而勢重盡在啓也. 已而啓與友黨攻益而奪之天下, 是禹名傳天下於益, 而實令啓自取之也, 此禹之不及堯·舜明矣. 今王欲傳之子之, 而吏無非太子之人者也, 是名傳之而實令太子自取之也.」

燕王乃收璽, 自三百石以上皆效之子之, 子之遂重. 方吾子曰:「吾聞之古禮: 行不與同服者同車, 不與同族者共家, 而況君人者乃借其權而外其勢乎!」吳章謂韓宣王曰:「人主不可佯愛人, 一日不可復憎: 不可以佯憎人, 一日不可復愛也. 故佯憎佯愛之徵見, 則諛者因資而毀譽之. 雖有明主, 不能復收, 而況於以誠借人也!」

3. 《史記》 燕昭公世家

燕噲既立, 齊人殺蘇秦. 蘇秦之在燕, 與其相子之爲婚, 而蘇代與子之交. 及蘇秦死, 而齊宣王復用蘇代. 燕噲三年, 與楚・三晉攻秦, 不勝而還. 子之相燕, 貴重, 主斷. 蘇代爲齊使於燕, 燕王問曰:「齊王奚如?」對曰:「必不霸.」燕王曰:「何也?」對曰:「不信其臣.」蘇代欲以激燕王以尊子之也. 於是燕王大信子之. 子之因遺蘇代百金, 而聽其所使.

鹿毛壽謂燕王:「不如以國讓相子之. 人之謂堯賢者, 以其讓天下於許由, 許由不受, 有讓天下之名而實不失天下. 今王以國讓於子之, 子之必不敢受, 是王與堯同行也.」燕王因屬國於子之, 子之大重. 或曰:「禹薦益, 已而以啓人爲吏. 及老, 而以啓人爲不足任乎天下, 傳之於益. 已而啓與交黨攻益, 奪之. 天下謂禹名傳天下於益, 已而實令啓自取之. 今王言屬國於子之, 而吏無非太子人者, 是名屬子之而實太子用事也.」王因收印自三百石吏已上而效之子之. 子之南面行王事, 而噲老不聽政, 顧爲臣, 國事皆決於子之.

三年, 國大亂, 百姓恫恐. 將軍市被與太子平謀, 將攻子之. 諸將謂齊湣王曰:「因而赴之, 破燕必矣.」齊王因令人謂燕太子平曰:「寡人聞太子之義, 將廢私而立公, 飭君臣之義, 明父子之位. 寡人之國小, 不足以爲先後. 雖然, 則唯太子所以令之.」太子因要黨聚衆, 將軍市被圍公宮, 攻子之, 不克. 將軍市被及百姓反攻太子平, 將軍市被死, 以徇. 因搆難數月, 死者數萬, 衆人恫恐, 百姓離志. 孟軻謂齊王曰:「今伐燕, 此文・武之時, 不可失也.」王因令章子將五都之兵, 以因北地之衆以伐燕. 士卒不戰, 城門不閉, 燕君噲死, 齊大勝. 燕子之亡二年, 而燕人共立太子平, 是爲燕昭王.

4. 《史記》 蘇秦列傳

燕相子之與蘇代婚, 而欲得燕權, 乃使蘇代侍質子於齊. 齊使代報燕, 燕王噲問曰:「齊王其霸乎?」曰:「不能.」曰:「何也.」曰:「不信其臣.」於是燕王專任子之, 已而讓位, 燕大亂. 齊伐燕, 殺王噲・子之. 燕立昭王, 而蘇代・蘇厲遂不敢入燕, 皆終歸齊, 齊善待之.

5. 鮑本의 평어

『彪謂: 王噲, 七國之愚主也, 惑蘇代之淺說, 貪堯之名, 惡禹之實, 自令身死國破, 蓋無足算. 齊閔所以請太子者, 近於興滅繼絶矣. 而天下不以其言信其心, 蓋名實者天下之公器也, 豈可以虛稱矯擧而得哉? 故齊閔之勝, 適足以動天下之兵, 而速臨淄之敗也. 正曰: 大事記云: 之・噲安知所謂堯・舜者哉? 彼子之之徒, 借是名以簒國. 子噲特爲說客所愚耳. 方子之未得國也, 則說以堯讓許由, 由不受, 有讓天下之名, 實不失天下. 噲於是乎以燕讓. 及子之旣得國也, 則又說以禹不如堯, 薦益而以啓人爲吏, 已而攻益奪其國. 噲於是乎收三百石吏以上而效之. 其愚至此, 尙足論乎? 後世因此, 遂有不可慕虛名受實禍之論. 是論肆行, 則利祿之外, 無非虛名; 妨吾利祿者, 無非實禍, 人紀滅矣! 此君子之所懼也! 欲不惑者, 其唯知實理乎!』

451(29-10) 初蘇秦弟厲
소진의 아우

처음에 소진蘇秦의 동생 소려蘇厲가 연燕나라 왕자로서 제齊에 인질로 가는 이를 모시고 제나라에 이르러 제왕齊王을 만나게 되었다. 제왕은 옛날 소진의 소행을 생각해서 소려를 잡아 가두려고 하였다.

그러자 연나라에서 인질로 온 왕자가 소려 대신 제왕에게 용서를 빌어 겨우 모면하게 되었고, 소려도 예물을 바치며 몸을 굽혀 제나라의 신하가 되었다.

연나라 상국 자지子之가 소대蘇代와 혼인관계를 맺고 연나라 정권을 장악하려고 소대로 하여금 연나라 인질을 데리고 제나라로 가게 하였다. 제나라 왕이 소대에게 연나라에 돌아가 보고하게 하였다. 연왕 쾌噲가 물었다.

"제나라 임금은 능히 패업을 성공시킬 것 같으오?"

소대가 대답하였다.

"그럴 능력이 없습니다."

왕이 물었다.

"어째서 그렇소?"

소대가 대답하였다.

"그는 자기 신하를 전혀 믿지 않기 때문입니다."

이에 연왕은 자지를 전임하게 되었고 뒤이어 왕위까지 그에게 양도하여 결국 연나라에는 대란이 일어나게 하였다. 제나라는 이 기회를 틈타 연나라를 공격하여 연왕 쾌와 자지를 모두 죽여 버렸다. 연나라 사람들은 태자를 맞아 소왕昭王을 삼았다. 소대와 소려는 그 때문에 감히 연나라로 돌아가지 못하고 모두 제나라 신하가 되었고 제나라에서도 그들을 우대해 주었다.

初, 蘇秦弟厲因燕質子而求見齊王. 齊王怨蘇秦, 欲因厲, 燕質子爲謝乃已, 遂委質爲臣. 燕相子之與蘇代婚, 而欲得燕權, 乃使蘇代持(侍)質子於齊. 齊使代報燕, 燕王噲問曰:「齊王其伯也乎?」曰:「不能.」曰:「何也?」曰:

「不信其臣.」於是燕王專任子之, 已而讓位, 燕大亂. 齊伐燕, 殺王噲·子之.
燕立昭王. 而蘇代·厲遂不敢入燕, 皆終歸齊, 齊善待之.

【蘇厲】蘇秦의 동생. 蘇代와 더불어 삼형제 모두 뛰어난 유세가. 006·018·034·
457장 등 참조.
【齊王】齊 宣王.

1. 이는 450(앞)장의 異傳이다.

2. ≪史記≫ 蘇秦列傳

燕相子之與蘇代婚, 而欲得燕權, 乃使蘇代侍質子於齊. 齊使代報燕, 燕王噲問曰:
「齊王其霸乎?」曰:「不能.」曰:「何也.」曰:「不信其臣.」於是燕王專任子之,
已而讓位, 燕大亂. 齊伐燕, 殺王噲·子之. 燕立昭王, 而蘇代·蘇厲遂不敢入燕,
皆終歸齊, 齊善待之.

452(29-11) 蘇代過魏
소대를 잡아 가두다

소대蘇代가 위魏나라를 경과하게 되었을 때, 위魏나라는 연燕나라를 위하여 소대를 잡아 가두어 버렸다. 제나라에서는 곧 사람을 위나라로 파견하여 위왕魏王에게 이렇게 이르도록 하였다.

"제나라가 일찍이 송宋나라 땅을 떼어 진秦나라 경양군涇陽君에게 바치려 하자 진나라가 받지 않았습니다. 진나라가 제나라를 자기편으로 삼고 송 땅까지 얻게 되는 것이 이롭지 못하다고 여겨서가 아니고, 제왕과 소대를 믿지 않았기 때문입니다. 그런데 지금 제나라와 위나라가 이렇게 사이가 나쁜 줄 알면 제나라는 더 이상 진나라를 속일 수 없습니다. 진나라가 이 때문에 제나라를 믿고 제나라와 진나라와 결합하여, 경양군이 송 땅을 얻게 되면 위험한 것은 위나라뿐입니다. 그러니 대왕께서는 그저 소대를 동쪽의 제나라로 돌려보내십시오. 진나라에서는 틀림없이 의심을 품고 소대를 믿지 않을 것입니다. 제나라와 진나라가 결합지 않으면 천하에 변동이 없고 제나라만 진나라에 의해 공격을 받는 형세가 되고 맙니다."

이에 위왕은 소대를 석방하여 송나라로 가게 하였다. 송나라에서도 역시 그를 우대하였다.

蘇代過魏, 魏爲燕執代. 齊使人謂魏王曰:「齊請以宋封涇陽君, 秦不受. 秦非不利有齊而得宋地也, 不信齊王與蘇子也. 今齊‧魏不和, 如此其甚, 則齊不欺秦. 秦信齊, 齊‧秦合, 涇陽君有宋地, 非魏之利也. 故王不如東蘇子, 秦必疑而不信蘇子矣. 齊‧秦不合, 天下無變, 伐齊之形成矣.」於是出蘇伐(代)之宋, 宋善待之.

【魏王】哀王.
【以宋封涇陽君】〈魏策〉"蘇秦拘於魏" 注 참조.
【秦不受】≪史記≫에는 "秦必不受"로 되어있다.

1. ≪**史記**≫ 蘇秦列傳에도 실려 있으며 300장의 異傳으로 보인다.

2. ≪**史記**≫ 蘇秦列傳

蘇代過魏, 魏爲燕執代. 齊使人謂魏王曰:「齊請以宋地封涇陽君, 秦必不受. 秦非不利有齊而得宋地也, 不信齊王與蘇子也. 今齊·魏不和如此其甚, 則齊不欺秦. 秦信齊, 齊·秦合, 涇陽君有宋地, 非魏之利也. 故王不如束蘇子, 秦必疑齊而不信蘇子矣. 齊·秦不合, 天下無變, 伐齊之形成矣.」於是出蘇代. 代之宋, 宋善待之.

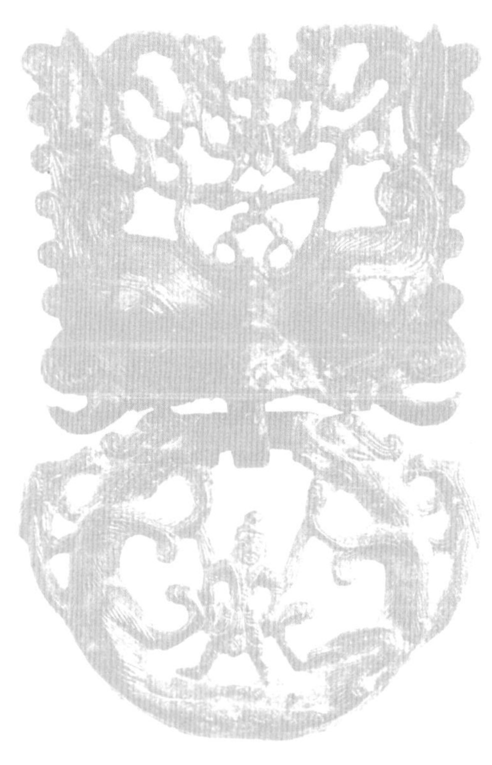

죽은 말을 오백 금에

연燕 소왕昭王이 거의 망한 연나라를 다시 수습한 후 즉위하자 곧 스스로 몸을 낮추고 남을 후대해서 어진 자를 불러들였다. 그래서 장차 제齊나라에게 당하였던 수모를 설욕하고자 하였다. 왕은 우선 곽외郭隗 선생을 찾아가 뵙고 물었다.

"제나라가 우리나라 내란을 틈타 침입하여 나라를 망쳤습니다. 제 생각으로는 우리 연나라는 작고 힘이 모자라 복수하기에 부족하다고 여기나 그래도 현사를 모아들여 나라를 함께 일으켜 선왕의 치욕을 씻어야 한다고 봅니다. 이것이 저의 소원입니다. 어떻게 하면 될지 지도해 주시기 바랍니다."

곽외 선생은 이렇게 의견을 내세웠다.

"제왕帝王은 스승과 함께 처하며, 왕자王者는 친우와 함께 처하고, 패자霸者는 신하와 함께 처하며, 나라를 망칠 자는 역부役夫들과 함께 처한다고 하였습니다. 몸을 굽혀 남을 모시고 북면北面하여 학문을 배우면 자기보다 1백 배 나은 자가 찾아오는 법입니다.

다음, 먼저 달려 나와 일하고 나중에 쉬며, 먼저 묻되 나중에 아는 척하면 열 배 나은 자가 찾아옵니다. 남이 달려나가 일할 때 나도 달려나가 일하면 자기와 같은 자가 찾아옵니다. 의자에 앉아 지팡이에 기대어 거드름이나 피우고 눈을 부라리면서 일만 시키면 그저 마구간 잡역부 정도나 찾아오겠지요. 미워하고 분격하며 방자하고 핑계 대며 꾸짖기만 할 줄 아는 자에게는 노예들이나 겨우 찾아오는 것입니다. 이상은 예로부터 내려오는, 도에 복종하여 선비를 모으는 방법입니다. 왕께서는 진실로 나라 안의 현자를 널리 선택하시려거든 먼저 그 문하에 몸을 굽혀 찾아가십시오. 천하가 왕이 그렇게 겸손히 어진 자를 구한다는 것을 듣게 되면 천하의 선비들이 틀림없이 우리 연나라로 늦을세라 달려올 것입니다."

소왕이 물었다.

"그럼 제가 우선 먼저 누구를 찾아보는 게 좋겠습니까?"

곽외는 이렇게 비유를 들었다.

"제가 옛날 얘기를 하나 하지요. 옛날 어떤 임금이 1천 금으로 천리마를 구하려 하였지만 3년이 되도록 구하지 못하였습니다. 그때 궁중 청소하는 자 하나가 임금에게 나타나 '청컨대 제가 구해 오겠습니다'라 하더라는 것입니다. 왕이 그를 보냈더니 과연 석 달만에 천리마를 구하였습니다. 그러나 그 말은 죽은 말이었는데도 그 자는 5백 금에 말머리를 사서 돌아와 임금에게 보고를 하는 것이었습니다. 임금은 크게 노하여 꾸짖었습니다. '내가 구하는 것은 산 말이요, 죽은 말을 그것도 어찌 5백 금이나 주고 사왔단 말이오?' 그러자 그 청소하는 자의 대답은 이러하였습니다. '죽은 말도 5백 금이나 주고 사는데, 하물며 살아 있는 말이야 어떻겠습니까? 천하가 틀림없이 대왕은 말을 살 줄 안다고 여기고 곧 좋은 말이 지금 곧 모여들 테니 두고 보십시오.' 과연 1년이 넘지 않아 천리마가 3필이나 들어왔습니다.

지금 대왕께서 진실로 선비를 모으고 싶거든 저로부터 시작하십시오. 저 같은 자도 섬김을 받는다면 하물며 저보다 어진 자들이 가만히 있겠습니까? 어찌 1천 리를 멀다 하겠습니까?"

이에 소왕은 곽외 선생을 위해 집을 지어 주고 스승으로 모셨다.

그로부터 과연 악의樂毅가 위魏나라로부터, 추연鄒衍이 제齊나라로부터, 극신劇辛이 조趙나라로부터 찾아들고 숱한 선비들이 다투어 연나라로 몰려들었다.

연왕은 조사문생弔死問生을 빈틈없이 살피며 백성과 고락을 같이 하기를 28년 만에 나라는 부강해지고 군대는 안락하면서도 싸움을 두려워 않는 정신을 갖게 되었다. 이에 연나라는 악의樂毅를 상장군上將軍으로 삼고 진秦·초楚 및 삼진三晉 등과 연합하여 제나라를 토벌하였다. 제나라는 과연 대패하여 민왕閔王은 도망하였다. 연나라는 홀로 패병을 추격하여 제나라 서울 임치臨淄를 점령하여 나라의 보물을 탈취하고 궁전과 종묘를 불살라 버렸다. 제나라 성城들 중에 무너지지 않은 곳은 다만 거莒와 즉묵卽墨 두 곳뿐이었다.

燕昭王收破燕後卽位, 卑身厚幣, 以招賢者, 欲將以報讎. 故往見郭隗先生曰: 「齊因孤國之亂, 而襲破燕. 孤極知燕小力少, 不足以報. 然得賢士與共國, 以雪先王之恥, 孤之願也. 敢問以國報讎者奈何?」郭未先生對曰: 「帝者與師處, 王者與友處, 霸者與臣處, 亡國與役處. 詘指而事之, 北面而受學, 則百己者至; 先趨而後息, 先問而後嘿, 則十己者至; 人趨己趨, 則若己者至; 馮几據杖, 眄視指使, 則廝役之人至; 若恣睢奮擊, 呴籍叱咄, 則徒隸之人至矣. 此古服道致士之法也. 王誠博選國中之賢者, 而朝其門下, 天下聞王朝其賢臣, 天下之士必趨於燕矣.」昭王曰: 「寡人將誰朝而可?」郭隗先生曰: 「臣聞古之君人, 有以千金求千里馬者, 三年不能得. 涓人言於君曰: 『請求之.』君遣之. 三月得千里馬, 馬已死, 買其首五百金, 反以報君. 君大怒曰: 『所求者生馬, 安事死馬而捐五百金?』涓人對曰: 『死馬且買之五百金, 況生馬乎? 天下必以王爲能市馬, 馬今至矣.』於是不能期年, 千馬之馬至者三. 今王誠欲致士, 先從隗始; 隗且見事, 況賢於隗者乎? 豈遠千里哉?」

於是昭王爲隗築宮而師之. 樂毅自魏往, 鄒衍自齊往, 劇辛自趙往, 士爭湊燕. 燕王弔死問生, 與百姓同其甘苦. 二十八年, 燕國殷富, 士卒樂佚輕戰. 於是遂以樂毅爲上將軍, 與秦·楚·三晉合謀以伐齊. 齊兵敗, 閔王出走於外. 燕兵獨追, 北入至臨淄, 盡取齊寶, 燒其宮室宗廟. 齊城之不下者, 唯獨莒·卽墨.

【燕昭王收破燕】昭王. 즉, 平. 王噲의 아들 재위 33년. 앞편 "燕王噲旣立" 참조.

【郭隗先生】燕人. 昭王을 도왔다.

【涓人】청소 하는 낮은 직책.

【北面】원래 신하의 도리, 혹은 事師의 도리. 왕은 南面하게 되어 있다.

【服道致士】道에 복종하여 선비를 모심을 말한다.

【樂毅】魏將 樂羊의 후예. 燕나라 장수가 되어 齊나라를 쳤다. 그 공으로 昌國君에 봉해졌다. 뒤에 다시 趙나라로 도망하여 望諸君에 봉해졌다. ≪史記≫ 樂毅田單列傳 참조.

【鄒衍】齊나라 臨淄人, 燕 昭王이 집을 지어 주고 스승으로 모셨다. 뒤에 惠王이 참소를 들어 이를 옥에 가두자 여름에 서리를 내려 그 寃을 표시하였다.

陰陽家이다. 鄒는 騶로도 쓴다.

【劇辛】趙人. 燕나라에 이르러 昭王을 도왔다.

【二十八年】燕昭王 28년은 곧 周赧王 31년(B.C. 284년)에 해당한다.

【閔王出走】閔王은 곧 湣王. 燕과의 싸움에 패하여 70여 성을 잃고 도망하던 중 衛·魯·鄒 등 소국에 무례히 굴어 들어가기를 거절당해 최후에 齊나라 동쪽 莒城에 들어가 守戰하였다.

【臨淄】齊나라 수도. 지금의 山東省 淄博市 臨淄區 齊都鎭.

【莒】山東省 東部.

【卽墨】山東省 平度縣 東南.

참고 및 관련 자료

1. 《史記》 燕召公世家에도 실려 있으나 내용이 매우 간략하며 특히 市馬之喩의 고사는 싣지 않고 있다. 《說苑》 등에는 자세히 실려 있다. 이 뒤의 사건은 160장으로 이어진다.

2. 《史記》 燕召公世家

燕昭王於破燕之後卽位, 卑身厚幣, 以招賢者. 謂郭隗曰:「齊因孤之國亂而襲破燕, 孤極知燕小力少, 不足以報. 然誠得賢士以共國, 以雪先王之恥, 孤之願也. 先生視可者, 得身事之.」郭隗曰:「王必欲致士, 先從隗始. 況賢於隗者, 豈遠千里哉!」於是昭王爲隗改築宮而師事之. 樂毅自魏往, 鄒衍自齊往, 劇辛自趙往, 士爭趨燕. 燕王弔死問孤, 與百姓同甘苦.

二十八年, 燕國殷富, 士卒樂軼輕戰, 於是遂以樂毅爲上將軍, 與秦·楚·三晉合謀以伐齊. 齊兵敗, 湣王出亡於外. 燕兵獨追北, 入至臨淄, 盡取齊寶, 燒其宮室宗廟. 齊城之不下者, 獨唯聊·莒·卽墨, 其餘皆屬燕, 六歲.

3. 《史記》 樂毅列傳

樂毅賢, 好兵, 趙人擧之. 及武靈王有沙丘之亂, 乃去趙適魏. 聞燕昭王以子之之亂而齊大敗燕, 燕昭王怨齊, 未嘗一日而忘報齊也. 燕國小, 辟遠, 力不能制, 於是屈身下士, 先禮郭隗以招賢者. 樂毅於是爲魏昭王使於燕, 燕王以客禮待之. 樂毅辭讓, 遂委質爲臣, 燕昭王以爲亞卿, 久之.

4. 《新序》 雜事(三)

燕易王時, 國大亂, 齊閔王興師伐燕, 屠燕國, 載其寶器而歸. 易王死, 及燕國復, 太子立爲燕王, 是爲燕昭王. 昭王賢, 卽位, 卑身厚幣, 以招賢者. 謂郭隗曰:「齊因

孤國之亂, 而襲破燕. 孤極知燕小力少, 不足以報, 然得賢士與共國, 以雪先王之醜,
孤之願也. 先生視可者, 得身事之」隗曰:「臣聞古人之君, 有以千金求千里馬者,
三年不能得, 涓人言於君曰:『請求之.』君遣之, 三月得千里馬. 馬已死, 買其骨五
百金, 反以報君. 君大怒曰:『所求者生馬, 安用死馬, 捐五百金?』涓人對曰:『死馬
且市之五百金, 況生馬乎? 天下必以王爲能市馬, 馬今至矣.』於是不朞年, 千里
馬至者三. 今王誠欲必致士, 請從隗始. 隗且見事, 況賢於隗者乎? 豈遠千里哉?」
於是昭王爲隗築宮而師之. 樂毅自魏往, 鄒衍自齊往, 劇辛自趙往, 士爭走燕.
燕王弔死問孤, 與百姓同甘苦, 二十八年, 燕國殷富, 士卒樂軼輕戰. 於是遂以樂
毅爲上將軍, 與秦楚三晉合謀以伐齊. 樂毅之筴, 得賢之功也.

5. ≪說苑≫ 君道篇

燕昭王問於郭隗曰:「寡人之狹人寡, 齊人削取八城, 匈奴驅馳樓煩之下, 以孤之
不肖, 得承宗廟恐危社稷, 存之有道乎?」郭隗曰:「有, 然恐王之不能用也.」昭王
避席請聞之, 郭隗曰:「帝者之臣, 其名, 臣也, 其實, 師也; 王者之臣, 其名, 臣也,
其實, 友也; 霸者之臣, 其名, 臣也, 其實, 賓也; 危國之臣, 其名, 臣也, 其實,
虜也. 今王將東面, 目指氣使以求臣, 則廝役之材至矣; 南面聽朝, 不失揖讓之禮
以求臣, 則人臣之材至矣; 西面等禮相亢, 下之以色, 不乘勢以求臣, 則朋友之材
至矣; 北面拘指, 逡巡以退以求臣, 則師傅之材至矣. 如此則上可以王, 下可以霸,
唯王擇焉.」燕王曰:「寡人願學而無師.」郭隗曰:「王誠欲興道, 隗請爲天下之士
開路.」於是燕王常置郭隗上坐南面, 居三年, 蘇子聞之, 從周歸燕; 鄒衍聞之,
從齊歸燕; 樂毅聞之, 從趙歸燕; 屈景聞之, 從楚歸燕. 四子畢至, 果以弱燕幷彊齊;
夫燕齊非均權敵戰之國也, 所以然者, 四子之力也. 詩曰:「濟濟多士, 文王以寧.」
此之謂也.

6. ≪稱≫ (漢墓에서 出土된 帛書 중의 古佚書)

帝者臣, 名臣, 其實師也; 王者臣, 名臣, 其實友也; 霸者臣, 名臣也, 其實臣,
名臣也, 其實庸也. 亡者臣, 名臣也, 其實虜也.

7. 기타 참고 자료

≪資治通鑑≫ 周紀三·≪新書≫(賈誼) 胎敎篇

8. 鮑本의 평어

『彪謂: 燕昭·郭隗皆三代人也, 欲爲國雪恥, 君臣問對無他言, 專欲得賢士而事之,
此「無競惟人」之誼也, 欲無興, 得乎哉? 臣役之對, 天下之格言; 市馬之喩, 萬世之
美談. 太史公獨何爲削之, 亦異於孔氏刪修之法矣. 正曰: 立國用賢, 固三代之道,

未可卽以爲三代之人. 太史公固爲疎略, 然孔氏刪修之法, 則不係此. 補曰: 大事記·解題引國策·說苑云云. 今按說苑文小異, 鶡冠子·博選篇, 亦用未言, 此則柳宗元所謂僞書取以充入者也.』

소대의 편지

제齊나라가 송宋나라를 공격하여 송나라가 멸망의 지경에 이르렀다.
이때 소대蘇代가 연燕 소왕昭王에게 글을 써서 올렸다.

"무릇 같은 만승지국인 연나라가 제나라에게 인질을 보내 놓고 있으니
이는 명예도 떨어지는 것이며 권세도 낮아지는 처사입니다. 또 제나라를
받들어 송나라를 치게 하시니 백성은 고달프고 비용도 낭비하고 있습니다.
제나라가 송을 깨뜨리고 초楚나라의 회북淮北 지역까지 잔폐시켜 제나라가
비대해지면 이는 연나라의 원수 나라는 강해지고 연나라는 약해지는
것입니다.

이상의 세 가지는 귀국의 큰 실패인데도 왕께서는 이를 실행하셔서
제나라의 해害를 제거해 주어 신임을 얻고자 하고 있습니다.

그러나 제나라는 대왕께 믿음 하나 더 보태 준 것이 없으며 도리어
연나라를 기피함만 깊어질 것입니다. 그러므로 왕께서 제나라를 섬기는
것은 잘못된 일입니다. 무릇 백성은 고달프고 비용은 낭비되며, 그러면서
한 뼘의 공로도 얻지 못하고 도리어 송나라를 깨어 원수를 살찌게 하시니
대대로 그 화를 짊어져야 할 것입니다. 왕께서는 송나라에 초나라 회북까지
합하면 이것만도 만승지국 이상이라고 여길 것입니다.

이를 제나라가 병탄하게 되면 이는 귀국 연나라로서는 또 다른 제나라가
하나 더 있는 것과 같은 부담이 됩니다. 그리고 북이北夷 지역 7백 리에
노魯·위衛를 합치면 이것만도 하나의 만승지국이 됩니다.

또한 이를 제나라가 삼키게 되면 똑같은 제나라가 둘 더 보태는 셈이
됩니다. 무릇 지금 하나의 제나라도 연나라로서는 감당해 내지 못하고
있는데, 세 개의 제나라가 연나라에 임한다고 해보십시오. 그 화는
대단할 것입니다.

비록 그렇다고는 하나 제가 듣기로 지혜로운 자가 일을 처리할 때는
화를 바탕으로 복이 되도록 전환시키며 실패를 자료로 공을 이룬다고
하였습니다. 예를 들면 제나라의 보라색 옷감은 사실 그 천은 본시

아주 질이 낮은 것이지만 물감을 들여놓음으로써 값이 비단보다 열 배나 됩니다.

또 월왕越王 구천勾踐은 패배하여 회계산會稽山에 쫓겨 숨었었지만 끝내 오吳나라를 부수고 천하의 패자가 되었었습니다. 이것이 바로 화를 돌려 복을 만들고 실패를 바탕으로 공을 이룬 것이라 하는 것입니다. 지금 왕께서 전화위복轉禍爲福·인패위공因敗爲功하시고 싶습니까? 그러면 먼 저 멀리 제나라를 패자로 인정하고 높이 받드십시오. 그리고 나서 사신을 주周나라에 보내어 천하에 서쪽 진秦나라와 맺은 계약서, 즉 부절符節은 다 불태워 버리십시오. 그리고는 제후들과 약속하기를 '최상책은 진나라를 깨버리는 것이며, 그것이 어려우면 진나라를 배척하는 것이 차선책이다' 라고 하십시오.

진나라는 다른 제후의 빈객들을 끼고 그저 망하는 것만 기다리게 됨으로써 진왕이 틀림없이 걱정을 하게 되지요. 진나라는 오대五代 전부터 제후들과 결맹을 맺고 제후들의 맹주 노릇을 해왔으나 지금은 제나라 밑에 놓이게 되어 버린 것입니다.

진왕의 뜻은 어떻게 해서든지 제나라를 곤궁에 몰아넣는 것이므로 하나의 나라國, 大城 정도의 땅도 아낌없이 내놓을 것입니다. 그때 왕께서는 어찌하여 하나의 평범한 선비 유세객을 진나라에 보내어 제나라를 곤궁에 몰아넣을 방법을 설득하지 않습니까? 즉 다음과 같이 일러주도록 작전을 짜십시오.

'연나라나 조나라가 송나라를 멸망시키고 제나라를 비대하게 해주고 제나라를 받들고 있지만 역시 이롭다 여기지는 않고 있습니다. 불리하지만 형세가 어쩔 수 없어 그렇게 하고 있는 것입니다. 무슨 까닭이겠습니까? 그 이유는 바로 귀국 진나라를 믿지 못하기 때문입니다. 그런데 왕께서는 어찌 믿음으로써 연·조 두 나라를 거두어들이지 않습니까? 경양군涇陽君 이나 고릉군高陵君을 먼저 연·조 두 나라에 보내어 진나라가 변심하면 이들을 인질로 해도 좋다고만 하면 두 나라는 귀국 진나라를 믿을 텐 데요. 그리하여 진나라는 서제西帝로, 조나라는 중제中帝, 연나라는 북제北帝가 되어 삼제三帝로 선 다음 천하 제후를 명령하는 것입니다. 이때 한·위 두 나라가 듣지 않으면 진나라가 이를 토벌하고, 제나라가 듣지 않으면 연·조 두 나라가 이를 치면 됩니다. 그러면 천하에 감히 누가 거역하겠습니까? 천하가 모두 명령을 듣고 복종할 때, 한·위 두 나라를 몰아 제나라를 치면서 송나라 땅을 되돌려 주고, 초나라의 회북을 반환하라고 요구하면 됩니다. 송나라가 잃었던 땅을 찾고 초나라가 회북을 되찾게 되면, 연·조 두 나라는 함께 그 이로움을 누리게 됩니다. 그리고 삼제三帝의 체제는 연·조 두 나라가 함께 바라는 일입니다.

무릇 실제로 이득을 얻고 원하는 명분도 얻게 되면 연·조 두 나라는 제나라를 버릴 것입니다. 마치 헌신짝 버리듯이 말입니다. 지금 귀국 진나라가 연·조 두 나라를 거두어 같은 편을 만들지 않으면 제나라는 틀림없이 패업을 성공시킬 것입니다. 그러면 제후들은 모두 제나라를 떠받들 것이며 귀국 진나라 왕은 그 합종에 참여시켜 주지도 않을 것입니다. 이는 곧 제나라가 진나라를 치겠다는 뜻으로 비치게도 됩니다. 제후들이 모두 제나라를 받들고 있으니 진나라도 참여해야겠다고 하면 이는 명예를 떨어뜨리는 일입니다. 왕께서 연·조 두 나라를 거두어 연합하지도 못하고 명예는 먹칠을 하게 되면 나라가 위험해집니다. 반대로 연·조 두 나라를 거두고 명예도 높이면 나라가 편안해지는 것입니다. 이러한 명예와 안녕을 버리고 비천과 위험을 택하는 것은 지혜로운 자가 할 일이 아닐 것입니다.' 진왕이 이 말을 들었다고 해보십시오. 틀림없이 가슴을 찌르는 것 같은 아픔을 느끼겠지요. 그런데 왕께서는 어찌 급히 사람을 시켜 이상의 말을 진왕에게 하지 않는 것입니까? 진나라는 틀림없이 제나라를 쳐줄 텐 데요. 지금은 진나라를 끌어들이는 것이 최선이며, 제나라를 치는 것이 가장 이로운 것입니다. 최선을 위해 힘쓰며 최고의 이로움을 위해 애쓰는 것은 성왕聖王의 일입니다."

이 편지를 읽은 연 소왕은 감탄하였다.

"나의 선왕께서 소씨蘇氏 형제의 덕을 많이 입었었지. 그런데 자지子之의 난 때 그만 우리 연나라를 떠나고 말았지. 연나라가 제나라에게 복수하는 일은 소씨가 아니면 불가능하다."

이에 소대를 불러 후하게 대접해 주면서 제나라를 칠 계획을 짰다. 그리하여 마침내 제나라를 깨뜨리자 제나라 민왕閔王은 도망가고 말았다.

齊伐宋, 宋急. 蘇代乃遺燕昭王書曰:「夫列在萬乘, 而寄質於齊, 名卑而權輕. 秦(奉)齊助之伐宋, 民勞而實費; 破宋, 殘楚淮北, 肥大齊, 讎強而國弱也. 此三者, 皆國之大敗也, 而足下行之, 將欲以除害取信於齊也. 而齊未加信於足下, 而忌燕也愈甚矣. 然則足下之事齊也, 失所爲矣. 夫民勞而實費, 又無尺寸之功, 破宋肥讎, 而世負其禍矣. 足下以宋加淮北, 強萬乘之國也, 而齊并之, 是益一齊也. 北夷方七百里, 加之以魯·衛, 此所謂強萬乘之國也, 而齊并之, 是益二齊也. 夫一齊之強, 而燕猶不能支也, 今仍以三齊臨燕, 其禍必大矣.

雖然, 臣聞知者之擧事也, 轉禍而爲福, 因敗而成功者也. 齊人紫敗素也, 而賈十倍. 越王勾踐棲於會稽, 而後殘吳霸天下. 此皆轉禍而爲福, 因敗而爲功者也. 今王若欲轉禍而爲福, 因敗而爲功乎? 則莫如遙伯齊而厚尊之, 使使盟於周室, 盡焚天下之秦符, 約曰:『夫上計破秦, 其次長賓之(客)秦.』秦挾賓客以待破, 秦王必患之. 秦五世以結諸侯, 今爲齊下; 秦王之志, 苟得窮齊, 不憚以一國都爲功. 然而王何不使布衣之人, 以窮齊之說說秦? 謂秦王曰:『燕·趙破宋肥齊尊齊而爲之下者, 燕·趙非利之也. 弗利而勢爲之者, 何也? 以不信秦王也. 今王何不使可以信者接收燕·趙? 今(令)涇陽君若高陵君先於燕·趙, 秦有變, 因以爲質, 則燕·趙信秦矣. 秦爲西帝, 趙爲中帝, 燕爲北帝, 立爲三帝而以令諸侯. 韓·魏不聽, 則秦伐之; 齊不聽, 則燕·趙伐之, 天下孰敢不聽? 天下服聽, 因驅韓·魏以攻齊, 曰, 必反宋地, 而歸楚之淮北. 夫反宋地, 歸楚之淮北, 燕·趙之所同利也. 並立三帝, 燕·趙之所同願也. 夫實得所利, 名得所願, 則燕·趙之棄齊也, 猶釋弊躧. 今王之不收燕·趙, 則齊伯必成矣. 諸侯戴齊, 而王獨弗從也, 是國伐(或作代)也. 諸侯戴齊, 而王從之, 是名卑也. 王不收燕·趙, 名卑而國危; 王收燕·趙, 名尊而國寧. 夫去尊寧而就卑危, 知者不爲也.』秦王聞若說也, 必如刺心然, 則王何不務使知士以若此言說秦? 秦伐齊必矣. 夫取秦, 上交也; 伐齊, 正利也. 尊上交, 務正利, 聖王之事也.」

燕昭王善其書, 曰:「先人嘗有德蘇氏, 子之之亂, 而蘇氏去燕. 燕欲報仇於齊, 非蘇氏莫可.」乃召蘇氏, 復善待之. 與謀伐齊, 竟破齊, 閔王出走.

【淮北】淮水의 북쪽.

【涇陽君】秦 昭王의 同母弟. 084·282·300·452장 참조.

【高陵君】역시 같다. 084장 참조.

【子之之亂】451장 참조.

【閔王出走】453장 참조. B.C. 284년의 일.

1. ≪史記≫ 蘇秦列傳의 蘇代 부분에도 수록되어 있다.

2. ≪史記≫ 蘇秦列傳

齊伐宋, 宋急, 蘇代乃遺燕昭王書曰:

「夫列在萬乘而寄質於齊, 名卑而權輕; 奉萬乘助齊伐宋, 民勞而實費; 夫破宋, 殘楚淮北, 肥大齊, 讎彊而國害: 此三者皆國之大敗也. 然且王行之者, 將以取信於齊也. 齊加不信於王, 而忌燕愈甚, 是王之計過矣. 夫以宋加之淮北, 强萬乘之國也, 而齊幷之, 是益一齊也. 北夷方七百里, 加之以魯·衛, 彊萬乘之國也, 而齊幷之, 是益二齊也. 夫一齊之彊, 燕猶狼顧而不能支, 今以三齊臨燕, 其禍必大矣. 雖然, 智者擧事, 因禍爲福, 轉敗爲功. 齊紫, 敗素也, 而賈十倍; 越王句踐棲於會稽, 復殘彊吳而霸天下: 此皆因禍爲福, 轉敗爲功者也.

今王若欲因禍爲福, 轉敗爲功, 則莫若挑霸齊而尊之, 使使盟於周室, 焚秦符, 曰「其大上計, 破秦; 其次, 必長賓之」. 秦挾賓以待破, 秦王必患之. 秦五世伐諸侯, 今爲齊下, 秦王之志苟得窮齊, 不憚以國爲功. 然則王何不使辯士以此言說秦王曰: 「燕·趙破宋肥齊, 尊之爲之下者, 燕·趙非利之也. 燕·趙不利而勢爲之者, 以不信秦王也. 然則王何不使可信者接收燕·趙, 今涇陽君·高陵君先於燕·趙? 秦有變, 因以爲質, 則燕·趙信秦. 秦爲西帝, 燕爲北帝, 趙爲中帝, 立三帝以令於天下. 韓·魏不聽則秦伐之, 齊不聽則燕·趙伐之, 天下孰敢不聽? 天下服聽, 因驅韓·魏以伐齊, 曰『必反宋地, 歸楚淮北』. 反宋地, 歸楚淮北, 燕·趙之所利也; 並立三帝, 燕·趙之所願也. 夫實得所利, 尊得所願, 燕·趙弃齊如脫躧矣. 今不收燕·趙, 齊霸必成. 諸侯贊齊而王不從, 是國伐也; 諸侯贊齊而王從之, 是名卑也. 今收燕·趙, 國安而名尊; 不收燕·趙國危而名卑. 夫去尊安而取危卑, 智者不爲也.」 秦王聞若說, 必若刺心然. 則王何不使辯士以此若言說秦? 秦必取, 齊必伐矣. 夫取秦, 厚交也; 代齊, 正利也. 尊厚交, 務正利, 聖王之事也.」

燕昭王善其書, 曰:「先人嘗有德蘇氏, 子之之亂而蘇氏去燕. 燕欲報仇於齊, 非蘇氏莫可.」 乃召蘇代, 復善待之, 與謀伐齊. 竟破齊, 湣王出走.

455(29-14) 蘇代謂燕昭王
남편에게 독약을

소대蘇代가 연소왕燕昭王에게 말하였다.

"지금 어떤 사람이 여기에 있는데 그의 효성은 증삼曾參이나 효기孝己 같고, 믿음은 미생고尾生高 같으며, 청렴하기는 포초鮑焦나 사추史鰌 같다고 합시다. 이런 세 가지를 다 갖춘 자가 대왕을 섬기고 있다면 어떻겠습니까?"

왕이 말하였다.

"그럼 나는 만족하겠지."

이에 소대는 이렇게 말하였다.

"족하(임금)께서 그런 것을 만족해하신다면 저는 족하를 섬기지 않겠습니다. 저는 아무 할 일 없는 무위無爲에 처하며 제 고향 주周나라 땅으로 돌아가 스스로 농사나 짓겠습니다. 스스로 밭 갈아먹고 스스로 옷이나 짜서 입겠습니다."

왕이 물었다.

"무슨 뜻이오?"

소대가 이렇게 말을 이었다.

"효성이 증삼이나 효기 같다면 자신의 부모나 섬길 줄 아는 데에 불과하지요. 또 믿음이 미생고 같다면 남을 속이지 않는 정도에 불과하구요. 그리고 청렴함이 포초나 사추 같다면 남의 재물은 훔치지 않는 것에 불과할 뿐입니다.

지금 저는 진취적인 사람입니다. 제가 생각하기에 청렴이란 현달顯達과 같이 있을 수 없으며, 의義란 생존과 같이 있을 수 없습니다. 인의仁義라는 것은 스스로 완전해지려는 도道일 뿐이지 진취적인 술術은 되지 못합니다."

왕이 다시 물었다.

"그럼 스스로 근심하여 자신의 완전만을 꾀하는 자우自憂로는 부족하다는 뜻이오?"

소대는 이렇게 대답하였다.

"자우로 만족하겠다면 진秦나라는 효새殽塞를 넘어 남의 나라로 진출하지 않았을 것이며, 제齊나라는 영구營丘 밖까지 나서지 않았을 것이며, 초楚나라는 또 소장疏章을 벗어나지 못하였을 것입니다. 옛날 삼왕三王이 차례를 잇고, 오패五霸가 정치를 개혁한 것은 모두가 자족에 그치지 않았기 때문입니다. 만약 개인으로도 자우자족自憂自足에 그쳤다면 저 역시 주周나라에서 땅을 짊어지고 갇혀 살았지 무엇 때문에 대왕의 궁정까지 와서 번거롭게 하겠습니까? 옛날 초나라가 장무章武 땅을 취하자 제후들이 북면하여 그를 받들었고, 진나라가 서산西山을 취하자 역시 제후들이 서쪽으로 그를 조알朝謁하였습니다. 지난날 연나라가 주나라 땅을 잃지 않도록 지켜 주었더라면 제후들이 말머리를 돌려 다른 나라를 조견朝見할 필요가 없었겠지요. 제가 듣건대 일을 잘 처리하는 자는 먼저 자기 나라의 크기를 따지고 또 병력의 강약도 살펴보고 시작합니다. 그래야 공도 이루고 이름도 세울 수 있는 것입니다. 그러나 일을 제대로 처리하지 못하는 자는 국가의 대소도 헤아리지 않고, 더 나아가 병력의 강약도 살피지 않습니다. 그 때문에 공도, 이름도 모두 얻지 못하게 되는 것입니다. 지금 왕께서는 동쪽으로 제나라를 치고 싶으신 심정이 있는 것을 어리석은 저도 알고 있습니다.”

왕이 놀라 물었다.

“그대는 그것을 어떻게 아십니까?”

소대는 이렇게 설명하였다.

“창을 꽂고 칼을 갈며, 언덕에 올라 동쪽 제나라를 보며 탄식하는 대왕의 모습을 보고 알았지요. 지금 오획烏獲같이 천 균鈞의 무게를 드는 장사라도 나이 팔십이 되면 누군가가 부축해 주어야 제 몸 하나 일으켜 세울 수 있습니다. 제齊나라가 비록 강국이기는 하나 서쪽으로는 송宋나라를 치느라 피로해졌고, 남쪽으로는 초楚나라 때문에 피폐해져 있습니다. 지금 치시면 제나라 군대를 격파시킬 수 있을 뿐더러 하간河間 땅까지도 얻을 수 있습니다.”

연왕이 이를 수락하였다.

“좋소. 내 그대에게 청하노니 상경上卿이 되어 주시오. 그리고 그대에게 병거 1백 승을 드릴 테니 그대는 나를 위해 동쪽 제나라에 가서 유세해

주시오. 어떻습니까?"

그러나 소대는 이렇게 대꾸하였다.

"왕께서 사랑한다는 이유만으로 그렇게 하시는 것입니까? 그렇다면 왕께서 사랑하시는 왕자와 여러 친척, 숙부, 그리고 나이 어린 손자들에게는 어찌 임무를 맡기지 아니하시고, 무능한 저에게 이런 임무를 내리심은 무슨 까닭입니까? 왕께서 신하들을 살펴보실 때 어떤 사람들이라고 보십니까? 지금 제가 왕을 위해 일을 하는 까닭은 충忠과 신信일 뿐입니다. 그런데 이 충·신만 믿고 일하였다가 왕의 좌우에게 죄만 뒤집어쓸까 걱정입니다."

왕은 의아해 물었다.

"남의 신하가 되어 그 힘을 다하고 그 능력을 다 바쳤는데 죄를 뒤집어쓰다니 그럴 리가 있겠소?"

이에 소대는 이렇게 설명하였다.

"제가 왕께 하나의 비유를 들어보겠습니다. 옛날 제 주周나라에서 일어났던 사건입니다. 어떤 사나이가 벼슬을 하느라 3년 동안 집에 돌아오지 못하고 멀리 가 있었습니다. 그런데 그의 처가 다른 남자를 사랑하여 간통하게 되었지요. 그 정부情夫가 '그대 남편이 오면 어쩔꺼나?'라 물었습니다. 그러자 그 여자는 '염려 마세요. 내 이미 독약을 탄 술을 준비하여 그가 올 때를 기다리고 있습니다'라는 겁니다.

얼마 후 그 남편이 과연 집으로 돌아왔습니다. 이에 그 여자는 그 아래의 시첩(侍妾, 몸종)을 시켜 그 독약을 탄 술을 가지고 오도록 하였습니다. 그 몸종은 이를 알고 방으로 들어가다 말고 멈추어 서서 이렇게 생각하였습니다. '이를 우리 주인 남자에게 마시게 하면 우리 주인이 죽게 되고, 이 사실을 주인에게 알리면 우리 주인 마님이 쫓겨나게 되겠지. 우리 주인을 죽이거나, 또 우리 마님이 쫓겨나게 하느니, 차라리 거짓으로 넘어져 엎질러 버리리라'하고는 그만 거짓으로 넘어져 엎어 버렸습니다. 이를 본 그 아내는 '남편이 먼길을 오신다고 내 이를 위해 좋은 술을 준비하였더니, 지금 이를 들고 오다가 쏟아 버렸다오'라 하였고, 속사정을 모르는 그 남편은 그 몸종을 묶어서 태질을 하였다는 것입니다. 그 몸종이 태질을 당한 것은 바로 충과 신 때문이었던 것입니다. 마찬가지로 지금 제가 왕을 위해 제나라에 사신으로 가고 나면 바로 그 충과 신이 왕의 좌우 신하 측근들에게 이해가 되지 못할까 걱정하는 것입니다.

제가 듣건대 만승지국의 임금은 신하들에게 통제를 받지 않으며, 십승지가十乘之家의 주인은 중인衆人에게 간섭을 받지 않는다 합니다. 또 필부匹夫·도보徒步의 선비일지라도 그의 처첩에게 눌려 살지는 않는다고요. 그러니 하물며 당세當世의 어진 임금이신 왕께서야 어떠하시겠습니까? 저는 떠나겠습니다. 왕께서는 군신群臣들에게 제압 당하는 일이 없으시기를 바랍니다."

蘇代謂燕昭王曰:「今有人於此, 孝如曾參·孝己, 信如尾生高, 廉如鮑焦·史鰌, 兼此三行以事王, 奚如?」王曰:「如是足矣.」對曰:「足下以爲足, 則臣不事足下矣. 臣且處無爲之事, 歸耕乎周之上地, 耕而食之, 織而衣之.」王曰:「何故也?」對曰:「孝如曾參·孝己, 則不過養其親其(耳). 信如尾生高, 則不過不欺人耳. 廉如鮑焦·史鰌, 則不過不竊人之財耳. 今臣爲進取者也. 臣以爲廉不與身俱達, 義不與生俱立. 仁義者, 自完之道也, 非進取之術也.」

王曰:「自憂不足乎?」對曰:「以自憂爲足, 則秦不出殽塞, 齊不出營丘, 楚不出疏章. 三王代位, 五伯改政, 皆以不自憂故也. 若自憂而足, 則臣亦之周負籠耳, 何爲煩大王之廷耶? 昔者, 楚取章武, 諸侯北面而朝. 秦取西山, 諸侯西面而朝. 曩者, 使燕毋去周室之上, 則諸侯不爲別馬(駕)而朝矣. 臣聞之, 善爲事者, 先量其國之大小, 而揆其兵之强弱, 故功可成, 而名可立也; 不能爲事者, 不先量其國之大小, 不揆其兵之强弱, 故功不可成而名不可立也. 今王有東嚮伐齊之心, 而愚臣知之.」

王曰:「子何以知之?」對曰:「矜戟砥劍, 登丘東嚮而歎, 是以愚臣知之. 今夫烏獲擧千鈞之重, 行年八十, 而求扶持. 故齊雖强國也, 西勞於宋, 南罷於楚, 則齊軍可敗, 而河間可取.」燕王曰:「善. 吾請拜子爲上卿, 奉子車百乘, 子以此爲寡人東游於齊, 何如?」對曰:「足下以愛之故與? 則何不與愛子與諸舅·叔父·負床之孫? 不得, 而乃以與無能之臣, 何也? 王之論臣, 何如人哉? 今臣之所以事足下者, 忠信也. 恐以忠信之故, 見罪於左右.」

王曰:「安有爲人臣盡其力, 竭其能, 而得罪者乎?」對曰:「臣請爲王譬.
昔周之上地嘗有之. 其丈夫官(宦)三年不歸, 其妻愛人. 其所愛者曰:
『子之丈夫來, 則且奈何乎?』其妻曰:『勿憂也, 吾已爲藥酒而待其來矣.』
已而其丈夫果來, 於是因令其妾酌藥酒而進之. 其妾知之, 半道而立. 慮曰:
『吾以此飲吾主父, 則殺吾主父; 以此事告吾主父, 則逐吾主母. 與殺吾(主)
父・逐吾主母者, 寧佯躓而覆之.』於是因佯僵而仆之. 其妻曰:『爲子之遠
行來之, 故爲美酒, 今妾奉而仆之.』其丈夫不知, 縛其妾而笞之. 故妾所以
笞者, 忠信也. 今臣爲足下使於齊, 恐忠信不諭於左右也. 臣聞之曰: 萬乘
之主, 不制於人臣; 十乘之家, 不制於衆人; 疋夫徒步之士, 不制於妻妾. 而又
況於當世之賢主乎? 臣請行矣, 願足下之無制於羣臣也.」

【曾參】曾子. 孔子의 제자. 효성으로 소문났다. 064・110・446장 참조.

【孝己】殷나라 高宗인 武丁의 아들. 효성이 지극하였다. 058장 참조.

【尾生高】《莊子》 등에 나오는 인물. 395・446장 등 참조.

【鮑焦】周나라 때의 隱士. 濁世와 짝을 하지 않겠다고 나무를 껴안고 죽었다.
258장 참조. 《說苑》・《新序》・《韓詩外傳》 등 참조.

【史鰌】衛나라 대부. 자는 子魚, 衛靈公이 彌子瑕(262장)의 미색에 빠지자
죽음으로 이를 간언하였다. 史鰍로도 쓴다. 孔子는 이를 칭찬하여 "直哉!
史魚, 邦有道如矢, 邦無道如矢"라 하였다.(《論語》衛靈公)《說苑》・《新序》
참조.

【自憂】자신만 완전하여 自完함을 만족으로 여긴다는 뜻이다. 進取와 상대적인
뜻으로 쓰였다.

【烏獲】고대의 力士. 孟賁과 병칭된다. 083・376・459장 참조.

【負床】아직 제대로 서거나 걷지 못하는 어린아이를 말함. 鮑彪 주에 "負,
言背. 倚床立, 未能行"이라 하였다.

참고 및 관련 자료

1. 이 이야기의 후반부 사통한 아내의 비유는 446장에도 나타나며 그곳에서는
蘇秦이 한 것으로 되어 있다. 《史記》에도 역시 蘇秦의 말로 실려 있다. 본장은
446장의 異傳이다.

2. ≪**史記**≫ 蘇秦列傳

人有毀蘇秦者曰:「左右賣國反覆之臣也, 將作亂.」蘇秦恐得罪歸, 而燕王不復
官也. 蘇秦見燕王曰:「臣, 東周之鄙人也, 無有分寸之功, 而王親拜之於廟而禮之
於廷. 今臣爲王卻齊之兵而(攻)得十城, 宜以益親. 今來而王不官臣者, 人必有以
不信傷臣於王者. 臣之不信, 王之福也. 臣聞忠信者, 所以自爲也; 進取者, 所以爲
人也. 且臣之說齊王, 曾非欺之也. 臣弃老母於東周, 固去自爲而行進取也. 今有
孝如曾參, 廉如伯夷, 信如尾生. 得此三人者以事大王, 何若?」王曰:「足矣.」
蘇秦曰:「孝如曾參, 義不離其親一宿於外, 王又安能使之步行千里而事弱燕之危
王哉? 廉如伯夷, 義不爲孤竹君之嗣, 不肯爲武王臣, 不受封侯而餓死首陽山下.
有廉如此, 王又安能使之步行千里而行進取於齊哉? 信如尾生, 與女子期於梁下,
女子不來, 水至不去, 抱柱而死. 有信如此, 王又安能使之步行千里卻齊之彊兵哉?
臣所謂以忠信得罪於上者也.」燕王曰:「若不忠信耳, 豈有以忠信而得罪者乎?」
蘇秦曰:「不然. 臣聞客有遠爲吏而其妻私於人者, 其夫將來, 其私者憂之, 妻曰
『勿憂, 吾已作藥酒待之矣』. 居三日, 其夫果至, 妻使妾擧藥酒進之. 妾欲言酒之
有藥, 則恐其逐主母也; 欲勿言乎, 則恐其殺主父也. 於是乎詳僵而弃酒. 主父大怒,
笞之五十. 故妾一僵而覆酒, 上存主父, 下存主母, 然而不免於笞, 惡在乎忠信之
無罪也? 夫臣之過, 不幸而類是乎!」燕王曰:「先生覆就故官.」益厚遇之.

456(29-15) 燕王謂蘇代
중매장이의 정당한 거짓말

연왕燕王이 소대蘇代에게 말하였다.

“나는 속임수 쓰는 자의 말을 아주 싫어하오.”

소대는 이렇게 말하였다.

“주周나라 사람들은 중매쟁이를 천하게 여깁니다. 양쪽 다 자랑만 하고 다니니 말입니다. 남자 집에 가서는 ‘여자가 예쁘다’고 하고 색시 집에 가서는 ‘신랑이 부자’라고 하니까요. 그러나 주나라 풍속으로 스스로 중매 없이 혼사가 이루어지는 법은 없습니다. 처녀로서 중매쟁이가 없으면 늙도록 시집을 가지 못합니다. 중매쟁이 없이 스스로 나서서 자랑하면 입이 닳도록 떠들어도 팔리지 않습니다. 순리를 지켜 실패가 없도록 하며, 팔고도 손해가 없도록 해주는 것은 오직 중매쟁이뿐입니다. 또 마찬가지로 일의 처리는 권력 없이는 이루어지지 못하고 세력 없이 성공하지 못합니다. 앉아서 일을 성공하게 해주는 자는 바로 속임수를 쓰기 때문입니다.”

왕이 수긍하였다.

“훌륭하오.”

燕王謂蘇代曰:「寡人甚不喜詑者言也.」蘇代對曰:「周地賤媒, 爲其兩譽也. 之男家曰『女美』, 之女家曰『男富』. 然而周之俗, 不自爲取妻. 且夫處女無媒, 老且不嫁; 舍媒而自衒, 弊(敝)而不售. 順而無敗, 售而不弊者, 唯媒而已矣. 且事非權不立, 非勢不成. 夫使人坐受成事者, 唯詑者耳.」
王曰:「善矣.」

【燕王】昭王.
【詑】 ‘속이다’(欺騙). 음은 集韻에 “余支切”, 正韻에 “延知切”로 ‘이’이다.
【周地】 洛陽 및 그 부근. 蘇代는 洛陽人이었다.

1. 鮑本의 평어

『彪謂: 訑亦君所惡, 而實不可廢. 古者, 使功·使過·使智·使愚, 蓋用人可也,
處己則否. 正曰: 利誔譞之人以爲用, 此不正之論也. 使過之道, 不類使愚·使貪·
使勇, 亦謂御得其道耳, 非此之謂也.』

戰國策

권30 연책 燕策 (二)

총14장(457~470)

457(30-1) 秦召燕王
백성이라고는 죽은 병사의 유족들뿐

진왕秦王이 연왕燕王을 부르자 연왕은 이에 응하려 하였다. 소대蘇代가
말렸다.

"초楚나라는 지枳 땅을 얻으려다 망하였고, 제齊나라는 송宋 땅을 얻으려다
망하였습니다. 초·제 두 나라가 지·송을 얻지도 못하고 진秦나라를
섬기게 된 이유는 무엇이겠습니까? 전쟁에 이긴 나라는 곧 진나라의
원수가 된다는 것 때문입니다. 진나라가 천하를 차지하려 하는 것은
결코 인의를 펴보겠다는 생각에서 나온 것이 아닙니다. 오히려 천하에
포학暴虐을 펴보려는 것입니다. 진나라가 포학을 행하려 한다는 것은
다음 몇 가지로 알 수 있습니다.

진나라는 공공연히 초나라에게 이렇게 경고하였습니다. '촉지蜀地의
군사를 문강汶江에서 배로 출정시키면 여름날 불어난 물을 타고 장강長江
으로 내려가기에 불과 닷새면 너희 서울 영郢에 도착한다. 또 한중漢中의
군사를 파巴 땅 아래에서 배로 출발시켜 여름날 불어난 물을 타면 한수漢水
를 거쳐 나흘만이면 오저五渚에 도착한다. 내가 완읍宛邑에다가 병력을
집결시켰다가 동쪽으로 수隨 땅을 공격하면 제아무리 똑똑한 자라도
대책을 세울 겨를이 없고, 아무리 용기 있는 자도 화낼 틈조차 없어진다.
내가 하는 일은 사냥 때 풀어놓는 매와 같다. 그런데 그대가 천하의
제후를 모아 함곡관函谷關을 치려 한다면 너무나 먼 곳이 아니겠는가?'

그리하여 초왕은 17년이나 진나라를 섬겼던 것입니다.

다음에 진나라는 또 한韓나라에게 이렇게 협박하였습니다. '내가 소곡
少曲에서 군대를 일으켜 하루만이면 태항산太行山의 길을 끊어 버릴 수
있다. 내가 의양宜陽에서 기병起兵하여 평양平陽을 치려면 다만 이틀이면
충분하고, 내 손안에서 흔들리지 않을 곳이 없다. 내가 또 양주兩周를
떠나 정鄭 땅을 건드리면 닷새 내에 나라를 뽑아 버릴 수 있다.'

그리하여 한나라도 과연 그렇다고 여기고 진나라를 섬겼습니다.

진나라는 다음으로 위魏나라에게 경고하였습니다.

'내가 안읍安邑을 공격하여 여극女戟을 막으면 한韓나라와 태원太原이 휘말린다. 내가 지枳·남양南陽·봉릉封陵·기冀를 공격하여 양주兩周를 포위해 놓고 여름에 물이 불어날 때 가벼운 배로 내려가면 앞에는 굳센 노弩를 가진 부대, 뒤는 예리한 창을 가진 부대가 된다. 이들로 하여금 형택熒澤의 수구水口를 터 버리면 위나라 대량大梁은 물바다가 되며, 백마진白馬津의 수구를 트면 제양濟陽이 물로 화하며, 숙서宿胥의 물을 터 버리면 허虛와 돈구頓丘가 사라진다. 이렇게 뭍을 타고 공격하면 하내河內를 칠 수 있고, 물로 공격하면 대량이 무너진다.'

위나라도 그렇다 여기고 진나라를 섬기고 있습니다.

진나라는 안읍을 공략하고 싶지만 제齊나라가 뒤에서 위나라를 도울까 겁이 났습니다. 그래서 짐짓 송宋을 제나라에게 부탁한다고 이렇게 말하였습니다. '송왕은 무도하여 허수아비 목우木偶를 만들어 내 얼굴을 그려서 이를 활로 쏘고 있소이다. 그러나 내 나라와는 너무 멀어 공략할 수 없으니 그대가 만약 쳐서 그 땅을 갖는다면 내가 갖는 것과 같이 기뻐하겠습니다.' 그리고는 안읍을 차지하고 여극을 막아 버리고, 오히려 제나라에게 송나라를 친 죄를 물었습니다.

진나라가 제나라를 치고 싶었지만 천하가 이를 저지할까 겁이 나서 짐짓 제나라를 천하 다른 제후들에게 쳐줄 것을 부탁하면서 이렇게 일렀습니다. '제왕齊王과 나는 네 차례나 약속을 하였는데도 그 네 차례 모두 나를 속였고, 심지어 그 중 세 번은 천하 제후를 거느리고 나를 치겠다는 결심까지 하였었소. 진나라가 있는 한 제나라가 있을 수 없고, 제나라가 있는 한 우리 진나라는 편할 수 없소. 반드시 이를 토벌하여 멸망시켜 버리겠소!' 그리고는 이미 의양·소곡을 얻고 인석藺石에 이르자 도리어 천하 제후들에게 제나라를 공격한 것을 죄로 물었습니다. 진나라가 위나라를 공략할 때 초나라가 두려워 남양을 초나라에게 부탁하면서 일렀습니다. '나는 본래부터 한나라와 단교할 생각이었소. 그러니 초나라가 능히 균릉均陵을 파하고, 맹애鄳隘를 봉쇄하여 초나라에게 유리하게만 된다면 내가 의익을 얻은 것처럼 여길 것이외다.' 그리고는 위나라가 다른 동맹국을 버리고 진나라와 결합하자 진나라는 오히려 초나라에게 맹애를 봉쇄하였다고 죄를 뒤집어씌웠습니다.

진병이 임중林中에서 피폐해 있을 때, 문득 연燕·조趙 두 나라를 두려워하여 교동膠東은 연나라에게 부탁하고 제서濟西는 조나라에게 맡겼습니다. 조나라는 위나라와 강화를 하여 위나라 공자公子 연延까지 인질로 받았습니다. 이때를 이용해서 서수犀首를 보내 조나라를 공격하여, 그 결과 조나라는 이석離石에서 많은 군사를 잃고 마릉馬陵에서 대패하고 말았습니다.

진나라는 이번에는 위나라를 높여 섭葉과 채蔡를 위나라에게 부탁하였습니다. 그리고는 다시 조나라와 강화를 맺은 후 위나라를 협박하였지만 위나라는 용감히 토지 할양을 거부하고 나섰습니다. 이처럼 진나라는 피폐해지면 태후와 그 동생 양후穰侯를 시켜 강화하게 하고 승리를 위해서는 삼촌이나 어머니를 속여도 좋다는 나라입니다. 이렇게 연나라를 꾸짖을 때는 교동을 막았다고 구실 삼고, 조나라에게 트집잡을 때는 제서를 취하였다고 하며 위나라를 나무랄 때는 섭·채를 차지했다고 소리치며, 초나라를 누를 때는 맹애를 막았다고 죄를 묻고, 제나라를 약화시킬 때는 송나라를 멸하였다고 하는 등 억지 구실을 물고늘어집니다. 이는 마치 진나라의 말은 고리처럼 돌기만 하고 병술은 자수를 놓는 것처럼 날렵한 것이어서, 모친도 어찌지 못하고 삼촌일지라도 그와 어떤 약속을 할 수 없는 것입니다.

용가지전龍賈之戰·안문지전岸門之戰·봉릉지전封陵之戰·고상지전高商之戰·조장지전趙莊之戰 등으로 진나라에게 죽음을 당한 삼진三晉의 백성은 수백만에 이르며, 지금 살아 있는 자들은 모두 진나라에게 죽은 병사의 유족들뿐입니다.

서하西河 땅 밖과 상양上陽·낙수雒水 일대 지방 및 삼천三川의 진晉 땅 각처는 모두 이러한 화를 입은 곳으로, 그 넓이는 삼진을 다 합한 것의 반이나 됩니다. 진나라가 남겨 놓은 화환禍患이 이렇게 큰데도 연나라나 조나라에서 진나라로 가는 유세객들이 다투어 자신들의 임금들에게 진나라를 섬기라고 하고 있으니 이것이 곧 제가 우려하는 일입니다."

연왕은 이에 소대의 말을 듣고 진나라로 가지 않았다. 이 일로 소대는 다시 연나라에서 중용되었고, 연나라는 돌이켜 제후들과 다시 합종을 맺어 소진蘇秦 시대와 같이 되었다. 물론 비록 어떤 제후는 합종에 찬성하고 어떤 이는 반대를 하였지만 그래도 천하의 마음은 소씨의 합종으로 기울어져 갔다. 소대와 소려蘇厲는 그 후에 천수天壽를 다 누리고 죽었으며 그 이름이 제후들 사이에서 드날리게 되었다.

秦召燕王, 燕王欲往. 蘇代約燕王曰:「楚得枳而國亡, 齊得宋而國亡, 齊·楚不得以有枳·宋事秦者, 何也? 是則有功者, 秦之深讎也. 秦取天下, 非行義也, 暴也. 秦之行暴於天下, 正告楚曰:『蜀地之甲, 輕舟浮於汶, 乘夏水而下江, 五日而至郢. 漢中之甲, 乘舟出於巴, 乘夏水而下漢, 四日而至五渚. 寡人積甲宛, 東下隨, 知者不及謀, 勇者不及怒, 寡人如射隼矣. 王乃待天下之攻函谷, 不亦遠乎?』楚王爲是之故, 十七年事秦.

秦正告韓曰:『我起乎少曲, 一日而斷太行. 我起乎宜陽而觸平陽, 二日而莫不盡繇. 我離兩周而觸鄭, 五日而國擧.』韓氏以爲然, 故事秦.

秦正告魏曰:『我擧安邑, 塞女戟, 韓氏太原卷. 我下枳, 道南陽·封·冀, 包兩周, 乘夏水, 浮輕舟, 强弩在前, 錟戈在後, 決滎(滎)口, 魏無大梁; 決白馬之口, 魏無濟陽; 決宿胥之口, 魏無虛·頓丘. 陸攻則擊河內, 水攻則滅大梁.』魏氏以爲然, 故事秦.

秦欲攻安邑, 恐齊救之, 則以宋委於齊, 曰:『宋王無道, 爲木人以寫寡人, 射其面. 寡人地絶兵遠, 不能攻也. 王苟能破宋有之, 寡人如自得之.』已得安邑, 塞女戟, 因以破宋爲齊罪.

秦欲攻齊(韓), 恐天下救之, 則以齊委於天下曰:『齊王四與寡人約, 四欺寡人, 必率天下以攻寡人者三. 有齊無秦, 無齊有秦, 必伐之, 必亡之!』已得宜陽·少曲, 致藺·(離)石, 因以破齊爲天下罪.

秦欲攻魏, 重楚, 則以南陽委於楚曰:『寡人固與韓且絶矣! 殘均陵, 塞鄳(黽)隘, 苟利於楚, 寡人如自有之.』魏棄與國而合於秦, 因以塞鄳隘爲楚罪.

兵困於林中, 重燕·趙, 以膠東委於燕, 以濟西委於趙. 趙得講於魏, 至(質)公子延, 因犀首屬行而攻趙. 兵傷於離(譙)石, 遇敗於馬陵, 而重魏, 則以葉·蔡委於魏. 已得講於趙, 則劫魏, 魏不爲割. 困則使太后·穰侯爲和, 嬴則兼欺舅與母.

適燕者曰: 『以膠東.』 適趙者曰: 『以濟西.』 適魏者曰: 『以葉・蔡.』 適楚者曰: 『以塞鄳隘.』 適齊者曰: 『以宋.』 此必令其言如循環, 用兵如刺蜚繡, 母不能制, 舅不能約. 龍賈之戰, 岸門之戰, 封陸(陵)之戰, 高商之戰, 趙莊之戰, 秦之所殺三晉之民數百萬. 今其生者, 皆死秦之孤也. 西河之外・上雒之地・三川, 晉國之禍, 三晉之半. 秦禍如此其大, 而燕・趙之秦者, 皆以爭事秦說其主, 此臣之所大患.」

燕昭王不行, 蘇代復重於燕. 燕反約諸侯從親, 如蘇秦時, 或從或不, 而天下由此宗蘇氏之從約. 代・厲皆以壽死, 名顯諸侯.

【秦召燕王】 秦나라 昭王이 燕나라 昭王을 秦나라로 불러 회맹코자 하였다.

【楚得枳而國亡】 枳는 지금의 四川省 涪陵縣, 周赧王 36년(B.C. 279년)에 秦將 白起가 楚나라 鄢・鄧을 攻陷하였다.

【齊得宋而國亡】 周赧王 29년(B.C. 286년)에 齊나라는 楚・魏 두 나라와 합해 宋나라를 멸하였다. 그러나 31년에 燕將 樂毅가 秦나라 및 三晉을 합해 齊나라의 70여 성을 함락시켰다.

【蜀地】 원래 고대 국명. 지금의 四川省 일대, 도읍은 成都. 秦惠王에게 망하여 郡이 되었다.

【汶江】 강 이름. 泯江, 四川省을 흐른다.

【夏水而下江】 夏水는 여름에 불은 물, 下江은 長江(揚子江)으로 내려간다는 뜻.

【郢】 楚나라 도읍. 지금의 湖水省 江陵縣.

【漢中】 秦나라 郡名. 지금의 陝西省 南部 및 湖北省 西北部.

【巴山】 大巴山. 長江과 漢水의 분수령. 또는 巴 지역.

【漢水】 陝西省 寧羌縣에서 발원하여 湖北省을 거쳐 長江으로 흘러든다.

【五渚】 이설이 많다. ≪史記≫에는 注에 “五處洲也”라 하였다. 혹은 洞庭湖 부근, 혹은 宛・鄧・漢水연안, 혹은 洞庭湖 부근의 五湖라고도 한다.

【宛】 원래 고대 申나라 땅. 춘추시대 楚나라에게 망하여 읍이 되었다. 전국시대에는 韓나라에 속하였다. 河南省 南陽縣.

【隨】 원래 隨나라 땅. 춘추시대 楚나라에 망하여 읍이 되었다. 지금의 湖北省 隨縣.

【函谷關】 秦의 關門. 지금의 河南省 靈寶縣.

【楚王】 懷王.

【少曲】 지금의 河南省 孟縣.

【太行山】 中國 八陘의 하나. 河南省 沁陽縣 西北, 陘은 ≪爾雅≫ 疏에 "山形連延, 中忽斷絶者名陘"이라 하였다.

【宜陽】 韓의 大邑. 뒤에 秦에 빼앗겼다. 河南省 宜陽縣.

【平陽】 ≪史記≫ 正義에 "宜陽, 平陽, 皆韓大都也, 隔河也"라 하였다.

【兩周】 東周와 西周. 鞏邑과 洛邑.

【鄭】 新鄭, 즉 韓나라 都邑.

【安邑】 지금의 山西省 夏縣.

【女戟】 지금의 山西省 東南 경내.

【枳·南陽·封陵·冀】 ≪史記≫ 索隱에 軹箸로 되어있다. 河內의 軹縣(원문의 道는 衍文). 지금의 河南省 濟源縣. 그러나 軹道는 秦의 地名(陝西省 咸陽縣). 南陽은 河內의 잘못이다. 封은 封陵(山西省 永濟縣), 冀는 冀邑, 혹은 冀亭 (山西省 河津縣) 모두 魏邑.

【滎澤】 호수 이름. 그 터는 河南省 氾水縣에 있으나 漢代 이미 말라 버렸다 한다.

【大梁】 魏나라 도읍. 河南省 開封縣.

【白馬津】 지금의 河南省 滑縣, 혹은 黎陽津이라고도 한다.

【濟陽】 지금의 河南省 蘭封縣.

【宿胥】 水名. 지금은 없으나 그 물길 터는 河南省 濬縣에 있다.

【虛】 魏邑 ≪史記≫ 正義에 殷虛를 가리킨다라 하였다. 지금의 河南省 安陽縣 小屯村.

【頓丘】 魏邑. 河南省 濬縣.

【宋王】 宋나라 康王.

【齊王】 湣王.

【藺石】 地名. 山西省 離石縣. 離石의 오기로도 본다.

【南陽】 河南省 南陽縣 일대.

【均陵】 湖北省 均縣.

【鄳隘】 鄳의 음은 '맹'이나 '민'(澠)의 이체자로 澠隘로도 쓴다. 河南省 信陽縣 東南의 平靖關.

【林中】 河南省 新鄭縣의 林鄉城.

【膠東】 漢代의 膠東郡. 山東省 膠縣 및 平度縣 일대.

【濟西】 지금의 山東省 荷澤縣, 堡城縣, 壽張縣 등지.

【至公子延】 至는 質의 借音. 《史記》 索隱에 "至, 當爲質, 謂以公子延爲質也"라
하였다. 延은 魏의 公子 이름.

【因犀首屬行】 《史記》 索隱에 "犀首者, 公孫衍也, 本魏將, 因之以屬軍行,
行音杭, 謂兵車相續也"라 하였다.

【馬陵】 고지명. 山西省 靜樂縣北. 離石(藺石)과 馬陵에 대하여 《史記》에는
"讎石, 陽馬"이라 하였고 索隱에 "(二地)幷趙之地名, 非縣邑也"라 하였다.

【葉】 河南省 葉縣.

【蔡】 河南省 上蔡縣.

【使太后穰侯】 《史記》에는 "使太后弟穰侯"라 하였다. 太后는 秦昭王의 어머니
宣太后. 穰侯는 魏冉, 太后의 異父同母弟이다.

【刺蜚繡】 繡는 연문이라 여기고 있다. 그러나 馮作民은 '자수를 놓는 것처럼
빠르고 면밀하다'로 풀이하였고, 溫洪隆은 '쉬움을 비유한 것'(比喩容易)라
하였으며, 《戰國策全譯》에서는 '자수를 놓듯이 가볍다'라고 풀이하였다.
그러나 '伙飛'라는 사람 이름으로 그가 빠르기로 이름이 있었던 것을 비유한
것이 아닌가 한다.(陳鈜, 《戰國策》)

【龍賈之戰】 周顯王 39년(B.C. 330년) 秦나라가 魏나라 雕陰을 공격하여 그
장수 龍賈를 사로잡고 魏兵 8만을 죽였다.

【岸門之戰】 周赧王 원년(B.C. 314년) 秦나라 公子 樗里疾이 韓나라를 岸門
(山西省 河津縣·韓地)에서 깨뜨리고 韓兵 1만을 죽였다. 이때 장수 犀首는
敗走하였다.

【封陵之戰】 周赧王 12년(B.C. 303년) 秦나라가 魏나라 封陵을 함락시켰다.
封陵은 山西省 永濟縣.

【高商之戰】 역사에 기록되어 있지 않다.

【趙莊之戰】 趙莊은 趙나라 將帥. 《史記》에는 趙疵, 周顯王 41년(B.C. 328년)
趙나라가 秦나라에게 패하자 趙莊은 河西에서 秦나라에게 죽었다.

【西河】 지금의 陝西省 華陰縣, 白水縣 일대. 黃河의 서쪽에 있음.

【上陽】 河南省 陝縣.

【雒】 洛陽, 혹은 洛水.

【三川】 河南省의 伊水, 洛水, 河水가 모이는 근처.

【從親如蘇秦時】 蘇代, 蘇厲의 합종책 성공으로 秦나라는 15년간 函谷關을
나오지 못하였다.

1. ≪**史記**≫ 蘇秦列傳의 蘇代 부분에 있으며, 내용은 454장에 연결된다. 시기는
B.C. 279년이다.

2. ≪**史記**≫ 蘇秦列傳

久之, 秦召燕王, 燕王欲往, 蘇代約燕王曰: 「楚得枳而國亡, 齊得宋而國亡, 齊·
楚不得以有枳·宋而事秦者, 何也? 則有功者, 秦之深讎也. 秦取天下, 非行義也,
暴也. 秦之行暴, 正告天下.

告楚曰: 『蜀地之甲, 乘船浮於汶, 乘夏水而下江, 五日而至郢. 漢中之甲, 乘船出
於巴, 乘夏水而下漢, 四日而至五渚. 寡人積甲宛東下隨, 智者不及謀, 勇士不及怒,
寡人如射隼矣. 王乃欲待天下之攻函谷, 不亦遠乎!』楚王爲是故, 十七年事秦.

秦正告韓曰: 『我起乎少曲, 一日而斷大行. 我起乎宜陽而觸平陽, 二日而莫不盡繇.
我離兩周而觸鄭, 五日而國擧.』韓氏以爲然, 故事秦.

秦正告魏曰: 『我擧安邑, 塞女戟, 韓氏太原卷. 我下軹, 道南陽, 封冀, 包兩周.
乘夏水, 浮輕舟, 彊弩在前, 銛戈在後, 決榮口, 魏無大梁; 決白馬之口, 魏無外黃·
濟陽; 決宿胥之口, 魏無虛·頓丘. 陸攻則擊河內, 水攻則滅大梁.』魏氏以爲然,
故事秦. 秦欲攻安邑, 恐齊救之, 則以宋委於齊. 曰: 『宋王無道, 爲木人以(寫)
(象)寡人, 射其面. 寡人地絶兵遠, 不能攻也. 王苟能破宋有之, 寡人如自得之.』
已得安邑, 塞女戟, 因以破宋爲齊罪. 秦欲攻韓, 恐天下救之, 則以齊委於天下.
曰: 『齊王四與寡人約, 四欺寡人, 必率天下以攻寡人者三. 有齊無秦, 有秦無齊,
必伐之, 必亡之.』已得宜陽·少曲, 致藺·(離)石, 因以破齊爲天下罪.

秦欲攻魏重楚, 則以南陽委於楚. 曰: 『寡人固與韓且絶矣. 殘均陵, 塞鄳阨, 苟利
於楚, 寡人如自有之.』魏弃與國而合於秦, 因以塞鄳阨爲楚罪.

兵困於林中, 重燕·趙, 以膠東委於燕, 以濟西委於趙. 已得講於魏, 至公子延,
因犀首屬行而攻趙. 兵傷於譙石, 而遇敗於陽馬, 而重魏, 則以葉·蔡委於魏.
已得講於趙, 則劫魏, (魏)不爲割. 困則使太后弟穰侯爲和, 嬴則兼欺舅與母.

適燕者曰『以膠東』, 適趙者曰『以濟西』, 適魏者曰『以葉·蔡』, 適楚者曰『以塞
鄳阨』, 適齊者曰『以宋』. 此必令言如循環, 用兵如刺蜚, 母不能制, 舅不能約.
龍賈之戰, 岸門之戰, 封陵之戰, 高商之戰, 趙莊之戰, 秦之所殺三晉之民數百萬,
今其生者皆死秦之孤也. 西河之外, 上雒之地, 三川晉國之禍, 三晉之半, 秦禍如
此其大也. 而燕·趙之秦者, 皆以爭事秦說其主, 此臣之所大患也.」

燕昭王不行. 蘇代復重於燕. 燕使約諸侯從親如蘇秦時, 或從或不, 而天下由此宗
蘇氏之從約. 代·厲皆以壽死, 名顯諸侯.

3. 鮑本의 결어

『彪謂: 秦之所以正告諸侯及其用詐, 皆愚弄之也. 而諸侯莫省, 獨一燕昭知之,
然亦不久死矣. 彪故曰: 秦橫之成, 天幸也.』

소대의 소행

소대蘇代가 조趙나라 봉양군奉陽君에게 연燕나라 일을 조왕趙王에게 일러주면서 연·조 두 나라가 연합하여 제齊나라를 치자고 제의하였다. 그러나 봉양군은 이 제의를 거절하였다. 소대는 제나라로 가서 조나라를 악평하여 제나라로 하여금 조나라와의 외교를 끊도록 만들어 버렸다. 제나라가 이미 조나라를 끊은 것을 확인하자 소대는 이번에는 연나라로 가서 소왕昭王에게 이렇게 말하였다.

"한위韓爲라는 사람이 저에게 이렇게 일러줍디다. '어떤 사람이 봉양군에게 이렇게 이르더라는 것입니다. 제나라로 하여금 조나라를 믿지 못하게 한 것이 소대의 짓이요, 제왕으로 하여금 촉자蜀子를 불러 송宋나라를 치지 못하게 한 것도 소대의 소행이며, 제왕과 음모를 꾸며 진秦나라를 끌어들인 다음 우리 조나라를 치고자 하는 놈도 소대입니다. 또 제나라로 하여금 우리 조나라의 인질을 무기로써 지키게 한 것조차 소대의 짓입니다. 청컨대 귀하게 알려 드리오니 제나라에 청하여 알아보되 과연 제나라에서 우리 조나라가 보낸 인질을 무장한 병사들이 지키고 있는 것이 확실하면 우리도 반드시 소대를 무기로 얽매어 감시해야 합니다'라구요. 이처럼 그들의 나에 대한 악한 감정은 지나칠 정도입니다. 비록 그렇기는 하나 왕께서는 걱정하실 것 없습니다. 저는 이미 제나라에 들어가자마자 조나라가 괴로워하리라는 것을 알고 있었으며, 조나라에서 나간 것도 그렇게 되기를 원해서 나간 것입니다. 저는 죽어도 제나라가 조나라로부터 큰 미움만 받는 관계가 되면 살아 있는 듯이 여기겠습니다. 지금 제·조 두 나라가 서로 단교하면 크게 분쟁이 일어날 것입니다. 저의 지조는 장맹담張孟談만은 못합니다. 저로 하여금 장맹담 같이만 해주면 제·조 두 나라는 틀림없이 지백智伯과 같은 신세가 될 것입니다."

蘇代爲奉陽君說燕於趙以伐齊, 奉陽君不聽. 乃入齊惡趙, 令齊絶於趙. 齊已絶於趙, 因之燕, 謂昭王曰:「韓爲謂臣曰:『人告奉陽君曰:'使齊不信

趙者, 蘇子也; 今(令)齊王召蜀子使不伐宋, 蘇子也; 與齊王謀道取秦以謀
趙者, 蘇子也; 令齊守趙之質子以甲者, 又蘇子也.' 請告子以請齊, 果以守趙
之質子以甲, 吾必守子以甲.」 其言惡矣. 雖然, 王勿患也. 臣故知入齊之有趙
累也. 出爲之以成所欲, 臣死而齊大惡於趙, 臣猶生也. 令(今)齊·趙絶, 可大
紛已. 持臣非張孟談也, 使臣也如張孟談也, 齊·趙必有爲智伯者矣.」

【奉陽君】 趙나라의 重臣.
【韓爲】 人名. 구체적으로는 알 수 없다. ≪帛書戰國策≫에는 '韓徐爲'로 되어
 있다.
【蜀子】 人名. 역시 구체적으로는 알 수 없다. ≪呂氏春秋≫ 權勳篇에는 '觸子'
 라는 이름이 보인다.
【告子】 이에 대해 인명으로 본 것도 있으나 鮑本에서는 "告子, 名不害, 代請之
 使爲己請齊. 正曰: 無據, 妄引. 韓爲謂代擧或人告奉陽君之言. 請者, 或人之請,
 爲趙言於齊也"라 하여 설명하는 말로 보았다.
【張孟談】 三晉 초기 趙襄子의 謀臣. 晉陽之戰 때에 韓·魏로 하여금 智伯을
 배반하게 하고 三晉을 정립시켰다. 050·223·224장 참조.
【智伯】 三晉 때 가장 세력이 강하였으나 진양 싸움에서 망하였다.

참고 및 관련 자료

1. 본장의 일은 거의가 다음의 459장과 연결된 것으로 보고 있다.

459(30-3) 奉陽君告朱讙與趙足
몹쓸 병을 앓는다 해도

(소대가 연소왕에게 말하였다.)

"그러자 봉양군奉陽君은 주환朱讙과 조족趙足에게 이렇게 고하였다는 것입니다. '제왕齊王이 공옥단公玉丹을 시켜 이태李兌에게 한민韓珉을 돌아오지 못하게 하라고 명하였다. 그러나 지금 한민을 불러들였다. 또 소대蘇代를 제齊나라에서 임무를 맡기지 말라고 하였지만 지금은 역시 그를 봉하여 재상으로 삼았다. 그런가 하면 연燕나라와는 연합하지 말라고 하였지만 지금은 연나라와 외교가 가장 밀접하다. 내가 믿었던 것은 우리나라에 인질로 와 있는 제나라 공자公子 순順이었다. 그러나 그의 언변은 자기 아버지보다 더욱 변화가 심하다. 순은 처음에는 소대와 원수 사이였다. 그래서 서로 만난다 해도 우리에게는 무방하다고 여겼었다. 그러나 지금은 서로 어질다고 칭찬하면서 둘이 하나로 합쳤으니 다 끝났다. 나는 이제 제나라를 잃었다. 제나라는 이제 더 이상 우리 조趙나라 편이 아니다'라구요. 봉양군은 아주 심하게 화가 나 있습니다. 마치 제나라 왕이 귀하(연왕)에게 조나라를 믿지 못하겠다고 하며 봉양군을 소인이라고 매도한 것으로 여기기 때문인 듯합니다. 그래서 결국 배반하고 만 것입니다.

지금 이때에 조나라와 제나라 사이에 큰 분란이 일어나게 하지 못하고 그들이 다시 화해하고 연합하게 되면 그 뒷일은 연나라로서 감당해 낼 수가 없게 됩니다. 그러므로 제·조 두 나라가 모두 진실로 이 연나라에 순응하여 온다면 저는 죽어도 걱정이 없겠습니다. 또 어디로 쫓김을 당해도 저는 그것을 수치로 여기지 않겠습니다.

이 일로 인해 제후가 되어도 저는 이를 영광으로 알지 않겠습니다. 또 머리를 풀어헤치고 스스로 옻칠을 하여 몹쓸 병을 앓는다 해도 저는 이를 치욕으로 여기지 않겠습니다.

그러나 저에게 단 하나 근심되는 것이 있습니다. 저만 죽고 제·조 두 나라가 연나라에 순응해 오지도 않으면서 저 때문에 세 나라 모두가 외교 악화만 초래되어 뒷사람들이 이를 흉내내어 모방하는 일입니다.

이것이 저의 근심입니다. 만약 제가 죽고 제·조 두 나라가 서로 침벌하기만 하면 저는 힘써서 죽음의 길을 택할 것입니다. 요堯·순舜이 어질었다 해도 죽었고, 우禹·탕湯이 지혜롭다 해도 죽었으며 맹분孟賁 같은 용사勇士는 물론 오획烏獲 같은 역사力士도 결국 죽었습니다. 생명을 가진 것으로 과연 죽음이 없는 것이 있습니까? 틀림없이 죽을 목숨을 가지고 뜻하는 바를 얻고자 하는데 왕께서는 무엇을 의심하십니까? 제가 보기에는 제가 연나라를 도망하여 한韓·위魏 두 나라를 거쳐 다시 제나라로 가는 것이 가장 좋을 듯합니다.

그래서 그들을 위해 진秦나라를 끌어들이는 것입니다. 이들이 조나라와 깊이 결맹을 맺으면 그들은 가까이에서 서로 싸울 것입니다. 저는 비록 그들을 위해 귀국 연나라를 피곤하게 한 것이 아니지만 봉양군은 주환에게 이렇게 말하더라는 것입니다. '소대가 연왕에게 당한 것은 나 때문이 아니다. 연나라가 그에게 재상 자리도 주지 않고 상경 벼슬조차도 임명하지 않은 것을 보면, 연나라에게 있어서 그는 필요 없는 존재가 되어 버린 것이다'라구요. 그의 의심이 이와 같은 데까지 이르렀습니다. 그 때문에 저는 비록 귀국 연나라에 어떤 폐도 끼치지 않게 되었으며 또한 더 이상 대왕께 요구할 것도 없습니다.

옛날 이윤伊尹은 두 번이나 탕湯을 도망하여 걸桀에게 갔다가 또다시 걸을 떠나 탕에게로 갔습니다. 과연 그는 마침내 명조지전鳴條之戰을 통해 탕을 천자가 되도록 하였습니다. 또 오자서伍子胥는 초楚나라를 도망하여 오吳나라로 가서 결과는 백거지전伯擧之戰에서 자기 아버지의 원수를 갚았 습니다. 지금 제가 연나라를 도망하여 제나라와 조나라에 분란이 일어나 도록 하여 역사책에 기록되고자 합니다. 큰 일을 이룬 자, 그 누가 도망자 아닌 사람이 있습니까? 환공桓公의 난亂 때 관중管仲은 노魯나라에서 도망 쳤고, 양호陽虎의 난 때 공자孔子는 위衛나라로 도망하였고, 장의張儀는 초楚나라에서 쫓겨났으며, 백규白珪는 진秦나라에서 뛰쳐나왔습니다.

망제군望諸君이 중산中山의 재상이었을 때 한 번은 그가 조趙나라에 사신으로 갔었습니다. 조나라가 그를 위협하여 땅을 할양하라고 하자 그는 조나라 국경 관문을 공격하고 도망쳐 나와 버렸습니다. 또 외손外孫의

난 때 설공薛公은 수레에 실은 물건을 모두 버리고 함곡관을 빠져 탈출하였
습니다. 그때 삼진三晉은 모두가 그를 뛰어난 인물이라고 칭찬하였지요.
그러므로 큰 일을 하는 자는 절대로 도망을 치욕으로 느끼지 않습니다."
　마침내 제나라를 조나라로부터 단교시키고 다시 조나라를 연나라에
연합시킨 다음 제나라를 공격하여 이를 패배시켰다.

　「奉陽君告朱蘿與趙足曰:『齊王使公王(玉)曰(丹)命說(兌)曰:『必不反
韓珉, 今召之矣. 必不任蘇子以事, 今封而相之. 令不合燕, 今以燕爲上交.
吾所恃者順也, 今其言變有甚於其父, 順始與蘇子爲讎. 見之知(如)無屬,
今賢之兩之, 已矣, 吾無齊矣!』奉陽君之怒甚矣. 如齊王王之不信趙, 而小
人奉陽君也, 因是而倍之. 不以今時大紛之, 解而復合, 則後不可奈何也.
故齊・趙之合苟可循也, 死不足以爲臣患; 逃不足以爲臣恥; 爲諸侯, 不足以
爲臣榮; 被髮自漆爲厲, 不足以爲臣辱. 然而臣有患也, 臣死而齊・趙不循,
惡交分於臣也, 而後相效, 是臣之患也. 若臣死而必相攻也, 臣必勉之而求
死焉. 堯・舜之賢而死, 禹・湯之知而死, 孟賁之勇而死, 烏獲之力而死, 生之
物固有不死者乎? 在必然之物以成所欲, 王何疑焉? 臣以爲不若逃而去之.
臣以韓・魏循, 自齊而爲之取秦, 深結趙以勁(勤)之. 如是則近於相攻. 臣雖
爲之累燕, 奉陽君告朱謹曰:『蘇子怒於燕王之不以吾, 故弗予(子)相, 又不
予卿也, 殆無燕矣.』其疑至於此, 故臣雖爲之不累燕, 又不欲王. 伊尹再逃湯
而之桀, 再逃桀而之湯, 果與鳴條之戰, 而以湯爲天子. 伍子胥逃楚而之吳,
果與伯(柏)擧之戰, 而報其父之讎. 今臣逃而紛齊・趙, 始可著於春秋. 且擧
大事者, 孰不逃? 桓公之難, 管仲逃於魯; 陽虎之難, 孔子逃於衛; 張儀逃於楚;
白珪逃於秦; 望諸相中山也使趙, 趙劫之求地, 望諸攻關而出逃; 外孫之難,
薛公釋戴(載)逃出於關, 三晉稱以爲士. 故擧大事, 逃不足以爲辱矣.」
　卒絶齊於趙, 趙合於燕以攻齊, 敗之.

【(소대가 연소왕에게 말하였다)】458장과 연결된 것으로 본다. 따라서 여기의
話者는 蘇代이며 말을 듣고 있는 자는 燕王(昭王)이다.
【奉陽君】趙나라 重臣.

【朱讙】 趙나라 신하. 讙은 음이 ‘환’, ‘훤’ 두 가지가 있다.

【趙足】 역시 趙나라 신하. 132·272장 참조.

【齊王】 齊나라 閔王.

【公王曰】 公玉丹의 오기이다. ≪新序≫에는 公玉丹. ≪史記≫에는 公玉帶 등의 이름이 보인다. 公玉이 성씨이다.

【李兌】 齊나라 신하. 본문 ‘命說’의 ‘說’은 ‘兌’의 오기이다.

【韓珉】 親齊親秦을 주장하던 인물로 당시 趙나라에 있었다. 270·272장 참조.

【順】 齊나라 公子. 趙나라에 인질로 가 있었다. 073·270장 참조.

【爲諸侯】 내용이 논리상 의미가 순통하지 못하다. 본의는 자세히 알 수 없다.

【孟賁】 고대의 力士. 083·159·208·260·376·417장 참조.

【烏獲】 역시 고대의 力士. 083·376·455장 참조.

【燕王】 昭王.

【伊尹】 ≪史記≫ 殷本紀에 의하면 湯이 다섯 번 초빙하여 伊尹을 불렀지만 이윤은 夏나라로 도망갔다가 夏桀의 무도함을 보고 商湯에게 되돌아왔다 한다. 217·220·280장 등 참조.

【鳴條之戰】 湯이 桀을 멸한 전쟁. 鳴條는 지금의 山西省 安邑縣 북쪽.

【伍子胥】 아버지와 형이 楚 平王에게 죽자 吳나라로 도망하여 闔廬의 등극을 도운 공으로 重用되어 吳軍을 거느리고 楚나라를 쳐서 郢을 함락하고 이미 죽은 平王의 시신을 꺼내어 채찍질하였다. ≪史記≫ 伍子胥列傳 및 465·466장 참조.

【伯擧之戰】 오왕 합려가 伍子胥를 시켜 楚나라 서울 郢을 점령한 전쟁. B.C. 506년의 일. 柏擧로도 쓰며, 지금의 湖北省 麻城縣.

【管仲】 魯나라 襄公이 公孫無知에게 살해되고 다시 그도 부하에게 살해되자 莒에 있던 公子 小白과 魯나라에 있던 公子 糾가 齊나라 왕위를 차지하기 위해 떠났다. 결국 小白(뒤에 齊 桓公)이 승리하고 公子 糾를 모셨던 管仲이 鮑叔의 도움으로 魯나라를 떠나 환공의 재상이 되었다. ≪史記≫ 管晏列傳 및 齊太公世家 등 참조. B.C. 685년의 일.

【孔子와 陽虎】 ≪史記≫ 孔子世家에 孔子가 10여년간 周游할 때 衛나라 匡 (지금의 河南省 長垣縣) 땅에서 공자가 陽虎처럼 생겼다는 이유로 포위하였다. ≪論語≫ 子罕篇에 “天之未喪斯文也. 匡人其如予何?”라 하였다.

【張儀】 ≪史記≫ 張儀列傳에 張儀가 처음 楚나라에 유세 갔다가 和氏璧이 없어졌다는 오해를 받아 구타당한 뒤 돌아왔다.

【白珪】魏의 재상. 358장 참조.

【望諸君】中山의 재상을 지냈다. 藍諸君(493장)이 아닌가 한다. 원래 望諸君은 樂毅이다.(466장 참조).

【薛公釋戴(載)逃出於關】薛公 전문(田文, 孟嘗君)이 齊나라 재상에서 물러난 후 일으킨 사건이 아닌가 한다. 아니면 秦나라에 들어갔다가 '鷄鳴狗盜'로 살아난 사건이 아닌가 한다.

【趙合於燕以攻齊】B.C. 284년 樂毅가 齊나라를 친 사건이 아닌가 한다. 453장 참조.

참고 및 관련 자료

1. 이 이야기는 앞장인 458장과 연결된 것으로 보고 있다. 내용과 문장이 매우 복잡하여 난해한 부분이 많다.

460(30-4) 蘇代爲燕說齊
말장수와 백락

소대蘇代가 연燕나라를 위하여 제왕齊王에게 유세하였다. 아직 왕을 뵙기 전에 먼저 순우곤淳于髡에게 이렇게 말하였다.

"어떤 사람이 준마를 팔고자 3일 동안이나 시장에 내놓았지만 아무도 그것이 양마良馬인 줄을 모르고 있었습니다. 그리하여 그는 백락伯樂을 찾아갔습니다. '저에게 준마가 있어 이를 팔려고 사흘 동안이나 시장에 내어놓았지만 묻는 자도 없습니다. 원컨대 그대가 그곳에 오면서 한 번 둘러봐 주시고 떠나면서 한 번 되돌아보아 주십시오. 그러면 제가 말 장사로 버는 돈 하루치를 드리겠습니다.' 백락이 정말 가면서 한 번 둘러봐 주고 오면서 한 번 둘러봐 주었더니 말 값이 열 배나 뛰었다는 것입니다.

지금 제가 그 준마가 되어 제왕 앞에 나타났는데, 앞뒤에서 저를 살펴보아 줄 사람이 없습니다. 선생께서 그 백락과 같은 역할을 해주실 수는 없을는지요? 제가 성공하면 백벽白璧 한 쌍雙과 황금 1천 일鎰을 드려 말먹이 값 정도를 사례하겠습니다."

순우곤은 허락하였다.

"명령을 듣겠습니다."

그리고 먼저 들어가 왕을 만난 후 소대로 하여금 왕을 만나보게 하였다. 제왕은 소대를 과연 크게 기뻐하며 맞았다.

蘇代爲燕說齊, 未見齊王, 先說淳于髡曰:「人有賣駿馬者, 比三旦立市, 人莫之知. 往見伯樂曰:『臣有駿馬, 欲賣之, 比三旦立於市, 人莫與言, 願子還而視之, 去而顧之, 臣請獻一朝之賈.』伯樂乃還而視之, 去而顧之, 一旦而馬價十倍. 今臣欲以駿馬見於王, 莫爲臣先後者, 足下有意爲臣伯樂乎? 臣請獻白璧一雙, 黃金千鎰, 以爲馬食.」淳于髡曰:「謹聞命矣.」入言之王而見之, 齊王大說蘇子.

【齊王】齊나라 湣王(閔王).

【淳于髡】齊나라의 贅壻. 威王과 宣王 때에 왕에게 중히 쓰였다.

【伯樂】말을 잘 알아보던 고대인. 〈楚策〉“汗明見春申君”篇의 注 참조.

1. 이 이야기는 449장의 연속으로 보고 있다.

461(30-5) 蘇代自齊使人謂燕昭王
승전고를 높이 울리며

소대蘇代가 제齊나라에서 사람을 시켜 연燕 소왕昭王에게 이렇게 말하도록 하였다.

"제가 제·조趙 두 나라를 서로 이간시켜 제·조 두 나라는 각각 이미 고립되었습니다. 이때 왕께서는 어찌 제나라를 치지 않습니까? 저는 제나라를 약화시킬 자신이 있습니다."

이 말을 듣고 연나라는 제나라의 진晉 땅을 공격하였다. 이때 소대는 다시 사람을 시켜 이번에는 제나라의 민왕閔王에게 일렀다.

"연나라가 제나라를 공격하는 것은 옛날 제나라에게 잃었던 땅을 다시 찾기 위해서입니다. 지금 연나라 병사가 진 땅에 있으면서 더 진공을 하지 않는 것은 병력도 약해졌을 뿐 아니라 계획에도 의심을 품어서입니다. 대왕께서는 왜 지금 소대로 하여금 연에 응전하라고 보내지 않습니까? 소대만한 인물이라면 틀림없이 연나라를 약화시킬 수 있고, 연나라를 깨뜨릴 수 있을 것입니다. 연나라가 깨어지면 조나라는 우리 말을 듣지 않을 수 없게 되어 '파연복조破燕服趙'의 일거양득이 생깁니다."

민왕이 말하였다.

"좋습니다."

그리고 소대를 불렀다.

"연병이 진읍에 있을 때 과인은 군대를 일으켜 응전하려 하오. 원컨대 그대가 과인을 위해 장수가 되어 주시오."

소대는 펄쩍 뛰었다.

"제가 무슨 용병을 알겠습니까? 다른 사람은 거용하십시오. 왕께서 저를 시키시면 왕의 군사도 손해나고 저도 결국 연나라에 잡혀갑니다. 싸움에 이기지 못하면 그 다음에는 더 이상 꼼짝 못합니다."

왕이 강요하였다.

"가시오. 나는 그대의 능력을 알고 있소."

이리하여 소대는 못이기는 척 제나라 군사를 이끌고 진읍 아래에서 연나라와 맞붙었다. 제나라는 결국 패하고 연나라는 제나라 군사 2만 수급首級을 얻는 전공을 세웠다. 소대는 남은 병력을 수습하여 양성陽城으로 후퇴하여 지키면서 민왕에게 보고하였다.

"왕께서 저를 잘못 거용하여 연나라와 응전토록 하였습니다. 지금 우리 군이 패하여 2만을 잃었으니 저는 부질지죄斧質之罪를 짓게 된 것입니다. 청컨대 스스로 담당관리에게 가서 재판을 받고 육형戮刑을 당하겠습니다."

민왕이 이 보고를 듣자 말하였다.

"이것은 나의 잘못이오. 그대는 아무런 죄가 없소."

다음날 소대는 다시 몰래 사람을 연나라에 보내어 양성과 이貍 땅을 공격하게 하였다. 그리고 소대는 다시 몰래 사람을 민왕에게 보냈다.

"지난번 진읍 싸움에 우리가 진 것은 용병의 잘못이 아니라, 제나라는 불운하였고, 연나라는 천행을 만났기 때문이었습니다. 지금 연나라가 또 양성과 이貍 땅을 공격하고 있습니다. 이는 천행이 우리를 돕고 있는 좋은 기회입니다. 대왕께서는 다시 소대를 시켜 응전하게 하십시오. 소대는 지난번에 패하였지만 이번에는 틀림없이 승전고를 높이 울리며 보답해 올 것입니다."

왕이 말하였다.

"그렇다."

민왕은 다시 소대를 시켰다. 그러나 소대는 끝내 사양하였고 왕은 들어주지 않았다. 드디어 다시 제군을 끌고 양성에서 연나라과 싸웠지만 이번에도 연나라가 대승하여 제나라는 삼만 군을 잃었다. 이로부터 제나라 군신간에는 불신이 싹트게 되었고 백성의 마음도 흩어지게 되었다. 연나라는 이 틈에 악의樂毅를 시켜 크게 군사를 일으켜 제나라를 공격하여 대승을 거두었다.

蘇代自齊使人謂燕昭王曰:「臣聞(間)離齊・趙, 齊・趙已孤矣, 王何不出兵以攻齊? 臣請王弱之.」燕乃伐齊攻晉.

令人謂閔王曰:「燕之攻齊也, 欲以復振古(故)地也. 燕兵在晉而不進, 則是兵弱而計疑也. 王何不令蘇子將而應燕乎? 夫以蘇子之賢, 將而應弱燕,

燕破必矣. 燕破則趙不敢不聽, 是王破燕而服趙也.」閔王曰:「善.」乃謂蘇
子曰:「燕兵在晉, 今寡人發兵應之, 願子爲寡人爲之將.」對曰:「臣之於兵,
何足以當之? 王其改擧. 王使臣也, 是敗王之兵, 而以臣遺燕也. 戰不勝,
不可振也.」王曰:「行, 寡人知子矣.」蘇子遂將, 而與燕人戰於晉下, 齊軍敗.
燕得甲首二萬人. 蘇子收其餘兵, 以守陽城, 而報於閔王曰:「王過擧, 令臣
應燕. 今軍敗亡二萬人, 臣有斧質之罪, 請自歸於吏以戮.」閔王曰:「此寡人
之過也. 子無以爲罪.」

　明日又使燕攻陽城及狸. 又使人謂閔王曰:「日者, 齊不勝於晉下, 此非
兵之過, 齊不幸而燕有天幸也. 今燕又攻陽城及狸, 是以天幸自爲攻也.
王復使蘇子應之, 蘇子先敗王之兵, 其後必務以勝報王矣.」王曰:「善.」
乃復使蘇子, 蘇子固辭, 王不聽. 遂將以與燕戰於陽城. 燕人大勝, 得首三萬.
齊君臣不親, 百姓離心. 燕因使樂毅大起兵伐齊, 破之.

【蘇代自齊使人謂燕昭王】蘇代가 燕에서 子之의 亂을 일으킨 후 감히 燕으로
　가지 못하고 宋나라에 있었다. 昭王이 다시 부르자 우선 燕나라를 위하여
　齊나라를 치게 해주겠다고 이 計略을 꾸민 것이다.
【晉】원래 燕나라 읍 이름. 춘추시대 이전 古代의 鼓나라 땅이었다. 이 당시
　齊나라에게 점령당하였었다.(河北省 晉縣)
【陽城】河北省 淸苑縣의 陽城鎭.
【斧質之罪】斧質은 원래 古代 戮刑 刑具, 죄인을 斧質(鑕板) 위에 올려놓고
　참수하였다.
【狸】地名. 陽城 근처일 것으로 보인다.
【樂毅大起兵伐齊】燕昭王이 齊나라를 칠 시기가 성숙하자 樂毅를 上將軍으로
　삼아 秦나라 및 三晉과 연합하여서 周赧王 31년(B.C. 284년) 齊나라를 쳐
　70여 성을 빼앗았다. 湣王(閔王)은 도망하다가 결국 莒에서 自守하였다.
　≪史記≫ 樂毅田單列傳 및 燕世家, 趙世家 참조.

1. 본장은 458·459장 등의 연속이다. 樂毅가 齊나라를 대파한 것(160·453장)은
B.C. 284년쯤의 일이다.

2. 鮑本의 평어

『彪謂: 蘇代之於燕·齊, 皆嘗隙而復善, 其情禮均也. 而獨爲燕圖齊之深, 何哉?
昭王賢也. 雖然, 槖爛人之民人以行其說, 而奉其所賢, 仁者不爲也, 獨不念嘗委
質於齊乎? 補曰: 蘇代傾詐不義, 一至於此, 其罪浮於張儀矣.』

462(30-6) 蘇代自齊獻書燕王
대왕을 위해 일하고 싶습니다

소대蘇代가 제齊나라에 있으면서 연왕燕王에게 글을 올렸다.

"저의 행동에 장차 구설수가 있을까 하여 이에 편지로 써서 올립니다. '신臣이 제나라에서 귀한 대접을 받으면 귀국 연나라 대부들이 저를 믿지 못하겠다고 할 것이고, 신이 제나라에서 천하게 대접받으면 연나라 신하들도 저를 가벼이 볼 것입니다. 그러면서 제가 하는 일에 많은 희망을 걸고 계실 줄 믿습니다. 이 제나라에 어려운 일이 생기면 그 죄는 신이 뒤집어써야 하고 천하가 제나라를 공격하지 않으면 신이 제나라를 위해 좋은 모책을 세운 것으로 미워하고, 또 천하가 제나라를 공격하게 되면 제나라와 신을 모두 나쁘기 때문에 친다고 핑계를 댑니다. 이처럼 저는 달걀을 겹으로 쌓은 것 같은 위험에 처해 있습니다.'

왕께서는 저에게 이렇게 말씀하셨지요. '나는 절대로 여러 사람의 말이나 참언을 듣지 않겠다. 내 그대에 대한 어떠한 말이라도 들으면 칼로 베듯이 잘라 버릴 것이다. 가장 훌륭하기로는 그대가 제나라에서 크게 등용되는 것이며 그 다음으로는 제나라 아랫사람에게까지 널리 신용을 얻는 일이다. 진실로 그대는 살아 있기만 하면 된다. 그대는 무슨 일이든 하지 못할 것이 없다. 그대가 믿는 대로 처리하라.' 그러면서 함께 이렇게 부탁하셨지요. '연나라를 버리고 제나라로 가도 좋다. 오직 일을 성사시키기만 하면 될 뿐이다.' 이에 신이 사명을 받들고 제나라에 와서 일을 한 지 5년이나 되었습니다. 보시다시피 제나라는 자주 무력을 써서 출병하였으나 연나라를 상대로 한 적은 없었습니다. 제나라와 조趙나라의 관계는 일합일리一合一離로 외교관계에 변화가 심하였지만 왕께서는 제나라와 더불어 조나라를 칠 계획을 세운 것이 아니면 조나라와 더불어 제나라를 칠 계획을 세웠을 뿐입니다.

지금 제나라는 연나라를 믿고 있습니다. 심지어 연나라와 인접한 북지北地의 땅은 아예 비워 놓은 채, 군대를 부리고 있을 정도입니다.

지금 왕께서는 전벌田伐과 삼參, 그리고 거질去疾의 말을 믿고 장차 제나라를 공격해도 됩니다. 설령 제나라를 견마_{犬馬}처럼 부린다 해도 제나라는 연나라를 원망하지 않을 것입니다. 또 왕께서는 지금 경慶을 파견하여 저에게 '내 좋아하는 사람을 등용코자 한다'라고 하셨는데 만약 진실로 쓰고 싶으시다면 원컨대 저는 왕을 위해 일하고 싶습니다. 또 왕께서 저를 그만두고 달리 쓰고 싶은 사람이 있어 쓰시겠다면 저는 그냥 돌아가서 더 이상 일을 하고 싶지 않습니다. 저는 진실로 왕을 뵙고 싶습니다. 이것이 가슴에 가득한 바람입니다."

蘇代自齊獻書於燕王曰:「臣之行也, 固知將有口事, 故獻御書而行, 曰: 『臣貴於齊, 燕大夫將不信臣; 臣賤, 將輕臣; 臣用, 將多望於臣; 齊有不善, 將歸罪於臣; 天下不攻齊, 將曰善爲齊謀; 天下攻齊, 將與齊兼鄍(貿)臣. 臣之所重處重卯(卵)也.』王謂臣曰:『吾必不聽衆口與讒言, 吾言汝也, 猶剟刔者也. 上可以得用於齊, 次可以得信於下, 苟無死, 女無不爲也, 以女自信可也.』與之言曰:『去燕之齊可也, 期於成事而已.』臣受令以任齊, 及五年. 齊數出兵, 未嘗謀燕. 齊・趙之交, 一合一離, 燕王不與齊謀趙, 則與趙謀齊. 齊之信燕也, 至於虛北地行其兵. 今王信田伐與參・去疾之言, 且攻齊, 使齊犬馬駭而不言燕. 今王又使慶令臣曰:『吾欲用所善.』王苟欲用之, 則臣請爲王事之. 王欲醳臣剸(專)任所善, 則臣請歸醳事. 臣苟得見, 則盈願.」

【燕王】 昭王.
【重卯】 重卵의 오기이다. 즉 累卵之危를 뜻한다.
【北地】 燕나라와 인접한 齊나라 땅.
【田伐】 燕나라 신하인 듯하다.
【參・去疾】 역시 燕나라 신하들인 듯하다. ≪帛書戰國策≫에 "田代繰去疾"로 되어 있다.
【慶】 역시 燕나라 신하인 듯하다.
【醳】 釋과 같음. '풀다, 버리다'의 뜻.

1. 본장은 460장과 461장 중간쯤의 일로 보인다. 그러나 내용 중 齊나라에 온 지 5년이 되었다고 한 것과 잘 맞지 않는다. 또 鮑本에는 많은 부분의 뜻을 자세히 알 수 없다(文多未詳)이라 하였다.

2. 鮑本의 평어

『彪謂: 爲人間者, 均有此六患, 非燕昭之明, 代其危哉! 功成矣, 猶不能爲此者, 況他人乎? 代之謀齊, 亦異乎豫讓之於趙矣. 彼哉! 彼哉! 補曰: 此『策』蓋代在齊, 而或有疑之於王者, 故代以書自白, 文多未詳. 燕昭卽位, 志復齊讎, 非一日矣. 樂毅以趙亂適衛至燕, 在十七年之後. 又十年, 始合五國以破齊. 方其患齊之强, 志未逞也. 蘇代之徒, 爲之間齊, 離趙之交, 激秦之怒, 勸之以伐宋, 驕其兵而罷其師, 齊卒以亡, 代有力焉, 而世不數何也? 蓋毅之爲燕約結, 信義服人, 卒用此以勝, 何假乎代之爲哉? 代之傾詐反覆, 效用於燕, 亦昭王之賢明有以御之, 非倚以成功也.』

태후의 자식 사랑

진취陳翠가 제齊나라와 연燕나라를 합해 놓고 연왕燕王으로 하여금 그 동생을 제나라에 인질로 보내라고 하였다. 연왕은 그렇게 하기로 허락하였다. 연나라 태후太后가 이를 알고 노발대발하였다.

"진취는 남의 나라를 위해 주지 못하면 그만둘 것이지 어찌 남의 모자 사이를 떼어놓는고? 나는 그렇게 못하겠다."

진취가 태후를 만나려고 하자 연왕이 먼저 진취에게 말하였다.

"태후께서 바야흐로 그대에게 크게 노하고 계십니다. 그대는 잠시 기다리시오."

진취가 말하였다.

"염려 마십시오."

그리고는 드디어 들어가 태후를 만나자 이렇게 문안을 드렸다.

"태후께서는 어찌 그리 수척하십니까?"

태후가 대답하였다.

"선왕先王께서 내게 오리 고기 등 맛있는 음식을 주시니, 내 응당 수척할 일이 없건만 내 지금 이렇게 수척한 것은 아들 인질문제로 고민해서 그렇다오."

진취가 나섰다.

"높으신 태후께서 그 자식을 사랑하는 것이, 평민이 자기 아들 사랑하는 것만도 못하십니다. 자식을 사랑하지 않을 뿐만 아니라, 사내아이는 더욱 아껴 주지 못하는군요."

태후가 물었다.

"그게 무슨 소리요?"

진취는 이렇게 설명하였다.

"태후께서 딸을 제후에게 시집보낼 때는 천금을 주고 1백 리까지 혼수 몫으로 주면서 평생 시집간 그 나라를 위해 살라고 하십니다. 지금 왕께서 공자公子를 어디에 봉해 주려해도 백관百官·군신羣臣들이 자기 직분과 충성을 다하면서 '공자라도 공로가 없으면 봉해 줄 수 없다'고들 합니다. 그래서 지금 왕께서는 공자를 제나라에 인질로 보내어 공을 세우게 한 뒤 그에게 작위를 봉하려고 하는데 태후께서 싫다고 하시니 저는 이로써 남의 주인 된 자가 그 아들 된 자식조차 사랑하지 않음이 이토록 심하구나라고 여기는 것입니다. 게다가 태후와 왕께서 다행히 지금 살아 계시니 공자가 존귀함을 받는 것이지, 태후께서 천세를 누리신 후, 왕이 세상을 버린 후에 태자가 즉위하면 공자는 평민보다 천해지는 것입니다. 그래서 태후와 왕이 살아 계실 때 공자를 봉해 놓지 않았다가는 공자는 평생토록 봉토를 받지 못하게 되는 것입니다."

태후가 말하였다.

"내가 늙어서 높은 이의 뜻을 몰랐소."

이렇게 태후는 풀어진 후 공자에게 명하여 거마를 준비하고 의복을 갖추어 출행을 서둘러 주었다.

陳翠合齊·燕, 將令燕王之弟爲質於齊, 燕王許諾. 太后聞之, 大怒曰: 「陳公不能爲人之國, 亦則已矣, 焉有離人子母者? 老婦欲得志焉.」陳翠欲見太后, 王曰: 「太后方怒子, 子其待之.」陳翠曰: 「無害也.」遂入見太后曰: 「何臞也?」太后曰: 「賴得先王鴈鶩之餘食, 不宜臞. 臞者, 憂公子之且爲質於齊也.」陳翠曰: 「人主之愛子也, 不如布衣之甚也. 非徒不愛子也, 又不愛丈夫子獨甚.」太后曰: 「何也?」對曰: 「太后嫁女諸侯, 奉以千金, 齎地百里, 以爲人之終也. 今王願封公子, 百官持職, 羣臣效忠, 曰: 『公子無功不當封.』今王之以公子爲質也, 且以爲公子功而封之也. (而)太后弗聽, 臣是以知人主之不愛丈夫子獨甚也. 且太后與王幸而在, 故公子貴; 太后千秋之後, 王棄國家, 而太子卽位, 公子賤於布衣. 故非及太后與王封公子, 則公子終身不封矣!」太后曰: 「老婦不知長者之計.」乃命公子束車制衣爲行具.

【陳翠】齊나라 大夫. 혹은 燕나라 신하가 아닌가 한다.
【燕王】여기서는 燕王 噲.
【先王】易王을 가리킨다. 즉 太后(噲와 公子의 어머니)의 남편.

【鴈鶩】鵝鴨. 別味의 요리.

1. 鮑本에는 이야기가 觸讋이 趙威后에게 한 내용(286장)과 흡사하다고 하였다.

『補曰: 此與觸讋諫趙威后同. 戰國所載事多如此, 然觸讋言尤婉切, 所以人多稱之.』

464(30-8) 燕昭王且與天下伐齊
나중을 생각하여

연燕나라 소왕昭王이 천하와 더불어 제齊나라를 칠 준비를 서둘렀다.
이때 제나라 출신으로 연나라에서 벼슬을 하는 자가 있었다. 소왕은
이를 불러 말하였다.

"나는 장차 천하와 더불어 제나라를 치려 한다. 지금 당장 곧 출격
명령을 내릴 것이다. 그대는 이를 저지하라. 그대가 널리 반대하되
나는 듣지 않을 것이다. 그러면 그대는 우리 연나라를 버리고 너의
고국인 제나라로 가거라. 내가 나중에 혹시 제나라와 다시 강화를 맺어야
할 경우, 그대를 통해 제나라를 섬길 것이다."

이처럼 이 당시는 연나라와 제나라는 서로 같이 설 수 없는 원수지간이
었지만 연소왕은 항상 홀로 나중에 다시 서로 결합될 것을 염두에 둠이
이와 같았다.

燕昭王且與天下伐齊, 而有齊人任於燕者, 昭王召而謂之曰:「寡人且與
天下伐齊, 旦暮出令矣. 子必爭之, 爭之而不聽, 子因去而之齊. 寡人有時復
合和也, 且以因子而事齊.」當此之時也, 燕・齊不兩立, 然而常獨欲有復收
之之志若此也.

【燕昭王】 齊나라에 잃은 땅을 되찾기 위해 애썼던 인물.
【與天下伐齊】 燕이 齊나라를 크게 공격한 B.C. 284년의 일. 160・453장 등
  참조.

참고 및 관련 자료

1. 鮑注의 평어
『彪謂: 此少年狡獪之行, 小人患失之類, 而燕昭爲之, 此其所以不王也.』

465(30-9) 燕饑趙將伐之
연나라에 기근이 들다

연燕나라에 기근이 들자 조趙나라에서 장차 이를 치려 하였다. 초楚나라에서는 장군 한 명을 연나라에 보내어 사정을 살피게 하였다. 그 장군이 위魏나라를 경과하면서 조회趙恢를 만나보게 되었다. 조회가 초나라 장군에게 일러주었다.

"재난이 생기지 않도록 미리 방비하는 것이 재난이 발생하였을 때 이를 구제하는 것보다 쉽습니다. 옛날 오자서伍子胥나 궁지기宮之奇가 성공하지 못하고 촉지무燭之武·장맹담張孟談이 큰 상을 받은 이유가 바로 여기에 있습니다. 그러므로 일을 도모하는 자는 모두가 환란을 제거하는 일에 매달릴 때는 우선 먼저 재난이 발생하지 않도록 미리 손을 쓰는 것입니다.

지금 제가 그대에게 백금을 주어 보내는 것이 좋은 말 한 마디 드리는 것이 낫다고 여기기에 말씀드리는 것이니, 그대는 내 말을 듣고 조왕趙王을 이렇게 설득하십시오. '옛날 오吳나라가 제齊나라를 칠 때 역시 제나라가 기근이 들었다는 것을 기회로 이용한 것입니다. 그러나 제나라를 쳐서 아직 승리를 거두지 않았는데 약한 월越나라가 그 틈을 이용해 오나라를 치고 패자가 되었습니다. 지금 조나라 왕께서 연나라를 치는 것도 역시 연나라에 흉년이 든 것을 기화로 삼고 있는데 친다고 반드시 이긴다는 보장도 없을 뿐더러 강한 진秦나라가 그 틈을 이용하여 조나라의 서쪽으로 밀고 오지 않을까 염려됩니다. 이는 약한 조나라가 강한 오나라처럼 굴고, 강한 진나라가 약하였던 월나라처럼 되어 패자를 만들어 내는 셈입니다. 원컨대 왕께서는 깊이 헤아려 보시기 바랍니다'라구요."

이에 초나라 장군은 조나라로 가서 조왕을 설득하였다. 조왕은 이 말에 크게 기뻐하며 계획을 철회하였다. 연나라 소왕昭王은 이 소식을 듣고 많은 땅을 내려 초나라 장군에게 봉해 주었다.

燕饑, 趙將伐之. 楚使將軍之燕, 過魏, 見趙恢. 趙恢曰:「使除患無至, 易於救患. 伍子胥, 宮之奇不用, 燭之武·張孟談受大賞. 是故謀者皆從事於除患之道, 而先使除患無至者. 今予以百金送公也, 不如以言. 公聽吾言而說趙王曰:『昔者, 吳伐齊, 爲其饑也, 伐齊未必勝也, 而弱越乘其弊以霸. 今王之伐燕也, 亦爲其饑也, 伐之未必勝, 而强秦將以兵承(乘)王之西, 是使弱趙居强吳之處, 而使强秦處弱越之所以霸也. 願王之熟計之也.』」使者乃以說趙王, 趙王大悅, 乃止. 燕昭王聞之, 乃封之以地.

【趙恢】魏나라 신하인 듯하다.

【伍子胥】楚나라 출신으로 吳나로 도망하여 원한을 갚은 인물. ≪史記≫ 伍子胥列傳 참조.

【宮之奇】춘추시대 虞나라 大夫. 晉나라 荀息이 虢나라를 치겠다고 하였을 때 이를 거절토록 하였으나 왕이 듣지 않자 虞나라를 떠났다. ≪左傳≫ 僖公 2년 참조.

【燭之武】춘추시대 鄭나라 대부. 秦나라와 晉나라가 鄭나라를 포위하자 鄭文公이 이를 밤에 내어 보내 秦穆公을 설득시켰다. ≪左傳≫ 僖公 30년 및 文公 17년 참조.

【張孟談】三晉 초기 智氏를 멸망뜨리게 한 趙나라 대부.

【越乘其弊以霸】B.C. 485년의 일.

【燕王】燕昭王.

466(30-10) 昌國君樂毅
군자는 절교할 때는 악담을 하지 않는 법

창국군昌國君 악의樂毅가 연燕 소왕昭王을 위해 오국五國을 연합시켜 제齊나라를 공격, 70여 성을 빼앗아 그것을 모두 연나라 군현으로 삼았다. 아직 나머지 세 개의 성을 함락시키지 못하였을 때 그만 연소왕이 죽고 말았다. 뒤를 이은 혜왕惠王은 즉위하자 제나라 사람의 반계를 믿고 악의를 의심, 기겁騎劫을 대신 장수로 삼아 버렸다. 악의는 조趙나라로 도망가고 조나라에서는 악의를 받아들여 이를 망제군望諸君에 봉해 주었다.

제나라 전단田單은 마침내 새로 된 연장燕將 기겁을 속여 연나라 군대를 대패시켜 버리고 빼앗겼던 70여 성을 도로 찾아 제나라를 수복하였다.

연 혜왕은 크게 후회를 하며 특히 조나라가 악의를 등용하여 이렇게 연나라가 피폐해진 틈을 타 침범해 오지 않을까 걱정이었다. 이에 연왕은 사자를 보내어 악의에게 다음과 같은 사과의 말을 전하게 하였다.

"선왕께서 그대에게 나라를 들어 장군으로 맡겨 주시자 그대는 연나라를 위해 제나라를 깨뜨려 선왕의 원수를 갚아 주셨으니 천하에 진동하지 않은 자가 없었습니다. 과인이 어찌 하루라도 그대의 공을 잊을 수 있으리오? 마침 선왕께서 죽고 과인이 새로 즉위하자 좌우가 과인을 그릇된 길로 인도하였습니다. 그러나 과인이 기겁으로 장군을 대신하게 한 것은 장군이 오랫동안 밖에서 햇볕에 타고 비바람에 고생한 것을 생각해 장군을 불러 쉬게 하면서 국사를 의논하려던 의도였습니다. 그런데 장군께서는 잘못을 사실인 줄 듣고 과인과 틈이 생긴 줄 여겨 드디어 연나라를 버리고 조나라로 가셨습니다. 장군도 스스로 생각해 보시면 아실 것입니다. 또 어찌 선왕께서 당신을 믿고 후하게 해준 것을 갚으려 하지 않으시리오?"

그러나 망제군昌國君·樂毅은 일언지하一言之下에 거절하며 편지를 써서 사신을 통해 연왕에게 보냈다.

"제가 총명치 못해 이제는 선왕의 가르침을 이어받지도, 좌우의 마음을 바로 잡지도 못하겠습니다. 부질의 죄를 지고 선왕의 현명을 손상시켰으며 대왕의 의에 해를 끼쳤기에 두려움 끝에 이렇게 조나라로 도망 온 것입니다.

스스로 생각해도 불초한 죄였기에 더 이상 드릴 말씀도 없습니다. 지금 대왕께서 사신을 자주 보내 저의 죄를 헤아리심에 저로서는 좌우의 신하들이 아직도 선왕께서 나를 사랑한 도리를 알지 못하고 있으며 제가 선왕을 모신 마음도 헤아리고 있지 못한 것 같아 감히 서신으로 답하나이다.

제가 듣건대 어진 임금은 녹祿을 친하다고 사사로이 주는 것이 아니라 공이 많은 자에게 준다고 하였습니다. 또 관직을 그 사랑하는 사람이라고 해서 주는 것이 아니며 능력에 맞는 자가 그 자리에 처하게 한다고 하더이다. 그러므로 능력을 살펴 관직을 주는 임금은 성공하는 임금이요, 행동을 살펴보고 친구를 사귀는 자는 이름을 세울 선비인 것입니다. 제가 좁은 학식으로 보건대 선왕께서 신하를 쓰고 버리는 것은 높이 세상에 뛰어나려는 뜻이 있어서였습니다. 그래서 제가 위왕魏王을 섬길 때 출사의 명목으로 부절符節을 가지고 직접 연나라를 살펴본 후 감복하여 연나라에 머물렀던 것입니다.

선왕께서 과연 과분하게 저를 거용하여 빈객들 중에 제일이라고 발탁하시며 군신들 중에 제일이라고 세우셨습니다. 그리고는 부형父兄들과 의논도 하지 않고 저를 아경亞卿으로 삼아 주셨습니다. 저 스스로도 명령을 받들고 가르침을 잘 받으면 큰 죄 없이 지낼 수 있으리라 여겨 명령을 받아 사양을 못하였던 것입니다.

그 당시 선왕께서 저에게 이렇게 분부하였습니다. '나와 제나라와는 깊은 원한이 있소. 우리의 국력이 약함도 따질 것 없이 당장 제나라를 쳐부수고 싶소'라구요. 그래서 제가 대답하였었습니다. '그 제나라는 패국霸國의 여교餘敎가 있으며 자주 이긴 유사遺事도 있습니다. 그래서 병갑에 익숙하며 전공戰攻에 뛰어납니다.

대왕께서 만약 이를 공격하시려면 반드시 천하와 연합해서 도모하셔야 합니다. 또 천하와 연합해 도모하자면 조나라와 결합하는 것보다 첩경은 없습니다. 게다가 회북淮北과 송지宋地는 초楚·위魏 두 나라가 같이 노리고 있는 땅입니다. 조나라가 만약 허락하면 이어 초·위·송 세 나라와 약속을 맺는 겁니다. 이렇게 네 나라가 힘을 합하여 제나라를 공격하면 쳐부술 수 있습니다.' 그러자 선왕께서 '좋다'라 하셨습니다. 저는 이러한 구두의 명령을 받들고 부절을 갖추어 남쪽 조나라에 사신으로 가서 성공시킨 후 돌아와 복명을 하였습니다. 이어서 군대를 일으켜 제나라를 공격하게 된 것입니다. 하늘의 정도와 선왕의 영명靈命에 힘입어 하북河北 각지는 선왕의 거사를 따라 제수濟水가에 이르게 되었습니다.

제수가의 군사들도 명령을 받들어 일제히 제나라를 공격하여 대승을 거두게 된 것입니다. 날래고 예리한 병졸들이 제나라 도읍까지 밀고 들어가자 제齊 민왕閔王은 거莒로 도망하여 겨우 몸을 피하게 되었습니다. 이렇게 해서 제나라에 있던 일체의 주옥과 보물, 거마병갑과 진기한 물건들은 모두 연나라로 운송되어 대려大呂는 원영궁元英宮에 진열되고, 옛날 제나라에게 빼앗겼던 정鼎은 역실궁歷室宮에 돌아오게 된 것입니다.

또 제나라의 보기寶器들은 영태寧臺에 진열되고 계구薊丘의 식물은 제나라 문수汶水가에서 가져온 대나무로 개종시켰습니다. 오패五霸 이래로 공과 업적이 선왕과 같이 위대하였던 이는 아직까지 없었습니다. 선왕께서는 크게 만족하시고 내가 그의 조그마한 명령 하나도 거역하지 않았다고 하시며 저에게 토지를 봉하시어 저를 작은 나라의 제후에 비길 만큼 만들어 주셨던 것입니다.

저는 비록 재능은 없지만 법령을 받들고 명교를 승봉하여 다행히 대과도 없었기에 선왕의 명령을 거절하지 못하였었습니다. 제가 듣기에 현명한 군주는 공을 이룬 후에 그것을 폐하지 않기 때문에 춘추春秋에 드러나며, 선각의 선비는 이름을 이룬 후에 이를 허물어뜨리지 않기 때문에 후세에 칭찬을 받는다고 하더이다.

선왕 같은 이는 원수를 갚고 치욕을 씻어서 만승의 강한 대국을 쳐부수어, 그 나라 8백 년 동안 쌓아온 보물까지 거두었으면서도 군신을 버리고 세상을 떠날 때는 후사에게 의를 남기라고 부탁하셨습니다. 그래서 집정·임사의 군사들에게 법령이 지켜지며 서얼庶孽의 순서가 바로잡히고, 맹예萌隷에게 은혜가 베풀어지는 일은 모두 후세에 좋은 가르침이 될 수 있었던 것입니다.

제가 듣건대 일을 잘하는 자라고 해서 꼭 좋은 성과를 얻는다는 법도 없고 시작을 잘한 자가 끝도 좋다는 법은 물론 없습니다.

옛날 오자서伍子胥의 계획은 합려闔閭에게 먹혀들었기에 오왕吳王은 멀리 영郢까지 발자국을 찍을 수 있었습니다. 그러나 합려의 아들 부차夫差는 달랐습니다. 그 오자서를 가죽부대에 넣어 장강長江에다 띄웠으니까요. 그러므로 오왕 부차는 선진들의 말을 들으면 업적을 이룬다는 것을 깨닫지 못하였기 때문에 오자서를 강에 빠뜨려 죽이고도 후회할 줄 몰랐으며, 오자서는 오자서대로 합려와 부차가 아량이 같지 않다는 것을 미리 깨닫지 못하였기 때문에 강에 빠져 죽음을 당하고도 자기의 불찰을 고치려 들지 않은 것입니다.

지금 저는 몸을 보전하고 업적을 간직하여 선왕의 자취를 밝히는 것이 바로 상책이라고 여기고 있습니다. 몸이 비방誹謗에 훼욕을 당하여 선왕의 명언를 손상시키는 것은 바로 제가 제일 겁내는 일입니다. 예측하지 못하였던 죄 앞에 임해 있으면서 요행을 곧 이익인 줄 여기는 것은 행동은 정의로서도 감히 입밖에 낼 수가 없습니다. 제가 듣건대 옛날 군자는 친구와 절교할 때 그의 악담을 늘어놓지 않으며, 충신이 물러설 때는 그 이름을 더럽히지 않는다고 하더이다.

신이 비록 우둔하나 자주 군자들에게 들은 바는 있사오니 임금을 가까이 모시고 있는 근신들이 좌우의 말을 듣고 소원疏遠한 행동인지를 구분해 내지 못할까 두려워 이렇게 감히 서신으로 답하오니 유념이 있으시기를 원하나이다.”

昌國君樂毅爲燕昭王合五國之兵而攻齊, 下七十餘城, 盡郡縣之以屬燕. 三城未下, 而燕昭王死. 惠王卽位, 用齊人反間, 疑樂毅, 而使騎劫代之將. 樂毅奔趙, 趙封以爲望諸君. 齊田單欺詐騎劫, 卒敗燕軍, 復收七十城以復齊. 燕王悔, 懼趙用樂毅承燕之弊以伐燕. 燕王乃使人讓樂毅, 且謝之曰: 「先王擧國而委將軍, 將軍爲燕破齊, 報先王之讎, 天下莫不振動, 寡人豈敢一日而忘將軍之功哉? 會先王棄羣臣, 寡人新卽位, 左右誤寡人. 寡人之使騎劫代將軍者, 爲將軍久暴露於外, 故召將軍且休計事. 將軍過聽, 以與寡人有郤, 遂捐燕而歸趙. 將軍自爲計則可矣, 而亦何以報先王之所以遇將軍之意乎?」

望諸君乃使人獻書報燕王曰:「臣不佞, 不能奉承先王之教, 以順左右之心, 恐抵斧質之罪, 以傷先王之明, 而又害於足下之義, 故遁逃奔趙. 自負以不肖之罪, 故不敢爲辭說. 今王使使者數之罪, 臣恐侍御者之不察先王之所以畜幸臣之理, 而又不白於臣之所以事先王之心, 故敢以書對. 臣聞賢聖之君, 不以祿私其親, 功多者授之; 不以官隨其愛, 能當之者處之. 故察能而授官者, 成功之君也; 論行而結交者, 立名之士也. 臣以所學者觀之, 先王之舉錯, 有高世之心, 故假節於魏王, 而以身得察於燕. 先王過舉, 擢之乎賓客之中, 而立之乎羣臣之上, 不謀於父兄, 而使臣爲亞卿. 臣自以爲奉令承教, 可以幸無罪矣, 故受命而不辭. 先王命之曰:『我有積怨深怒於齊, 不量輕弱, 而欲以齊爲事.』臣對曰:『夫齊霸國之餘教也, 而驟勝之遺事也, 閑於兵甲, 習於戰攻. 王若欲攻之, 則必舉天下而圖之. 舉天下而圖之, 莫徑於結趙矣. 且又淮北·宋地, 楚·魏之所同願也. 趙若許, 約楚·魏, 宋盡力, 四國攻之, 齊可大破也.』先王曰:『善.』臣乃口受令, 具符節, 南使臣於趙. 顧反命, 起兵隨而攻齊. 以天之道, 先王之靈, 河北之地, 隨先王舉而有之於濟上. 濟上之軍, 奉令擊齊, 大勝之. 輕卒銳兵, 長驅至國. 齊王逃遁走莒, 僅以身免. 珠玉財寶, 車甲珍器, 盡收入燕. 大呂陳於元英, 故鼎反於歷室, 齊器設於寧臺. 薊丘之植, 植於汶皇. 自五伯以來, 功未有及先王者也. 先王以爲愜其志, 以臣爲不頓命, 故裂地而封之, 使之得比乎小國諸侯. 臣不佞, 自以爲奉令承教, 可以幸無罪矣, 故受命而弗辭. 臣聞: 賢明之君, 功立而不廢, 故著於春秋; 蚤知之士, 名成而不毀, 故稱於後世. 若先王之報怨雪恥, 夷萬乘之強國, 收八百歲之蓄積, 及至棄羣臣之日, 餘令詔後嗣之遺義, 執政任事之臣, 所以能循法令, 順庶孽者, 施及萌隸, 皆可以教於後世. 臣聞: 善作者, 不必善成; 善始者, 不必善終. 昔者, 五子胥說聽乎闔閭, 故吳王遠迹至於郢. 夫差弗是也, 賜之鴟夷而浮之江. 故吳王夫差不悟先論之可以立功, 故沉子胥而不悔. 子胥不蚤見主之不同量, 故入江而不改. 夫免身全功, 以明先王之迹者, 臣之上計也. 離毀辱之非, 墮先王之名者, 臣之所大恐也. 臨不測之罪, 以幸爲利者, 義之所不敢出也. 臣聞: 古之君子, 交絕不出惡聲; 忠臣之去也, 不潔其名. 臣雖不佞, 數奉教於君子矣. 恐侍御者之親左右之說, 而不察疏遠之行也. 故敢以書報, 唯君之留意焉.」

【昌國君 樂毅】앞편의 "蘇代自齊使人謂燕昭王"편의 주 참조. 昌國은 원래 제나라 읍이었으나 燕나라에게 빼앗겼다. 그 땅에 燕昭王은 樂毅를 봉하였다.

【三城】二城(莒·卽墨)의 잘못. 그러나 高誘의 주에는 聊城을 넣어 三城이라 하였으나 聊는 趙나라 땅이었다.

【惠王】燕昭王의 아들. 齊의 反計에 걸려 악의를 파면하였다.

【騎劫】燕나라 大夫, 惠王에게 총애를 얻어 樂毅 대신 장군이 되었으나 田單(齊將)에게 죽었다.

【望諸君】樂毅가 燕나라에서 趙나라로 도망하여 趙나라에게 얻은 封號, 望諸는 澤名. 孟諸澤이라고도 하며 지금의 河南省 商丘縣, 虞城縣界. 지금은 못은 없다. 원래 齊나라 땅이나 당시 趙가 차지하고 있었다.

【田單】원래 齊나라의 疏族. 처음에는 수도 臨淄의 小吏였으나 燕나라와 전쟁 때 卽墨에서 장군이 되었다. 火牛陣의 전법으로 燕軍을 대패시키고 齊나라를 수복, 安平君에 봉해졌으며 相國이 되었다.

【先王】燕 昭王을 가리킨다.

【假節於魏王】樂毅는 먼저 魏나라를 섬겼으나 燕 昭王이 賢士를 부른다 하여 魏 昭王과 거짓으로 모의를 한 후 그 符節을 들고 燕나라에 와서는 되돌아가지 않았다.

【亞卿】卿 벼슬 중의 正卿 다음.

【淮北】淮水의 북쪽. 지금의 江蘇省, 安徽省의 北部, 齊나리로서는 南部.

【宋地】지금의 河南省 商丘縣과 江蘇省 徐州市 일대. 이때 宋나라는 아직 망하지 않았고, 樂毅가 齊나라를 공격하기 2년 전에 齊나라에게 망하였었다.

【河北】黃河의 북쪽.

【濟水】물이름. 河南省에서 발원하여 山東省을 거쳐 황해로 들어갔다.

【大呂】齊나라의 大鍾 이름.

【元英】燕나라 궁전 이름.

【歷室】역시 궁전 이름. 《史記》에는 '磨室'로 되어있다.

【寧臺】燕나라 樓臺 이름.

【薊丘】燕나라 수도. 지금의 북경의 德勝門 서북 土城關이 그 유허지라 한다.

【汶皇】皇은 《史記》에는 '篁' 즉, 대나무. 汶江가의 대나무.

【春秋】孔子가 撰한 魯史. 혹은 引申하여 역사를 뜻한다.

【萌隷】백성. 《漢書》에는 『氓隷』.

【伍子胥說聽乎闔閭】伍子胥는 춘추 말기 원래 楚人, 아버지와 형이 楚王에게

억울하게 죽자 편력 끝에 吳에 이르러 闔閭를 설득하여 楚나라를 공격, 楚나라 도읍 郢까지 쳐들어갔다. 伍子胥는 아버지와 형의 원수인 楚 平王 무덤을 파서 시체를 꺼내어 채찍질하였다. ≪史記≫ 吳太伯世家 및 伍子胥傳 참조.

【郢】 楚나라 都邑.

【夫差弗是】 夫差는 闔閭처럼 伍子胥를 신임하지 않았다. 夫差는 闔閭의 太孫으로 왕위에 올랐다.

【鴟夷而浮之於江】 夫差는 越王 勾踐을 용서해 주는 일에 적극 반대하는 伍子胥를 죽여 강에 띄워 버렸다. 鴟夷는 가죽부대. ≪國語≫ 吳語에 "子胥將死曰: '懸吾目於東門, 以見越之入, 吳之亡也.' 王慍曰: '孤不使大夫得有見也.' 乃使取子胥之尸, 盛以鴟夷而投之於江"라 하였다.

【不改】 ≪史記≫에는 '不化', 그 주에 "言子胥懷恨, 故雖投江而神不化, 猶爲波濤之神也"라 하였다.

【臨不測之罪……不敢出也】 ≪史記≫ 索隱에 "謂旣臨不測之罪, 以幸免爲利, 今我仍義先王之恩, 雖託身外國, 而心亦不敢出也"라 하였다.

1. 아주 뛰어난 편지글로 널리 회자되는 문장이다. ≪史記≫와 ≪新序≫에도 실려 있다.

2. ≪史記≫ 樂毅田單列傳

樂毅留徇齊五歲, 下齊七十餘城, 皆爲郡縣以屬燕, 唯獨莒·卽墨未服. 會燕昭王死, 子立爲燕惠王. 惠王自爲太子時嘗不快於樂毅, 及卽位, 齊之田單聞之, 乃縱反間於燕, 曰:「齊城不下者兩城耳. 然所以不早拔者, 聞樂毅與燕新王有隙, 欲連兵且留齊, 南面而王齊. 齊之所患, 唯恐他將之來.」於是燕惠王固已疑樂毅, 得齊反間, 乃使騎劫代將, 而召樂毅. 樂毅知燕惠王之不善代之, 畏誅, 遂西降趙. 趙封樂毅於觀津, 號曰望諸君. 尊寵樂毅以警動於燕·齊.

齊田單後與騎劫戰, 果設詐誑燕軍, 遂破騎劫於卽墨下, 而轉戰逐燕, 北至河上, 盡復得齊城, 而迎襄王於莒, 入于臨菑.

燕惠王後悔使騎劫代樂毅, 以故破軍亡將失齊; 又怨樂毅之降趙, 恐趙用樂毅而乘燕之弊以伐燕. 燕惠王乃使人讓樂毅, 且謝之曰:「先王擧國而委將軍, 將軍爲燕破齊, 報先王之讎, 天下莫不震動, 寡人豈敢一日而忘將軍之功哉! 會先王弃羣臣, 寡人新卽位, 左右誤寡人. 寡人之使騎劫代將軍, 爲將軍久暴露於外, 故召

將軍且休, 計事. 將軍過聽, 以與寡人有隙, 遂捐燕歸趙. 將軍自爲計則可矣, 而亦
何以報先王之所以遇將軍之意乎?」樂毅報遺燕惠王書曰:「臣不佞, 不能奉承王命,
以順左右之心, 恐傷先王之明, 有害足下之義, 故遁逃走趙. 今足下使人數之以罪,
臣恐侍御者不察先王之所以畜幸臣之理, 又不白臣之所以事先王之心, 故敢以
書對. 臣聞賢聖之君不以祿私親, 其功多者賞之, 其能當者處之. 故察能而授官者,
成功之君也; 論行而結交者, 立名之士也. 臣竊觀先王之擧也, 見有高世主之心,
故假節於魏, 以身得察於燕. 先王過擧, 廁之賓客之中, 立之羣臣之上, 不謀父兄,
以爲亞卿. 臣竊不自知, 自以爲奉令承敎, 可幸無罪, 故受令而不辭. 先王命之曰:
『我有積怨深怒於齊, 不量輕弱, 而欲以齊爲事.』臣曰:『夫齊, 霸國之餘業而最勝
之遺事也. 練於兵甲, 習於戰攻. 王若欲伐之, 必與天下圖之. 與天下圖之, 莫若結
於趙. 且又淮北宋地, 楚魏之所欲也, 趙若許而約四國攻之, 齊可大破也.』先王以
爲然, 具符節南使臣於趙. 顧反命, 起兵擊齊. 以天之道, 先王之靈, 河北之地隨先
王而擧之濟上. 濟上之軍受命擊齊, 大敗齊人. 輕卒銳兵, 長驅至國. 齊王遁而走莒,
僅以身免; 珠玉財寶車甲珍器盡收入于燕. 齊器設於寧臺, 大呂陳於元英, 故鼎反
乎歷室, 薊丘之植植於汶篁, 自五伯已來, 功未有及先王者也. 先王以爲慊於志,
故裂地而封之, 使得比小國諸侯. 臣竊不自知, 自以爲奉命承敎, 可幸無罪, 是以
受命不辭. 臣聞賢聖之君, 功立而不廢, 故著於春秋; 蚤知之士, 名成而不毁, 故稱
於後世. 若先王之報怨雪恥, 夷萬乘之彊國, 收八百歲之蓄積, 及至弃羣臣之日,
餘敎未衰, 執政任事之臣, 脩法令, 愼庶孽, 施及乎萌隷, 皆可以敎後世. 臣聞之,
善作者不必善成, 善始者不必善終. 昔伍子胥說聽於闔閭, 而吳王遠迹至郢; 夫差
弗是也, 賜之鴟夷而浮之江. 吳王不寤先論之据以立功, 故沈子胥而不悔; 子胥不
蚤見主之不同量, 是以至於入江而不化. 夫免身立功, 以明先王之迹, 臣之上計也.
離毁辱之誹謗, 墮先王之名, 臣之所大恐也. 臨不測之罪, 以幸爲利, 義之所不敢
出也. 臣聞古之君子, 交絶不出惡聲; 忠臣去國, 不絜其名. 臣雖不佞, 數奉敎於君
子矣. 恐侍御者之親左右之說, 不察疏遠之行, 故敢獻書以聞, 唯君王之留意焉.」
於是燕王復以樂毅子樂閒爲昌國君; 而樂毅往來復通燕, 燕趙以爲客卿. 樂毅卒
於趙.

3. ≪新序≫ 雜事(三)

樂毅爲昭王謀, 必待諸侯兵, 齊乃可伐也. 於是乃使樂毅使諸侯, 遂合連四國之兵
以伐齊, 大破之. 閔王亡逃, 僅以身脫, 匿莒, 樂毅追之, 遂屠七十餘城, 臨淄盡降,
唯莒・卽墨未下, 盡復收燕寶器而歸, 復易王之辱. 樂毅謝罷諸侯之兵, 而獨圍
莒・卽墨, 時田單爲卽墨令, 患樂毅善用兵, 田單不能詐也, 欲去之, 昭王又賢,

不肯聽讒. 會昭王死, 惠王立, 田單使人讒之惠王, 惠王使騎劫代樂毅, 樂毅去之趙不歸. 燕騎劫旣爲將軍, 田單大喜, 設詐大破燕軍. 殺騎劫, 盡復收七十餘城. 是時, 齊閔王已死, 田單得太子於莒, 立爲齊襄王. 而燕惠王大慚, 自悔易樂毅, 以致此禍. 惠王乃使人遺樂毅書曰:「寡人不佞, 不能奉順君志, 故君捐國而去, 寡人不肖明矣. 敢謁其願望而君弗肯聽也, 故使使者陳愚志, 君誠諭之. 語曰:『仁不輕絶, 智不輕怨.』君於先王, 世之所明知也, 寡人望有非, 則君覆蓋之, 不虞君明棄之也; 望有過, 則君敎誨之, 不虞君明罪之也. 寡人之罪, 百姓弗聞, 君微出, 明怨以棄寡人, 寡人必有罪矣, 然恐君之未盡厚矣. 語曰:『厚者不捐人以自益, 仁者不危軀以要名.』故覆人之邪者, 厚之行也; 救人之過者, 仁之道也. 世有覆寡人之邪, 救寡人之過, 非君惡所望之? 今君厚受德於先王之成尊, 輕棄寡人以快心, 則覆邪救過, 難得於君矣. 且世有厚薄, 故施異; 行有得失, 故患同. 今寡人任不肖之罪, 而君有失厚之累, 於爲君擇無所取. 國有封疆, 猶家之有垣牆, 所以合好覆惡也. 室不能相和, 出訟鄰家, 未爲通計也. 怨惡未見而明棄之, 未爲盡厚也. 寡人雖不肖, 未如殷紂之亂也; 君雖未得志, 未如商容箕子之累也. 然不內盡寡人, 明怨於外, 恐其適足以傷高義而薄於行也. 非然, 苟可以成君之高, 明君之義, 寡人雖惡名, 不難受也. 本以爲明寡人之薄, 而君不得厚; 揚寡人之毀, 而君不得榮, 是一擧而兩失也. 義者不毀人以自益, 況傷人以自捐乎? 願君無以寡人之不肖, 累往事之美. 昔者, 柳下季爲理於魯, 三絀而不去, 或曰:『可以去矣.』柳下季曰:『苟與人異, 惡往而不絀乎? 猶且絀也, 寧故國耳.』柳下季不以絀自累, 故自前業不忘, 不以去爲心, 故遠近無議. 寡人之罪, 國人不知, 而議寡人者天下, 諺曰:『仁不輕絶, 知不簡功.』簡功棄大者, 仇也; 輕絶厚利者, 怨也. 仇而棄之, 怨而累之, 宜在遠者, 不望之乎君. 今寡人無罪, 君豈怨之乎? 願君捐忿和怒, 追順先王, 以復敎寡人. 寡人意君之曰:『余將快心以成而過, 不顧先王以明而惡.』使寡人進不得循初, 退不得變過, 此君所制, 唯君圖之. 此寡人之愚志, 敬以書謁之.」 樂毅使人獻書燕王, 曰:「臣不佞, 不能奉承王命, 以順左右之心, 恐抵斧鉞之罪, 以傷先王之明, 有害足下之義, 故遁逃自負, 以不肖之罪, 而不敢有辭說. 今王數之以罪, 恐侍御者不察先王之所以畜臣之理, 不白乎臣之所以事先王之心, 故不敢不以書對. 臣聞: 賢聖之君, 不以祿私親, 功多者授之; 不以官隨愛, 能當者處之. 故曰:『察能而授官者, 成功之君也; 論行而結交者, 立名之士也.』臣以所學, 觀先王擧措, 有高世主之心, 故假節於魏, 以身得察於燕. 先王過擧, 擢之賓客之中, 立之群臣之上, 不謀父兄, 以爲亞卿, 臣自以爲奉令承敎, 可幸無罪, 故受命而不辭. 先王命臣曰:『我有積怨, 深怒於齊, 不量輕弱, 欲以齊爲事.』臣對曰:『夫齊者,霸王之餘業, 戰勝之遺事, 閑於兵革, 習於戰攻. 王若欲攻之, 必與天下圖之. 圖之莫若徑結趙, 且淮北宋地, 楚魏之願也. 趙若許, 約楚魏盡力, 四國攻之, 齊可大破也.』王曰:『善!』臣乃受命具符節南使趙, 顧反, 起兵攻齊. 以天之道, 先王之靈, 河北之地, 隨先王而擧之, 濟上之兵, 受命而勝之, 輕卒銳兵, 長驅至齊, 齊王遁逃走莒, 僅以身免, 珠玉貨寶, 車甲珍器, 皆收入燕, 大呂陳於元英, 故鼎反於歷室, 齊器設於寧臺, 薊丘之植, 植於汶篁. 五伯以來, 功業之盛, 未有及先王者也. 先王以爲快其志, 以臣不損令, 故裂地而封臣, 使比小國諸侯. 臣聞: 賢聖之君, 功立不廢, 故著於春秋; 蚤知之士, 名成而不毁, 故稱於後世. 若先王之報怨雪醜, 夷萬乘之齊, 收八百年之積, 及其棄群臣之日, 餘令詔後嗣之義法, 執政任事, 循法令, 順庶孽, 施及萌隷, 皆可以敎後世. 臣聞善作者不必善成, 善始者不必善終. 昔伍子胥說聽於闔閭, 吳爲遠迹至郢, 夫差不是也, 賜之鴟夷, 沉之江, 故夫差不計先論之可以立功也, 沉子胥而不悔; 子胥不蚤見王之不同量也, 故入江而不化. 夫免身而全功, 以明先王之迹, 臣之上計也; 離膓辱之誹, 墮先王之明, 臣之大恐也. 臨不測之罪, 以幸爲利, 義之所不敢出也. 臣聞『君子絶交無惡言. 去臣無惡聲.』臣雖不肖, 數奉敎於君子, 臣恐侍御者親交之說, 不察疏遠之行, 故敢以書謝.」

4. ≪史記≫ 燕世家

昭王三十三年卒, 子惠王立. 惠王爲太子時, 與樂毅有隙, 及卽位, 疑毅, 使騎劫伐將. 樂毅亡走趙. 齊田單以卽墨擊敗燕軍, 騎却死, 燕兵引歸, 齊悉復得其故城. 湣王死于莒, 乃立其子爲襄王.

5. 鮑本의 평어

『補曰: 大事記: 延平陳氏曰: 樂毅之下齊也, 止侵略, 寬賦斂, 除暴令, 脩舊政, 求逸民顯而禮之, 祀桓公·管仲於郊, 表賢者之閭, 封王蠋之墓, 凡可以悅其民者, 無不爲之. 此孟子所以敎齊者, 齊王不能用之於燕, 而樂毅能用之於齊. 呂子讀書記曰樂毅伐齊云云, 曰:「若不遂乘之, 待彼悔前之非, 改過恤下, 而撫其民, 則難慮也.」推此言, 則世之論毅者, 豈其然乎? 朱子曰:「樂毅亦戰國之士, 何嘗是王者之師?」又曰:「毅初合秦·魏之師, 又因人怨湣王之暴, 故一擧下齊七十餘城. 湣王死, 人心之怒已解, 恐三國分功, 故急遣之, 以燕之力亦止於此. 況田單忠義死節, 堅守二城, 自不可攻, 非不欲取, 蓋力不能爾. 毅在當時亦恣意虜掠, 正孟子所謂毁其宗廟, 遷其重器者爾!」愚謂: 樂毅之伐齊, 取寶器, 燒宮室, 見於'田齊'·'燕世家'·'毅傳'·'國策'皆然. 徵以毅之自言, 蓋不誣矣. 陳氏首以止侵掠爲美,

似未察其實也. 齊以燕伐燕, 燕以齊伐齊, 孟子所以敎齊王者, 毅實違之, 是尙爲
能用之乎? 雖有寬賦·除暴·反政·禮賢數端, 不足以揜其罪也. 故愚著朱子說,
幷記呂子他日之論, 以見其不滿於毅如此. 而取陳氏者, 特一時之見, 未爲定論也.』

467(30-11) 或獻書燕王
비목어라는 물고기

어떤 사람이 연왕燕王에게 글을 올려 말하였다.

"왕께서는 능히 스스로 설 수 없다고 여겨, 명분이 낮아지는 것도 감수하고 강한 나라를 섬기고 있습니다. 강한 나라를 섬기는 것은 국가를 길이 안전하게 하며 만세토록 이끌어 가는 좋은 계책이기는 합니다. 그러나 강한 나라를 섬겨도 만세토록 안전할 수 없다면 약한 나라끼리 합치느니만 못합니다. 그런데 약한 나라끼리 합치면서 어찌 그렇게 한결같지 못한지 이것이 곧 제가 산동山東 제후들을 위해 고통스럽게 여기는 바입니다. 비목어比目魚라는 물고기는 서로 함께 몰려야 행동하지 그렇지 않으면 움직일 수 없습니다. 그래서 옛날부터 이 물고기를 두고 두 놈이 합한 것이 하나 같다고 그렇게 칭하였던 것입니다. 그런데 지금 산동의 약한 나라들이 하나같이 연합하지 못하니 산동 여러 나라는 이 물고기만도 못하군요. 또 비유컨대 수레를 모는 자들이 수레를 끌 때 세 사람이 끌어도 움직이지 않으면 두 사람을 더 찾아 다섯이 끌면 수레를 움직일 수 있는 경우가 있습니다.

지금의 산동 세 나라는 너무 약해 진秦나라에 대적할 수가 없습니다. 다시 두 나라는 더 찾으면 능히 진나라를 이겨낼 수 있습니다. 그런데도 산동의 나라들은 서로 찾아낼 줄 모르니 그 지혜가 진실로 수레 모는 이들만도 못하군요.

호胡와 월越은 서로 사이에 언어도 통하지 않고 생각도 다릅니다. 그러나 같이 배를 타고 무서운 파도를 만나면 서로 돕고 구조하기가 한 몸 같습니다. 그러나 지금의 산동 여러 나라의 관계를 보면 같이 배를 타고 물을 건너는 경우와 같은데도 진나라 병사가 밀려오면 능히 서로 구해 주지 못하니 그 지혜가 호·월 사람만도 못하군요.

이상 세 가지 비유는 보통사람이면 누구나 할 수 있는 일이건만 산동의 군주들이 깨닫지 못하고 있으니, 이것이 곧 제가 산동 사람들을 대신해 걱정해 드리는 바입니다. 원컨대 대왕께서는 깊이 헤아려 보시기 바랍니다.

산동의 여러 나라들이 합한다고 해서 그렇게 한 군주들의 이름이 낮아지는 것도 아니며, 오히려 그렇게 한 나라들은 길이 존속할 수 있고 그런 나라의 병졸들은 한·위梁 두 나라의 서쪽을 지켜 진나라를 막아 줄 수 있는 것이니, 이는 연나라에게는 가장 훌륭한 책략입니다. 급히 이렇게 하지 않으면 나라는 위태해지고 대왕은 큰 근심에 빠질 것입니다. 지금 한韓·위魏·조趙 세 나라는 합해져 있습니다. 진나라로서는 삼진三晉의 연맹이 너무나 견고한 것을 알고 틀림없이 남으로 초楚나라를 칠 것입니다. 그러면 조나라는 진나라가 초나라에 눈을 돌린 것을 보고 틀림없이 북쪽으로 귀국 연나라를 칠 것입니다. 사물은 진실로 그 형세가 다르지만 그 근심은 같습니다. 또 진나라가 오랫동안 한韓나라를 괴롭히자 엉뚱하게 중산中山이 망하였습니다.

마찬가지로 지금 진나라가 오랫동안 초나라를 치고 있으면 귀국 연나라가 엉뚱하게 망하게 되어 있습니다. 이에 제가 왕을 위해 계책을 일러 드리건대 어서 군대를 남쪽의 삼진과 연합시키십시오. 그리하여 함께 한·위 두 나라의 서쪽을 지켜 주십시오. 산동 여러 나라가 이렇게 굳게 연합하지 않으면 모두가 다 망하고 맙니다."

이 말을 듣고 연왕燕王은 과연 그 군사를 남쪽의 삼진과 연합시켰다.

或獻書燕王:「王而不能自恃, 不惡卑名以事强; 事强可以令國安長久, 萬世之善計. 以事强而不可以爲萬世, 則不如合弱. 將奈何合弱而不能如一, 此臣之所爲山東苦也. 比目之魚, 不相得則不能行, 故古之人稱之, 以其合 兩而如一也. 今山東合弱而不能如一, 是山東之知不如魚也. 又譬如車士之 引車也, 三人不能行, 索二人, 五人而車因行矣. 今山東三國, 弱而不能敵秦, 索二國, 因能勝秦矣. 然而山東不知相索, 智固不如車士矣. 胡與越人, 言語 不相知, 志意不相通, 同舟而凌波, 至其相救助如一也. 今山東之相與也, 如同舟而濟, 秦之兵至, 不能相救助如一, 智又不如胡·越之人矣. 三物者, 人之所能爲也, 山東之主遂不悟, 此臣之所爲山東苦也. 願大王之熟慮之也. 山東相合, 之主者不卑名, 之國者可長存, 之卒者出士以戍韓·梁之西邊, 此燕之上計也. 不急爲此, 國必危矣, 主必大憂. 今韓·梁·趙三國以合矣,秦見三晉之堅也, 必南伐楚. 趙見秦之伐楚也, 必北攻燕. 物固有勢異而患同者. 秦久伐韓, 故中山亡; 今久伐楚, 燕必亡. 臣竊爲王計, 不如以兵南合三晉, 約戍韓·梁之西邊. 山東不能堅爲此, 此必皆亡.」燕果以兵南合三晉也.

【燕王】燕昭王.

【山東】殽山의 동쪽. 즉 秦나라를 제외한 나머지 여섯 나라.

【之主者不卑名】鮑本에 "不下補惡字"라 하였고, 黃丕烈의 注에는 "丕烈案: 此所補誤甚. '之主者不卑名'爲一句, 下文'之國者可長存'爲一句, 二者對文, 皆山東相合之效也. 之, 此也. 此, 山東相合, 主也, 國也"라 하였다.

【故中山亡】鮑本에 "秦不暇救, 故趙亡之. 正曰: 秦非助中山者. 補曰: 按趙策, 蘇厲曰: 楚人久伐而中山亡. 魏策曰: 中山恃齊·魏以輕趙, 齊·魏伐楚而趙亡中山. 大事記謂楚與魏連兵, 中山失助而亡. 史稱主父與齊·燕共滅中山. 則齊非中山與國也. 愚謂: 中山近魏, 二國相善, 信矣. 趙與齊·燕滅中山, 乃年表惠文四年所書, 已與世家差一年, 且趙之有事中山久矣, 自武靈十九年胡服以來, 攻城略地, 無歲無之, 何至此而始合齊·燕滅之邪?"라 하였다.

참고 및 관련 자료

1. 鮑本의 평어

『彪謂: 此三物喩從之精者也, 故雖子噲庸主亦能感動. 惜乎言猶在耳, 而諸侯之心已變矣, 此豈非天亡之哉! 正曰: 此章當是昭王時, 說見『齊策·秦伐魏』章下.』

468(30-12) 客謂燕王
명분과 실질

어떤 객이 연왕燕王에게 이렇게 일렀다.

"제齊나라는 남쪽으로 초楚나라를 깨뜨리고, 서쪽으로는 진秦나라를 굴복시켰으며, 한韓·위魏 두 나라 군대와 연燕·조趙의 백성은 마치 채찍으로 부리듯 시켜먹고 있습니다. 그렇게 강한 제나라가 만약 북쪽으로 연나라를 쳐들어온다면 비록 다섯 개의 연나라가 있다고 해도 당해 낼 수 없을 것입니다. 그런데 왕께서는 어찌 몰래 사신을 보내어 각국에 가서 유세토록 하여 제나라 병사를 지치게 하고 그 백성을 피폐하게 하여 연나라로 하여금 세세무궁토록 근심이 없도록 하는 정책을 쓰지 않습니까?"

연왕은 이렇게 말하였다.

"내게 5년만 여유가 있다면 내 뜻을 이룰 텐데."

그러자 소진蘇秦이 나섰다.

"왕께 10년의 시간을 드리지요."

연왕은 기뻐하면서 소진에게 수레 오십 승을 주어 남쪽 제나라로 보냈다.

소진은 제왕齊王을 이렇게 부추겼다.

"귀국 제나라는 남쪽으로 초나라를 부수고 서쪽으로 진나라를 굴복시켰으며 한·위 두 나라 군대와 연·조의 백성을 채찍 휘두르듯 마음놓고 부리는 강한 나라입니다. 제가 들으니 당세의 훌륭한 임금은 반드시 포악을 주벌하고 난을 바로잡으며 무도한 놈은 들어치고 불의한 나라는 공격한다 하였습니다.

지금 송宋나라 왕은 하늘을 쏘고 땅을 태질하며 각 제후들의 얼굴을 주조하여 길가의 변소에 이를 세워 놓도록 해놓고는 그 팔을 베고 그 코를 치도록 하고 있습니다. 천하에 이보다 더 무도하고 불의한 경우는 없습니다. 그런데 왕께서는 이를 주벌하지 않으시니 왕의 명성은 끝내 이루지 못할 것입니다. 또 무릇 송나라 땅은 중국中國. 中原에서도 기름진 옥토로서 많은 이웃나라 백성들이 근처에 몰려 살고 있습니다. 그러니 제나라 입장으로 보면 척박한 연나라 땅 1백 리를 차지하느니 차라리 이 비옥한 송나라 땅 10리 갖는 것이 나을 것입니다. 이를 치면 그 명분은 의義가 되고 그 실질은 이利가 되는데 어찌하여 왕께서는 실행하지 않습니까?"

제왕이 말하였다.

"훌륭하오."

그리고는 드디어 군대를 일으켜 송나라를 쳤다. 세 번이나 송나라는 엎어 버리자 송나라는 드디어 멸망하고 말았다. 연왕이 이 소식을 듣고 제나라와 절교를 선언하고 천하의 제후들을 인솔, 제나라를 쳤다. 큰 전투가 한 번, 작은 전투가 두 번, 그리하여 제나라는 피폐해졌고 연나라는 명성을 얻게 되었다. 그래서 이렇게 말한 것이다.

"강한 것은 더욱 강하게 해주어야 꺾을 수 있고, 넓은 놈은 더 넓게 해주어야 이를 깎을 수 있다."

客謂燕王曰: 「齊南破楚, 西屈秦, 用韓·魏之兵, 燕·趙之衆, 猶鞭笞也. 使齊北面伐燕, 卽雖五燕不能當. 王何不陰出使, 散游士, 頓齊兵, 弊其衆, 使世世無患?」 燕王曰: 「假寡人五年, 寡人得其志矣.」 蘇子曰: 「請假王十年.」 燕王說, 奉蘇子車五十乘, 南使於齊.

謂齊王曰: 「齊南破楚, 西屈秦, 用韓·魏之兵, 燕·趙之衆, 猶鞭笞也. 臣聞當世之擧王, 必誅暴正亂, 擧無道, 攻不義. 今宋王射天笞地, 鑄諸侯之象, 使侍屏匽, 展其臂, 彈其鼻, 此天下之無道不義, 而王不伐, 王名終不成. 且夫宋, 中國膏腴之地, 鄰民之所處也, 與其得百里於燕, 不如得十里於宋. 伐之, 名則義, 實則利, 王何爲弗爲?」 齊王曰: 「善.」 遂與(興)兵伐宋, 三覆宋, 宋遂擧.

燕王聞之, 絶交於齊, 率天下之兵以伐齊, 大戰一, 小戰再, 頓齊國, 成其名. 故曰: 「因其强而强之, 乃可折也; 因其廣而廣之, 乃可缺也.」

【燕王】燕昭王.

【齊南破楚】乘沙之戰에서 초나라를 깨뜨렸다.

【西屈秦】田文(孟嘗君)이 함곡관 전투에서 연합군을 이끌고 秦나라를 쳐부수었다.

【齊王】齊閔王.

【射天笞地】≪史記≫ 宋微子世家에 宋王 偃이 피를 담은 자루를 나무에 매달아 놓고 활로 쏘아 "하늘을 쏘았다"라고 하였다 한다. 땅을 태(笞地)질하였다는 것은 자세하지 않으나 射天에 대비시켜 포악무도함을 강조한 것으로 보인다. 483장에도 같은 이야기가 나온다.

【使侍屛匽】鮑本에 "屛, 厠也. 當作井匽, 路厠. 補曰: 周禮: '宮人爲井匽'注: 井, 漏井, 所以受水耀. 鄭司農云: 匽, 路厠也. 鑄諸侯之象, 卽後章秦王所謂宋王無道, 爲木人以象寡人, 射其面者"라 하였다.

【宋遂擧】B.C. 286년 宋나라는 망하였다.

【伐齊】B.C. 284년의 일.

참고 및 관련 자료

1. 본장의 蘇秦이 齊王에게 유세한 부분은 齊나라가 宋나라를 치기 전인 B.C. 286년 직전으로 보이나 자세하지는 않다.

2. 鮑本의 평어

『彪謂: 聽言亦難矣. 蘇子所以告齊王, 天下之正誼也, 齊用之, 不旋踵而招天下之兵. 故有事於天下者, 不可以人之言, 求諸己而已. 己無罪, 而後可以誅人之罪; 己無釁, 而後可以乘人之鄧. 正曰: 宋固可伐矣, 齊之伐宋, 猶孟子所謂以燕伐燕, 不行仁政, 動天下之兵者也. 蘇代曰: 王不伐, 王名終不成; 伐之, 名則義, 實則利. 此豈天下之正誼哉?』

469(30-13) 趙且伐燕
어부지리(漁父之利)

조趙나라가 연燕나라를 치려 하자 소대蘇代가 연나라를 위하여 조 혜왕惠王에게 비유하였다.

"오늘 제가 역수易水를 지나올 때였습니다. 마침 큰 조개가 껍질을 열고 햇볕을 쬐고 있었는데 먹이를 찾던 휼鷸이라는 새가 부리로 살을 집어 버렸습니다. 그러자 그 조개는 오므려서 새의 부리를 집었겠지요.

휼이 먼저 '오늘도 비가 오지 않고 내일도 비가 오지 않으면 너 조개는 말라죽고 만다'라 하자, 조개 역시 '오늘도 놓아주지 않고 내일도 놓아주지 않으면 너 휼이 죽고 만다'라 하면서 서로가 놓아주려 하지 않았습니다. 이때 지나가던 어부가 둘을 한꺼번에 잡아 버렸습니다.

지금 조나라가 장차 연나라를 치려 한다는데 연·조 두 나라가 서로 붙들고 늘어져 백성이 피폐해지면 제 걱정으로 강한 진나라가 어부처럼 되지 않을까 하는 것입니다. 그러므로 대왕께서는 깊이 헤아려 보시기 바랍니다."

혜왕이 말하였다.

"옳구나."

그리고 계획을 중지하였다.

趙且伐燕, 蘇代爲燕謂惠王曰:「今者臣來, 過易水, 蚌方出曝, 而鷸啄其肉, 蚌合而拑(箝)其喙. 鷸曰:『今日不雨, 明日不雨, 卽有死蚌.』蚌亦謂鷸曰:『今日不出, 明日不出, 卽有死鷸.』兩者不肯相舍, 漁者得而幷禽之. 今趙且伐燕, 燕·趙久相支, 以弊大衆, 臣恐强秦之爲漁父也. 故願王之熟計之也.」惠王曰:「善.」乃止.

【惠王】 趙 惠文王.
【易水】 물이름. 河北省 易縣에서 발원한다.
【鷸】 魚貝類를 먹고 사는 큰 물새.

1. 널리 알려진 『蚌鷸之爭』·『漁夫之利』·『漁父之利』·『漁翁之利』 등의 성어를 남긴 원전이다. 年代는 자세히 알 수 없다.

2. 鮑本에는 "燕惠·武·成皆與趙惠王相及, 此策時不可考"라 하였다.

3. ≪藝文類聚≫ 권 25

『趙且伐燕, 蘇代謂惠王曰:「今者臣來, 過川, 蜯出曝, 而鷸喙曰:'今日不雨, 明日不雨, 蜯將爲脯.' 蜯亦謂鷸曰:'今日不出, 明日不出, 必見死鷸.' 兩者不肯相舍, 漁者得而幷禽之. 今趙且伐燕, 燕·趙久相交兵, 恐強秦之爲漁父也. 故願王熟計之.」惠王曰:「善.」乃止..』

4. ≪太平御覽≫ 460, 941에도 전재되어 있다.

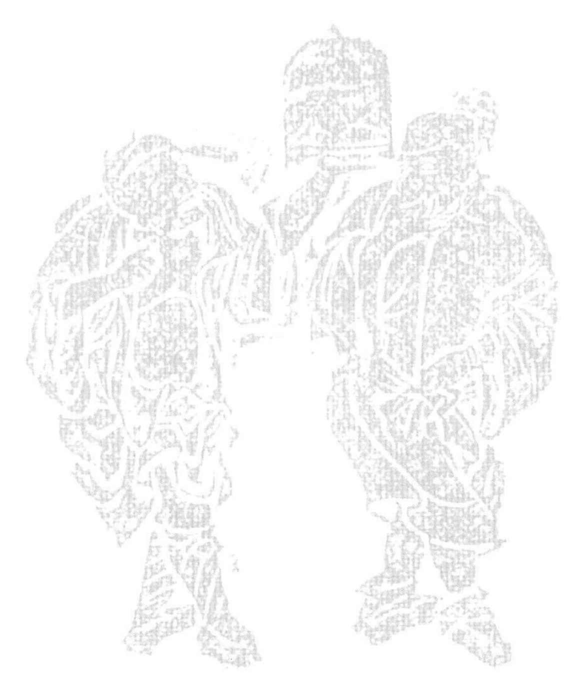

470(30-14) 齊魏爭燕
말은 거칠고 예물은 적습니다

제齊나라와 위魏나라가 서로 연燕나라를 자기편으로 끌어들이려 다투고 있었다. 이에 제나라가 먼저 연왕燕王에게 말하였다.

"우리는 이미 조趙나라까지 얻었다."

그러자 위나라 역시 연왕에게 이렇게 말하였다.

"우리도 이미 조나라와 한편이 되었다."

연나라는 결정을 하지 못하였다. 어느 쪽과 결합해야 적당할지 전혀 감을 잡지 못하고 있을 때, 소대蘇代가 연나라 재상에게 일러주었다.

"내가 알기로는 말이 지나치게 겸손하면서 예물만 많이 주는 나라는 천하를 잃는다고 하였고, 말이 거칠며 예물이 적은 나라는 천하를 얻는다고 하였습니다. 지금 위나라가 말이 거칠고 예물은 적습니다."

이에 연나라는 위나라와 연합해 버렸다. 조나라도 과연 따라왔고 제나라는 결국 실패하고 말았다.

齊·魏爭燕. 齊謂燕王曰:「吾得趙矣.」魏亦謂燕王曰:「吾得趙矣.」燕無以決之, 而未有適予也. 蘇子謂燕相曰:「臣聞辭卑而幣重者, 失天下者也; 辭倨而幣薄者, 得天下者也. 今魏之辭倨而幣薄.」燕因合於魏, 得趙, 齊遂北矣.

【燕王】 燕 昭王.
【蘇代】 蘇秦의 동생.

참고 및 관련 자료

1. 鮑本의 설명

『魏昭十二年, 與秦·趙·韓·燕伐齊, 敗之, 燕獨入臨淄. 此二十八年.』

권31 연책 燕策 (三)

총5장(471~475)

戰國策

진지에 물이 들어차면

제齊·한韓·위魏 세 나라가 함께 연燕나라를 공격하였다. 연나라에서는 태자太子를 초楚나라에 보내어 구원을 요청하였다. 이에 초왕楚王은 경양景陽을 장군으로 삼아 연나라를 구원해 주도록 하였다. 이들 구원병이 저녁때가 되어 숙영宿營을 하게 되었는데, 경양이 좌우 사마司馬에게 각각 숙영의 진지를 구축하게 하였다. 진지 구축이 끝나고 각각 부대별로 표지까지 꽂았다. 그때 경양이 크게 화를 내며 이렇게 말하였다.

"너희들이 구축한 숙영 진지는 물이 들어차면 그 표지까지 모두 묻히고 말겠다. 어찌 여기에서 숙영할 수 있겠는가?"

그리고는 다른 곳으로 옮기도록 명령하였다. 이튿날 과연 큰 비가 내려 산골짜기의 물이 크게 불어 처음 만들어 놓았던 진지는 그 표지까지 물에 씻겨 나가고 말았다.

군의 관리들은 모두 그에게 탄복하였다. 경양은 이에 드디어 연나라를 구하러 가면서 직접 연나라로 가지 않고 먼저 위魏나라 옹구雍丘 땅을 공격하여 이를 점령하고, 송宋나라와 동맹관계를 맺고 말았다. 그러자 세 나라는 두렵게 여겨 연나라 공격을 풀어 버리고 대신 위나라는 초군의 서쪽에, 제나라는 초군의 동쪽에 진을 치게 되어 초군은 돌아가려 해도 길이 막혀 어쩔 수 없는 지경이 되고 말았다. 경양은 이에 서화문西和門을 열고 낮에는 수레와 기병騎兵으로, 그리고 밤에는 등불을 이용하여 위魏나라에 통사通使를 왕래시키는 것처럼 보이게 하였다. 제나라 군대는 이를 괴이히 여겨 연나라와 초나라가 위나라와 자신에게 불리한 음모를 꾸미는 것으로 알고 군대를 이끌고 철수해 버렸다. 제나라 병사들이 이미 떠나자 위나라는 자신의 동맹국을 잃고 더 이상 초나라를 공격할 수 없게 되었다. 그리하여 위나라도 밤에 몰래 도망가 버려 결국 초나라 군대는 온전히 귀환할 수 있었다.

齊‧韓‧魏共攻燕, 燕使太子請救於楚. 楚王使景陽將而救之. 暮舍, 使左右司馬各營壁地, 已, 稙(植)表. 景陽怒曰:「女所營者, 水皆至滅表. 此焉可以舍?」乃令徙. 明日大雨, 山水大出, 所營者, 水皆滅表. 軍吏乃服. 於是遂不救燕, 而攻魏雝丘, 取之以與宋. 三國懼, 乃罷兵. 魏軍其西, 齊軍其東, 楚軍欲還不可得也. 景陽乃開西和門, 晝以車騎, 暮以燭見, 通使於魏. 齊師怪之, 以爲燕‧楚與魏謀之, 乃引兵而去. 齊兵已去, 魏失其與國, 無與公擊楚, 乃夜遁. 楚師乃還.

【楚王】 楚의 頃襄王.
【景陽】 楚나라의 장수.
【雝丘】 雍丘. 지금의 河南省 杞縣.
【和門】 서쪽의 軍門인 듯하다.

<table><tr><td>참고 및 관련 자료</td></tr></table>

1. 본장의 사실은 田文(孟嘗君)이 函谷關 전투 때에 연합군이 秦나라와 강화를 맺은 후 齊‧韓‧魏가 공동으로 燕나라를 친 사건으로 여겨진다. 시간은 대체로 B.C. 296년쯤이다.

472(31-2) 張丑爲質於燕
보물을 찾겠다고 배를 가르리라

장축張丑이 연燕나라에 인질이 되어 있었다. 연왕燕王이 그를 죽이려 하자 그는 도망을 갔다. 그러나 국경에 다다라 그만 변경의 관리에게 붙잡히고 말았다. 이때 장축은 변경 관리에게 이렇게 말하였다.

"연왕이 장차 나를 죽이려 한 것은 어떤 사람이 왕에게 내가 보주寶珠를 가지고 있다고 하여 이를 빼앗고 싶어서 그런 것이다. 그러나 나는 지금 그 보물을 잃어버렸다. 연왕은 내 말을 전혀 믿지 않고 있다. 그런데 그대가 나를 잡아 왕께 보내면 나는 그대가 내 보물을 빼앗아 삼켜 버렸다고 말할 것이다. 연왕은 틀림없이 그대를 죽여 그대의 배와 창자를 꺼내어 찾아볼 것이다. 무릇 탐욕이 끝이 없는 임금에게는 아무리 이로움을 가지고 설득하려 해도 소용이 없다. 내가 장차 죽고 나면 그대의 창자도 역시 마디마디 끊어질 것이다."

그러자 변경의 관리는 두려워 얼른 이를 풀어 주었다.

張丑爲質於燕, 燕王欲殺之, 走, 且出境, 境吏得丑. 丑曰:「燕王所爲將殺我者, 人有言我有寶珠也, 王欲得之. 今我已亡之矣, 而燕王不我信. 今子且致我, 我且言子之奪我珠而呑之, 燕王必當殺子, 刳子腹及(反)子之腹矣. 夫欲得之君, 不可說以利. 吾要且死, 子腸亦且寸絶.」境吏恐而赦之.

【張丑】 원래 齊나라 신하. 鮑注에는 다른 策에 楚威王 때의 일로 되어있다. 田嬰·公仲·張儀와 관계 있는 인물로 보여 燕惠王 시대에 넣은 것은 맞지 않다고 보았다. 鮑注에 "正曰: 丑, 見齊·韓·魏·中山等策, 與楚威王·田嬰·公仲·張儀相涉, 恐非惠王之世"라 하였다.
【燕王】 燕나라 惠王.

1. 이 이야기가 ≪韓非子≫에는 伍子胥가 楚나라 변경의 관리에게 이용한 것으로 되어 있다. "補曰: 韓非子記子胥語楚邊候, 同此."

2. ≪韓非子≫ 說林(上)

子胥出走, 邊候得之, 子胥曰:「上索我者, 以我有美珠也. 今我已亡之矣, 我且曰子取呑之.」候人釋之.

어진 이는 사귐을 허투루 끊지 않으며

연왕燕王 희喜가 율복栗腹에게
1백 금을 주어 조趙나라 효성왕
孝成王의 생일을 축하해 주고
오도록 사신의 임무를 맡겼다.
율복은 조나라에서 사흘 간의
잔치를 끝내고 돌아와 이렇게
보고하였다.

"조나라 백성들은 나이가 장년
壯年인 자는 모두가 장평長平의

〈完璧歸趙圖〉 畫像磚(漢)

싸움에서 죽고, 그 유족의 어린애들은 아직 자라지 않아 가히 칠 만합니다."

연왕은 창국군昌國君 악간樂閒을 불러 물었다.

"조나라를 칠 만하다는데 어떻소?"

악간이 말하였다.

"조나라는 사통팔달四通八達의 중원中原에 처한 나라로서 그 백성은
전투력이 강합니다. 그런 나라와 더불어 전쟁을 벌이는 것은 불가합니다."

왕이 다시 물었다.

"내가 군대를 배로 늘려 공격하면 되겠소?"

그래도 악간은 반대하였다.

"안 됩니다."

"그러면 3배로 하면 되겠소?"

"그래도 안 됩니다."

끝까지 반대하는 악간의 말에 왕은 버럭 화를 내었다.

이때 왕의 좌우 신하는 모두 조나라 토벌이 가능하다고 진언하였다.
그리하여 왕은 급히 60만의 군대를 일으켜 조나라를 공격하게 하였다.
율복에게는 40만 군으로 조나라의 호鄗 땅를 공격하게 하고 경진慶秦에게는
20만으로 대代를 공격하게 하였다. 그러자 조나라에서는 이에 맞서 염파

廉頗에게는 8만 군으로 호에서 율복을 맞아 싸우도록 하고, 악승樂乘에게는 5만 군으로 대 땅에서 경진을 막아내도록 하였다. 싸움의 결과는 연나라가 크게 패하는 것으로 끝이 나고 말았다. 악간은 두려움을 느끼고 조나라로 도망가 버렸다. 그러자 연왕은 편지를 써서 악간에게 이렇게 사죄의 말을 전하였다.

"과인이 똑똑치 못하여 그대의 뜻을 잘 받들지 못하였소. 그리하여 그대가 이 나라를 버리고 떠나고 말았으니 과인이 불초하다는 것을 명백한 사실이오. 감히 나의 바람을 알려드렸으나 그대는 이를 듣지 않았소. 그래서 사신을 보내어 그대에게 나의 어리석은 뜻을 전하노니 그대는 시험삼아 이를 따져 보아주시오. 속담에 '어진 이는 사귐을 허투루 끊지 않으며, 지혜로운 자는 쉽게 원망을 살 일을 저지르지 않는다'라 하였소이다.

그대는 저의 선왕先王과 깊은 관계였음은 세상이 다 밝히 아는 일이오. 과인의 바람이란 나의 잘못에 대해 그대가 덮어 주고 감싸주는 일이었소.

그러나 그대는 생각지 않게도 나의 죄를 드러내는 데에만 힘썼소. 또 만약 내게 과오가 있으면 이를 잘 가르쳐 주기를 원하였더니, 생각지도 않게 그대는 과인의 잘못을 드러내는 데에 힘썼소. 나의 죄는 우리 백성이 모르는 사람이 없고 천하에 그 누구든지 듣지 않은 자가 없소. 이에 그대가 도망하여 내 죄를 밝혀 나를 버리고 떠나지 않았다 해도 나의 잘못이 있음은 틀림없소.

비록 그렇다 해도 그대가 아직 그것으로 끝나지 않았다고 여길까 하는 것이오. 속담에 '후덕한 자는 남을 훼방하는 것으로 자기 이익을 삼지는 아니하며, 어진 이는 남을 위기에 처하도록 하는 방법으로 자신의 명예를 세우려 들지는 않는다'라 하였소. 이 까닭으로 남의 사악함을 덮어 주는 것은 후덕한 자의 행동이요, 남의 과실에서 이를 구제해 주는 일은 어진 이가 취할 도리라 할 수 있소. 세상에서 과인의 사악함을 덮어 주고, 과인의 과실을 구제해 줄 사람이 있기를 바라는 것은 그대의 마음속의 바람도 같은 것이 아니겠소? 지금 그대는 선왕으로부터 후한 작위를 받아 높은 이름을 성취시켜 놓고, 지금에 와서 과인을 쉽게 버리는 것으로 유쾌한 마음을 삼는다면 그대로부터는 더 이상 사악함을 엄폐하여 잘못을 용서받기에 기대를 걸기가 어려울 것 같소.

또 세상에는 자신은 비록 박덕하나 그 까닭으로 남에게는 후하게 베풀며, 자신의 행동에 과실이 있음으로 해서 남을 은혜롭게 등용하는 경우가 있소. 지금 과인에게는 불초한 죄를 짓도록 해놓고, 그대는 또한 후덕을 잃은 누명累名을 쓰게 되었으니, 그대가 스스로 선택하려 해도 더 이상 취할 것이 없을 줄 아오. 나라에 봉토와 강역이 있는 것은 마치 집에는 울타리와 담장이 있는 것과 같소. 그래서 그 안에서 일어나는 잘못을 서로 엄호해 주기를 좋아하는 것이라오. 집안에서 서로 화목하지 못할 때 밖으로 나가 이웃에게 떠들고 다니는 것은 결코 옳은 계책이 아닌 줄 아오.

그런데 그대는 우리 사이에 원망과 악함이 아직 드러나지도 않았는데 이를 밝히고 이를 버리니, 이것은 그 후덕을 다하였다고 보기 어렵소. 내가 아무리 불초하다 해도 저 은殷나라의 주紂같이 난폭하지는 않으며 그대가 비록 뜻을 얻지 못하였다 해도 저 상용商容이나 기자箕子만큼 불우하 다고는 할 수 없을 것이오. 그런데 안으로 나의 잘못을 덮어 주지 못한 채, 도리어 밖에 나가 나에 대한 분풀이를 밝히고 있으니 아마 그 과실은 족히 그대의 고매하였던 인품에 상처를 내고, 그대의 옳던 행동이 천박하게 된 것을 증명하는 것밖에 다른 것이 아니오. 그렇지 않겠소?

진실로 그대의 의로운 행동을 밝혀 보이고 그대의 고매함을 성취시키 려면 비록 아무리 어려운 악역을 맡긴다 해도 그대는 자신 있게 이를 맡았어야 하오. 그런데 본래부터 나의 박함을 들어내어도 그대는 후함을 얻지 못하고, 나의 치욕을 드날려 보여도 그대는 영광을 얻지 못한다면 이는 한 가지 잘못에 두 가지를 잃는 셈이 되오. 의로운 자는 남에게 손해를 끼치는 것으로써 자신의 이익을 삼지 않는다 하였는데 하물며 남을 상하게 하면서 자신조차 손해보는 일이야 할 수 있겠소? 원컨대 그대는 과인의 불초를 빌미로 하여 이미 이룩해 놓은 미덕조차 때를 묻히는 일은 없도록 해주시오.

옛날 유하혜柳下惠가 노魯나라에 관리를 지내면서 세 번이나 축출을 당하였지만 그 나라를 떠나지는 않았소. 어떤 이가 그에게 '이 정도면

떠날 만하오'라 하자 유하혜는 '진실로 내가 다른 사람이 이상하다고 여기는 한, 어느 나라를 간들 축출 당하지 않으리오? 또 어차피 축출 당한다면 차라리 내 고국에 있는 것이 낫소'라 하였다 하오. 이처럼 유하혜는 세 번이나 축출 당하면서도 자신에게 때를 묻히지 않았기 때문에 옛날 업적을 사람들은 잊지 않았던 것이며, 또 나라를 버리고 떠나려는 마음을 갖지 않았기 때문에 원근 어디에서나 그를 비방하는 논의가 없었던 것이외다.

그런데 지금 과인의 과실에 대해 우리나라 백성이 아직 잘 알지 못하고 있는 터에 도리어 과인을 두고 이러쿵저러쿵 의논하는 말은 천하에 널리 퍼져 있소. 속담에 '논자는 의논을 할 때 남의 내심을 넘겨짚지 않으며, 의자議者는 의론을 할 때 사물의 근본을 해치지 않으며, 인자仁者는 남과의 사귐을 가볍게 끊지 않으며, 지자智者는 남의 공을 짧게 줄여 말하지 않는다'하였소. 이처럼 남의 공로를 마구 버리는 것은 일을 그만두겠다는 뜻이며, 사귐을 가벼이 끊고 큰 이익을 구하는 것은 원망을 사는 일이 되는 법이외다. 중간에서 일을 못하게 하여 포기시키고 원망을 사면서 스스로를 더럽히는 것은 고국을 버리고 멀리 있는 그대로서 바라는 일이 아닐 줄 아오.

지금 나에게 죄도 없는데 그대가 무엇 때문에 원망을 하오? 원컨대 그대는 원망을 버리고 선왕께 입은 은혜를 생각해서라도 다시 돌아와 과인을 지도해 주시오. 그대는 스스로 '나는 마음 감추면서 그대(연왕)의 잘못을 드러내어 밝힐 것이며, 선왕의 은혜에 아랑곳없이 그대의 죄악을 밝히리라'라 결심하였는지 모르겠소.

이는 나로 하여금 나가서는 더 이상 공을 세우지 못하고 물러서서는 더 이상 잘못을 고칠 기회를 갖지 못하게 하는 것이외다. 그대의 생각은 오직 그대 스스로 실행을 결정할 일이기는 하오. 이상이 과인의 어리석은 생각이오. 삼가 글을 써서 이를 펴 보이는 것이오."

악간樂閒과 악승樂乘은 이 편지를 보고도 연왕이 자신의 계책을 들어주지 않는 데 대한 원망 때문에 둘은 그대로 조나라에 머물러 있은 채, 답장도 보내지 않았다.

燕王喜使栗腹以百金爲趙孝成王壽, 酒三日, 反報曰:「趙民其壯者皆死於長平, 其孤未壯, 可伐也.」王乃召昌國君樂間而問曰:「何如?」對曰:「趙, 四達之國也, 其民皆習於兵, 不可與戰.」王曰:「吾以倍攻之, 可乎?」曰:「不可.」曰:「以三, 可乎?」曰:「不可.」王大怒. 左右皆以爲趙可伐, 遽起六十萬以攻趙. 令栗腹以四十萬攻鄗, 使慶秦以二十萬攻代. 趙使廉頗以八萬遇栗腹於鄗, 使樂乘以五萬遇慶秦於代. 燕人大敗. 樂間入趙.

燕王以書且謝焉, 曰:「寡人不佞, 不能奉順君意, 故君捐國而去, 則寡人之不肖明矣. 敢端其願, 而君不肯聽, 故使使者陳愚意, 君試論之. 語曰:『仁不輕絶, 智不輕怨.』君之於先王也, 世之所明知也. 寡人望有非則君掩蓋之, 不虞君之明罪之也; 望有過則君敎誨之, 不虞君之明罪之也. 且寡人之罪, 國人莫不知, 天下莫不聞, 君微出明怨以棄寡人, 寡人必有罪矣. 雖然, 恐君之未盡厚也. 諺曰:『厚者不毁人以自益也, 仁者不危人以要名.』以故掩人之邪者, 厚人之行也; 救人之過者, 仁者之道也. 世有掩寡人之邪, 救寡人之過, 非君心所望之? 今君厚受位於先王以成尊, 輕棄寡人以快心, 則掩邪救過, 難得於君矣. 且世有薄於故厚施, 行有失而故惠用. 今使寡人任不肖之罪, 而君有失厚之累, 於爲君擇之也, 無所取之. 國之有封疆, 猶家之有垣牆, 所以合好掩惡也. 室不能相和, 出語鄰家, 未爲通計也. 怨惡未見而明棄之, 未盡厚也. 寡人雖不肖乎, 未如殷紂之亂也; 君雖不得意乎, 未如商容・箕子之累也. 然則不內蓋寡人, 而明怨於外, 恐其適足以傷於高而薄於行也, 非然也? 苟可以明君之義, 成君之高, 雖任惡名, 不難受也. 本欲以爲明寡人之薄, 而君不得厚; 揚寡人之辱, 而君不得榮, 此一擧而兩失也. 義者, 不虧人以自益, 況傷人以自捐乎? 願君無以寡人不肖, 累往事之美. 昔者, 柳下惠吏於魯, 三黜而不去. 或謂之曰:『可以去.』柳下惠曰:『苟與人之異, 惡往而不黜乎? 猶且黜乎, 寧於故國爾.』柳下惠不以三黜自累, 故前業不忘; 不以去爲心, 故遠近無議. 今寡人之罪, 國人未知, 而議寡人者遍天下. 語曰:『論不脩心, 議不累物, 仁不輕絶, 智不簡功.』棄大功者, 報也; 輕絶厚利者, 怨也. 報而棄之, 怨而累之, 宜在遠者, 不望之乎君也. 今以寡人無罪, 君豈怨之乎? 願君捐怨, 追惟先王, 復以敎寡人! 意君曰:『余且慝心以成而過, 不顧先王以明而惡.』使寡人進不得脩功, 退不得改過, 君之所揣也, 唯君圖之!

此寡人之愚意也. 敬以書謁之.」

樂間・樂乘怨不用其計, 二人卒留趙, 不報.

【燕王 喜】 燕나라 孝王의 아들. 이름은 喜.

【孝成王】 趙나라 임금. 惠文王의 아들.

【栗腹】 燕나라 신하. 162장 참조.

【長平之戰】 자세한 내용은 353장 참조. 전국시대 가장 큰 전쟁이었다.

【樂間】 樂毅의 아들. 昌國君은 樂毅가 받은 封號로 그 아들이 이어받았다.
  160・248・453・461・466장 참조.

【鄗】 趙나라 邑. 지금의 河北省 柏鄕縣 북쪽.

【慶秦】 卿秦・慶奉으로도 쓰며 燕나라 장수.

【代】 趙나라 땅. 442장 참조.

【廉頗】 趙나라 장수. 藺相如와 刎頸之交・兩虎相鬪 등의 고사를 낳은 인물.
  ≪史記≫ 廉頗藺相如列傳 참조. 249장 참조.

【樂乘】 樂毅・樂間의 일족으로 趙나라에 벼슬하고 있던 인물.

【先王】 燕나라 孝王을 가리킨다.

【殷紂】 殷나라의 마지막 임금. 폭군으로 알려져 있고 周武王에게 망하였다.
  421장 참조.

【商容】 殷의 紂에게 충간을 하였다가 축출 당한 殷나라 대부.

【箕子】 紂王의 숙부. 紂王에게 간언을 하였다가 들어주지 않자 거짓 미친
  체하여 은둔하였다. 나중에 다시 殷王에게 체포되어 옥에 갇혔다.

【柳下惠】 魯나라의 대부로 "三黜"의 고사를 남겼다. ≪論語≫ 微子篇에 "柳下
  惠爲士師, 三黜. 人曰: ‘子未可以去乎?’ 曰: ‘直道而事人, 焉往而不三黜? 枉道
  而事人, 何必去父母之邦?’"라 하였다.

1. ≪史記≫ 燕召公世家와 樂毅列傳에도 있으나 내용이 매우 차이가 있다.
시기는 B.C. 251년쯤이다. 한편 이는 본 ≪戰國策≫ 466장 및 ≪新序≫ 雜事(三)에
실려있는 昌國君 樂毅의 편지와 겹치는 내용이 많다.

2. ≪史記≫ 燕召公世家

今王喜四年, 秦昭王卒. 燕王命相栗腹約歡趙, 以五百金爲趙王酒. 還報燕王曰:

「趙王壯者皆死長平, 其孤未壯, 可伐也.」 王召昌國君樂閒問之. 對曰:「趙四戰之國, 其民習兵, 不可伐.」 王曰:「吾以五而伐一.」 對曰:「不可.」 燕王怒, 群臣皆以爲可. 卒起二軍, 車二千乘, 栗腹將而攻鄗, 卿秦攻代. 唯獨大夫將渠謂燕王曰:「與人通關約交, 以五百金飮人之王, 使者報而反攻之, 不祥, 兵無成功.」 燕王不聽, 自將偏軍隨之. 將渠引燕王綬止之曰:「王必無自往, 往無成功.」 王蹴之以足. 將渠泣曰:「臣非以自爲, 爲王也!」 燕軍至宋子, 趙使廉頗將, 擊破栗腹於鄗.(樂乘)破卿秦(樂乘)於代. 樂閒奔趙. 廉頗逐之五百餘里, 圍其國. 燕人請和, 趙人不許, 必令將渠處和. 燕相將渠以處和. 趙聽將渠, 解燕圍.

3. ≪史記≫ 樂毅列傳

樂閒居燕三十餘年, 燕王喜用其相栗腹之計, 欲攻趙, 而問昌國君樂閒. 樂閒曰:「趙, 四戰之國也, 其民習兵, 伐之不可.」 燕王不聽, 遂伐趙. 趙使廉頗擊之, 大破栗腹之軍於鄗, 禽栗腹·樂乘. 樂乘者, 樂閒之宗也. 於是樂閒奔趙, 趙遂圍燕. 燕重割地以與趙和, 趙乃解而去.

燕王恨不用樂閒, 樂閒旣在趙, 乃遺樂閒書曰:「紂之時, 箕子不用, 犯諫不怠, 以冀其聽; 商容不達, 身祇辱焉, 以冀其變. 及民志不入, 獄囚自出, 然後二子退隱. 故紂負桀暴之累, 二子不失忠聖之名. 何者? 其憂患之盡矣. 今寡人雖愚, 不若紂之暴也; 燕民雖亂, 不若殷民之甚也. 室有語, 不相盡, 以告鄰里. 二者, 寡人不爲君取也.」 樂閒·樂乘怨燕不聽其計, 二人卒留趙. 趙封樂乘爲武襄君.

4. 鮑本의 평어

『彪謂: 過而不改, 然後爲過. 燕王喜過在於愎諫伐趙, 其於間未見其有可絶之處, 而能悔如此. 禮不云乎, 「其嗟也可去, 其謝也可食.」 何間絶之深也? 抑其書辭條達明麗婉乎, 孰復天下之偉文也? 正曰: 責其出奔以明怨, 薄己而揚過, 悔文懲創之意少, 未見其果可以釋憾而反國也. 補曰: 新序以此爲燕惠王遺樂毅書. 考之毅答惠王書云:「今足下使人數之以罪」, 而史所載惠王讓毅, 無數罪之語. 前章燕王使人讓毅, 且謝之曰云云, 當是此章之首, 蓋錯簡也. 且策以此爲樂間答書, 而末云「間·乘怨不用其計」, 於乘何與? 史·趙世家: 孝成王十五年, 廉頗破殺栗腹, 虜卿秦·樂間, 則是間爲將而被虜. 燕世家則云奔趙. 又趙孝成王十六年, 廉頗圍燕, 以樂乘爲武襄君. 二十一年孝成王卒, 廉頗將, 攻繁陽, 取之, 使樂乘代之, 頗攻乘, 乘走. 據策, 史所記多舛, 故知此書非樂間事, 而新序之說爲是云.』

중간에 갇힌 사신

진秦나라가 조趙나라를 병탄하고 조나라 병사에게 북쪽으로 향해 연燕나라를 맞아 싸우게 하였다. 연왕燕王이 이를 듣고 진나라에 사신을 보내어 진왕秦王에게 축하를 하도록 하였다. 연나라 사신이 조나라 땅을 통과하게 되었을 때 조나라 왕은 이를 붙잡아 가두어 버렸다. 그러자 연나라 사신이 이렇게 말하였다.

"진·조 두 나라가 하나가 되어 지금 천하가 모두 복종하고 있습니다. 그런데 유일하게 우리 연나라가 조나라만의 명령을 듣고 있는 것은 바로 귀국 조나라가 진나라의 역할을 대신해 주고 있기 때문입니다. 지금 제가 진나라에 사신으로 가고 있는데 귀국이 나를 잡아 가두면, 진·조 두 나라 사이에 틈이 생기게 됩니다. 진·조 두 나라 사이에 틈이 생기면 천하 제후들이 더 이상 복종하지 않을 것이며 저희 연나라도 귀국의 명령을 듣지 않게 됩니다. 게다가 제가 진나라에 사신으로 가는 것은 귀국이 우리 연나라를 치는데 아무런 방해가 되지 않습니다."

조왕은 그렇다고 여기고 이를 풀어 진나라로 가도록 보내 주었다. 이 사신은 진나라에 이르러 진왕을 만나자 이렇게 말하였다.

"저희 연왕께서 귀국 진나라가 조나라를 아우르셨다는 소식을 듣고 저를 사신으로 하여 대왕께 천금으로 축하토록 하셨습니다."

진왕은 이 말을 듣자 의아해하며 물었다.

"무릇 연나라는 무도하여 내가 조나라를 시켜 이를 치라고 하였는데 그대가 축하를 하다니 무슨 뜻이오?"

연나라 사신은 이렇게 설명하였다.

"제가 듣건대 조나라가 온전할 때는 남쪽으로는 귀국 진나라와 국경이 닿았고, 북쪽 하곡양下曲陽은 연나라 땅이었습니다. 조나라는 망하기 전에 땅이 겨우 3백 리, 그러면서 귀국 진나라와 50여 년을 버티어왔습니다. 그때 계속 귀국 진나라를 이겨보지 못한 것은 나라가 작아 그 땅에서는 더 이상 생산이 없었기 때문이지요. 그런데 지금 왕께서 조나라에게

북쪽으로 연나라를 쳐서 병합하라고 하셨다는데 연·조 두 나라가 하나가
되고 힘을 같이 합하면 진나라 명령을 듣지 않을 것이 틀림없습니다.
제가 이 때문에 왕을 위해 걱정해 드리는 것입니다."
　진왕이 이 말을 듣자 그렇다고 여기고 병사를 일으켜 도리어 연나라를
구원해 주었다.

　秦幷趙, 北向迎燕. 燕王聞之, 使人賀秦王. 使者過趙, 趙王繫之. 使者曰:
「秦·趙爲一, 而天下服矣. 玆(燕)之所以受命於趙者, 爲秦也. 今臣使秦,
而趙繫之, 是秦·趙有郄. 秦, 趙有郄, 天下必不服, 而燕不受命矣. 且臣之
使秦, 無妨於趙之伐燕也.」趙王以爲然而遣之.
　使者見秦王曰:「燕王竊聞秦幷趙, 燕王使使者賀千金.」秦王曰:「夫燕
無道, 吾使趙有之, 子何賀?」使者曰:「臣聞全趙之時, 南鄰爲秦, 北下曲陽
爲燕, 趙廣三百里, 而與秦相距五十餘年矣, 所以不能反勝秦者, 國小而地
無所取. 今王使趙北幷燕, 燕·趙同力, 必不復受(命)於秦矣. 臣切(竊)爲王
患之.」秦王以爲然, 起兵而救(或作攻)燕.

【燕王】燕王　喜.
【秦王】秦　始皇(政).
【趙王】趙의　悼襄王.
【下曲陽】지금의　河北省　晉縣　서쪽.

1. 鮑注에는 趙나라 悼襄王이 9년에 燕나라를 공격하여 貍陽城에서 군대를
철수하지 않았을 때, 秦나라가 鄴을 공격하여 빼앗은 것이 19년이라고 연대를
밝혔다. "趙悼襄九年攻燕, 取貍陽城. 兵未罷, 秦攻鄴, 拔之. 此十九年."

475(31-5) 燕太子丹質於秦
태자단과 형가

연燕나라 태자太子 단丹이 진秦나라에 인질로 있다가 도망쳐 귀국하였다. 그는 장차 진나라가 육국六國을 멸망시켜 통일을 이루려는 전쟁을 감행하리라는 것을 이미 알고 있었다. 더구나 그 진나라 군사는 이미 역수易水까지 이르러 전화가 눈앞에 닥쳐올 것임을 걱정하고 있었다. 태자 단은 걱정 끝에 자신의 태부 국무鞠武를 찾아뵙고 물었다.

刺客 〈荊軻〉

"연나라와 진나라는 양립할 수 없습니다. 태부께서 가르쳐 주십시오."

국무는 이렇게 대답하였다.

"진나라의 토지는 천하에 두루 걸쳐 있고 한韓·위魏·조趙 세 나라를 위협하게 되면 역수 이북도 안정된 곳이라 볼 수 없습니다. 어찌 그의 능멸의 원한을 입으려고 역린逆鱗을 건드리려 하십니까!"

태자가 물었다.

"그러면 어떻게 하면 좋겠습니까?"

국무는 우선 이렇게 말하였다.

"들어가시지요. 도모해 봅시다."

그러자 얼마 후에 진나라 장수인 번오기樊於期(번어기로도 읽음)가 진나라를 도망하여 연나라로 망명해 오자 태자가 받아 주었다. 태부 국무가 간하였다.

"안 됩니다. 무릇 진왕처럼 포악한 임금이 연나라에 원한을 쌓아 가슴

아프도록 침략의 구실을 찾고 있어 그것만으로도 족히 가슴 뛰는 겁나는 일인데 어찌 하물며 번오기 장군을 받아 줬다가 무슨 꼴을 당하려구요. 이것은 마치 '고깃덩어리를 굶주린 범이 지나가는 길목에 둔 것' 같아서 화환이 닥치면 구제할 길이 없습니다. 비록 관중管仲이나 안자晏子 같은 재능이 있다 해도 해결해내지 못할 것입니다. 그러니 태자께서는 빨리 그를 흉노匈奴 쪽으로 보내십시오. 그리하여 진나라의 침략 구실을 없애야 합니다. 서쪽으로 삼진三晉과 남쪽으로 제齊·초楚 두 나라를 연합하고 북쪽으로 선우單于와 체결을 맺으십시오. 그런 후에야 가히 도모해 볼 수 있습니다."

태자는 다급하였다.

"태부의 계획은 너무나 장구한 시일을 요합니다. 제 마음은 두근거려 일각도 더 지체할 수 없습니다. 여기에 혼자서 이러고 있을 때가 아닙니다. 번오기 장군도 천하에 어디 더 이상 갈 곳이 없어서 나를 찾아온 것입니다. 진나라의 협박이 아무리 급박하다 해도 어찌 그 가련한 친구를 버릴 수 있겠습니까? 그를 흉노로 보내는 것은 내 목숨이 끝날 때에나 가능한 일입니다. 원컨대 다른 방법을 생각해 주십시오."

국무는 이렇게 일러주었다.

"이 연나라에 전광田光 선생이라는 자가 있는데 지모가 깊고 용감하며 침착해서 가히 더불어 모책을 세울 만합니다."

태자는 이렇게 부탁하였다.

"대부께서는 저를 그와 사귈 수 있게 해 주십시오."

"좋습니다."

그리하여 국무는 전광을 찾아가서 말을 전하였다.

"태자께서 선생과 국사를 의논코자 하십니다."

전광은 허락하였다.

"공경히 가르침을 받들겠습니다."

그리고 태자를 찾아왔다. 태자는 무릎을 꿇고 영접하였다. 그리고 뒷걸음으로 인도하며 다시 무릎꿇고 자리를 털어 드렸다. 전광 선생이 자리를 잡자 좌우 사람을 물러나게 한 후 태자가 조용히 물었다.

"연나라와 진나라는 양립할 수 없습니다. 원컨대 선생께서 깊이 헤아려 주십시오."

전광은 이렇게 말하였다.

"제가 듣기에 기기驥驥 같은 천리마가 한창일 때는 하루에 1천 리나 달리지만 노쇠해지면 노마駑馬가 이를 앞지른다 합니다. 지금 태자께서는 저를 한창일 때와 같은 줄 알고 계시나, 저의 정기가 이미 쇠미해 진 것은 모르고 계시는군요. 비록 그렇기는 하나 그것 때문에 감히 국사를 져버릴 수야 없습니다. 제가 아는 친구 중에 형가荊軻라는 자가 있는데 가히 맡길 수 있을 것입니다."

태자가 물었다.

"원컨대 선생을 통해 형가를 사귀고 싶은데 가능합니까?"

"좋습니다."

그리고는 전광은 얼른 일어서 달려나갔다. 태자가 그를 문까지 전송하며 말하였다.

"내가 원수를 갚겠다고 한 것과 그걸 선생과 의논한 것은 모두 국가의 대사입니다. 원컨대 누설되지 않도록 해 주십시오."

전광은 그 말을 듣고 머리 숙여 웃었다.

"염려 마십시오."

전광은 굽은 걸음으로 형가를 만나 말하였다.

"나와 그대가 친하다는 것을 연나라 사람으로 모르는 자가 없소. 오늘 태자께서 나의 한창일 때만 들었지 이미 이렇게 늙어 아무 일도 할 수 없는 줄은 모르더이다. 그러나 다행히 일러주기를 '연나라와 진나라는 양립할 수가 없다. 유념해 주기 바란다'라고 합디다. 내가 보기에는 당신도 그 예외 인물일 수는 없을 것 같소이다. 그래서 이미 당신을 태자께 추천하였소. 어서 궁 안으로 가서 태자를 만나보기 바라오."

형가가 허락하였다.

"말씀대로 하겠습니다."

그러자 전광은 말을 덧붙였다.

"그런데 제가 듣기로 어른 된 자로서의 말이란 남이 의심을 하지 않도록 해야 한다는데 태자께서 저에게 약속하기를 '말한 것은 모두 나라의 대사이니 누설되지 않도록 하라'였습니다. 이 말은 결국 태자께서 저를 의심하였다는 뜻입니다. 무릇 행동에 있어서 남에게 의심을 받는다는 것은 이미 절개 있는 협사가 아닙니다."

그리고는 스스로 자살하여 형가를 격발시키려 이렇게 말하였다.

"원컨대 그대는 급히 태자에게 가서 내가 이미 죽었다고 하여 내가 비밀을 누설하지 않았음을 밝혀 주시오."

그리고는 드디어 스스로 목을 찔러죽었다.

형가는 태자를 만나 전광이 이미 죽었음을 말하여, 비밀이 새나가지 않았음을 밝혔다. 태자는 재배하고 무릎을 꿇고 기면서 눈물을 흘렸다. 조금 후 겨우 입을 열었다.

"제가 전광 선생에게 말을 하지 말라고 한 것은 대사의 계획을 성사시키고자 한 것뿐이었는데. 지금 전광 선생이 죽음으로써 누설되지 않았음을 밝혔으니 이것이 어찌 내 본뜻이었겠소?"

형가가 자리를 잡고 앉자 태자는 자리를 피하여, 머리를 조아리며 말하였다.

"전광 선생이 저의 불초함을 모르고 나로 하여금 선생을 앞에 모시고 지도를 받게 해주셨으니 저의 뜻을 말씀드리겠습니다. 이는 바로 하늘이 연나라를 불쌍히 여겨 이 고아를 버리지 않으신 것입니다. 지금 진나라는 끝없는 탐심에 만족할 수 없는 욕망을 가지고 있습니다. 천하 토지를 다 차지하고 해내의 군주를 모두 항복시키지 않고는 결코 만족하지 못할 것입니다. 진나라가 벌써 한왕韓王을 포로로 잡고 그 토지를 모두 겸병해 버렸습니다. 그리고 다시 기병하여 남쪽으로 초楚나라를 치고, 북쪽으로 조趙나라에 임박해 있습니다. 진나라 왕전王翦은 수십만 무리를 이끌고 장수漳水와 업군鄴郡에 다다라 있으며, 이신李信 또한 태원太原과 운중雲中으로 출병하고 있습니다.

조나라는 더 이상 진나라를 대항할 수 없어지면 끝내 진나라를 향해 신하를 칭할 것이며, 그 다음에는 그 화가 우리 연나라에 이르는 것입니다. 연나라는 약소한 데다가 병화에 자주 휩쓸려 피폐해져 있으며, 지금으로서는 전국을 총동원해도 진나라를 당해 낼 수 없습니다. 제후들도 이미 모두 진나라에 항복하여 감히 합종도 할 수 없는 처지입니다.

　내 생각으로는 만약 천하의 용사를 얻는다면, 그를 진나라로 보내어 좋은 미끼로 진왕秦王을 유혹하는 것입니다. 진왕이 그 선물을 탐내게 되면 틀림없이 원하는 바를 이룰 수 있을 것 같습니다. 그래서 진왕을 협박하여 그로 하여금 침탈한 땅을 모두 내놓도록 하는 것입니다. 마치 조말曹沫이 제齊 환공桓公을 협박한 것처럼만 된다면 그것이 가장 훌륭한 계책입니다만, 만약 그것이 안 된다면 그를 찔러 죽여 버리는 것입니다. 진나라 장군들이 모두 군대를 데리고 밖에 있으므로, 국내에서 이런 대란이 생기면 군신은 틀림없이 서로 의심할 것입니다.

태자 단이 형가를 보내는 그림. 淸 馬駘 《馬駘畫寶》

이런 틈을 노려 제후가 다시 합종을 하면 능히 진나라를 쳐부술 수 있게 되는 것입니다. 이게 저의 가장 큰 희망입니다만 과연 어떤 사람에게 임무를 맡겨야 할지 모르겠습니다. 오직 형가 당신께서 유념해 주셨으면 합니다.”

　형가가 입을 열었다.

　“이는 국가의 대사입니다. 저는 원래 용렬하고 무능하여 능히 그 임무를 이겨낼 수 없을 것 같습니다.”

　태자는 다시 그 앞에서 머리를 조아리며 제발 사양하지 말아달라고 청하였다. 그제야 형가는 겨우 응락하였다.

　그리하여 태자는 그를 상경上卿으로 삼고 가장 좋은 객사에서 묵게 하였다. 그리고는 날마다 가서 문안을 드리며 태뢰太牢와 진기한 물건을 바쳐 드렸다. 게다가 때때로 거마와 미녀를 들여보내기도 하고 형가가 좋아하는 것이라면 마음대로 누리도록 무엇이나 구해 주면서 그의 하고 싶은 바를 따라주었다.

이렇게 시간을 보낸 후였지만 형가는 출발할 의사를 나타내지 않았다. 그때에는 진나라 장수 왕전이 이미 조나라를 깨뜨려 그 왕을 사로잡고, 조나라 토지를 다 삼킨 후, 계속 북쪽으로 진격하여 연나라 남쪽 국경까지 이르렀을 때였다. 태자는 두려웠다. 다시 형가를 찾아갔다.

"진나라 병력은 조만간에 역수를 건너오게 됩니다. 그때에는 비록 더 오래 당신을 모시고 싶어도 그것이 가능하겠습니까?"

형가는 이렇게 말하였다.

"태자가 말씀하지 않더라도 제가 말씀드리려던 참이었습니다. 그러나 지금 이렇게 떠나서, 진왕이 믿지 않는다면 진왕 곁에 쉽게 접근할 수 없습니다. 지금 번장군에 대해 진왕은 일찍이 천금과 만호의 봉지로 현상을 걸어 놓고 있습니다. 만약 지금 번장군의 머리와 연나라 독항督亢 땅 지도만 있으면 됩니다. 이를 진왕에게 바치면 왕은 틀림없이 즐거워하면서 믿고 나를 만나 줄 것입니다. 그때에는 제가 태자의 사명에 보답할 수 있습니다."

태자는 난감해 하였다.

"번 장군은 곤궁 끝에 나를 찾아온 사람입니다. 나는 차마 나의 사사로운 일로 해서 그러한 어른의 마음을 상하게 할 수 없습니다. 원컨대 그대는 다른 방법을 생각해 주십시오."

형가는 태자가 차마 그렇게 할 수 없다는 것을 알고 몰래 스스로 번장군을 찾아갔다.

"진나라의 그대에 대한 대우는 아주 심하다고 할 수 있소. 그대의 부모와 가족은 모두 그에게 죽음을 당하였소. 지금 들으니 당신의 머리에는 황금 1천 근斤과 만 호 봉토의 현상이 붙어 있다 하오. 당신은 어쩔 작정이오?"

번오기는 고개를 들고 하늘을 향해 길게 한숨을 쉬며 눈물로 말하였다.

"나는 매번 생각해 보았지만 항상 그저 원한만 골수에 사무칠 뿐이오. 생각해도 어찌해야 할지 그저 막막하기만 할 뿐이오."

그러자 형가가 이렇게 제안하였다.

"지금 저의 한 마디로 연나라의 근심을 해결해 줄 수 있고 당신의 원수도 갚아 줄 수 있소. 어떻소?"

번오기는 앞으로 다가가며 물었다.

"어찌하면 좋겠소?"

형가는 이렇게 설명하였다.

"그대의 머리를 얻어 진왕에게 바치는 것입니다. 진왕은 틀림없이 기뻐하며 저를 만나 줄 것입니다. 저는 왼손으로 그의 옷소매를 잡고 오른손으로 그의 가슴을 찌를 것입니다. 그러면 당신의 원수도 갚게 되고 연나라의 능멸 당하는 치욕도 씻어집니다. 장군의 생각은 어떻소?"

번오기는 그 말을 듣자 한쪽 어깨를 벗고 양 팔뚝을 틀어잡으며 나섰다.

"이것이 바로 제가 밤낮으로 절치부심하던 것입니다. 지금에야 가르침을 듣게 되었습니다."

그리고 번오기는 스스로 목을 찔러죽었다.

태자는 이 소식을 듣고 달려와 시체에 엎어져 울며 극히 애통해하였다. 일이 이왕 이렇게 어찌할 수 없게 되자 태자는 그의 머리를 수습하여 함函에다 봉하였다.

그리고 태자는 천하 제일의 비수匕首를 구하였다. 마침 조趙나라 서부인徐夫人이 만든 비수가 있어 1백 금을 주고 사들였다. 그것을 다시 공인을 시켜 독약을 칠한 다음 사람에게 시험해 보니, 피가 살날같이 흘러나오기만 해도 그 자리에서 죽지 않은 사람이 없었다. 곧 행장을 갖추어 형가를 보낼 채비를 모두 갖추었다.

한편 연나라에는 이름난 용사 진무양秦武陽이라는 자가 있었는데 열두 살 때 이미 사람을 죽인 경험이 있었다. 얼마나 무서운지 사람들은 그에게 곁눈질도 못하였다. 그를 곧 형가의 부사로 삼았다. 그런데 형가는 또 한 사람을 더 찾아 함께 가고자 하였다. 그러나 그는 너무 먼 곳에 살아서 아직 이곳에 오지 않았기 때문에 그를 기다리고 있었다. 얼마 시간이 흘러 아직 출발하지 못하고 있을 때였다. 태자는 그가 그토록 시간을 끄는데 혹시 후회하고 있지나 않은가 의심이 갈 정도였다. 그래서 다시 형가에게 물었다.

"날짜가 없습니다. 당신 형가께서 가지 못하시겠다는 뜻은 아니겠지요? 그럼 먼저 진무양을 보낼까요?"

형가는 이 말을 듣자 버럭 화를 냈다. 그리고 태자를 큰소리로 나무랐다.

"오늘 한 번 떠나면 다시는 돌아올 수 없게 한 것은 어린 당신이오! 지금 오직 칼 하나에 의지하여 예측할 수 없는 그 강한 진나라로 가려 함에, 내가 아직 떠나지 않고 있는 것은 나의 친구를 기다려 함께 가기 위함이오. 지금 태자가 늦다 하시니 즉시 떠나리라."

그리고는 출발을 서둘렀다. 태자와 빈객 중에 이 일을 아는 자들이 모두 흰색의 옷과 모자로 그의 출발을 지켜보았다. 역수 가에 이르자 조전祖餞의 예를 치른 후 길에 올랐다. 고점리高漸離가 축筑을 두드리자 형가가 화답하여 노래를 불렀다. 노래의 곡조는 변치조變徵調였다. 빈객들은 모두 눈물을 흘렸다. 다시 앞으로 나서서 노래를 불렀다.

〈易水送別圖〉 淸 吳歷(그림)

바람은 쓸쓸하고 역수는 차도나
장사가 한 번 떠남이여, 다시 오지 못하도다!

風蕭蕭兮易水寒,
壯士一去兮不復還!

다시 그 곡조가 강개慷慨한 우성羽聲으로 변하자 듣던 선비들이 눈을 부릅뜨고 머리털이 솟아 관을 찌를 정도였다. 그리고 나서 형가는 수레에 올라 떠나면서 다시는 뒤도 돌아보지 않았다.

드디어 진나라에 이르렀다. 먼저 1천 금의 값있는 예물을 진왕이
가장 총애하는 신하인 중서자中庶子 몽가蒙嘉에게 뇌물로 바쳤다. 몽가는
기뻐하면서 진왕에게 먼저 아뢰었다.

"연왕이 정말로 대왕의 위엄을 두려워하면서도 앙모하여 감히 군사를
일으켜 대왕께 거항하지 못하고, 그저 나라를 바쳐 진의 내신內臣처럼
되어 제후의 열반에나 끼이며 공직도 진의 한 군현처럼 대해 주어 선왕의
종묘나 받들어 지키기를 원한다 하옵니다. 그래서 두려움 끝에 스스로
감히 나타나 진술하지는 못하고 그저 번오기의 머리와 대왕께 현상할
연나라 독항 땅 지도를 함에다 담아, 연왕 스스로가 궁정에서 직접
배송하여 그 사자가 지금 대왕께 진알코자 하오니 다만 대왕의 명령을
기다리겠습니다."

진왕秦始皇은 듣고 매우 기뻐하며 조복朝服으로 갈아입고 구빈九賓의
예를 갖추어 함양궁咸陽宮에서 연나라 사자(형가와 진무양)를 영접하였다.

형가는 번오기의 머리를 담은 함을 들고, 진무양은 지도를 담은 상자를
들고 차례대로 계단을 밟아 들어갔다. 진왕 앞의 계단에 이르자 갑자기
진무양의 얼굴이 파랗게 질려 무서움에 떠는 기색이 확연하였다. 군신들이
이를 보자 괴이히 여기기 시작하였다. 이때 형가는 뒤를 돌아보아 웃으면서
진왕에게 대신 사과하였다.

형가가 진시황을 찌르는 모습. 畵像磚(漢)

"북방 만이蠻夷의 촌놈이 아직까지 천자天子를 구경해 보지 못한 터라 저렇게 질려 있는 것입니다. 대왕께서는 너그러이 용서해 주셔서 그로 하여금 왕명을 완수할 수 있게 해주십시오."

진왕은 이렇게 허락하였다.

"일어나오. 진무양이 든 지도를 좀 봅시다."

형가가 지도를 받아들어 올리며 그것을 펴서 진왕에게 보여 주었다. 지도를 펴가다가 말았던 것이 다 풀리는 순간 비수가 드러났다.

형가는 즉시 그 틈에 왼손으로 왕의 옷소매를 잡고 오른손으로 비수를 잡아 찔렀다. 아직 제대로 찌르지 못하였을 때 왕은 놀라 옷소매를 잡힌 채 벌떡 일어났다. 소매도 찢어지고 말았다. 왕이 칼을 뽑으려 하였지만 칼이 너무 길어 다만 칼집만 잡힐 뿐이었다. 시간은 급하고 칼은 꼭 묶여 얼른 뽑아 낼 수가 없었다. 형가는 왕을 쫓았다. 왕은 기둥을 돌며 도망 다녔다. 군신들은 경악하여 불의의 갑작스러운 일이 벌어 지자 모두가 제 정신을 잃고

형가가 진시황을 추격하는 모습. 명각본 《新列國志》 삽화

있었다. 더구나 진나라 법으로는 군신 중에 전상殿上에서 왕을 가까이 모시는 자는 한 자 짜리의 병기도 지니지 못하게 되어 있고, 여러 낭중郎中들로서 무기를 가진 자는 계단 아래에 있게 되어 왕의 명령 없이는 올라올 수 없었다. 바야흐로 급한 순간이라 그 병사들을 부를 틈도 없었다. 그리하여 형가는 계속 쫓았고 왕은 급하여 형가를 방어할 아무런 물건이 없게 되자 군신들은 맨손으로라도 형가와 대항할 수밖에 없었다.

이때 왕의 시의侍醫 하무저夏無且가 들고 있던 약주머니를 형가에게

던졌다. 왕은 마침 기둥을 돌아 도망가면서도 도대체 이 황급함을 어찌할
줄 몰랐다. 그때 신하들이 소리쳤다.

"칼을 등에 지고 빼보십시오!"

왕이 칼을 등에 지고 뺐다. 드디어 칼을 뽑자 그대로 형가를 내리쳤다.
형가의 왼쪽 다리가 끊어졌다. 상처를 입고 쓰러진 형가는 비수를 던져
보았으나 그것도 빗나가 기둥에 꽂히고 말았다. 왕은 다시 형가를 쳤다.
형가는 여덟 곳이나 상처를 입었다. 형가는 스스로 실패한 것을 알자
기둥에 기대어 웃으면서 책상다리를 하고 꾸짖었다.

"일이 성공치 못한 것은 살려둔 채로 협박하여 왕이 침탈한 땅을
되돌려 주겠다는 약속을 기어코 얻어 태자에게 보고하려 하였었던 것이
었는데 이것이 착오였다."

좌우가 앞으로 나가 형가를 베었다. 왕의 눈은 아찔하였다는 듯이
휘둥그레 뜬 채 오랫동안 멍하니 있었다.

이윽고 군신 및 자리에 같이 있던 자들을 헤아려 공 세운 자에겐
상을 주고 잘못한 자에게는 죄를 주어 차등을 지었다. 하무저에게는
황금 2백 일鎰을 주면서 말하였다.

"무저는 나를 위해 약봉지로 형가를 쳤지."

이에 왕은 연나라에게 크게 노하여 더욱 많은 군사를 내어 조나라로
보내 왕전으로 하여금 연나라를 공격하게 하였다.

10개월 만에 연나라 수도 계성薊城이 점령되자 연왕燕王 희喜와 태자
단은 정병을 거느리고 동쪽으로 요동遼東에 가서 버티었다.

진나라 장수 이신李信이 그곳까지 뒤쫓아가 공격하자 급해진 연왕은
대왕代王 가嘉의 계략을 듣고 태자 단을 죽여 진왕에게 바치려 하였다.
그래도 진나라의 공격은 멈추지 않아 5년 후에 마침내 연나라는 멸망하고
연왕 희도 포로가 되었다. 이렇게 하여 진나라는 천하를 통일한 것이다.

그 후 형가의 친구였던 고점리高漸離도 축筑으로 이름을 날려 진왕(진시황)
에게 불려간 기회를 틈타 그 악기로 진왕을 격살하여 연나라의 원수를
갚으려 하였지만 결국 맞추지 못하고 피살되고 말았다.

燕太子丹質於秦, 亡歸. 見秦且滅六國, 兵以臨易水, 恐其禍至. 太子丹患之, 謂其太傅鞫(鞠)武曰:「燕·秦不兩立, 願太傅幸而圖之.」武對曰:「秦地遍天下, 威脅韓·魏·趙氏, 則易水以北, 未有所定也. 奈何以見陵之怨, 欲排其逆鱗哉?」太子曰:「然則何由?」太傅曰:「請入, 圖之.」

居之有間, 樊將軍亡秦之燕, 太子容之. 太傅鞫武諫曰:「不可. 夫秦王之暴, 而積怨於燕, 足爲寒心, 又況聞樊將軍之在乎! 是以委肉當餓虎之蹊, 禍必不振矣! 雖有管·晏, 不能爲謀. 願太子急遣樊將軍入匈奴以滅口. 請西約三晉, 南連齊·楚, 北講於單于, 然後乃可圖也.」太子丹曰:「太傅之計, 曠日彌久, 心惽然, 恐不能須臾. 且非獨於此也. 夫樊將軍困窮於天下, 歸身於丹, 丹終不迫於强秦, 而棄所哀憐之交, 置之匈奴, 是丹命固卒之時也. 願太傅更慮之.」鞫武曰:「燕有田光先生者, 其智深, 其勇沉, 可與之謀也.」太子曰:「願因太傅交於田先生, 可乎?」鞫武曰:「敬諾.」出見田光, 道:「太子曰願圖國事於先生.」田光曰:「敬奉教.」乃造焉.

太子跪而逢迎, 卻行爲道, 跪而拂席. 田先生坐定, 左右無人, 太子避席而請曰:「燕·秦不兩立, 願先生留意也.」田光曰:「臣聞騏驥盛壯之時, 一日而馳千里. 至其衰也, 駑馬先之. 今太子聞光壯盛之時, 不知吾精已消亡矣. 雖然, 光不敢以乏國事也. 所善荊軻, 可使也.」太子曰:「願因先生得願交於荊軻, 可乎?」田光曰:「敬諾.」卽起, 趨出. 太子送之至門, 曰:「丹所報, 先生所言者, 國大事也, 願先生勿泄也.」田光俛而笑曰:「諾.」僂行見荊軻, 曰:「光與子相善, 燕國莫不知. 今太子聞光壯盛之時, 不知吾形已不逮也, 幸而敎之曰:『燕·秦不兩立, 願先生留意也.』光竊不自外, 言足下於太子, 願足下過太子於宮.」荊軻曰:「謹奉敎.」田光曰:「光聞長者之行, 不使人疑之, 今太子約光曰:『所言者, 國之大事也, 願先生勿泄也.』是太子疑光也. 夫爲行使人疑之, 非節俠士也.」欲自殺以激荊軻, 曰:「願足下急過太子, 言光已死, 明不言也.」遂自剄而死.

軻見太子, 言田光已死, 明不言也. 太子再拜而跪, 膝下行流涕, 有頃而後言曰:「丹所請田先生無言者, 欲以成大事之謀, 今田先生以死明不泄言, 豈丹之心哉?」荊軻坐定, 太子避席頓首曰:「田先生不知丹不肖, 使得至前, 願有所道, 此天所以哀燕, 不棄其孤也. 今秦有貪饕之心, 而欲不可足也.

非盡天下之地, 臣海內之王者, 其意不饜. 今秦已虜韓王, 盡納其地, 又擧兵南伐楚, 北臨趙. 王翦將數十萬之衆臨漳・鄴, 而李信出太原・雲中. 趙不能支秦, 必入臣. 入臣, 則禍至燕. 燕小弱, 數困於兵, 今計擧國不足以當秦. 諸侯服秦, 莫敢合從. 丹之私計, 愚以爲誠得天下之勇士, 使於秦, 窺以重利, 秦王貪其贄, 必得所願矣. 誠得劫秦王, 使悉反諸侯之侵地, 若曹沫之與齊桓公, 則大善矣; 則不可, 因而刺殺之. 彼大將擅兵於外, 而內有大亂, 則君臣相疑. 以其間諸侯, 諸侯得合從, 其償破秦必矣. 此丹之上願, 而不知所以委命, 唯荊卿留意焉.」久之, 荊軻曰:「此國之大事, 臣駑下, 恐不足任使.」太子前頓首, 固請無讓. 然後許諾. 於是尊荊軻爲上卿, 舍上舍, 太子日日造問, 供太牢異物, 間進車騎美女, 恣荊軻所欲, 以順適其意.

久之, 荊卿未有行意. 秦將王翦破趙, 虜趙王, 盡收其地, 進兵北略地, 至燕南界. 太子丹恐懼, 乃請荊卿曰:「秦兵旦暮渡易水, 則雖欲長侍足下, 豈可得哉?」荊卿曰:「微太子言, 臣願得謁之. 今行而無信, 則秦未可親也. 未今樊將軍, 秦王購之金千斤, 邑萬家. 誠能得樊將軍首, 與燕督亢之地圖獻秦王, 秦王必說見臣, 臣乃得有以報太子.」太子曰:「樊將軍以窮困來歸丹, 丹不忍以己之私, 而傷長者之意, 願足下更慮之.」荊軻知太子不忍, 乃遂私見樊於期曰:「秦之遇將軍, 可謂深矣. 父母宗族, 皆爲戮沒. 今聞購將軍之首, 金千斤, 邑萬家, 將奈何?」樊將軍仰天太息流涕曰:「吾每念, 常痛於骨髓, 顧計不知所出耳.」軻曰:「今有一言, 可以解燕國之患, 而報將軍之仇者, 何如?」樊於期乃前曰:「爲之奈何?」荊軻曰:「願得將軍之首以獻秦, 秦王必喜而善見臣, 臣左手把其袖, 而右手揕抗其胸, 然則將軍之仇報, 而燕國見陵之恥除矣. 將軍豈有意乎?」樊於期偏袒扼腕而進曰:「此臣日夜切齒拊(腐)心也, 乃今得聞教」遂自刎. 太子聞之, 馳往, 伏屍而哭, 極哀. 旣已, 無可奈何, 乃遂收盛樊於期之首, 函封之.

於是, 太子預求天下之利匕首, 得趙人徐夫人之匕首, 取之百金, 使工以藥淬之, 以試人, 血濡縷, 人無不立死者. 乃爲裝遣荊軻. 燕國有勇士秦武陽, 年十二, 殺人, 人不敢與忤視. 乃令秦武陽爲副. 荊軻有所待, 欲與俱, 其人居遠未來, 而爲留待. 頃之, 未發, 太子遲之, 疑其有改悔, 乃復請之曰:「日以盡矣, 荊卿豈無意哉? 丹請先遣秦武陽.」荊軻怒, 叱太子曰:「今日往而不反者, 豎子也! 今提一匕首入不測之强秦, 僕所以留者, 待吾客與俱. 今太子遲之, 請辭決矣!」遂發.

太子及賓客知其事者, 皆白衣冠以送之. 至易水上, 旣祖, 取道. 高漸離擊筑, 荊軻和而歌, 爲變徵之聲, 士皆垂泪涕泣. 又前而爲歌曰:「風蕭蕭兮易水寒, 壯士一去兮不復還!」復爲忼慨羽聲, 士皆瞋目, 髮盡上指冠. 於是荊軻遂就車而去, 終已不顧.

旣至秦, 持千金之資幣物, 厚遺秦王寵臣中庶子蒙嘉. 嘉爲先言於秦王曰:「燕王誠振畏慕大王之威, 不敢興兵以拒大王, 願擧國爲內臣, 比諸侯之列, 給貢職如郡縣, 而得奉守先王之宗廟. 恐懼不敢自陳, 謹斬樊於期頭, 及獻燕之督亢之地圖, 函封, 燕王拜送于庭, 使使以聞大王. 唯大王命之.」秦王聞之, 大喜. 乃朝服, 設九賓, 見燕使者咸陽宮. 荊軻奉樊於期頭函, 而秦武陽奉地圖匣, 以次進, 至陛下. 秦武陽色變振恐, 羣臣怪之, 荊軻顧笑武陽, 前爲謝曰:「北蠻夷之鄙人, 未嘗見天子, 故振慴, 願大王少假借之, 使畢使於前.」秦王謂軻曰:「起, 取武陽所持圖.」軻旣取圖奉之, 發圖, 圖窮而匕首見. 因左手把秦王之袖, 而右手持匕首揕抗之. 未至身, 秦王驚, 自引而起, 絶袖. 拔劍, 劍長, 摻其室. 時怨急, 劍堅, 故不可立拔. 荊軻逐秦王, 秦王還柱而走. 羣臣驚愕, 卒起不意, 盡失其度. 而秦法, 羣臣侍殿上者, 不得持尺兵. 諸郎中執兵, 皆陳殿下, 非有詔不得上. 方急時, 不及召下兵, 以故荊軻逐秦王, 而卒惶急無以擊軻, 而乃以手共搏之. 是時侍醫夏無且, 以其所奉藥囊提軻. 秦王之方還柱走, 卒惶急不知所爲, 左右乃曰:「王負劍!」王負劍, 遂拔以擊荊軻, 斷其左股. 荊軻廢, 乃引其匕首提秦王, 不中, 中柱. 秦王復擊軻, 被八創. 軻自知事不就, 倚柱而笑, 箕踞以罵曰:「事所以不成者, 乃欲以生劫之, 必得約契以報太子也.」左右旣前斬荊軻, 秦王目眩良久. 而論功賞羣臣及當坐者, 各有差. 而賜夏無且黃金二百鎰, 曰:「無且愛我, 乃以藥囊提軻也.」

於是, 秦大怒燕, 益發兵詣趙, 詔王翦軍以伐燕. 十月而拔燕薊城. 燕王喜·太子丹等, 皆率其精兵東保於遼東. 秦將李信追擊燕王, 王急, 用代王嘉計, 殺太子丹, 欲獻之秦. 秦復進兵攻之. 五歲而卒滅燕國, 而虜燕王喜. 秦兼天下.

其後荊軻客高漸離以擊筑見秦皇帝, 而以筑擊秦皇帝, 爲燕報仇, 不中而死.

【燕太子丹】燕나라 마지막 왕 喜의 太子. 秦나라에 인질로 가 있는 동안 秦(당시 秦始皇)나라가 天下 통일을 꿈꾸는 것을 알고 도망쳐 귀국하였다.(B.C. 232년의 일) 092·108장 참조.

【六國】戰國七雄 중에 秦나라를 제외한 나머지 여섯 나라(趙·韓·魏·齊·楚·燕).

【易水】河北省 易縣에서 발원하여 燕나라를 흐르는 물.

【鞠武】太子를 가르치는 스승. 太傅. ≪史記≫에는 '鞠武'로 되어있다.

【逆鱗】龍의 목 밑에 있는 거꾸로 된 비늘. ≪韓非子≫ 說難篇에 "夫龍之爲蟲也柔, 可狎而騎也. 然其喉下有逆鱗徑尺, 若人有嬰觸之者, 則必殺人"이라 하였다. 이를 건드리면 용이 노하여 사람을 해친다고 한다. 우리 속담의 "긁어 부스럼"과 같다.

【樊於期】秦나라 장수. 평소 丞相 呂不韋를 미워하여 이에 秦王(始皇) 政의 동생 長安君 成嶠와 모반을 꾸미다가 발각되어 燕나라로 도망해 왔다.(B.C. 229년의 일) '번오기'로도 읽는다.

【秦王】秦始皇. 이름은 政. 呂不韋의 사실상 아들. 천하를 통일하자 스스로 始皇帝라 칭하고 그 다음을 二世, 三世 등으로 하기로도 하였다.

【管仲】춘추시대 齊桓公을 도와 霸者가 되게 하였다. ≪史記≫ 齊世家, 管仲晏子列傳 참조. 162·164·217·459장 등 참조.

【晏子】齊나라 景公을 도운 賢相. ≪晏子春秋≫를 남겼다.

【入匈奴而滅口】匈奴는 北狄의 한 種族, 滅口는 秦나라가 燕나라를 칠 구실을 없앰을 말한다.

【單于】匈奴의 추장에 대한 凡稱.

【田光先生】燕나라 處士.

【騏驥】駿馬. ≪莊子≫ 秋水篇에 "騏驥驊騮, 一日而馳千里"라 하였다.

【荊軻】字는 公叔. 원래 齊나라 사람. 춘추시대 齊나라 公族大夫 慶封의 후손. 독서와 검술을 배워 衛나라에 옮겨 살았으며 '慶卿'이라 칭하였다. 燕나라에 이르자 '荊卿'이라 칭하였다. ≪史記≫ 刺客列傳 참조.

【虜韓王】秦始皇 17년(B.C. 230년)에 內史 勝을 보내 韓나를 멸하고 韓王 安을 사로잡았다.

【王翦】秦나라 名將, 秦始皇의 천하통일 때 趙·燕 두 나라를 쳐 멸함. ≪史記≫ 白起·王翦傳 참조. 287장 참조.

【漳水】山西省에서 발원하여 河南省을 거쳐 河北의 衛河로 들어가는 물.

【鄴】魏나라의 郡, 河南省 臨漳縣.

【李信】秦나라 장군. 燕을 쳤다.

【太原】郡名, 山西省 中·北部 일대.

【雲中】郡名. 내몽골의 東·南部.

【贄】《史記》에는 “秦王貪, 其勢必得所願矣”라 하였다. 즉 ‘贄’는 勢의 訛寫인 듯하다.

【曹沫之與齊桓公】齊策 “孟嘗君有舍人而弗悅”篇의 注 참조.

【太牢】牛·羊·猪로 대접하는 큰 잔치. 훌륭한 대접을 뜻한다.

【虜趙王】秦始皇 19년(B.C. 228년) 秦나라는 趙나라를 멸하고 趙王 遷을 사로잡았다. 遷의 형 公子 嘉가 자립하여 代王이 되어 계속 항거하였다. 그 후 6년 만에 결국 망하였다.

【督亢】옛 地名. 전국시대 燕나라 가장 좋은 沃土. 지금의 河北省 부근.

【徐夫人】칼 만들던 대장장이. 徐는 姓, 夫人은 이름. 男子.

【秦武陽】燕나라 名將 秦開之의 孫, 12세(《史記》에는 13세)에 사람을 죽였다 한다. 武는 舞로도 쓴다.

【今日……子也】《史記》에는 “何太子之遣往而不反者豎子也!”로 되어 있다. 혹은 태자를 “어린아이 같은 녀석!”이라고 꾸짖는 뜻으로도 해석한다.

【白衣冠】白은 고대 喪服 색깔.

【祖】祖餞. ‘餞行’과 같음. 길을 떠나보낼 때 여는 잔치. 고대 黃帝의 아들 유조(纍祖)가 먼길을 떠나 도중에 죽자 사람들이 그를 ‘路神’으로 여겨 길 떠나는 자를 보호해 달라는 뜻으로 제사를 올리기 시작한 것에서 유래되었다 하며 出行 때 路神에게 祭하는 것을 ‘祖’라 하고 그런 후 飮杯하는 것을 ‘餞’이라 하였다.

【高漸離】荊軻의 친구. 燕人, 본 장의 註 “高漸離以擊筑” 참조.

【變徵】七音의 하나. 宮商角徵羽에 變徵와 變宮을 합해 칠음이 된다. 變徵는 대단히 凄凉하다 한다.

【羽聲】역시 칠음의 하나 느낌이 激昂되고 비장하다 한다.

【蒙嘉】秦始皇의 中庶子(近臣)이며 秦나라 名將 蒙恬의 동생.

【九賓】원래 周代 天子가 외교사절을 접견할 때 쓰는 禮. 그러나 《史記》 正義에는 “劉云: 設交物大備, 卽謂九賓, 不得以周禮九賓爲釋”이라 하였다.

【咸陽宮】秦나라 孝公이 咸陽으로 천도하여 商鞅의 건의로 지은 궁궐이다. 지금의 陝西省 咸陽縣에 있다.

【郎中】侍衛, 즉 警護 임무를 맡은 병사.

【夏無且】秦始皇의 侍醫.

【王負劍】王劭는 “古者, 帶劍上長, 拔之不出室, 欲王推之於背, 令前短易拔, 故云王負劍”이라 하였다.

【薊城】燕나라 수도. 河北省 大興縣. 지금의 北京 근처.

【遼東】遼河의 동쪽. 지금의 遼寧省 일대.

【代王嘉】趙나라가 망하자 趙나라 公子 嘉가 자립하여 代王이 되었다. 그 후 계속 秦나라에 항거하였으며 그가 秦兵이 燕나라를 追擊하는 것을 보고 편지를 燕王에게 보내어 秦나라에게 太子 丹의 머리를 보내면 禍를 면할 것이라 하였다. 燕王이 이를 듣고 실행하여 결국 태자 丹도 생을 마쳤다.

【滅六國】秦나라는 三晉(韓·魏·趙) 및 楚나라를 멸한 후 秦始皇 25년(B.C. 222년)에 燕나라와 代(趙의 代王 嘉)를 멸하고 이듬해 齊나라를 멸하여 천하통일을 이룩하였다. 즉 秦始皇 26년(B.C. 221년)의 일이다.

【高漸離以擊筑】秦나라가 六國을 倂呑한 후 太子 丹과 荊軻도 모두 죽자 그 친구였던 高漸離는 성명을 바꾸고 남의 종노릇을 하였다. 始皇이 이를 알고 사면해 주자 말똥을 태워 눈을 지져 스스로 장님이 되어, 筑을 치기에 전념. 그의 솜씨가 알려지자 始皇에게 가까이 할 기회를 얻게 되었다. 고점리는 축 속에 몰래 납을 넣어 무겁게 한 후, 始皇 앞에서 연주하는 척하다가 그것으로 쳤지만 눈이 멀어 빗나갔다. 끝내 그도 주살 당하고 말았다.

〈八斤銅權銘文〉
진시황의 도량형 통일

참고 및 관련 자료

1. 六國 중에 거의 최후로 망하여 秦始皇이 천하를 통일(B.C. 221년)하는 과정에서 빚어졌던 소설보다 더욱 장렬한 내용이다. ≪戰國策≫ 내에 가장 분량도 길고 중국 협객소설의 모태라고도 알려져 있다.

2. 내용은 ≪史記≫ 刺客列傳에도 실려 있으며 B.C. 228~227년 사이이다. 그러나 鮑本에는 太子 丹이 약간 경솔하지 않았나 평가를 내리고 있다.

3. 鮑本의 평어

『彪謂: 過而不改, 然後爲過. 燕王喜過在於愎諫伐趙, 其於間未見其有可絶之處, 而能悔如此. 禮不云乎:「其嗟也可去, 其謝也可食.」何間絶之深也? 抑其書辭條達明麗婉乎, 孰復天下之偉文也? 正曰: 責其出奔以明怨, 薄己而揚過, 悔文懲創之意少, 未見其果可以釋憾而反國也. 補曰: 新序以此爲燕惠王遺樂毅書. 考之毅答惠王書云:「今足下使人數之以罪」, 而史所載惠王讓毅, 無數罪之語. 前章燕王使人讓毅, 且謝之曰云云, 當是此章之首, 蓋錯簡也. 且策以此爲樂間答書, 而末云「間·乘怨不用其計」, 於乘何與? 史·趙世家: 孝成王十五年, 廉頗破殺栗腹, 虜卿秦·樂間, 則是間爲將而被虜. 燕世家則云奔趙. 又趙孝成王十六年, 廉頗圍燕, 以樂乘爲武襄君. 二十一年孝成王卒, 廉頗將, 攻繁陽, 取之, 使樂乘代之, 頗攻乘, 乘走. 據策, 史所記多舛, 故知此書非樂間事, 而新序之說爲是云.』

4. ≪史記≫ 刺客列傳

荊軻者, 衛人也. 其先乃齊人, 徙於衛, 衛人謂之慶卿. 而之燕, 燕人謂之荊卿. 荊卿好讀書擊劍, 以術說衛元君, 衛元君不用. 其後秦伐魏, 置東郡, 徙衛元君之支屬於野王. 荊軻嘗游過楡次, 與蓋聶論劍, 蓋聶怒而目之. 荊軻出, 人或言復召荊卿. 蓋聶曰:「曩者吾與論劍有不稱者, 吾目之; 試往, 是宜去, 不敢留.」使使往之主人, 荊卿則已駕而去楡次矣. 使者還報, 蓋聶曰:「固去也, 吾曩者目攝之!」荊軻游於邯鄲, 魯句踐與荊軻博, 爭道, 魯句踐怒而叱之, 荊軻嘿而逃去, 遂不復會. 荊軻旣至燕, 愛燕之狗屠及善擊筑者高漸離. 荊軻嗜酒, 日與狗屠及高漸離飮於燕市, 酒酣以往, 高漸離擊筑, 荊軻和而歌於市中, 相樂也, 已而相泣, 旁若無人者. 荊軻雖游於酒人乎, 然其爲人沈深好書;其所游諸侯, 盡與其賢豪長者相結. 其之燕, 燕之處士田光先生亦善待之, 知其非庸人也.

居頃之, 會燕太子丹質秦亡歸燕. 燕太子丹者, 故嘗質於趙, 而秦王政生於趙, 其少時與丹驩. 及政立爲秦王, 而丹質於秦. 秦王之遇燕太子丹不善, 故丹怨而亡歸. 歸而求爲報秦王者, 國小, 力不能. 其後秦日出兵山東以伐齊·楚·三晉,

稍蠶食諸侯, 且至於燕, 燕君臣皆恐禍之至. 太子丹患之, 問其傅鞠武. 武對曰:
「秦地徧天下, 威脅韓·魏·趙氏, 北有甘泉·谷口之固, 南有涇·渭之沃, 擅巴·
漢之饒, 右隴·蜀之山, 左關·殽之險, 民衆而士厲, 兵革有餘. 意有所出, 則長城
之南, 易水以北, 未有所定也. 柰何以見陵之怨, 欲批其逆鱗哉!」丹曰:「然則何由?」
對曰:「請入圖之.」

居有閒, 秦將樊於期得罪於秦王, 亡之燕, 太子受而舍之. 鞠武諫曰:「不可. 夫以
秦王之暴而積怒於燕, 足爲寒心, 又況聞樊將軍之所在乎? 是謂『委肉當餓虎
之蹊』也, 禍必不振矣! 雖有管=晏, 不能爲之謀也. 願太子疾遣樊將軍入匈奴以
滅口. 請西約三晉, 南連齊·楚, 北購於單于, 其後迺可圖也.」太子曰:「太傅之計,
曠日彌久, 心惽然, 恐不能須臾. 且非獨於此也, 夫樊將軍窮困於天下, 歸身於丹,
丹終不以迫於彊秦而棄所哀憐之交, 置之匈奴, 是固丹命卒之時也. 願太傅更
慮之.」鞠武曰:「夫行危欲求安, 造禍而求福, 計淺而怨深, 連結一人之後交, 不顧
國家之大害, 此所謂『資怨而助禍』矣. 夫以鴻毛燎於爐炭之上, 必無事矣. 且以鵰
鷙之秦, 行怨暴之怒, 豈足道哉! 燕有田光先生, 其爲人智深而勇沈, 可與謀.」
太子曰:「願因太傅而得交於田先生, 可乎?」鞠武曰:「敬諾.」出見田先生, 道:
「太子願圖國事於先生也」. 田光曰:「敬奉教.」乃造焉.

太子逢迎, 卻行爲導, 跪而蔽席. 田光坐定, 左右無人, 太子避席而請曰:「燕秦不
兩立, 願先生留意也.」田光曰:「臣聞騏驥盛壯之時, 一日而馳千里; 至其衰老,
駑馬先之. 今太子聞光盛壯之時, 不知臣精已消亡矣. 雖然, 光不敢以圖國事,
所善荊卿可使也.」太子曰:「願因先生得結交於荊卿, 可乎?」田光曰:「敬諾.」
卽起, 趨出. 太子送至門, 戒曰:「丹所報, 先生所言者, 國之大事也, 願先生勿泄也!」
田光俛而笑曰:「諾.」僂行見荊卿, 曰:「光與子相善, 燕國莫不知. 今太子聞光壯
盛之時, 不知吾形已不逮也, 幸而教之曰『燕秦不兩立, 願先生留意也』. 光竊不
自外, 言足下於太子也, 願足下過太子於宮.」荊卿曰:「謹奉教.」田光曰:「吾聞之,
長者爲行, 不使人疑之. 今太子告光曰『所言者, 國之大事也, 願先生勿泄』, 是太子
疑光也. 夫爲行而使人疑之, 非節俠也.」欲自殺以激荊卿, 曰:「願足下急過太子,
言光已死, 明不言也.」因遂自刎而死.

荊軻遂見太子, 言田光已死, 致光之言. 太子再拜而跪, 膝行流涕, 有頃而后言曰:
「丹所以誡田先生毋言者, 欲以成大事之謀也. 今田先生以死明不言, 豈丹之心哉!」
荊軻坐定, 太子避席頓首曰:「田先生不知丹之不肖, 使得至前, 敢有所道, 此天之
所以哀燕而不棄其孤也. 今秦有貪利之心, 而欲不可足也. 非盡天下之地, 臣海內之
王者, 其意不厭. 今秦已虜韓王, 盡納其地. 又擧兵南伐楚, 北臨趙; 王翦將數十萬

之衆距漳・鄴, 而李信出太原・雲中. 趙不能支秦, 必入臣, 入臣則禍至燕. 燕小弱,
數困於兵, 今計擧國不足以當秦. 諸侯服秦, 莫敢合從. 丹之私計愚, 以爲誠得天
下之勇士使於秦, 闕以重利; 秦王貪, 其勢必得所願矣. 誠得劫秦王, 使悉反諸侯
侵地, 若曹沫之與齊桓公, 則大善矣; 則不可, 因而刺殺之. 彼秦大將擅兵於外而
內有亂, 則君臣相疑, 以其閒諸侯得合從, 其破秦必矣. 此丹之上願, 而不知所委命,
唯荊卿留意焉.」久之, 荊軻曰:「此國之大事也, 臣駑下, 恐不足任使.」太子前頓首,
固請毋讓, 然後許諾. 於是尊荊卿爲上卿, 舍上舍. 太子日造門下, 供太牢具, 異物
閒進, 車騎美女恣荊軻所欲, 以順適其意.

久之, 荊軻未有行意. 秦將王翦破趙, 虜趙王, 盡收入其地, 進兵北略地至燕南界.
太子丹恐懼, 乃請荊軻曰:「秦兵旦暮渡易水, 則雖欲長侍足下, 豈可得哉!」荊軻曰:
「微太子言, 臣願謁之. 今行而毋信, 則秦未可親也. 夫樊將軍, 秦王購之金千斤,
邑萬家. 誠得樊將軍首與燕督亢之地圖, 奉獻秦王, 秦王必說見臣, 臣乃得有以報.」
太子曰:「樊將軍窮困來歸丹, 丹不忍以己之私而傷長者之意, 願足下更慮之!」
荊軻知太子不忍, 乃遂私見樊於期曰:「秦之遇將軍可謂深矣, 父母宗族皆爲戮
沒. 今聞購將軍首金千斤, 邑萬家, 將柰何?」於期仰天太息流涕曰:「於期每念之,
常痛於骨髓, 顧計不知所出耳!」荊軻曰:「今有一言可以解燕國之患, 報將軍之
仇者, 何如?」於期乃前曰:「爲之柰何?」荊軻曰:「願得將軍之首以獻秦王, 秦王
必喜而見臣, 臣左手把其袖, 右手揕其匈, 然則將軍之仇報而燕見陵之愧除矣.
將軍豈有意乎?」樊於期偏袒搤捥而進曰:「此臣之日夜切齒腐心也, 乃今得聞敎!」
遂自剄. 太子聞之, 馳往, 伏屍而哭, 極哀. 旣已不可柰何, 乃遂盛樊於期首函封之.
於是太子豫求天下之利匕首, 得趙人徐夫人匕首, 取之百金, 使工以藥焠之, 以試人,
血濡縷, 人無不立死者. 乃裝爲遣荊卿. 燕國有勇士秦舞陽, 年十三, 殺人, 人不敢
忤視. 乃令秦舞陽爲副. 荊軻有所待, 欲與俱; 其人居遠未來, 而爲治行. 頃之,
未發, 太子遲之, 疑其改悔, 乃復請曰:「日已盡矣, 荊卿豈有意哉? 丹請得先遣秦
舞陽.」荊軻怒, 叱太子曰:「何太子之遣? 往而不返者, 豎子也! 且提一匕首入不
測之彊秦, 僕所以留者, 待吾客與俱. 今太子遲之, 請辭決矣!」遂發.

太子及賓客知其事者, 皆白衣冠以送之. 至易水之上, 旣祖, 取道, 高漸離擊筑,
荊軻和而歌, 爲變徵之聲, 士皆垂淚涕泣. 又前而爲歌曰:「風蕭蕭兮易水寒, 壯士一
去兮不復還!」復爲羽聲忼慨, 士皆瞋目, 髮盡上指冠. 於是荊軻就車而去, 終已不顧.
遂至秦, 持千金之資幣物, 厚遺秦王寵臣中庶子蒙嘉. 嘉爲先言於秦王曰:「燕王
誠振怖大王之威, 不敢擧兵以逆軍吏, 願擧國爲內臣, 比諸侯之列, 給貢職如郡縣,
而得奉守先王之宗廟. 恐懼不敢自陳, 謹斬樊於期之頭, 及獻燕督亢之地圖, 函封,

燕王拜送于庭, 使使以聞大王, 唯大王命之.」秦王聞之, 大喜, 乃朝服, 設九賓,
見燕使者咸陽宮. 荊軻奉樊於期頭函, 而秦舞陽奉地圖柙, 以次進. 至陛, 秦舞陽
色變振恐, 羣臣怪之. 荊軻顧笑舞陽, 前謝曰:「北蕃蠻夷之鄙人, 未嘗見天子,
故振慴. 願大王少假借之, 使得畢使於前.」秦王謂軻曰:「取舞陽所持地圖.」軻旣
取圖奏之, 秦王發圖, 圖窮而匕首見. 因左手把秦王之袖, 而右手持匕首揕之. 未
至身, 秦王驚, 自引而起, 袖絶. 拔劍, 劍長, 操其室. 時惶急, 劍堅, 故不可立拔.
荊軻逐秦王, 秦王環柱而走. 羣臣皆愕, 卒起不意, 盡失其度. 而秦法, 羣臣侍殿上
者不得持尺寸之兵;諸郎中執兵皆陳殿下, 非有詔召不得上. 方急時, 不及召下兵,
以故荊軻乃逐秦王. 而卒惶急, 無以擊軻, 而以手共搏之. 是時侍醫夏無且以其所
奉藥囊提荊軻也. 秦王方環柱走, 卒惶急, 不知所爲, 左右乃曰:「王負劍!」負劍,
遂拔以擊荊軻, 斷其左股. 荊軻廢, 乃引其匕首以擿秦王, 不中, 中桐柱. 秦王復擊軻,
軻被八創. 軻自知事不就, 倚柱而笑, 箕踞以罵曰:「事所以不成者, 以欲生劫之,
必得約契以報太子也.」於是左右旣前殺軻, 秦王不怡者良久. 已而論功, 賞羣臣
及當坐者各有差, 而賜夏無且黃金二百溢, 曰:「無且愛我, 乃以藥囊提荊軻也.」
於是秦王大怒, 益發兵詣趙, 詔王翦軍以伐燕. 十月而拔薊城. 燕王喜·太子丹等
盡率其精兵東保於遼東. 秦將李信追擊燕王急, 代王嘉乃遺燕王喜書曰:「秦所
以尤追燕急者, 以太子丹故也. 今王誠殺丹獻之秦王, 秦王必解, 而社稷幸得血食.」
其後李信追丹, 丹匿衍水中, 燕王乃使使斬太子丹, 欲獻之秦. 秦復進兵攻之.
後五年, 秦卒滅燕, 虜燕王喜.

其明年, 秦幷天下, 立號爲皇帝. 於是秦逐太子丹·荊軻之客, 皆亡. 高漸離變名
姓爲人庸保, 匿作於宋子. 久之, 作苦, 聞其家堂上客擊筑, 傍偟不能去. 每出言曰:
「彼有善有不善.」從者以告其主, 曰:「彼庸乃知音, 竊言是非.」家丈人召使前擊筑,
一坐稱善, 賜酒. 而高漸離念久隱畏約無窮時, 乃退, 出其裝匣中筑與其善衣,
更容貌而前. 擧坐客皆驚, 下與抗禮, 以爲上客. 使擊筑而歌, 客無不流涕而去者.
宋子傳客之, 聞於秦始皇. 秦始皇召見, 人有識者, 乃曰:「高漸離也.」秦皇帝惜其
善擊筑, 重赦之, 乃矐其目. 使擊筑, 未嘗不稱善. 稍益近之, 高漸離乃以鉛置筑中,
復進得近, 擧筑朴秦皇帝, 不中. 於是遂誅高漸離, 終身不復近諸侯之人.

魯句踐已聞荊軻之刺秦王, 私曰:「嗟乎, 惜哉, 其不講於刺劍之術也! 甚矣吾不
知人也! 曩者吾叱之, 彼乃以我爲非人也!」

太史公曰: 世言荊軻, 其稱太子丹之命,「天雨粟, 馬生角」也, 太過. 又言荊軻傷秦王,
皆非也. 始公孫季功·董生與夏無且游, 具知其事, 爲余道之如是. 自曹沬至荊軻
五人, 此其義或成或不成, 然其立意較然, 不欺其志, 名垂後世, 豈妄也哉!

5. ≪史記≫ 燕世家

六年, 秦滅東(西)周, 置三川郡. 七年, 秦拔趙楡次三十七城, 秦置大原郡. 九年, 秦王政初卽位. 十年, 趙使廉頗將攻繁陽, 拔之. 趙孝成王卒, 悼襄王立. 使樂乘代廉頗, 廉頗不聽, 攻樂乘, 樂乘走, 廉頗奔大梁. 十二年, 趙使李牧攻燕, 拔武遂‧方城. 劇辛故居趙, 與龐煖善, 已而亡走燕. 燕見趙數困于秦, 而廉頗去, 令龐煖將也, 欲因趙獘攻之. 問劇辛, 辛曰:「龐煖易與耳.」燕使劇辛將擊趙, 趙使龐煖擊之, 取燕軍二萬, 殺劇辛. 秦拔魏二十城, 置東郡. 十九年, 秦拔趙之鄴九城. 趙悼襄王卒. 二十三年, 太子丹質於秦, 亡歸燕. 二十五年, 秦虜滅韓王安, 置潁川郡. 二十七年, 秦虜趙王遷, 滅趙. 趙公子嘉自立爲代王.

燕見秦且滅六國, 秦兵臨易水, 禍且至燕. 太子丹陰養壯士二十人, 使荊軻獻督亢地圖於秦, 因襲刺秦王. 秦王覺, 殺軻, 使將軍王翦擊燕. 二十九年, 秦攻拔我薊, 燕王亡, 徙居遼東, 斬丹以獻秦. 三十年, 秦滅魏.

三十三年, 秦拔遼東, 虜燕王喜, 卒滅燕. 是歲, 秦將王賁亦虜代王嘉.

6. 秦 始皇 암살계획의 田光‧太子 丹‧荊軻‧高漸離 등의 이야기는 후세에 많은 시인의 노래가 되었다.

(1) 陶淵明 〈詠荊軻〉

　　燕丹善養士, 志在報强嬴. 招集百夫良, 歲暮得荊卿.
　　君子死知己, 提劍出燕京. 素驥鳴廣陌, 慷慨送我行.
　　雄髮指危冠, 猛氣衝長纓. 飮餞易水上, 四座列群英.
　　漸離擊悲筑, 宋意唱高聲. 蕭蕭哀風逝, 淡淡寒波生.
　　商音更流涕, 羽奏壯士驚. 公知去不歸, 且有後世名.
　　登車何時顧, 飛蓋入秦庭. 凌厲越萬里, 逶迤過千城.
　　圖窮事自至, 豪主正怔營. 惜哉劍術疎, 奇功遂不成.
　　其人雖已沒, 千載有餘情.

(2) 駱賓王 〈易水送人〉

　　此地別燕丹, 壯士髮衝冠. 昔時人已沒, 今日水猶寒.

(3) 陳子昂 〈田光先生〉

　　自古皆有死, 徇義良獨稀. 奈何燕太子, 尙使田光疑.
　　伏劍誠已矣, 感我涕沾衣.

7. ≪燕丹子≫

이 이야기는 ≪燕丹子≫라는 小說로 발전하는 등 중국 문학사에 큰 반향을 일으켰다. ≪燕丹子≫(상중하)는 孫星衍, 章宗源, 洪頤煊이 교정한 〈平津館叢

書本)이 〈新編諸子集成〉(八)에 ≪史記≫ ≪戰國策≫ 등과 대비, 자세히 교정한 것이 실려있다. 참고로 이를 전재하면 다음과 같다.

卷上

燕太子丹質於秦, 秦王遇之無禮, 不得意, 欲求歸. 秦王不聽, 謬言:「令烏白頭・馬生角, 乃可許耳.」丹仰天嘆, 烏卽白頭, 馬生角. 秦王不得已而遣之, 爲機發之橋, 欲陷丹. 丹過之, 橋爲不發. 夜到關, 關門未開. 丹爲雞鳴, 衆雞皆鳴, 遂得逃歸. 深怨於秦, 求欲復之. 奉養勇士, 無所不至. 丹與其傅麴武書, 曰:「丹不肖, 生於僻陋之國, 長於不毛之地, 未嘗得覩君子雅訓・達人之道也. 然鄙意欲有所陳, 幸傅垂覽之. 丹聞丈夫所恥, 恥受辱以生於世也; 貞女所羞, 羞見劫以虧其節也. 故有刎喉不顧・據鼎不避者, 斯豈樂死而忘生哉! 其心有所守也. 今秦王反戾天常, 虎狼其行, 遇丹無禮, 爲諸侯最. 丹每念之, 痛入骨髓. 計燕國之衆不能敵之, 曠年相守, 力固不足. 欲收天下之勇士, 集海內之英雄, 破國空藏, 以奉養之, 重幣甘辭以市於秦, 秦貪我賂, 而信我辭, 則一劍之任, 可當百萬之師; 須臾之間, 可解丹萬世之恥. 若其不然, 令丹生無面目於天下, 死懷恨於九泉. 必令諸侯無以爲歎, 易水之北, 未知誰有. 此蓋亦子大夫之恥也. 謹遣書, 願熟思之.」

麴武報書曰:「臣聞快於意者虧於行, 甘於心者傷於性. 今太子欲滅悁悁之恥, 除久久之恨, 此實臣所當糜軀碎首而不避也. 私以爲智者不冀僥倖以要功, 明者不苟從志以順心. 事必成然後擧, 身必安而後行. 故發無失擧之尤, 動無蹉跌之媿也. 太子貴匹夫之勇, 信一劍之任, 而欲望功, 臣以爲疏. 臣願合從於楚, 幷勢於趙, 連衡於韓・魏, 然後圖秦, 秦可破也. 且韓・魏與秦, 外親內疏. 若有倡兵, 楚乃來應, 韓・魏必從, 其勢可見. 今臣計從, 太子之恥除, 愚鄙之累解矣. 太子慮之.」

太子得書, 不說. 召麴武而問之. 武曰:「臣以爲太子行臣言, 則易水之北, 永無秦憂, 四鄰諸侯必有求我者矣.」太子曰:「此引日縵縵, 心不能須也!」麴武曰:「臣爲太子計熟矣. 夫有秦, 疾不如徐, 走不如坐. 今合楚・趙, 幷韓・魏, 雖引歲月, 其事必成. 臣以爲良.」太子睡臥不聽. 麴武曰:「臣不能爲太子計. 臣所知田光, 其人深中有謀. 願令見太子.」太子曰:「敬諾!」

卷中

田光見太子, 太子側階而迎, 迎而再拜. 坐定, 太子丹曰:「傅不以蠻域而丹不肖, 乃使先生來降弊邑. 今燕國僻在北陲, 比於蠻域, 而先生不羞之. 丹得侍左右, 覩見玉顔, 斯乃上世神靈保佑燕國, 今先生設降辱焉.」田光曰:「結髮立身, 以至於今, 徒慕太子之高行, 美太自之令名耳. 太子將何以敎之?」太子膝行而前, 涕淚橫流, 曰:「丹嘗質於秦, 秦遇丹無禮, 日夜焦心, 思欲復之. 論衆則秦多, 計强則燕弱. 欲日合從, 心復不能. 常食不識位, 寢不安席. 縱今燕秦同日而亡, 則爲死灰復燃, 白骨更生. 願先生圖之.」田光曰:「此國事也, 請得思之.」於是舍光上館. 太子三時進食, 存問不絶, 如是三月. 太子怪其無說, 就光辟左右, 問曰:「先生旣垂哀恤, 許惠嘉謀, 側身傾聽, 三月於斯, 先生豈有意歟?」田光曰:「微太子, 固將竭之. 臣聞騏驥之少, 力輕千里, 及其罷朽, 不能取道. 太子聞臣時已老矣. 欲爲太子良謨, 則太子不能; 欲奮筋力, 則臣不能. 然竊歡太子客, 無可用者. 夏扶, 血用之人, 怒而面赤; 宋意, 脈勇之人, 怒而面靑; 武陽, 骨勇之人, 怒而面白. 光所知荊軻, 神勇之人, 怒而色不變. 爲人博聞强記, 體烈骨壯, 不拘小節, 欲立大功. 嘗家於衛, 脫賢大夫之急十有餘人, 其餘庸庸不可稱. 太子欲圖事, 非此人莫可.」太子下席再拜, 曰:「若困先生之靈, 得交於荊君, 則燕國社稷長爲不滅. 唯先生成之.」田光遂行. 太子自送, 執光手曰:「此國事, 願勿洩之.」光笑曰:「諾.」遂見荊軻, 曰:「光不自度不肖, 達足下於太子. 不燕太子, 眞天下之士也. 傾心於足下, 願足下勿疑焉.」荊軻曰:「有鄙志, 常謂心向意投身不顧, 情有異一毛不拔. 今先生今交於太子, 敬諾不違.」田光謂荊軻曰:「蓋聞士不爲人所疑. 太子送光之時, 言‘此國事, 願勿洩’. 此疑光也. 見疑而生於世, 光所羞也.」向軻吞舌死. 軻遂之燕.

卷下

荊軻之燕. 太子自御, 虛左軻援綏不讓. 自坐定, 賓客滿坐. 軻言曰:「田光夜揚太子人愛之風, 說太子不世之器, 高行厲天, 美聲盈耳. 所以不復讓軻出衛都望燕路, 歷險不以爲勤, 望遠不以爲退. 今太子禮之以舊故之恩, 接之以新人之敬. 所以不復讓者士信於知己也.」太子曰:「田先生無恙乎?」軻曰:「光臨送軻之時, 言太子戒以國事, 恥以丈夫而不見信, 向軻吞舌而死矣.」太子驚愕色歔欷息淚曰:「丹所以戒先生, 豈疑先生哉? 今先生自殺亦令丹自棄於世矣.」范然良久不怡. 太子置酒請軻酒酣, 太子起爲壽. 夏扶前曰:「聞士武鄕曲之譽, 則未可與論行; 馬無服輿之伎, 則未可與決良. 今荊君遠至將何以敎太子?」欲微感之. 軻曰:「士有超世之行者, 不必合於鄕曲; 馬有千里之相者, 何必出於服輿? 昔呂望屠釣之時, 天下之賤丈夫也. 其遇文王, 則爲周師. 騏驥之在鹽車駕之下也. 及遇伯樂, 則有千里之功. 如此在鄕曲而後發善, 服輿而後別良哉?」夏扶問荊軻何以敎太子. 軻曰:「將今燕繼召公之逆, 追甘棠之化; 高欲令四三王, 何欲令六五霸. 於君何如也?」坐皆稱善. 竟酒無能屈. 太子甚喜, 自以得軻, 永無秦憂. 後日與軻之東宮池而觀. 軻拾瓦投龜. 太子令人奉槃金. 軻用抵, 抵盡復進. 軻曰:「非爲太子愛金也, 但臂痛耳.」後復共乘千里馬. 軻曰:「聞千里馬肝美.」太子卽殺馬進肝. 暨樊將軍得罪於秦, 秦求之急, 乃來歸太子. 太子爲置酒華陽之臺. 酒中太子出美人之能琴者.

軻曰:「好手琴者.」太子卽進之. 軻曰:「但愛其手耳.」太子卽斷其手, 盛以玉槃,
奉之. 太子常與軻同案而食, 同牀而寢. 後日軻從容曰:「軻侍太子三年於斯矣.
而太子遇軻甚厚, 黃金投龜千里馬肝, 姬人好手, 盛以玉槃. 凡庸當之, 猶尙樂出
尺寸之長, 當犬馬之用. 今軻常侍君子之側, 聞烈士之節, 死有重於泰山, 有輕於
鴻毛子, 但問用之所在耳. 太子幸敎之.」太子斂袂正色而言:「丹嘗有秦, 秦遇但
不道, 丹恥與俱生. 今荊君不以丹不肖, 降辱小國. 今丹以社稷干長子不知所謂.」
軻曰:「今天下彊國, 莫彊於秦. 今太子力不能威諸侯, 諸侯未肯爲太子用也. 太子
率燕國之衆而當之, 猶使羊將狼, 使狼追虎耳.」太子曰:「丹之憂計久, 不知安出.」
軻曰:「樊於其得罪於秦, 秦求之急. 又督亢之地, 秦所貪也. 今得樊於期首, 督亢
地圖, 則事可成也.」太子曰:「若事可成, 擧燕國而獻之, 丹甘心焉. 樊將軍以窮歸我,
而丹賣之, 心不忍也.」軻默然不應. 居五月, 太子恐軻悔, 見軻曰:「今秦已破趙國,
兵臨燕, 事已迫急. 雖欲足下計, 安旅之. 今欲先遣武陽何如?」軻怒曰:「何太子
所遣往而不返者, 賢者也. 軻所以未行者, 待吾客耳.」於是軻潛見樊於期曰:
「聞將軍得罪於秦, 父母妻子皆見焚燒. 求將軍邑萬戶, 黃金千斤. 軻爲將軍痛之.
今有一言, 除將軍之辱, 解燕國之恥. 將軍豈有意乎?」於期曰:「常念之, 日夜飮淚,
不知所出. 荊君幸敎, 願聞命矣.」軻曰:「今願得將軍之首, 與燕督亢地圖進之.
秦王必喜, 喜必見軻. 軻因左手把其袖, 右手椹其胸, 數以負燕之罪, 責以將軍之讐,
而燕國見陵雪, 將軍積忿之怒際矣.」於期起扼腕執刀曰:「是於期日夜所欲,
而今聞命矣.」於是自到, 墮背後兩目不暝. 太子聞之, 自駕馳往, 伏於期屍而哭,
非不自勝, 良久. 無奈何, 逐函盛於期首, 與燕督亢地圖以獻秦. 武陽爲副. 荊軻入秦,
不擇日而發. 太子與智謀子, 皆素衣冠, 送之於易水之上. 荊軻起爲壽. 歌曰:
「風蕭蕭兮易水寒, 壯士一去兮不復還.」高漸離擊築, 宋意和之. 爲壯聲則發怒衝
冠爲哀聲則士皆流涕. 二人皆升車, 終已不顧也. 二子行過夏扶當車前刎頸, 以宋
二子. 行過陽翟, 軻買肉爭輕重, 屠者辱之. 武陽欲擊, 軻止之. 西入秦至咸陽,
因中庶子蒙伯曰:「燕太子丹畏大王之威, 今奉樊於期首與督亢地圖, 願違北蕃
臣妾.」秦王喜. 百官陪位, 陛戟數百, 見燕使者. 軻奉於其首, 武陽奉地圖. 鐘鼓竝發,
羣臣皆呼萬歲. 武陽大恐, 兩足不能相過, 面如死灰色. 秦王怪之. 軻顧武陽前謝曰:
「北蕃蠻夷之鄙人, 未見天子, 願陛下少假借之, 使得畢事於前.」秦王曰:「軻起督
亢圖進之.」秦王發圖, 圖窮而匕首出. 軻左手把王袖, 右手椹其胸, 數百之曰:
「足下負燕日久, 貪暴海內, 不知厭足, 於期無罪, 而夷其族. 軻將爲海內報讐.
今燕王母病, 與軻促期. 從吾計則生, 不從則死.」秦王曰:「今日之事, 從子計耳.
乞聽琴聲而死.」召姬人鼓琴. 琴聲曰:「羅縠單衣掣而絕, 八尺屛風可超而越,

鹿盧之劍可負而拔.」軻不解音. 秦王從琴聲負劍拔之, 於是奮袖超屏風而走. 軻拔匕首摘之, 決秦王耳, 入銅桂, 火出, 然秦王還斷軻兩手. 軻因倚桂而笑箕踞而罵曰:「吾坐輕易, 爲賢者所欺, 燕國之不報, 我事之不立哉!」

권32 송·위책 宋·衛策

총15장(476~490)

戰國策

송宋

　은殷나라와 같은 자성子姓이며 공작公爵이다. 주周 성왕成王이 전조前朝 은殷의 말왕 주紂의 서형庶兄 미자微子 계啓를 봉하여 망한 은나라 제사를 잇도록 봉하였던 나라이다. 도읍은 지금의 하남성河南省 상구현商丘縣이며, 춘추시대에는 꽤 이름을 날려 양공襄公(宋襄之仁의 고사로 알려진 왕)의 경우 춘추春秋 오패五霸에 이름이 오르는 등 세력을 키웠으나 점차 그 뒤 강대국의 틈에 끼어 약화되고 말았다.

　전국 시대 언왕偃王 때 다시 국력을 회복하는 듯하였으나 끝내 강왕康王의 걸桀·주紂 같은 폭정으로 민심을 잃어, 제齊·초楚·위魏의 연합군에게 망하고 말았다.(B.C. 286년) 이 송나라의 역사에 대하여 사마천司馬遷은 《사기史記》 송미자 세가宋微子世家에 자세히 다루고 있다.

　전국칠웅戰國七雄에는 들지 못한 채 명맥만 유지하였으며, 영역領域은 지금의 하남성河南省 상구현商丘縣 동쪽으로부터 강소성江蘇省 동산현銅山縣 서쪽의 땅이었다.

　한편 포표鮑彪의 주註에는 이렇게 밝혔다.

　"송宋나라는 패沛·양梁·초楚·산양山陽·제음濟陰과 동평東平 및 동군東郡의 수창須昌·수장壽張 등의 지역을 관할하였다."(宋: 沛·梁·楚·山陽·濟陰·東平及東郡之須昌·壽張.)

위衛

　주周나라와 같은 희성姬姓이며 후작侯爵이었다. 주周 무왕武王의 동모이제同母異弟인 강숙康叔을 봉하였던 나라이다. 즉 서주 초기 주공周公 단旦이 무경武庚의 난을 평정한 후 상商(殷)나라 유민의 일부를 강숙에게 분봉하였던 제후국이었다. 처음 조가朝歌(河南省 淇縣)를 도읍으로 하였으나 문공文公 때 초구楚丘(河南省 滑縣)로 천도하였고, 성공成公 때 다시 제구帝丘(河南省 濮陽縣의 顓頊城)로 옮기는 등 많은 시련을 겪기도 하였다.

　세력이 점차 약해져서 전국 초기에는 후侯로 폄호貶號되었다가 전국 말기에는 다시 군君으로 강등되고 말았으며 진秦의 이세二世 호해胡亥 때 이르러서는 군君을 다시 서인庶人으로 만들어 명맥이 완전히 끊어지고 말았다.(B.C. 209년) 물론 전국칠웅戰國七雄에 들지 못하였으며, 이 위衛나라 역사에 대하여 사마천司馬遷은 《사기史記》 위강숙세가衛康叔世家에서 자세히 다루고 있다.

　그 영역에 대하여 포표鮑彪 주에는 이렇게 밝혔다.

　"위衛나라는 동군東郡 및 위군魏郡의 여양黎陽, 하북河北의 야왕野王·조가朝歌의 지역이었다." 뒤에 문공文公이 초구楚丘까지 걸어서 도망 하였는데 그곳이 바로 여양이었다.(衛: 東郡及魏郡黎陽, 河北之野王·朝歌. 後文公步楚丘, 黎陽是也.)

476(32-1) 齊攻宋
성공하였는데 근심 띤 얼굴

제齊나라가 송宋나라를 공격하자 송나라는 장자臧子를 초楚나라에 파견하여 구원을 청하였다. 초왕楚王이 듣고 매우 기뻐하며 구원병을 보내주겠다고 굳게 약속하였다. 그런데 장자는 오히려 근심을 하며 돌아서는 것이었다. 오는 길에 수레를 모는 마부가 물었다.

"구원 요청이 성공하였는데 어찌하여 근심스런 안색을 하고 계십니까?"

장자는 이렇게 설명하였다.

"송나라는 작고 제나라는 큰 나라이다. 약한 나라를 돕느라고 큰 나라에 원한을 사는 그런 일을 초왕이 할 것 같은가? 그런데 초왕은 도리어 기뻐하면서 허락하였으니 이는 틀림없이 헛말로 돕는다고 하여 우리로 하여금 끝까지 제나라에 버티며 싸우라는 뜻이다. 우리가 끝까지 버티면 제나라는 피폐해지지. 이것이 곧 초나라가 노리는 것이다."

장자가 송나라로 돌아오자 제나라가 송나라 5개 성을 공격하였지만 끝내 초나라 구원병은 나타나지 않았다.

齊攻宋, 宋使臧子索救於荊. 荊王大說, 許救甚勸. 臧子憂而反. 其御曰: 「索救而得, 有憂色何也?」臧子曰:「宋小而齊大. 夫救於小宋而惡於大齊, 此王之所憂也; 而荊王說甚, 心以堅我. 我堅而齊弊, 荊之利也.」臧子乃歸. 齊王果攻, 拔宋五城, 而荊王不至.

【臧子】宋나라 신하. 臧은 성씨, 子는 남자 존칭.
【楚王】楚나라 懷王.
【齊王】齊나라 宣王, 혹은 湣王(閔王).

1. 제나라는 민왕 38년(B.C. 286년)에 송나라를 벌하여 멸망시켰다.

2. ≪**韓非子**≫ 說林上

齊攻宋, 宋使臧孫子南求救於荊. 荊大說, 許救之, 甚歡. 臧孫子憂而反. 其御曰: 「索救而得, 今子有憂色, 何也?」臧孫子曰: 「宋小而齊大. 夫救小宋而惡於大齊, 此人之所以憂也, 而荊王說, 必以堅我也. 我堅而齊敝, 荊之所利也.」臧孫子乃歸. 齊人拔五城於宋而荊救不至.

3. 鮑本에서는 이를 다음의 4개 장과 더불어 偃王 때의 일이 아닌가 여기고 있다.

『此四章有蘇秦語, 得爲君偃? 而君偃弑立怒隣, 宜不能曲折如此, 故係之剔成. 然則孟子所稱, 審亦皆剔成也. 正曰: 此章時不可考, 缺之可也. 鮑妄爲傅會, 至謂孟子所稱皆剔成. 孟子謂戴不勝「子之王」·「薛居州居王所」, 王非偃而誰?』

477(32-2) 公輸般爲楚設機
공수반과 묵자

공수반公輸般이 초楚나라를 위하여 군사무기를 만들어 송宋나라 공격을 돕고 있었다. 묵자墨子가 이 소식을 듣고 1백 리에 한 번씩만 쉬면서 다리가 부르터 공수반을 찾아왔다.

"내가 송나라에서 들으니 당신이 초나라의 중한 인물로 쓰이고 있다 하더군요. 나는 그대를 위해 직접 송왕을 죽이라 하고 싶소."

공수반이 물었다.

"나같이 의로운 자로서 하나의 생명도 죽일 수가 없지요."

묵자는 이렇게 말하였다.

"들으니 운제雲梯를 만들어 송나라를 치려 한다는데, 송나라가 도대체 무슨 죄를 지었소? 의롭기 때문에 하나의 생명도 죽이지 않는다고 하면서 도리어 그 나라를 치겠다니, 이는 적은 수를 죽이지 않고 많은 무리를 죽인다는 말이군요. 그럼 도대체 송나라를 공격하는데 소위 '의'라는 게 뭐요?"

공수반은 그 말에 감복하여 묵자로 하여금 직접 초왕楚王을 만나게 해주었다. 묵자는 초왕을 만나자 이렇게 물었다.

"지금 어떤 사람이 하나 있는데 자신에게 훌륭한 마차가 있으면서 이웃집 낡은 수레를 훔치려 하고, 자신의 비단옷은 그대로 두고 이웃집 헤진 옷을 훔치려 하고, 자신의 고량진미는 그대로 둔 채 이웃집 조강糟糠을 훔치려 합니다. 이런 자는 어떤 사람이라고 할 수 있습니까?"

초왕이 대답하였다.

"틀림없이 도벽성이 있는 놈이지."

묵자가 말을 받았다.

"당신 초나라는 지방 5천 리지만 송나라는 겨우 5백 리밖에 되지 않습니다. 이는 꼭 좋은 마차에 낡은 수레의 차이와 같습니다. 또 초나라 운몽雲夢 근처에는 서시犀兕·미록麋鹿이 가득하고, 강수江水·한수漢水에는 물고기며, 별鼈·원黿·타鼉 등이 있어 천하에 풍요한 땅입니다. 거기에 비하면 송나라는 치치(雉)·토끼(兔)·붕어(鮒魚) 등도 제대로 나는 곳이 없습니다. 이는 곧 양육(梁肉)과 조강(糟糠)의 차이와 같습니다. 또 당신 나라에서는 장송(長松)·문재(文梓)·편(楩)·남(柟)·예장(豫樟) 같은 좋은 목재가 나지만 송나라에는 쓸만한 장목(長木)하나 없습니다. 이것은 곧 금수(錦繡)에 해진 옷을 비긴 것과 같습니다. 이렇게 보면 왕의 신하가 송나라를 치는 것은 앞에 말한 도벽성 있는 사람의 일과 똑같습니다."

그제야 초왕은 승복하였다.

"좋은 말이오. 송나라 공격을 그만두도록 하겠소."

公輸般(班)爲楚設機, 將以攻宋. 墨子聞之, 百舍重繭, 往見公輸般, 謂之曰: 「吾自宋聞子. 吾欲藉子殺王(一生).」公輸般曰: 「吾義固不殺王.」墨子曰: 「聞公爲雲梯, 將以攻宋. 宋何罪之有? 義不殺王而攻國, 是不殺少而殺衆. 敢問攻宋何義也?」公輸般服焉, 請見之王.

墨子見楚王曰: 「今有人於此, 舍其文軒, 鄰有弊輿而欲竊之; 舍其錦繡, 鄰有短褐而欲竊之; 舍其粱肉, 鄰有糟糠而欲竊之. 此爲何若人也?」王曰: 「必爲有竊疾矣.」墨子曰: 「荊之地方五千里, 宋方五百里, 此猶文軒之與弊輿也; 荊有雲夢, 犀·兕·麋鹿盈之, 江·漢魚·鼈·黿·鼉爲天下饒, 宋所謂無雉·兔·鮒魚者也, 此猶粱肉之與糟糠也; 荊有長松·文梓·梗·柟(楠)·豫樟, 宋無長木, 此猶錦繡之與短褐也. 惡以王吏之攻宋, 爲與此同類也?」王曰: 「善哉! 請無攻宋.」

【公輸般】《墨子》에는 公輸盤, 《孟子》 離婁章에는 公輸子, 魯班 등으로 표기되는 인물. 魯班은 춘추시대 뛰어난 목공.

【墨子】이름은 翟, 전국시대 魯나라 사람. 각국을 周遊하면서 兼愛說을 주창하였다. 《墨子》가 전한다.

【百舍重繭】百舍는 1백 리 걷고 한 번 쉼을 뜻함. 高誘 注에 "百舍, 百里一舍也"라 하였다. 重繭은 누에고치 크기의 殼皮가 생김을 뜻함. 혹은 아픈 다리를 누에가 고치를 감듯이 칭칭 동여맴을 말한다고도 함.

【鼈·黿·鼉】모두 자라, 거북의 일종.

【長松·文梓·梗·枏·豫樟】 모두 巨木이며 좋은 목재. 文梓는 닥나무류, 梗·枏·豫樟은 棺을 만드는 좋은 나무.

1. 이 이야기는 ≪墨子≫ 公輸篇, ≪呂氏春秋≫ 愛類篇, ≪淮南子≫ 修務訓 등에 고루 전하고 있다. 시기에 대해 일반적으로 宋王은 景公(재위 B.C. 516~451년), 楚王은 平王·昭王·惠王 중의 하나로 보고 있다.

2. ≪墨子≫ 公輸篇.

公輸盤爲楚造雲梯之械, 成, 將以攻宋. 子墨子聞之, 起于齊, 行十日十夜, 而至于郢. 見公輸盤, 公輸盤曰:「夫子何命焉爲?」子墨子曰:「北方有侮臣, 願藉子殺之.」公輸盤不說. 子墨子曰:「請獻十金.」公輸盤曰:「吾義固不殺人.」子墨子起, 再拜曰:「請說之. 吾從北方, 聞子爲梯, 將以攻宋. 宋何罪之有? 荊國有餘于地, 而不足于民, 殺所不足, 而爭所有餘, 不可謂智. 宋無罪而攻之, 不可謂仁. 知而不爭, 不可謂忠. 爭而不得, 不可謂强. 義不殺少而殺衆, 不可謂知類.」公輸盤服. 子墨子曰:「然. 乎不已乎?」公輸盤曰:「不可. 吾旣已言之王矣.」子墨子曰:「胡不見我于王?」公輸盤曰:「諾.」子墨子見王. 曰:「今有人于此, 舍其文軒, 鄰有敝轝, 而欲竊之. 舍其錦繡, 鄰有短褐.」而(王)曰:「必爲竊疾矣.」子墨子曰:「荊之地, 方五千里. 宋之地, 方五百里. 此猶文軒之與敝轝也. 荊有雲夢, 犀兕麋鹿滿之, 江漢之魚鼈黿鼉, 爲天下富. 宋所爲無雉兔狐狸者也. 此猶粱肉之與糠糟也. 荊有長松文梓, 梗柟豫章, 宋無長木, 此猶錦繡之與短褐也. 臣以三事之攻宋也, 爲與此同類. 臣見大王之必傷義而不得.」王曰:「善哉! 雖然, 公輸盤爲我爲雲梯, 必取宋.」于是見公輸盤. 子墨子解帶爲城, 以牒爲械. 公輸盤九設攻城之機變, 子墨子九距之. 公輸盤之攻械盡, 子墨子之守圉有餘, 公輸盤詘. 而曰:「吾知所以距子矣, 吾不言.」子墨子亦曰:「吾知子之所以距我, 吾不言.」楚王問其故. 子墨子曰:「公輸子之意, 不過欲殺臣. 殺臣, 宋莫能守, 可攻也. 然臣之弟子禽滑釐等三百人, 已持臣守圉之器, 在宋城上, 而待楚寇矣. 雖殺臣, 不能絶也.」楚王曰:「善哉! 吾請無攻宋矣.」子墨子歸, 過宋, 天雨, 庇其閭中, 守閭者不內也. 故曰: 治于神者, 衆人不知其功; 爭于明者, 衆人知之.

3. ≪呂氏春秋≫ 愛類篇.

公輸般爲高雲梯, 欲以攻宋. 墨子聞之, 自魯往, 裂裳裹足, 日夜不休, 十日十夜而至於郢, 見荊王曰:「臣北方之鄙人也, 聞大王將攻宋, 信有之乎?」王曰:「然.」

墨子曰:「必得宋乃攻之乎? 亡其不得宋且不義猶攻之乎?」王曰:「必不得宋,
且有不義, 則曷爲攻之?」墨子曰:「甚善. 臣以宋必不可得.」王曰:「公輸般, 天下
之巧工也, 已爲攻宋之械矣.」墨子曰:「請令公輸般試攻之, 臣請試守之.」於是公
輸般設攻宋之械, 墨子設守宋之備. 公輸般九攻之, 墨子九却之, 不能入, 故荊輟
不攻宋. 墨子能以術禦荊、 免宋之難者, 此之謂也.

4. ≪淮南子≫ 修務訓

昔者, 楚欲攻宋, 墨子聞而悼之. 自魯趍而十日十夜, 足重繭而不休息, 裂衣裳裹足.
至於郢, 見楚王曰:「臣聞大王舉兵, 將攻宋. 計必得宋, 而後攻之乎? 忘其苦衆勞民,
頓兵剉銳, 負天下以不義之名, 而不得咫尺之地, 猶且攻之乎?」王曰:「必不得宋,
又且爲不義, 曷爲攻之?」墨子曰:「臣見大王之必傷義, 而不得宋.」王曰:「公輸
天下之巧士, 作雲梯之械, 設以攻宋, 曷爲弗取?」墨子曰:「令公輸設攻, 臣請守之」
於是公輸般設攻宋之械, 墨子設守宋之備, 九攻而墨子九却之, 弗能入, 於是乃偃兵,
輟不攻宋.

5. ≪神仙傳≫(葛洪) 卷四

墨子者, 名翟, 宋人也. 仕宋爲大夫, 外治經典, 內修道術, 著書十篇, 號爲≪墨子≫,
世多學之者. 與儒家分塗, 務尙儉約, 頗毁孔子, 尤善戰守之功.
公輸班爲楚將, 作雲梯之械, 將以攻宋. 墨子聞之, 徒行詣楚, 足乃壞, 裂裳以裹之.
七日七夜到楚, 見公輸班, 說之曰:「子爲云梯, 將以攻宋, 宋何罪之有耶? 楚餘於
地而不足於民, 殺所不足而爭所有餘, 不可謂智; 宋無罪而攻之, 不可謂仁; 知而
不爭, 不可謂忠; 爭而不得, 不可謂强.」公輸班曰:「吾不可以言於王矣.」墨子曰:
「子令見我於王.」公輸班曰:「諾.」墨子見王曰:「今有人舍其文軒, 隣有弊轝,
而欲竊之; 舍其錦繡, 隣有短褐, 而欲竊之; 舍其梁肉, 隣有糟糠, 而欲竊之, 此爲
何若人也?」楚王曰:「若然者, 必有狂疾.」翟曰:「楚有雲夢, 麋鹿滿之, 江漢魚鼈,
爲天下富, 宋無雉兎鮒鮒, 此猶梁肉之與糟糠也; 楚有枏梓松橡, 宋無數尺之木,
此猶有錦繡之與短褐也. 臣聞大王吏議攻宋, 與此同也.」王曰:「善哉! 然公輸班
已爲雲梯, 謂必取宋.」於是見公輸班, 攻宋. 墨子解帶爲城, 以牒爲械. 公輸班乃
設攻城之機, 九變, 而墨子九拒之. 公輸班之攻城械盡, 而墨子之守有餘. 公輸班
屈曰:「吾知所以攻子矣, 吾不言.」墨子曰:「吾知子所以攻我, 吾不言矣.」楚王問
其故, 墨子曰:「公輸班之意, 不過欲殺臣, 謂宋莫能守耳. 然臣之弟子禽滑釐等三
百人, 早已操臣守禦之器, 在宋城之上, 而待楚寇至矣. 雖殺臣不能絶也.」楚乃止,
不復攻宋焉.

墨子年八十有二, 乃歎曰:「世事已可知矣, 榮位非可長保, 將委流俗以從赤松遊矣.」乃謝遣門人, 入山精思至道, 想像神仙. 於是, 夜常聞左右山間有誦書聲者, 墨子臥後, 又有人來, 以衣覆之, 墨子乃伺之. 忽有一人, 乃起問之曰:「君豈山嶽之靈氣乎? 將度世之神仙乎? 願且少留, 誨以道敎.」神人曰:「子有至德好道, 故來相候, 子欲何求?」墨子曰:「願得長生, 與天地同畢耳.」於是, 神人授以素書《朱英丸方道靈敎戒五行變化》, 凡二十五卷, 告墨子曰:「子旣有仙分, 綠又聰明, 得此便成, 不必須師也.」墨子拜受, 合作, 遂得其效, 乃撰集其要, 以爲《五行記》五卷. 乃得地仙, 隱居以避戰國. 至漢武帝時, 遂遣使者楊遼, 束帛加璧, 以聘墨子, 墨子不出. 視其顔色, 常如五六十歲人, 周遊五嶽, 不止一處也.

6. 鮑本의 평어

『彪謂: 翟之說美矣. 然此時諸侯固有竊疾, 强吞弱, 大幷小, 直患其力不給爾, 豈爲若說止攻哉? 意者, 墨守之嚴, 輸般服疾焉. 假此說以縮兵則有之, 彼楚國非止足而無有竊疾者也! 補曰: 《墨子》云, 公輸般爲雲梯之械成, 將以攻宋. 墨子聞之, 至于郢, 見, 公輸般之攻械盡, 墨子之守固有餘. 般詘而言曰:「吾知所以距子矣, 吾不言.」墨子亦曰:「吾知子之所以距我者, 吾不言.」楚王問其故, 墨子曰:「公輸子之意, 不過欲殺臣, 殺臣, 宋莫能守. 雖然, 臣之弟子禽滑釐等三百人, 已持臣守圉之器, 在宋城上而待楚寇矣. 雖殺臣, 不能絕也.」楚王曰:「善哉. 吾請無攻宋城矣.」《史》云, 墨翟, 宋之大夫, 或云並孔子時, 或云在其後. 『索隱』云, 按『別錄』, 墨翟書有文子. 文子, 子夏弟子, 問於墨子. 如此, 則墨子在七十子後. 愚按, 孔子以敬王四十一年卒, 景公以元王七年卒, 相去十一年.『檀弓』, 季康子母死, 般請以機封, 則般亦與孔子相及. 《大事記》云: 楊‧墨之說, 肆行於天下, 必在春秋後. 蓋異端之說, 非王敎盡廢, 不能興也.』

478(32-3) 犀首伐黃
환영하는 사신조차 보내지 않다니

위衛 나라 장군 서수犀首가 송宋나라의 황黃, 外黃을 치려고 위衛나라를 통과하면서 사람을 시켜 위군衛君에게 이렇게 요구하였다.

"우리 군대가 귀국의 교외를 통과하고 있는데 환영하는 사신 하나조차 보내지 않고 있습니까? 감히 그 죄를 묻습니다! 지금 황 땅을 점령하고 나면 장차 그 병력을 몰아 귀국의 성 아래로 달려올 것입니다."

위군은 두려움에 떨며 선물용 비단 3백 곤緄과 황금 3백 일鎰을 주어 위나라 장수의 사신을 따르게 하였다. 이때 남문자南文子가 이를 저지하면서 이렇게 말하였다.

"위나라가 외황성을 함락시킨다 해도 감히 우리를 쳐들어오지 못합니다. 또한 그들이 실패하게 되면 더욱 감히 쳐들어오지 못하구요. 이유는 이렇습니다. 그들이 외황성을 함락시키고 나면 그 공도 크고 명예도 얻게 됩니다. 그러면 그 나라 조정에서는 그에 따른 영광을 누리게 될 것입니다. 이때 조정에 있던 다른 사람들은 그들의 뽐냄을 미워하여 그들의 공을 토론할 것입니다.

큰 명예를 쓰고 공을 옆에 끼고 좋은 자리에 앉았다가 남의 논의 대상이 되고 나면 그 위나라 장수 서수가 아무리 어리석다 해도 그런 때에 우리를 치겠다고 나서지는 않을 것입니다. 또 외황성을 함락시키지 못하면 군대의 사기가 깨어져 도망가기에 바쁠 것이며 돌아가서도 죄를 면하기 어려울 것입니다. 그때 저들이 어찌 우리 위나라를 쳐서 이기지 못한 죄를 가중시키겠습니까?"

과연 서수는 외황성을 쳐서 함락시키고 군대를 인솔, 귀환하면서도 감히 위나라 땅을 지나가지도 못하였다.

犀首伐黃, 過衛, 使人謂衛君曰:「弊(敝)邑之師過大國之郊, 曾無一介之使以存之乎? 敢請其罪. 今黃城將下矣, 已, 將移兵而造大國之城下.」衛君懼, 束組三百緄, 黃金三百鎰, 以隨使者. 南文子止之曰:「是勝黃城,

必不敢來; 不勝, 亦不敢來. 是勝黃城, 則功大名美, 內臨其倫. 夫在中者惡臨,
議其事. 蒙大名, 挾成功, 坐御以待中之議, 犀首雖愚, 必不爲也. 是不勝黃城,
破心而走, 歸, 恐不免於罪矣! 彼安敢攻衛以重其不勝之罪哉?」果勝黃城,
帥師而歸, 遂不敢過衛.

【犀首】魏나라 官名으로 장군에 해당. 구체적인 人名인 犀首 公孫衍으로
 당시 위나라 재상으로 있었다.
【黃】宋나라 땅 외황을 말한다. 지금의 河南省 杞縣 북쪽.
【衛君】衛나라 悼公. 당시 衛나라의 수도는 濮陽(417장)이었다.
【束組三百緄】姚注에는 "組, 斜文紛緩之屬也. 十首爲一緄也"라 하였고, 鮑本
 에는 "補曰: 組, 屢見前. 緄, 古本反, 說文: 帶也. …… 傳: 繩也. 皆與此不協.
 鮑引高注"라 하였다.
【鎰】1鎰은 30兩이라 함.
【南文子】衛나라의 大夫. 484·485장 참조.

479(32-4) 梁王伐邯鄲
군대를 징집해 보낼 것

양왕梁王, 魏王이 조趙나라 서울 한단邯鄲을 공략하면서 송宋나라에게 군대를 징집해 보낼 것을 요구하였다. 이에 송나라 임금 척성剔成은 사신을 조나라에 보내어 이렇게 요청하였다.

"무릇 위나라는 병력은 강하고 권세도 중합니다. 지금 우리나라에 군대를 징집하라고 요구하고 있습니다. 그 명령에 따르지 않으면 우리 사직이 무너질까 두렵고, 또 그리하여 위나라를 도와 귀국 조나라를 쳐서 귀국에 해가 되는 일은 저로서 차마 할 수 없습니다. 원컨대 대왕께서 우리나라에 무슨 명령이라도 주셨으면 합니다."

조왕趙王도 어쩔 수 없었다.

"그렇습니다. 귀국 송나라는 위나라를 상대하기에 부족하다는 것을 저도 잘 알고 있습니다. 게다가 우리 조나라를 약하게 하고 위나라를 강하게 하면 송나라에게 이로울 것이 없습니다. 그러니 내 어찌 그대에게 말씀드려야 좋을까요?"

송나라 사자는 이런 꾀를 내었다.

"제가 귀국 조나라의 변방 성을 치는 듯 꾸미면서 위나라의 공격을 늦추고 그 날짜를 연기시키겠습니다. 그리하면 귀국 조나라에서 위나라 공격을 대비할 수 있는 시간을 얻을 수 있을 것입니다."

조왕이 허락하였다.

"좋습니다."

송나라 사람들은 이에 드디어 군대를 일으켜 조나라 변경을 향해 들어가 하나의 성을 포위하고 있었다. 이를 본 위왕은 매우 기뻐하면서 이렇게 말하였다.

"송나라가 우리를 도와 조나라를 공격하고 있구나."

조나라 임금 역시 즐거워하며 이렇게 말하였다.

"송나라 사람이 이렇게 하여 위나라 공격을 막아 주고 있구나."

그렇게 하여 위나라 군대는 물러갔고 조나라의 어려움도 해결되었다.

이리하여 위나라에게 덕을 베풀면서 조나라에게는 원망을 사지 않게
되었다. 따라서 명성을 더 올라갔고 실제 이익은 제자리로 돌아온 셈이
된 것이다.

　梁王伐邯鄲, 而徵師於宋. 宋君使使者請於趙王曰:「夫梁兵勁而權重,
今徵師於弊邑, 弊邑不從, 則恐危社稷; 若扶梁伐趙, 以害趙國, 則寡人不
忍也. 願王之有以命弊邑.」趙王曰:「然. 夫宋之不足如梁也, 寡人知之矣.
弱趙以强梁, 宋必不利也. 則吾何以告子而可乎?」使者曰:「臣請受邊城,
徐其攻而留其日, 以待下吏之有城而已.」趙王曰:「善.」宋人因遂擧兵入
趙境, 而圍一城焉. 梁王甚說, 曰:「宋人助我攻矣.」趙王亦說曰:「宋人止於
此矣.」故兵退難解, 德施於梁而無怨於趙. 故名有所加而實有所歸.

【趙王】惠王.
【宋王】剔成.
【趙王】成侯.

1. 邯鄲之戰과 관련이 있는 것으로 보이며 대략 B.C. 354~351년 사이이다.
2. 鮑本의 설명
『君偃宜無此善. 以在「犀首伐黃」下,「蘇秦論攻宋」前, 故次之此. 正曰: 大事記:
周顯王十五年, 梁惠十七年, 宋公剔成十六年, 宋伐趙圍一城.』

480(32-5) 謂大尹曰
효성을 치하하십시오

어떤 이가 송宋나라 대윤大尹에게 일러주었다.

"임금이 날로 성장하여 스스로 정치에 대해 알기 시작합니다. 그렇게 되면 당신은 일없이 밀려나게 됩니다. 그대는 초楚나라로 하여금 임금의 효성을 치하하게 하느니만 못합니다. 그러면 임금은 태후의 정사를 빼앗지 않게 될 것이고, 그대 또한 언제까지나 이 송나라에서 길이 그 자리를 지킬 수 있게 될 것입니다."

謂大尹曰:「君日長矣, 自知政, 則公無事. 公不如令楚賀君之孝, 則君不奪太后之事矣, 則公常用宋矣.」

【大尹】 宋나라의 卿 벼슬.

【自知政】 姚注에 "言宋王年日長大, 自能制法布政也, 則大尹無復有專政之事也" 라 하였다.

【太后】 宋王의 어머니.

【公常用宋】 姚注에 "太后, 尹母也. 與后共爲政. 太后不見奪政, 則大尹亦不見廢也, 故云'常用於宋'也" 라 하였다.

참고 및 관련 자료

1. ≪韓非子≫에는 이를 白圭가 일러준 것으로 되어있다.

2. ≪韓非子≫ 說林下

白圭謂宋令尹曰:「君日長自知政, 公無事矣. 今君少主也而務名, 不如令荊賀君之孝也, 則君不奪公位, 而大敬重公, 則公常用宋矣.」

481(32-6) 宋與楚爲兄弟

형제관계를 맺은 두 나라

송宋·초楚 두 나라가 형제관계를 맺었다. 제齊나라가 송나라를 공격하자 초왕은 도와 주겠다고 약속을 하였다. 송나라는 초나라의 이름을 팔아 제나라에게 강화를 요청하였다. 제나라가 들어 주지 않았다. 소진蘇秦이 송나라를 위하여 제나라 상국에게 말하였다.

"송나라 요구를 들어주십시오. 그래서 송나라가 초나라를 팔아 제나라에 중함을 받는다는 것을 표명하는 겁니다. 그러면 초나라가 노하여 틀림없이 송나라와 단교해 버리고 제나라에 가까이 할 겁니다. 그때 제나라는 초나라와 합하여 송나라를 치면 아주 수월하게 됩니다."

宋與楚爲兄弟. 齊攻宋, 楚王言救宋. 宋因賣楚重以求講於齊, 齊不聽. 蘇秦爲宋謂齊相曰:「不如與之, 以明宋之賣楚重於齊也. 楚怒, 必絶於宋而事齊, 齊·楚合, 則攻宋易矣.」

【楚王言求宋】前篇 "齊攻宋" 참조.
【宋因賣楚重以求講於齊】高誘 注에 "齊伐宋, 楚將救宋, 宋恃楚之重求和於齊"라 하였다.

참고 및 관련 자료

1. 鮑本에는 景公 때의 일이 아니라고 하였다.
『蘇秦與剔成, 齊宣同時, 知非閔時. 正曰: 此必非景公時.』

482(32-7) 魏太子自將
백전백승의 병법

위魏나라 태자 신申이 제齊나라를 치기 위하여 자신이 직접 군대를 이끌고 송宋나라의 외황外黃을 지나게 되었다. 그 외황 땅의 서자徐子가 태자에게 말하였다.

"저에게는 백전백승의 병법이 있습니다. 들어보시겠습니까?"

태자가 말하였다.

"듣고 싶소."

그는 이렇게 일러주었다.

"잘 듣고 그대로 하십시오. 지금 태자께서 스스로 장수가 되어 제나라를 공격, 대승하여 거莒를 병합한다 해도 그 부富는 위魏나라를 넘지 못하며 그 존귀는 왕만 못합니다. 만약 싸워 이기지 못하면 만세토록 위나라 같은 나라는 가져보지 못합니다. 이것이 곧 백전백승의 병술입니다."

태자는 이 말을 알아들었다.

"그렇소. 그대의 말대로 회군하겠소."

그러자 그는 다시 이렇게 말하였다.

"그러나 태자께서는 돌아가고 싶어도 안 될 걸요. 저들 중에는 이번 싸움에 공을 세워 이익을 노리거나 뜻을 이뤄보려고 마음먹고 있는 자가 너무 많습니다. 그러니 회군하고 싶어도 어려울 것입니다."

그래도 태자는 수레에 올라 군대를 돌이키려 하였다. 그 마부가 말렸다.

"출병해 놓고 회군이라니요. 이건 패전과 똑같습니다. 계속 전진하느니만 못합니다."

태자는 할 수 없이 전진하였다. 그러나 제나라와 싸움이 붙자 전사하고 말았다. 위나라를 갖겠다는 꿈은 사라지고 말았다.

魏太子自將, 過宋外黃. 外黃徐子曰:「臣有百戰百勝之術, 太子能聽臣乎?」 太子曰:「願聞之.」客曰:「固願效之. 今太子自將攻齊, 大勝幷莒, 則富不過 有魏, 而貴不益爲王. 若戰不勝, 則萬世無魏. 此臣之百戰百勝之術也.」

太子曰:「諾. 請必從公之言而還.」客曰:「太子雖欲還, 不得矣. 彼利太子之
戰攻, 而欲滿其意者衆, 太子雖欲還, 恐不得矣.」太子上車請還. 其御曰:
「將出而還, 與北同, 不如遂行.」遂行. 與齊人戰而死, 卒不得魏.

【太子申】魏惠王의 태자. 申은 이름. 103·119·159·310·324·325장 참조.
【魏太子自將過宋外黃】周顯王 28년(B.C. 341년) 魏나라가 韓나라를 치자
　齊나라에서는 田忌와 孫臏을 시켜 韓나라를 도왔다. 魏나라에서는 龐涓을
　장군으로 삼고 惠王의 太子申을 上將軍으로 삼아 맞섰다. 外黃은 지금의
　河南省 杞縣이며 당시 宋나라 땅이었다.
【莒】齊나라 동쪽. 본문에서 莒를 합병한다는 말은 齊나라를 모두 삼킨다는 말.
【萬世無魏】姚注에 "不勝, 則太子滅, 復何魏之有? 故云'萬世無魏'也"라 하였다.
【與齊人戰而死】孫臏은 龐涓을 馬陵으로 유인하여 속임수를 써서 죽이고
　太子申을 사로잡았다. 太子는 사로잡히자 분개하여 스스로 자살하였다.
【卒不得魏】姚注에 "齊人敗之馬陵, 虜龐涓, 而殺太子申. 故云'卒不得魏'也"라
　하였다.

1. 馬陵之戰 때의 일이며 宋 剔成 29년(魏 惠王 30년, B.C. 341년)이다.
2. 鮑本의 평어
『彪謂: 此申生伐皐落之例, 晉國之覆轍也. 里克之諫, 惠王非忘之而忍爲之,
　故孟子以爲不仁. 補曰: 以過宋而徐子言之, 從舊可.』

483(32-8) 宋康王之時
참새가 큰 새를 낳다

송宋나라 강왕康王때 성의 돌담 귀퉁이에서 참새가 큰 새 기鶃를 낳았다. 왕이 태사太史에게 이를 점쳐보게 하였더니 그 풀이는 이러하였다.

"작은 것이 큰 것을 낳으니 틀림없이 천하를 제패하리라."

강왕은 크게 기뻐하였다. 이에 곧 등滕나라를 쳐 없애고 설성薛城을 쳐서 회북淮北까지 점령하고는 더욱 자신을 갖게 되었다.

왕은 빨리 천하에 패업을 성취하고 싶어 화살로 하늘을 쏘고, 땅을 태질하며 사직을 부수고 불까지 질러 버렸다. 그리고는 이렇게 말하였다.

"위력으로 천하의 귀신까지 항복시키리라."

국로國老들 중에 나서서 간언하는 자를 꾸짖으며 무안지관無顔之冠을 쓰고 자신의 용감함을 표시하였다. 게다가 곱추의 등을 가르며 이른 아침 물을 건너는 사람의 정강이를 자르는 등 횡포는 말이 아니었다. 참다 못한 백성은 소요하기 시작하였다.

제齊나라가 이를 듣고 쳐들어가자 백성들은 흩어져 성도 지키지 않았다. 왕은 도망하여 예후倪侯의 관사館舍에 숨었다가 붙들려 죽었다. 상서祥瑞를 믿고 나쁜 짓만 하였으니 그 길조가 오히려 화가 되고 만 것이다.

宋康王之時, 有雀生鶃於城之陬. 使史占之, 曰:「小而生巨, 必霸天下.」康王大喜. 於是滅滕伐薛, 取淮北之地, 乃愈自信, 欲霸之亟成, 故射天笞地, 斬社稷而焚滅之, 曰:「威服天下鬼神.」罵國老諫曰(者), 爲無顔之冠, 以示勇. 剖傴之背, 鍥朝涉之脛, 而國人大駭. 齊聞而伐之, 民散, 城不守. 王乃逃倪侯之館, 遂得而死. 見祥而不爲祥, 反爲禍.

【宋康王】辟公의 아들. 剔成의 동생. 이름은 偃, 형을 죽이고 자립하여 宋君이라 하였다가 10년 만에 稱王하였다. 재위 47년, 성질이 포악무도하여 제후들이 桀宋이라 불렀다.

【鶃】독수리 새매 류의 큰 새. 그러나 이 글자에 대해 黃丕烈은 전(鷆)의

오자로 보았다. 이는 '鷻'과 같다. 맹금류. 새매·독수리의 일종이다.

【使史占之】 姚注에 "史, 太史. 曰能辨吉凶之妖祥. 康王無道, 不敢正對, 故云 '必霸天下', 危行言遜, 太史有焉"이라 하였다.

【滕】 고대 소국. 지금의 山東省 滕縣.

【薛】 고대 소국. 전국시대 齊나라에게 망하여 孟嘗君의 아버지 田嬰이 封을 받았던 땅. 孟嘗君 田文이 세습하였다. 역시 지금의 山東省 滕縣 東南部.

【射天】 康王이 자루에 피를 담아 공중에 매달아 놓고 활로 쏘아 하늘이 죽어 피비(血雨)가 내린다고 하였다.

【無顔之冠】 얼굴 없는 冠. 즉 모자 앞이 고르지 못하여 보기 흉하며 거꾸로 쓰는 것. 鮑本에 "冠不覆額. 補曰: 史: 王偃盛血以革囊, 縣而射之, 命曰射天. 淫於酒·婦人, 羣臣諫者, 輒射之. 諸侯皆曰桀宋"이라 하였다.

【倪侯之館】 '倪'는 '郳', 혹은 '小邾'라는 작은 나라. 전국시대 楚나라에게 망하였다. 당시 이미 없었으므로 그 倪國의 侯가 살던 館舍로 도망하였음을 말한다.

【反爲禍】 宋나라가 망한 것은 周赧王 29년(B.C. 286년)의 일이다.

1. 《史記》 宋微子世家·《新序》·《孔子家語》, 《資治通鑑》 周赧王 29년 등에도 실려 있으며, 각 조대의 末王의 포악함을 빗대어 紂王도 같은 경우처럼 기록된 곳이 많다. 여기서는 宋君 偃 43년(B.C. 286년)의 사건에다 붙인 것이다.

2. 《史記》 宋微子世家

君偃十一年, 自立爲王. 東敗齊, 取五城; 南敗楚, 取地三百里; 西敗魏軍, 乃與齊·魏爲敵國. 盛血以韋囊, 縣而射之, 命曰:「射天.」淫於酒婦人. 群臣諫者輒射之. 於是諸侯皆曰「桀宋」. 「宋其復爲紂所爲, 不可不誅」. 告齊伐宋. 王偃立四十七年, 齊湣王與魏·楚伐宋, 殺王偃, 遂滅宋而三分其地.

3. 《新序》 雜事(四)

宋康王時, 有爵生鷁於城之陬, 使史占之, 曰:「小而生巨, 必霸天下.」康王大喜, 於是滅滕伐薛, 取淮北之地, 乃愈自信, 欲霸之亟成, 故射天笞地, 斬社稷而焚之, 曰:「威嚴伏天地鬼神.」罵國老之諫者, 爲無頭之棺, 以示有勇, 剖傴者之背, 鍥朝涉之脛, 而國人大駭. 齊聞而伐之, 民散城不守, 王乃逃兒侯之館, 遂得病而死, 故見祥而爲不可, 祥反爲禍. 臣向愚以鴻範傳推之, 宋史之占非也, 此黑祥, 傳所謂黑眚者也, 猶魯之有鸜鵒爲異祥也. 屬於不謀, 其咎急也. 鷁者, 黑色, 食爵,大於爵害. 爵也, 攫擊之物, 貪叨之類, 爵而生鵰者, 是宋君且行急暴擊伐貪叨之行, 距諫以生大禍, 以自害也. 故爵生鵰於城隅者, 以亡國也, 明禍且害國也. 康王不悟, 遂以滅亡, 此其效也.

4. ≪孔子家語≫ 五儀解

哀公問於孔子曰:「夫國家之存亡禍福, 信有天命, 非唯人也.」孔子對曰:「存亡禍福, 皆己而已, 天災地妖, 不能加也.」公曰:「善! 吾子之言, 豈有其事乎?」孔子曰: 「昔者, 殷王帝辛之世, 有雀生大鳥於城隅焉. 占之曰:『凡以小生大, 則國家必王而名必昌.』於是帝辛介雀之德, 不修國政, 亢暴無極, 朝臣莫救, 外寇乃至, 殷國以亡, 此卽以己逆天時, 詭福反爲禍者也. 又其先世殷王太戊之時, 道缺法圮, 以致夭蘖, 桑穀于朝, 七日大拱. 占之者曰:『桑穀野木, 而不合生朝, 意者國亡乎!』太戊恐駭, 側身修行, 思先王之政, 明養民之道, 三年之後, 遠方慕義. 重譯至者, 十有六國, 此卽以己逆天時, 得禍爲福者也. 故天災地妖, 所以儆人主者也; 寤夢徵怪, 所以儆人臣者也. 災妖不勝善政, 寤夢不勝善行, 能知此者, 至治之極也. 唯明王達此.」公曰:「寡人不鄙固, 此亦不得聞君子之敎也.」

5. ≪史記≫ 殷本紀

帝武乙無道, 爲偶人, 謂之天神. 與之博, 令人爲行. 天神不勝, 乃僇辱之. 爲革囊, 盛血, 卬而射之, 命曰「射天」. 武乙獵於河渭之閒, 暴雷, 武乙震死. 子帝太丁立. 帝太丁崩, 子帝乙立. 帝乙立, 殷益衰.

6. ≪新書≫(賈誼) 卷六 春秋

宋康王時, 有爵生鵰於城之陬, 使史占之, 曰:「小而生大, 必伯於天下.」康王大喜, 於是滅滕伐諸侯, 取淮北之地. 乃愈自信, 欲霸之亟成. 故射天笞地, 伐社稷而焚之, 曰:「威服天地鬼神.」罵國老之諫者, 爲無頭之棺, 以視有勇, 剖傴者之背, 斮朝涉之脛. 國人大駭, 齊王聞而伐之, 民散, 城不守, 王乃逃於倪侯之館, 遂得病而死. 故見祥而爲不可祥反爲禍.

7. ≪資治通鑑≫ 周 赧王 29年

宋有雀生鷃於城之陬, 史占之, 曰:「吉, 小而生巨, 必霸天下.」宋康王喜, 起兵滅滕, 伐薛, 東敗齊, 取五城, 南敗楚, 取地三百里, 西敗魏軍, 與齊·魏爲敵國, 乃愈自信其霸. 欲霸之亟成. 故射天笞地, 斬社稷而焚滅之, 以示威服鬼神. 爲長夜之飮於室中, 室中人呼萬歲, 則堂上之人應之, 堂下之人又應之, 門外之人又應之, 以至於國中, 無敢不呼萬歲者. 天下之人謂之桀宋. 齊湣王起兵伐之, 民散, 城不守, 宋王奔魏, 死於溫.

8. 鮑本의 평어

『補曰: 家語:「昔者, 殷王帝辛之世, 有雀生大鳥於城隅, 占之曰: 凡以小生大, 則國家必正而名益昌. 於是帝辛介雀之德, 不修國政, 亢暴無極, 朝臣莫救, 外寇乃至, 殷國以亡.」又說苑: 孔子曰昔者, 殷王帝辛云云一殷, 亦同. 愚按, 宋, 殷後也. 疑卽此一事, 而記者不同.』

484(32-9) 智伯欲伐衛
큰 나라의 큰 선물

지백智伯이 위衛나라를 치기 위하여 짐짓 야생 말 4백 필과 흰 구슬 하나를 선물로 위군衛君에게 보냈다. 위군은 크게 기뻐하였고 군신도 모두 축하를 하였다. 그런데 남문자南文子만은 근심 띤 얼굴을 하고 있었다. 위군이 물었다.

"큰 나라가 큰 선물로 우리에게 즐거운 사귐을 청하여왔는데 그대만이 우울한 표정이니 웬일이오?"

남문자는 대답하였다.

"공 없는 상과 노력 없는 예물은 잘 생각해 보지 않으면 안 됩니다. 야생 말 4백 필과 흰 구슬 하나라니 이것은 소국이 대국에게 줄 예물인데 대국이 오히려 소국에게 주고 있습니다. 군께서는 깊이 헤아려 보십시오."

위군은 깨달았다는 듯이 즉시 변방에 고하여 경비를 철저히 하도록 명령을 시달하였다. 지백은 군사를 일으켜 몰래 위나라를 치려고 국경까지 와 보고는 그만 되돌아 가버렸다. 그리고 이렇게 말하였다.

"위나라에도 현인은 있구나. 먼저 나의 계략을 알아낸 것을 보니."

智伯欲伐衛, 遺衛君野馬四百, 白璧一. 衛君大悅, 羣臣皆賀, 南文子有憂色. 衛君曰:「大國大懽, 而子有憂色何?」文子曰:「無功之賞, 無力之禮, 不可不察也. 野馬四百, 璧一, 此小國之禮也, 而大國致之, 君其圖之.」衛君以其言告邊境. 智伯果起兵而襲衛, 至境而反曰:「衛有賢人, 先知吾謀也.」

【智伯】晉나라 三晉, 鼎立 과정에서의 六卿 중의 하나. 이름은 荀瑤, 성질이 貪虐하였다. 趙襄子(無卹)가 韓氏·魏氏와 합해 처 없앴다.
【野馬】野生馬의 일종으로 말과 비슷하게 생긴 동물이라 함. 高注에는 "野馬, 駏驉也"라 하였고, 《史記》 匈奴傳 集解에는 "駏驉, 似馬而靑"라 하였으며, 《漢書》에는 顔師古의 注를 인용하여 "駏驉出北海中, 其狀如馬"라 하였다.
【衛君】出公. 이름은 輒(靈公의 손자).
【南文子】衛나라의 대부.

1. 본장의 연대는 정확하지 않으나 智伯의 시대인 것으로 보아 衛나라는 出公, 혹은 悼公(黔)으로 여기고 있다. ≪說苑≫에 이와 흡사한 이야기가 있다.

2. ≪說苑≫ 權謀篇

智伯欲襲衛, 故遺之乘馬, 先之一璧, 衛君大悅, 酌酒, 諸大夫皆喜. 南文子獨不喜, 有憂色. 衛君曰:「大國禮寡人, 寡人故酌諸大夫酒, 諸大夫皆喜, 而子獨不喜, 有憂色者, 何也?」南文子曰: 無方之禮, 無功之賞, 禍之先也. 我未有往, 彼有以來, 是以憂也.」於是衛君乃修梁津而擬邊城. 智伯聞衛兵在境上, 乃還.

3. ≪說苑≫ 權謀篇

趙簡子使人以明白之乘六, 先以一璧, 爲遺於衛. 衛叔文子曰:「見不意, 可以生, 故此小之所以事大也. 今我未以往, 而簡子先以來, 必有故.」於是斬林除圍, 聚斂蓄積, 而後遺使者. 簡子曰:「吾擧也, 爲不可知也. 今旣已知之矣.」乃輟圍衛也.

4. 鮑本의 설명

『補曰: ≪說苑≫, 吳赤市使智氏及趙簡子以乘璧遺衛事相類.』

485(32-10) 智伯欲襲衛
입국시키지 말 것

지백智伯이 위衛나라를 습격하고자 자신의 태자太子, 顔를 죄지어 도망
가는 것처럼 꾸며 위나라로 보냈다. 남문자南文子가 말하였다.

"태자 안顔은 임금의 아들입니다. 남에게 사랑 받고 총애 받을 사람입니다.
죄를 짓고 도망 온 것 같지는 않습니다. 틀림없이 무슨 계략이 있어서일
것입니다."

그리고는 사람을 시켜 국경에 가서 그를 맞아오게 하면서 말하였다.

"그의 수레가 오승五乘이 넘거든 입국시키지 말라."

지백이 이를 듣자 중지해 버렸다.

智伯欲襲衛, 乃佯亡其太子, 使奔衛. 南文子曰:「太子顔爲君子也, 甚愛
而有寵, 非有大罪而亡, 必有故.」使人迎之於境, 曰:「車過五乘, 愼勿納也.」
智伯聞之, 乃止.

【太子】당시 智伯은 晉나라 신하였지만 그의 아들을 높여 태자로 부른 것,
태자의 이름은 顔이었다.
【南文子】위나라 신하. 판단력이 있었던 것으로 널리 알려짐. 478·484장 참조.
【五乘】네 마리 말이 끄는 수레 다섯 대.

참고 및 관련 자료

1. ≪說苑≫ 權謀篇
智伯欲襲衛, 乃佯亡其太子顔, 使奔衛. 南文子曰:「太子顔之爲其君子也甚愛,
非有大罪也, 而亡之必有故. 然人亡而不受不祥.」使吏逆之曰:「車過五乘, 愼勿
內也.」智伯聞之, 乃止.

2. 鮑本의 평어
『彪謂: 南文子, 衛之賢智人也, 慮無遺算, 補曰: 大事記: 貞定王十二年, 晉荀瑤
襲衛. 解題曰: 失其年. 國語序'藍臺之宴'云: 還自衛. 姑載于此, 未必果此年也.』

486(32-11) 秦攻衛之蒲
철수해 준다면

진秦나라가 위衛나라 포蒲 땅을 공격하자 호연胡衍이 진秦나라 저리질樗里疾에게 말하였다.

"그대가 포 땅을 공격하는 것은 진나라를 위해서입니까? 아니면 위魏나라를 위해서입니까? 위魏를 위해서라면 좋겠지만 진나라를 위해서라면 기댈 곳이 없을 텐 데요. 위衛나라가 위나라일 수 있는 것은 바로 포 땅이 있기 때문입니다. 지금 그 포 땅이 위魏나라에 들어가게 되면 위衛나라는 틀림없이 나라가 모두 위魏에 합병되고 맙니다. 위魏나라가 귀국 진나라에게 서하西河 밖의 땅을 다 잃고, 이를 수복하지 못하였던 것은 약하였기 때문입니다.

그런데 지금 그 위魏나라가 위衛나라를 합병하게 되면, 위魏나라는 틀림없이 강해질 것입니다. 위나라가 강해지면 귀국 진나라가 빼앗았던 서하 땅 밖은 위험해질 것입니다. 게다가 진왕秦王은 귀하의 일을 지켜 볼 것입니다. 진나라를 손해 보게 하면서 위魏나라를 강화시켜 주게 되면 진왕은 틀림없이 귀하를 원망하게 될 것입니다."

저리질이 물었다.

"어찌하면 좋겠소?"

호연이 대답하였다.

"그대는 포 땅의 공격을 중지하고 계십시오. 제가 포 땅 수령에게 가서 그대를 위하여 경계를 삼엄히 하고 있도록 하겠습니다. 그리하여 위군衛君에게 덕을 베푸는 것입니다."

저리질은 허락하였다.

"좋습니다."

이로 인해 호연은 포 땅으로 들어가 포 땅의 수령에게 이렇게 같이 일렀다.

"저리질이 이 포 땅의 군민이 아주 피폐해진 것을 알고 스스로 '반드시 포 땅을 함락시키리라'고 하는 것을 제가 이를 중지시켜 공격을 하지 않도록 설득시켜 놓고 왔습니다."

포 땅 수령은 재배하면서 황금 3백 일을 주고 이렇게 말하였다.

"진나라 병사들이 진실로 철수해 준다면 나는 그대에게는 우리 임금에게 말하여 후한 대우를 해주도록 청하겠소."

호연은 포 땅에서 황금을 얻어 스스로 위衛나라에 중용되었고, 저리질도 역시 3백 금을 얻고 철수하여 위나라 임금에게 덕을 베푼 셈이 되었다.

秦攻衛之蒲. 胡衍謂樗里疾曰:「公之伐蒲, 以爲秦乎? 以爲魏乎? 爲魏則善, 爲秦則不賴矣. 衛所以爲衛者, 以有蒲也. 今蒲入於魏, 衛必折於魏. 魏亡西河之外, 而弗能復取者, 弱也. 今幷衛於魏, 魏必强. 魏强之日, 西河之外必危. 且秦王亦將觀公之事. 害秦以善魏, 秦王必怨公.」樗里疾曰:「奈何?」胡衍曰:「公釋蒲勿攻, 臣請爲公入戒蒲守, 以德衛君.」樗里疾曰:「善.」胡衍因入蒲, 謂其守曰:「樗里子知蒲之病也, 其言曰:『吾必取蒲.』今臣能使釋蒲勿攻.」蒲守再拜, 因效金三百鎰焉, 曰:「秦兵誠去, 請厚子於衛君.」胡衍取金於蒲, 以自重於衛. 樗里子亦得三百金而歸, 又以德衛君也.

【蒲】衛나라 땅. 지금의 河北省 長垣縣.

【胡衍】유세객.

【樗里疾】秦나라 장수. 秦惠王의 아우.

【亡西河之外】鮑本에 "秦惠六年. 正曰: 秦惠八年, 魏納河西地. 後二年, 魏入上郡於秦, 而河西濱洛之地盡"이라 하였고, 姚注에는 "西河, 魏邑也, 秦兼取之. 魏弱於秦, 故云'不能取'"라 하였다.

【秦王】秦昭王.

【衛君】衛나라 嗣君.

1. ≪史記≫ 樗里子列傳에도 실려있으며 秦昭襄王 元年(B.C. 306년)이다.

2. ≪史記≫ 樗里子列傳

秦武王卒, 昭王立, 樗里子又益尊重.

昭王元年, 樗里子將伐蒲. 蒲守恐, 請胡衍. 胡衍爲蒲謂樗里子曰:「公之攻蒲, 爲秦乎? 爲魏乎? 爲魏則善矣, 爲秦則不爲賴矣. 夫衛之所以爲衛者, 以蒲也.

今伐蒲入於魏, 衛必折而從之. 魏亡西河之外而無以取者, 兵弱也. 今幷衛於魏, 魏必彊. 魏彊之日, 西河之外必危矣. 且秦王將觀公之事, 害秦而利魏, 王必罪公.」樗里子曰:「奈何?」胡衍曰:「公釋蒲勿攻, 臣試爲公入言之, 以德衛君.」樗里子曰:「善.」胡衍入蒲, 謂其守曰:「樗里子知蒲之病矣, 其言曰必拔蒲. 衍能令釋蒲勿攻.」蒲守恐, 因再拜曰:「願以請.」因效金三百斤, 曰:「秦兵苟退, 請必言子於衛君, 使子爲南面.」故胡衍受金於蒲以自貴於衛. 於是遂解蒲而去. 還擊皮氏, 皮氏未降, 又去.

487(32-12) 衛使客事魏
너무 느려서 탈입니다

위衛나라가 위魏나라에 사신을 파견하여 위왕魏王을 섬기려 하였지만 3년이 되도록 만나볼 수가 없었다. 위衛나라 사신은 걱정이 되어 이에 위魏나라의 오하梧下 선생을 찾아 도움을 청하였다. 그에게 백 금金을 주기로 하자 오하 선생은 허락하였다.

"좋습니다."

오하 선생이 위왕을 찾아갔다.

"제가 들으니 진秦나라는 이미 군대를 출병시켰으니 어느 길로 쳐들어올지 모르겠습니다. 진나라와 우리 위나라는 국교가 열려있지 못한 지가 이미 오래됩니다. 원컨대 왕께서는 진나라 섬기는 일에 전념하시기 바랍니다. 그 외에 다른 계책은 없습니다."

왕이 허락하였다.

"옳습니다."

객(客, 오하)은 말을 마치고 나오면서 낭문郎門에 이르러 다시 되돌아와서는 이렇게 말하였다.

"저는 왕께서 진나라 섬기는 일이 너무 늦지 않았나 걱정됩니다."

왕이 의아해 하며 물었다.

"무슨 말이오?"

오하는 이렇게 일렀다.

"무릇 사람이란 자신을 섬기게 하는 일은 급히 굴고, 남을 섬기는 일은 느긋하게 대처하게 마련입니다. 그러나 지금 왕께서는 자신을 섬기겠다고 하는 사람에 대해서는 그토록 느긋하시니 어찌 남을 섬기는 일을 급히 요구할 수 있겠습니까?"

왕이 물었다.

"아니 무엇으로 그것을 아십니까?"

오하는 이렇게 설명하였다.

"위衛나라에서 온 사신의 말을 빌리면 '왕을 뵙기 위해 3년을 기다렸으나 아직 만나 뵙지 못하고 있다'라 하더이다. 이를 통해 왕이 지극히 느리다는 것을 알았습니다."

이 말에 왕은 얼른 급히 위나라 사신을 맞아 만나보게 되었다.

衛使客事魏, 三年不得見. 衛客患之, 乃見梧下先生, 許之以百金. 梧下先生曰:「諾.」乃見魏王曰:「臣聞秦出兵, 未知其所之. 秦·魏交而不脩之日久矣. 願王博(專)事秦, 無有佗計.」魏王曰:「諾.」客趨出, 至郞門而反曰:「臣恐王事秦之晚.」王曰:「何也?」先生曰:「夫人於事己者過急, 於事人者過緩. 今王緩於事己者, 安能急於事人?」「奚以知之?」「衛客曰:『事王三年不得見.』臣以是知王緩也.」魏王趨見衛客.

【衛】 당시 임금은 衛의 嗣君으로 보고 있다.
【梧下先生】 당시의 高士인 듯하다. 姚注에 "先生, 長者有德者稱. 家有大梧樹, 因以爲號, 若柳下惠"라 하였다.
【郞門】 郭門으로도 쓰며 궁문. 혹은 廊門이다.

참고 및 관련 자료

1. 시간과 배경은 자세히 알 수 없다.

2. 鮑本의 평어

『彪謂: 此一時氣俗, 無不沒於利者. 以先生稱於世, 其人不薄矣! 而以百金諾人, 爲之行狡獪之計, 況小子乎? 彼哉, 彼哉! 正曰: 此策時不可考, 何得附之嗣君?』

488(32-13) 衛嗣君病
내가 죽고 나면

위衛나라 사군嗣君이 병이 들어 죽음에 이르게 되었다. 이때 신하인 부술富術이 또 다른 신하 운순저殷順且에게 이렇게 일렀다.

"그대는 내 말을 잘 듣고 임금에게 말할 때 조금이라도 보태거나 덜지 말고 그대로 일러주시오. 그러면 임금이 틀림없이 그대를 우대해 줄 것입니다. 사람이란 살아 있을 때의 행동과 죽어갈 때의 마음이 판이하게 다른 것입니다. 처음 우리 임금이 이 세상에 살 때에는 좋은 음식에 탐닉하면서도 신하를 등용할 때에는 설착繰錯·나박挈薄 같은 무리를 중용하였습니다.

이 때문에 신하들은 한결같이 임금은 나라는 가벼이 여기고 좋은 음식을 좋아한다고 여겨 모두가 그런 임금과는 더 이상 국사를 논할 수 없다고들 하였습니다. 그러니 그대는 임금에게 이렇게 전하시오. '임금께서 살아 계시면서 천하에 저지른 일은 잘못 투성이입니다. 설착 같은 인물이 국사를 제멋대로 농단하였고, 나박은 이에 맞장구를 쳤습니다. 지금부터 지난 일을 거꾸로 살펴보면 이 위나라 성씨 공손씨公孫氏는 틀림없이 조상의 제사도 제대로 차려 내지 못할 것입니다'라구요."

은순저가 이 말대로 임금에게 전하였다.

임금은 이를 받아들였다.

"옳구나."

그리고는 재상의 직인을 그에게 주면서 이렇게 말하였다.

"내가 죽고 나면 그대가 잘 제압해 주기 바라오!"

임금이 죽자 은순저는 임금의 명령대로 재상이 되어 공자公子 기期를 보필하여 설착과 나박의 일족을 모두 축출해 버렸다.

衛嗣君病. 富術謂殷順且曰:「子聽吾言也以說君, 勿益損也, 君必善子. 人生之所行, 與死之心異. 始君之所行於世者, 食高麗也; 所用者, 繰錯·挈薄也. 羣臣盡以爲君輕國而好高麗, 必無與君言國事者. 子謂君:『君之所行天下者甚謬. 緤錯主斷於國, 而挐薄輔之, 自今以往者, 公孫氏必不血食矣.』」
君曰:「善.」與之相印, 曰:「我死, 子制之.」嗣君死, 殷順且以君令相公(子)期.
緤錯, 挐薄之族皆逐也.

【富術】衛나라 신하.

【殷順且】역시 衛나라 신하.

【食高麗】'좋고 아름다운 것을 먹고 쓰기에 힘쓰다'의 뜻. 人名이 아닌가도
여긴다. 姚注에는 "食, 用也. 麗, 美也. 諸所行爲者, 務用高美觀目而已, 不務用
德也"라 하였고, 鮑本에는 "凡有養於口體, 皆得言食. 補曰: '食高麗', 疑人名"
이라 하였다.

【緤錯·挐薄】姚注에 "緤錯, 挐薄, 之二人, 君所幸, 非賢也. 長曰不肖, 國必危,
故羣臣盡以君爲輕國也"라 하였다.

【公孫氏】衛나라 성씨. 鮑本에 "衛國姓也. 故商君, 衛之庶孽公子也, 姓公孫氏"라
하였다.

【公子期】衛 嗣君의 아들.

1. 鮑本에는 衛 嗣君이 賢君이었으나 富術이 폄훼한 것이라 보고 있다.
『彪謂: 嗣君, 賢君也, 富術稱之貶矣. 蓋諫者之言, 多務爲深切詭激之辭. 使嗣君
不賢, 安能受其言而委之以二臣乎? 正曰: 鮑誤釋胥靡之事, 遂以衛君爲賢, 其實
非也. 然能從順且之諫, 使制二子, 猶愈於迷復者也.』

489(32-14) 衛嗣君時
백성들에게 교화가 먹혀들기만 하면

위衛 사군嗣君 때의 일이다. 어떤 서미胥靡 하나가 위魏나라로 도망가자 위衛나라에서는 백 금金을 써서 그를 불러오려 하였지만 위魏나라에서는 거부하고 있었다. 이에 위衛에서는 다시 좌씨左氏 땅까지 떼어 주는 조건으로 그 서미를 소환하고자 하였다. 이때 신하들이 모두 나서서 임금에게 간하였다.

"백 금과 좌씨 땅까지 주면서 일개 범죄자를 찾아오려 하신다니 이는 잘못된 일이 아닙니까?"

왕은 이렇게 설명하였다.

"작은 일이라 하여 다스림에 소홀히 할 수 없으며 난亂에는 크다고 하여 마구 덤벼서도 안 된다. 백성들에게 교화가 먹혀들기만 하면 3백 리밖에 안 되는 성지城池라도 족히 왕업을 이룰 수 있지만 백성들이 염치를 모른다면 비록 10개의 좌씨 땅이 있다고 한들 그것이 무슨 소용이 있겠는가?"

衛嗣君時, 胥靡逃之魏, 衛贖之百金, 不與; 乃請以左氏. 羣臣諫曰:「以百金之地, 贖一胥靡, 無乃不可乎?」君曰:「治無小, 亂無大. 敎化喩於民, 三百之城, 足以爲治; 民無廉恥, 雖有十左氏, 將何以用之?」

【胥靡】 범죄자. 혹은 죄의 누명을 쓰고 있는 선비. 傅說을 빗댄 것이다. 鮑本에 "有罪人. 蓋賢者也. 正曰: 此本高註, 竊以爲不然. 有罪而逃, 何以知其賢? 此慕傅說之事而誤說者也. 衛君以金贖之者, 恥其失政廢刑爾. 觀其言可見. 補曰: 靡, 忙皮反. 晉灼曰: ‘胥, 相也. 靡, 隨也.’ 顔曰: ‘連繫相隨而服役之, 猶今之囚徒.’ 莊子註: ‘以鐵鎖相連繫.’"라 하였다.
【左氏】 땅 이름. 衛나라 땅.
【三百之城】 三里之城으로 보는 경우도 있다.

1. ≪韓非子≫ 內儲說上七術

衛嗣君之時, 有胥靡逃之魏, 因爲襄王之后治病. 衛嗣君聞之, 使人請以五十金買之, 五反而魏王不予, 乃以左氏易之. 群臣左右諫曰: 「夫以一都買一胥靡, 可乎?」 王曰: 「非子之所知也. 夫治無小而亂無大. 法不立而誅不必, 雖有十左氏無益也; 法立而誅必, 雖失十左氏無害也.」 魏王聞之, 曰: 「主欲治而不聽之, 不祥.」 因載而往, 徒獻之.

2. 鮑本의 평어

『彪謂: 衛君之言及此, 足以興起, 而不得霸, 豈輔之者無其人乎? 以羣臣之所諫, 知不及其君遠矣. 然享國四十餘年, 不受外兵, 則三百爲治之言, 允蹈之者歟? 正曰: 罪人而逃, 可謂無政矣. 割地以求胥靡, 可謂無謀矣. 其言雖善, 事則戾矣.』

490(32-15) 衛人迎新婦
신부의 쓸데없는 잔소리

위衛나라의 어떤 사람이 신부를 맞이하게 되었다. 그 신부가 수레에 오르며 마부에게 물었다.

"수레를 끄는 세 마리의 말 중에 참마驂馬는 누구네 것입니까?"

마부가 대답하였다.

"빌려온 것입니다."

신부는 다시 이렇게 말하였다.

"참마만을 치세요. 복마에게는 채찍질을 하지 마세요."

그리고 수레에서 내려 신랑집 문에 이르자 부축을 받고는 어머니를 돌려보내면서 이렇게 말하였다.

"집에 돌아가시거든 아궁이 불을 끄세요. 실화할 염려가 있어요."

이번에는 집안에 들어서다가, 옆에 있던 돌확(돌절구)을 보고는 다시 이렇게 말하는 것이었다.

"저것을 창문 아래로 옮겨 놓으세요. 사람들이 드나드는 데 방해가 됩니다."

주인은 이를 보고 웃었다. 그 신부의 앞서 세 가지 잔소리는 비록 중요한 말이기는 하나, 남에게 비웃음을 면치 못한 것은 일찍 해야 할 말과 늦게 해야 할 말을 가리지 않은 때문이었다.

衛人迎新婦, 婦上車, 問:「驂馬, 誰馬也?」御曰:「借之.」新婦謂僕曰:「拊驂, 無笞服.」車至門, 扶, 敎送母(曰):「滅竈, 將失火.」入室見臼, 曰:「徙之牖下, 妨往來者.」主人笑之. 此三言者, 皆要言也, 然而不免爲笑者, 蚤晚之時失也.

【服】服馬를 말한다. 세 마리의 말이 수레를 끌 경우 가운데에 있는 말을 '服馬'라 하며 좌우의 말을 '驂馬'라 한다.

【蚤晚之時失也】'蚤'는 '早'와 같다. 원문대로의 해석은 '早'와 '晚'의 시기를

잃었음을 말한다. 이 이야기는 신하가 말해야 할 때 말하지 않고 있는 것은 충성을 잃는 것이요, 말하지 않아야 될 때 말하는 것은 자기 몸을 망치게 됨을 비유한 것이다.

1. 이 내용은 유세객이 예로 든 일화가 따로 동떨어지게 기록된 것이 아닌가 한다.

2. 姚注의 평어

『雖要指, 非新婦所宜言也. 以喩忠臣可以言而不言, 失忠; 未可以言而言, 危身. 故云「蚤晩之時失也」.』

3. 鮑本의 평어

『初爲婦而云然, 失之蚤也. 正曰: 此策時不可考. 補曰: 呂氏春秋: 白圭新與惠子相見, 惠子說之而彊, 惠子出, 白圭告人曰云云, 與此相類.』

권33 중산책 中山策

총10장(491~500)

戰國策

중산中山

중산中山은 춘추시대春秋時代 선우국鮮虞國으로 불렸으며 중원中原과는 다른 종족인 백적白狄이 세운 나라이다. 그러나 자성子姓(殷과 同姓)이라고도 하며 혹 희성姬姓(周와 동성)이라고도 한다. 일찍이 《좌전左傳》에 이미 진晉나라가 여러 차례 이 선우를 정벌한 기록이 보이며 중산中山이란 명칭은 《좌전左傳》 정공定公 4년에 처음 나타난다.

그 역사는 자세하지 않으나 위문후魏文侯가 멸하였다는 중산中山은 고顧 땅에 있었던 무공武公을 말하며 시기는 대체로 B.C. 408~405년경이다. 따라서 조趙나라 주부主父(趙나라 武靈王의 退位 후의 칭호)가 멸하였다는 중산中山은 영수靈壽(지금의 河北省 靈壽縣 서북)에 수도를 두었던 환자桓子 때이다.(B.C. 296년)

전국시대 중산은 지금의 호타하滹沱河 유역의 영수靈壽, 평산平山, 진현晉縣 일대를 영역으로 하고 있었던 것으로 밝혀졌다. 이 중산에 대한 사료는 매우 적어 사마천司馬遷의 《사기史記》에도 따로 중산에 대한 세가世家나 열전列傳이 없다. 그러나 1974년 하북河北 평산平山에서 중산왕묘中山王墓가 발굴되어 명문銘文의 정鼎, 호壺, 월鉞, 역도域圖 등이 출토되어 귀중한 자료로 평가받고 있다.

전국 초기(B.C. 414년) 중산무공中山武公이 고顧(지금의 河北省 晉縣)에 도읍을 정하였으며 한 때 종주국 주周나라로부터 책명冊命에 의해 후侯로 승인 받기도 하였다. 그 뒤 중산환공中山桓公 때 영수靈壽(河北省 定縣)로 옮겼으며 B.C. 323년에는 드디어 한韓나라, 연燕나라와 함께 왕王을 칭하기도 하였다. 영토가 위魏나라, 조趙나라와 맞닿아 많은 전쟁을 겪어야 했으며 그 때문에 한때 위魏나라에게 망하였다가 다시 중건하였고 B.C. 313년에는 제齊 선왕宣王이 연燕나라 자지子之의 난을 틈타 연나라를 공격했을 때 출병하여 영토를 확장하기도 하였다. 그러나 B.C. 307년부터 조趙나라 무령왕武靈王의 연이은 침공으로 급격히 국세가 쇠락하여 결국 B.C. 301년 중산군中山君은 조趙나라 위협을 이겨내지 못하고 제齊나라로 망명하여 보호를 받은 처지가 되고 말았다. 그 뒤 조趙나라 혜문왕惠文王 4년, 제齊나라가 남쪽으로 초楚나라와 싸우는 틈을 이용하여 이 중산을 완전히 멸망시켜 명맥이 끊어지고 말았다.(B.C. 295년)

이 중산국에 대해 포표鮑彪 주註에는 "중산中山은 옛 선우국鮮虞國으로 희성姬姓이다. 두우杜佑는 상산常山의 영수靈壽 지역이 중산국中山國이며 고성故城이 있다라 하였다. 그리고 성 안에 산이 있어 중산中山이라 하였으며 위열왕威烈王 20년에 중산무공中山武公이 처음 세웠다"라 하였다.

중산국에 대하여 포표본鮑彪本에는 이렇게 설명하고 있다.

『中山: 漢爲國, 有盧奴·北平·北新城·唐·深澤·若陘·安國·曲逆·望都·新市. 補曰:「索隱」云: 中山, 故鮮虞國, 姬姓也.「路史」, 杜佑云, 常山靈壽, 中山國, 有故城, 城中有山, 故號中山. 漢中山王靖始移居盧奴.「大事記」, 威烈王十二年, 中山武公初立. 又按「左傳」, 昭公十二年, 晉荀吳假道於鮮虞, 滅肥. 是冬, 晉復伐鮮虞. 杜預云: 鮮虞, 白狄別種, 在中山新市縣. 中山名始見定公四年. 晉合諸召陵, 謀爲蔡伐禁, 荀寅曰: 諸侯方貳, 中山不服, 無損於禁, 而失中山, 不如辭蔡侯. 則是時勢已漸强, 能爲晉之輕重矣.「史·趙世家」是年書中山武公初立. 意者, 其國益强, 遂建國備諸侯之制, 與中夏伉歟?』

491(33-1) 魏文侯欲殘中山

서둘러 그를 정처로 삼으십시오

위魏나라 문후文侯가 중산中山을 치려 하자 상장담常莊談이 조趙 양자襄子에게 일렀다.

"위나라가 중산을 합병하고 나면 다음은 바로 우리를 먹겠다고 덤빌 것입니다. 그대는 어찌하여 공자公子 경傾을 정처正妻로 삼아 그를 중산에 봉하도록 하지 않습니까? 이렇게 되면 중산국은 다시 일어설 수 있습니다."

魏文侯欲殘中山. 常莊談謂趙襄(桓)子曰:「魏幷中山, 必無趙矣. 公何不請公子傾以爲正妻, 因封之中山? 是中山復立也.」

【魏文侯】 魏桓子의 孫. 이름은 斯, 혹은 都. 三晉 초기에 가장 현명한 군주로 알려졌다.

【常莊談】 趙襄子의 신하. 襄子를 도와 智伯을 멸한 張孟談이 아닌가 한다.

【趙襄子】 이름은 無恤(毋卹). 趙鞅(簡子)의 庶子. 성격이 어질어 왕위를 이었다. 그러나 시기로는 趙桓子가 맞다.

【公子傾】 魏君의 딸. 傾은 그 딸의 이름. 古代에는 王의 자녀를 모두 公子로 불렀다.

【以爲正妻】 여기서는 襄子의 처인 傾을 正妃로 삼으면 魏나라가 고맙게 느끼며 傾을 위하여 山中을 합병한 후 그 땅을 되돌려 주리라는 뜻.

【中山復立】 이 기사는 襄子가 죽은 지 10여 년 후의 일로 사실과 다르다.

1. 魏文侯가 멸하였다는 中山은 顧 땅에 있었던 武公을 말하며 시기는 대체로 B.C. 408~405년경이다. 그리고 趙나라 主父(趙나라 武靈王의 退位 후의 칭호)가 멸하였다는 中山은 靈壽(지금의 河北省 靈壽縣 서북)에 수도를 두었던 桓子 때이다.(B.C. 296년) 226·231장 참조.

2. 한편 姚注에는 『中山復立』에 대하여 이렇게 고증하고 있다.

『公子傾, 魏君之女, 封之於中山以爲邑, 是則中山不殘也. 故云「中山復立」, 猶在也.』

같은 욕심을 가진 자는 서로 미워하기 마련

서수犀首가 제齊·조趙·위魏·연燕·중산中山 등 다섯 나라의 '군君'을 '왕王'으로 세울 때, 중산中山을 맨 마지막으로 겨우 칭해 주었다. 제왕齊王이 조趙·위魏 두 나라에게 불만을 토로하였다.

"나는 중산과 같이 왕이 되는 것이 부끄럽소. 원컨대 귀국貴國과 함께 그를 쳐 없애 그의 왕호王號도 폐지합시다."

중산의 임금이 듣고 대단히 겁이 났다. 그래서 즉시 장등張登을 불러 의논하였다.

"내가 장차 왕으로 서려고 하는데 제왕齊王이 조·위 두 나라에게 자신과 같은 왕호를 얻는다는 것을 부끄럽게 여겨 나를 치려 하고 있소. 이러다가 나라가 망할까 두렵소. 왕호 따위는 필요 없소. 그대가 아니면 누가 나를 구해 주겠소?"

장등은 이렇게 대답하였다.

"저에게 많은 수레를 준비하여 중한 선물을 갖추어 주십시오. 제가 전영田嬰을 만나보겠습니다."

중산 임금은 그를 곧 제나라로 보냈다. 그는 전영을 만나 물었다.

"제가 들으니 그대는 중산의 왕호를 폐지하기 위해 조·위 두 나라와 더불어 우리를 치려 하려 한다는 데 큰 착오입니다. 중산은 이렇게 작은 나라인데 세 나라가 치다니요. 비록 중산이 대국이라 할지라도 세 나라가 쳐들어온다면 중산은 이익이 눈앞에 있다해도 그까짓 왕호 하나쯤 버리는 일을 어렵게 여기지 않을 것입니다. 이는 그들의 요구를 들어주는 것과 같아집니다. 중산은 두려움을 느낀 나머지 결국 당신보다는 조·위 두 나라의 말을 더 착실히 들을 것입니다. 이는 조·위 두 나라로 하여금 양羊을 몰아 중산이라는 풀을 먹게 하는 꼴로 제나라에게는 아무런 이득이 없습니다. 중산이 왕호를 폐지 당하면서도 제나라를 섬길 것 같습니까?"

전영이 물었다.

"그럼 어쩌면 좋겠소?"

장등은 이렇게 설명해 주었다.

"지금 그대가 중산을 불러 우연히 만난 것처럼 하여 그의 왕호를 인정해 주십시오. 중산은 대단히 고맙게 여기며 조·위 두 나라와의 관계를 끊을 것입니다. 조·위 두 나라는 크게 노하여 중산을 공격하게 됩니다. 중산이 급박해지면 제나라가 자기를 구조해 주지 않는 이유가 중산과 나란히 칭왕稱王하는 것을 부끄럽게 여긴 때문임을 알고, 즉시 왕호를 버리고 제나라를 섬기게 될 것입니다. 중산이 두려워하는 것은 나라가 망할까하는 것입니다. 이는 그대가 그 왕호를 버리게 하여 그 나라를 지켜주는 것입니다. 이것이 조·위 두 나라로 하여금 양 떼를 몰아 그를 먹게 하는 것보다 낫다는 것입니다."

전영이 수긍하였다.

"그렇다."

그러자 장축張丑이 말렸다.

"안 됩니다. 제가 들으니 '같은 욕심을 가진 자는 서로 미워하고, 같은 근심을 가진 자는 서로 친하게 된다'라 하였습니다. 지금 다섯 나라가 모두 서로 왕을 칭하고 있는데, 부해負海, 齊만은 중산에 대해 못마땅히 여기고 있습니다. 이래서 다른 나라들도 모두 왕호를 갖고 싶어하는데 제나라의 간섭을 받지 않을까 조심하고 있는 터입니다.

지금 새삼스럽게 중산을 불러다가 칭왕을 허락한다고 하면 겉으로 보기에는 다섯 나라의 권리를 뺏어 제나라에게 이익이 될 것 같습니다만, 그러나 중산을 용납하느라 네 나라의 마음을 막아 버리는 행동이 됩니다. 그들은 서로 먼저 그를 왕으로 대우해 주며 거짓으로라도 친한 척할 것입니다. 이는 바로 그대가 중산 하나 얻으려다 네 나라를 잃는 것이 됩니다. 더구나 장등이라는 사람은 음모와 궤계詭計로 중산 임금을 섬겨 온 지 오래입니다. 그의 말은 믿지 않는 것이 이익이 될 것입니다."

전영은 장축의 말을 듣지 않고 장등의 말대로 중산을 불러다가 왕호를 허락해 주었다. 장등은 자기 뜻대로 되어가자 곧 조·위 두 나라로 가서 이렇게 말하였다.

"제나라는 하동河東을 치려 합니다. 어떻게 아느냐구요? 제나라는

중산과 나란히 칭왕을 한다는 것에 대하여 굉장히 수치스럽게 여기고
있었습니다. 그러면서도 오히려 중산의 임금을 불러 회견을 하면서
왕호를 허용한 것을 보면, 이는 하동을 치고자 중산의 병력을 이용하기
위한 수작입니다. 귀국들은 어찌하여 먼저 중산국에게 칭왕을 허락하여
제나라와 중산의 회견을 막지 않고 있습니까?"
　조와 위 두 나라는 모두 그 말을 듣고 중산의 임금에게 칭왕을 허락하면서
피차 우호관계를 맺었다. 중산은 과연 제나라와의 관계를 끊고 조·위
두 나라를 추종하게 되었다.

　犀首立五王, 而中山後持. 齊謂趙·魏曰:「寡人羞與中山並爲王, 願與
大國伐之, 以廢其王.」中山聞之, 大恐. 召張登而告之曰:「寡人且王, 齊謂
趙·魏曰, 羞與寡人並爲王, 而欲伐寡人. 恐亡其國, 不在索王. 非子莫能
吾救」登對曰:「君爲臣多車重幣, 臣請見田嬰.」中山之君遣之齊. 見嬰子曰:
「臣聞君欲廢中山之王, 將與趙·魏伐之, 過矣. 以中山之小, 而三國伐之,
中山雖益廢王, 猶且聽也. 且中山恐, 必爲趙·魏廢其王而務附焉. 是君
爲趙·魏驅羊也, 非齊之利也. 豈若中山廢其王而事齊哉?」田嬰曰:「奈何?」
張登曰:「今君召中山, 與之遇而許之王, 中山必喜而絶趙·魏. 趙·魏怒而
攻中山, 中山急而爲君難其王, 則中山必恐, 爲君廢王事齊. 彼患亡其國,
是君廢其王而亡(立)其國, 賢於爲趙·魏驅羊也.」田嬰曰:「諾.」張丑曰:
「不可. 臣聞之:『同欲者相憎, 同憂者相親.』今五國相與王也, 負海不與焉.
此是欲皆在爲王, 而憂在負海. 今召中山, 與之遇而許之王, 是奪五(四)國
而益負海也. 致中山而塞四國, 四國寒心. 必先與之王而故親之, 是君臨中
山而失四國也. 且張登之爲人也, 善以微計薦中山之君久矣, 難信以爲利.」
田嬰不聽. 果召中山君而許之王. 張登因謂趙·魏曰:「齊欲伐河東. 何以
知之? 齊羞與中山之爲王甚矣, 今召中山, 與之遇而許之王, 是欲用其兵也.
豈若令大國先與之王, 以止其遇哉?」趙·魏許諾, 果與中山王而親之.
中山果絶齊而從趙·魏.

【犀首】公孫衍. 魏나라 사람으로 齊·趙·燕·魏·中山 등 다섯 나라의 동시 相國을 지낼 때 그 나라들의 '君'·'公' 칭호를 '王'으로 바꾸었다. 그 중 中山이 제일 약소국이어서 가장 늦게 왕호를 칭하게 해주었던 것이다.

【張登】中山의 신하.

【田嬰】齊나라 威王의 少子. 號는 靖郭君. 당시 齊나라 相國이었으며 孟嘗君(田文)의 아버지.

【張丑】齊나라 신하.

【負海】바다를 등지고 있는 나라. 즉 齊나라. 산동반도를 넘어 渤海·黃海를 끼고 있어 제나라를 이렇게 부른 것이다.

【河東】黃河는 山西省 경계를 타고 북쪽에서 남쪽으로 흐른다. 그래서 山西省의 河水(黃河)의 동쪽을 河東이라 불렀다.

『참고 및 관련 자료』

1. 325장에서처럼 B.C. 334년 徐州之會에서 梁(魏)惠王과 齊威王(≪史記≫에는 宣王)이 서로 상대의 王號를 인정하였다. 그 뒤 B.C. 323년 魏나라 犀首는 秦나라와 대항하기 위하여 魏·韓·趙·燕·中山 다섯 나라의 왕호를 수립해 준 것이다. 이에 대한 불만을 가진 齊나라와 중산의 관계는 다음 장(493장)에도 이어진다.

2. 『犀首立五王』에 대한 鮑本의 분석
『秦·韓·燕·宋·中山也. 楚, 春秋時王. 齊宣·魏惠, 顯王三十五年王. 趙武靈獨不王. 其後秦惠十二年, 韓宣惠·燕易王王. 明年, 秦惠始王. 秦惠改元之七年, 宋偃始王, 故武靈八年書五國相王, 卽秦七年也. 正曰: 大事記: 周顯王四十六年, 韓·燕·中山皆稱王, 趙獨稱君, 其後亦稱王. 「解題」按, 「戰國策」犀首立五王, 高氏以爲齊·趙·魏·燕·中山, 鮑氏以爲秦·韓·燕·宋·中山, 二家之說皆非也. 齊·魏王已久, 秦之王出於張儀, 宋·中山俱小國. 使宋是時稱王, 齊何爲獨怒中山? 況偃之稱王, 又在愼靚之三年乎? 然則犀首所立五王, 其可考者, 韓·燕·趙·中山, 其一則不可考也. 趙武靈王初稱君, 「世家」十一年書王召公子職於韓, 則是時已稱王矣. 七國惟楚僭王, 遠在春秋之世. 其餘六國, 魏最先, 趙最後.』

493(33-3) 中山與燕趙爲王
왕이라는 명칭

중산中山이 연燕·조趙 두 나라와 함께 왕을 칭하였다. 그러자 제齊나라가 중산의 사신을 통과하지 못하도록 국경의 관문을 닫아 버리고 이렇게 말하였다.

"우리는 만승지국萬乘之國인데 비해 중산은 천승(백승)지국에 불과하다. 어찌 우리처럼 왕의 명칭을 같이 할 수 있겠는가?"

그리고는 심지어 평읍平邑을 떼어 연·조 두 나라에게 뇌물로 주면서 함께 출병하여 중산을 공격하자고 하였다. 중산의 남제군藍諸君은 두려웠다.

이때 장등張登이 나서서 남제군에게 일러주었다.

"공께서는 제나라에 대해 무엇을 걱정하십니까?"

남제군이 말하였다.

"제나라는 강하며 만승지국이오. 그런 나라가 우리 중산국이 왕을 칭하자 같이할 수 없다고, 땅을 떼어 주는 것까지도 아까워하지 않으면서 연·조 두 나라에게 뇌물을 주어 출병하여 함께 우리 중산을 공격하려 하고 있소. 게다가 연·조 두 나라도 명분을 좋아할 뿐만 아니라 토지까지 얻을 욕심을 내고 있소. 나는 우리나라가 견뎌내지 못할까 심히 걱정이오. 크게는 나라가 위험할 것이요, 적게는 왕의 칭호를 폐지해야 할 듯하오. 그런데 어찌 내가 걱정이 없을 수 있겠소?"

장등이 설명하였다.

"청컨대 연·조 두 나라로 하여금 중산국을 도와주고, 중산의 왕호까지 이루어지도록 하여 일을 안정시킬 수 있는 책략이 있습니다. 공께서 한번 해보시겠습니까?"

남제군이 말하였다.

"그것이 내가 바라는 바요."

장등은 이렇게 제안하였다.

"그러면 잠시 공이 제나라 왕이라고 합시다. 지금부터 제가 제나라 왕께 유세를 하듯 들려드릴 테니. 가하다면 실행해 보십시오."

"좋소. 그 의견을 들어봅시다."

이리하여 장등은 남제군을 제나라 왕이라 여기고 이렇게 일러 주었다.

"'왕(제나라 왕)께서 땅을 떼어 주는 것조차 아까워하지 않고 연·조 두 나라에 뇌물을 주어 함께 출병하여 중산을 공격하려 하시는 이유는 사실 중산의 칭왕을 폐지시키기 위함이지요?'라 물으면 왕은 '그렇다'라 할 것입니다. 다시 내가 '그런 이유로 그렇게 하시는 것은 비용이 많이 들고 위험하기도 합니다. 무릇 땅을 떼어 연·조 두 나라에 뇌물로 주는 것은 적을 강하게 키워 주는 꼴밖에 안 됩니다. 게다가 병사를 일으켜 중산을 공격하는 것은 한 번에는 어렵습니다. 왕께서 두 가지 행동을 하신다 해도 중산으로부터 아무 것도 얻지 못할 것입니다. 그러니 왕께서는 저의 책략에 따르시면 땅도 떼어 줄 필요 없고 병력도 쓰실 필요 없이 중산의 왕호를 폐지할 수 있습니다'라 하면, 왕은 '그대의 책략이란 무엇이오?'라고 물어올 것입니다."

여기까지 이야기를 듣자 남제군이 가로막고 나섰다.

"아니, 그대의 책략이 무엇인지 내가 먼저 들읍시다."

그러자 장등이 다시 제왕에게 유세하듯 계속하였다.

"왕(제왕)께서는 높은 사신을 중산국에 파견하여 이렇게 말하십시오. '과인이 국경을 폐쇄하고 사신을 통과시키지 않은 것은 귀국 중산이 오로지 연·조 두 나라와 함께 칭왕하였기 때문이오. 다시 말해 우리 제나라와는 함께 칭왕하겠다는 말을 해오지 않았기 때문이오. 그래서 국경을 막아 버린 것이오. 만약 왕(중산왕)께서 진실로 발걸음을 옮겨 나를 만나러 온다면 내가 힘써 그대를 돕겠소.' 그러면 중산은 연·조 두 나라가 자신을 돕지 않고 도리어 제나라가 '힘써 돕겠다'는 말을 듣게 되어 연·조 두 나라를 피해 몰래 왕(제왕)을 만나게 될 것입니다. 이때 연·조 두 나라가 이 소식을 듣고는 노해서 중산국과 단교하고 말 것입니다. 그렇게 된 다음에는 왕(제왕)께서도 역시 절교해 버리는 것입니다. 그러면 중산이 고립되게 되어 어찌 왕호를 폐지하지 않고 버틸 수 있겠습니까?"

그리고는 남제군에게 물었다.

"이렇게 제왕에게 유세하면 그가 듣지 않을까요?"

이에 남제군이 의아히 여겨 물었다.

"제나라야 틀림없이 듣겠지요. 그리하여 왕호를 폐지한다면 그것이 어찌 우리 중산의 왕호를 존속시킨다는 뜻이오? 앞뒤가 맞지 않습니다."

장등이 말을 받았다.

"그래서 왕호를 존속시킨다는 것은 이런 이치에서 한 말입니다. 즉 제나라가 조금 전 말씀대로 우리를 돕겠다는 말이 떨어졌을 때 우리 중산은 이 말을 연·조 두 나라에게 전하면서 제나라에 가지 않는 것입니다. 그 대신 연·조 두 나라에게 예물을 후히 주어 친교를 맺어두는 것입니다. 그러면 연·조 두 나라는 '제나라가 평읍을 우리에게 준다고 한 것은 중산의 왕호를 폐지시키기 위한 것이 아니라, 우리 두 나라를 중산과 멀어지게 하고 대신 자기가 중산을 끌어들이려는 속셈이다'라고 여길 것입니다. 이렇게 되면 제나라가 비록 평읍 1백 개를 떼어 준다고 해도 연·조 두 나라는 받지 않을 것입니다."

그제야 남제군은 알아들었다.

"좋습니다."

장등이 이 말을 가지고 제나라에 가자 과연 제나라 왕은 돕겠다는 뜻을 나타내었다. 중산은 즉시 이 말을 연·조 두나라에게 알려 주고는 제나라에 가지 않았다.

연·조 두 나라도 과연 중산으로 하여금 왕호를 계속 쓰게 도와주었고 모든 일은 드디어 안정을 되찾게 되었다.

中山與燕·趙爲王, 齊閉關不通中山之使, 其言曰:「我萬乘之國也, 中山千乘之國也, 何侔名於我?」欲割平邑以賂燕·趙, 出兵以攻中山.

藍諸君患之. 張登謂藍諸君曰:「公何患於齊?」藍諸君曰:「齊强, 萬乘之國, 恥與中山侔名, 不憚割地以賂燕·趙, 出兵以攻中山. 燕·趙好位而貪地, 吾恐其不吾據也. 大者危國, 次者廢王, 奈何吾弗患也?」張登曰:「請令燕·趙固輔中山而成其王, 事遂定. 公欲之乎?」藍諸君曰:「此所欲也.」曰:「請以公爲齊王而登試說公. 可, 乃行之.」藍諸君曰:「願聞其說.」登曰:

「王之所以不憚割地以賂燕・趙, 出兵以攻中山者, 其實欲廢中山之王也.
王曰:『然.』然則王之爲費且危. 夫割地以賂燕・趙, 是强敵也; 出兵以攻
中山, 首難也. 王行二者, 所求中山未必得. 王如用臣之道, 地不虧而兵不用,
中山可廢也. 王必曰:『子之道奈何?』」藍諸君曰:「然則子之道奈何?」
張登曰:「王發重使, 使告中山君曰:『寡人所以閉關不通使者, 爲中山之獨
與燕・趙爲王, 而寡人不與聞焉, 是以隘之. 王苟擧(玉)趾以見寡人, 請亦
佐君.』中山恐燕・趙之不己據也, 今齊之辭云『卽佐王』, 中山必遁燕・趙,
與王相見. 燕・趙聞之, (必)怒絶之, 王亦絶之, 是中山孤, 孤何得無廢?」
「以此說齊王, 齊王聽乎?」藍諸君曰:「是則必聽矣, 此所以廢之, 何在其所
存之矣?」張登曰:「此王所以存者也. 齊以是辭來, 因言告燕・趙而無往,
以積厚於燕・趙. 燕・趙必曰:『齊之欲割平邑以賂我者, 非欲廢中山之王也;
徒欲以離我於中山, 而己親之也.』雖百平邑, 燕・趙必不受也.」藍諸君曰:
「善.」遣張登往, 果以是辭來. 中山因告燕・趙而不往, 燕・趙果俱輔中山而
使其王. 事遂定.

【平邑】지금의 河北省 南樂縣 동북.
【藍諸君】中山國의 재상. 459장의 望諸君이 아닌가 한다.
【張登】유세객. 436・492장 참조.
【齊王】당시 齊나라 威王.

1. 鮑本의 평어

『彪謂: 張登億則屢中, 言之必可行者也. 雖其用智有捭闔風氣, 而文無害, 亦狡獪
可喜, 非君子之所排也. 正曰: 捭闔狡獪, 豈非君子之所批者? 因其文之可喜, 而
謂其術之無害, 悖矣!』

494(33-4) 司馬憙使趙
그놈의 살을 씹어먹겠다

사마희司馬憙가 조趙나라에게 자신을 중산국中山國의 상국相國 자리에 앉게 해달라고 부탁하였다. 그런데 상국 공손홍公孫弘이 몰래 이 사실을 알아 버렸다. 마침 중산 왕이 어디를 나가게 되었을 때 사마희가 수레를 몰았고 공손홍은 배석하게 되었다. 공손홍이 물었다.

"남의 신하된 자가 대국의 위세를 빌어서 상국 자리를 노린다면 임금님께서는 어떻게 보십니까?"

왕이 대답하였다.

"나는 그놈의 살을 씹어먹으며 남에게 나눠주지도 않겠다."

그 말을 들은 사마희가 갑자기 수레 앞의 횡목에 머리를 조아리며 이렇게 말하는 것이었다.

"저는 죽음이 다가 오리라 알고 있습니다."

놀란 왕이 그 이유를 물었다.

"제가 바로 그런 죄를 졌기 때문입니다."

임금이 말하였다.

"수레를 몰아라. 내 알아들었다."

얼마 후 조나라에서 사신을 보내어 사마희를 재상으로 삼을 것을 요구하였다. 중산왕은 공손홍을 크게 의심하였다. 그래서 공손홍은 도망치고 말았다.

司馬憙(喜)使趙, 爲己求相中山. 公孫弘陰知之. 中山君出, 司馬憙御, 公孫弘參乘. 弘曰:「爲人臣, 招大國之威, 以爲己求相, 於君何如?」君曰:「吾食其肉, 不以分人.」司馬憙頓首於軾曰:「臣自知死至矣!」君曰:「何也?」(曰:)「臣抵罪.」君曰:「行, 吾知之矣.」居頃之, 趙使來, 爲司馬憙求相. 中山君大疑公孫弘, 公孫弘走出.

【司馬憙】中山國의 臣下. 司馬喜로도 쓴다.

【公孫弘】당시 中山國의 相國.

【大疑公孫弘】王은 원래 司馬憙를 相國으로 삼고 싶었던 차이므로 弘이 司馬憙를 모함한 사실을 알았고, 앞으로도 그러리라고 의심한 것이다.

1. 司馬憙와 公孫弘에 대해 鮑本은 다음과 같이 고증하고 있다.

『補曰:「太史公自序」, 司馬氏其在衛者, 相中山. 徐廣云, 名喜.「鄒陽書」, 司馬喜臏於宋而相中山. 按戰國有兩公孫弘, 一在齊, 爲孟嘗君見秦昭王, 一卽此人. 與漢平津爲三.「韓子」云: 公孫弘斷髮而爲越王騎, 又一人也.』

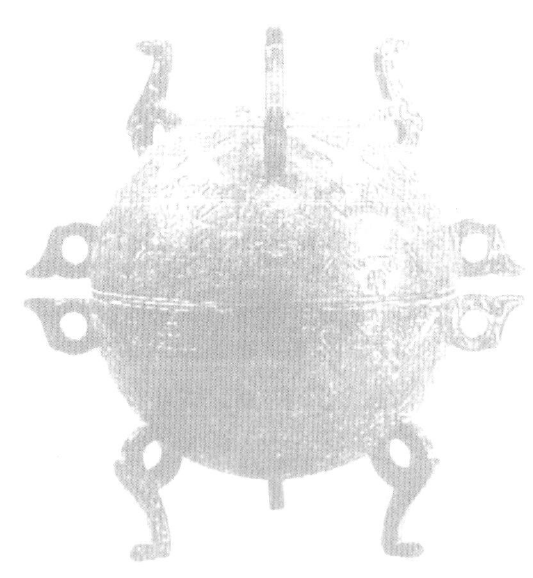

495(33-5) 司馬憙三相中山
음간이라는 여인

사마희司馬憙가 세 번이나 중산의 상국을 역임하는 동안, 음간陰簡이라는 여인이 몹시 그를 미워하였다. 이때 전간田簡이 사마희에게 일러주었다.

"조趙나라는 사신을 보내어 중산의 사정을 속속들이 알아 가고 있습니다. 어찌 음간이 미녀라는 사실을 조나라에게 퍼뜨리지 않았겠습니까? 조나라는 앞으로 틀림없이 그 여자를 달라고 요구할 것입니다. 중산의 임금이 이를 허락하면 그대에게는 미워하는 자가 없어지게 되는 것이요, 만약 왕이 허락하지 않거든 즉시 왕에게 권고하여 그를 정처正妻로 삼으라고 하십시오. 그러면 음간은 당신 은혜에 고마워 당신을 미워하지 않게 됩니다."

〈紅衣舞女像〉 벽화 1957 陝西 長安 唐墓 벽화

과연 조나라에서 사신을 보내 그 미녀를 요구하였으나 왕이 거절하였다. 사마희는 곧 왕에게 권고하였다.

"임금께서 그 여자를 조나라에게 주지 않으면 조나라가 화를 낼 것입니다. 그렇게 되면 우리 중산만 위험해지게 됩니다. 그러니 즉시 그 여자를 정처로 삼으십시오. 남의 정처를 달라고 해서 주지 않는다고 원망하는 경우란 없으니까요."

전간이 중산 임금으로 하여금 음간을 정처로 삼게 함으로써, 사마희를

도와 주었고 음간을 도와 주었으며 조나라로 하여금 요구를 하지 못하도록
한 것이다.

司馬憙三相中山, 陰簡難之. 田簡謂司馬憙曰:「趙使者來屬耳, 獨不可語
陰簡之美乎? 趙必請之, 君與之, 卽公無內難矣; 君弗與趙, 公因勸君立之以爲
正妻. 陰簡之德公, 無所窮矣.」果令趙請(之), 君弗與. 司馬憙曰:「君弗與趙,
趙王必大怒; 大怒則君必危矣. 然則立以爲妻, 固無請人之妻不得而怨人
者也.」田簡自謂(爲)取使, 可以爲司馬憙, 可以爲陰簡, 可以令趙勿請也.

【陰簡】 中山國의 미녀, 뒤에 왕의 正妻가 되었다.
【田簡】 中山國의 신하.
【趙】 당시 임금이 武靈王이었다.

참고 및 관련 자료

1. 鮑本의 結語
『簡請使耳, 實喜自使. 見下. 正曰: 此章以爲語趙使, 下章以爲司馬喜使說趙王,
此正記所傳之異.』

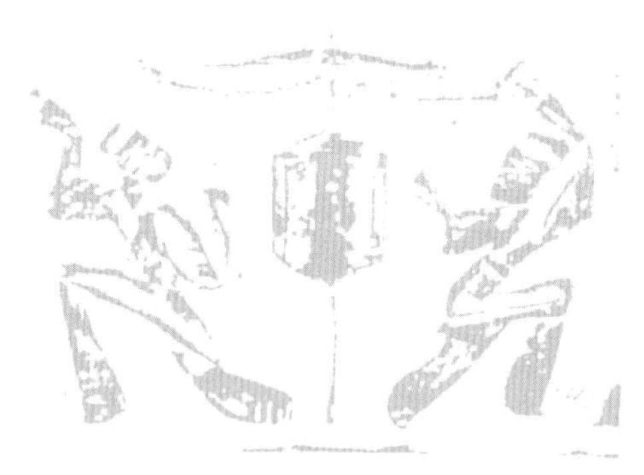

496(33-6) 陰姬與江姬爭爲后
남의 왕후를 달라는 법은 없다

음희陰姬와 강희江姬가 왕후 자리를 놓고 다투고 있었다. 사마희司馬憙가 음희의 아버지를 찾아가 말하였다.

"일이 성공하면 그대는 벼슬도 얻고 백성도 얻을 수 있지만 실패하면 몸 하나 보전하기도 어렵습니다. 상공시키고자 하면서 어찌 나를 찾아와 상의도 하지 않습니까?"

음희의 아버지는 머리를 조아리며 말하였다.

"당신 말과 같이 된다면 큰 보답도 할 수 있지만 어찌 내가 먼저 말을 꺼낼 수 있겠소?"

그리고 나서 사마희는 곧 왕에게 글을 올렸다.

"제가 듣기로는 조趙나라를 약화시키고 중산을 강하게 할 수 있는 방법이 있다 합니다."

중산왕은 기뻐하며 그를 불러들였다.

"조나라를 약화시키고 중산을 강화시킬 수 있다는 말을 듣고 싶소."

사마희는 이렇게 설명하였다.

"제가 직접 조나라에 가서 그 지형의 험한 정도와 백성의 빈부 정도, 군신의 현불초를 살펴 그 자료를 알아보고 오기 전에는 미리 말씀드릴 수가 없습니다."

중산 왕은 이를 조나라로 파견하였다. 사마희가 조왕趙王을 만나자 이야기를 시작하였다.

"제가 들으니 조나라에는 천하의 훌륭한 음악이 있고, 미녀가 많이 나기로 이름난 곳이라 하던데요. 지금 제가 국내를 다 돌고 도시를 다 훑어보며 백성의 풍속을 다 들어보았지만 용모와 안색이 뛰어나게 예쁜 여자가 없는 것 같습니다. 제가 돌아다닌 곳은 많습니다. 가보지 않은 곳이 없을 정도로 천하를 주유하였지만 중산의 음희만큼 예쁜 여자는 아직 본 적이 없습니다. 모르는 사람은 신선이 아닌가 할 정도이고, 아무리 말로 잘 표현한다 해도 설명해낼 길이 없습니다. 그 용모와 안색은 절대미인을 넘어서 있습니다. 그의 눈썹·눈동자·콧구멍·콧등·양 뺨과 눈썹 위의 안골, 이마 뼈 등은 극히 귀한 상으로 절대 제왕의 후비가 될 용모를 타고 난 것이지, 일개 제후의 아내로 그칠 상은 아닙니다.”

조왕이 이 말을 듣자 마음이 움직였다. 그리고 크게 즐거워하며 물었다.

“내가 그를 달라고 요구하고 싶소. 어떻게 하면 되겠소?”

사마희는 이렇게 말하였다.

“제가 그의 아름다움을 보고 참을 수 없어 꺼낸 말에 불과합니다. 이런 일에는 제가 감히 이렇다 저렇다 할 수 없으니 다만 대왕께서는 누설하지 말고 계십시오.”

사마희는 조왕에게 인사를 고하고 중산에 돌아와서는 왕에게 다음과 같이 보고하였다.

“조왕은 어진 군주가 못 됩니다. 도덕을 좋아하는 것이 아니고 성색聲色을 좋아하며 인의仁義는 버리고 용력勇力을 좋아하는 임금입니다. 제가 들어 보니 앞으로 틀림없이 음희를 달라고 요구할 것 같습니다.”

이 말에 중산왕은 얼굴이 붉으락푸르락 변하였다. 이때를 놓치지 않고 사마희가 일렀다.

“조나라는 강국입니다. 틀림없이 달라고 요구해 올 것입니다. 그때 왕이 거절하면 사직이 위험해집니다. 그렇다고 주었다가는 제후들의 비웃음을 면치 못하게 됩니다.”

왕이 물었다.

“그럼 어떻게 하면 되겠소?”

사마희는 얼른 이렇게 대답하였다.

“그를 후后로 삼아 조왕의 욕심을 끊어버리십시오. 세상에 남의 왕후를 요구한다는 법은 없으니까요! 비록 요구한다 해도 이웃 나라가 먼저 말리는 법입니다.”

중산왕은 과연 서둘러 그를 후로 삼아 버렸다. 조나라에서는 아무런 요구가 없게 되었다.

陰姬與江姬爭爲后. 司馬憙謂陰姬公曰:「事成, 則有土·子(得)民; 不成, 則恐無身. 欲成之, 何不見臣乎?」陰姬公稽首曰:「誠如君言, 事何可豫道者?」司馬憙卽奏書中山王曰:「臣聞弱趙强中山.」中山王悅而見之曰:「願聞弱趙强中山之說.」司馬憙曰:「臣願之趙, 觀其地形險阻, 人民貧富, 君臣賢不肖, 商敵爲資. 未可豫陳也.」中山王遣之.

見趙王曰:「臣聞趙, 天下善爲音, 佳麗人之所出也. 今者, 臣來至境 入都邑, 觀人民謠俗, 容貌顔色, 殊無佳麗好美者. 以臣所行多矣, 周流無所不通(至), 未嘗見人如中山陰姬者也. 不知者, 特以爲神力(也), 言不能及也. 其容貌顔色, 固已過絶人矣. 若乃其眉目准頮權衡, 犀角偃月, 彼乃帝王之后, 非諸侯之姬也.」趙王意移, 大悅曰:「吾願請之, 何如?」司馬憙曰:「臣竊見其佳麗, 口不能無道爾. 卽欲請之, 是非臣所敢議, 願王無泄也.」

司馬憙辭去, 歸報中山王曰:「趙王非賢王也. 不好道德, 而好聲色; 不好仁義, 而好勇力. 臣聞其乃欲請所謂陰姬者.」中山王作色不悅. 司馬憙曰:「趙强國也, 其請之必矣. 王如不與. 卽社稷危矣; 與之, 卽爲諸侯笑.」中山王曰:「爲將奈何?」司馬憙曰:「王立爲后, 以絶趙王之意. 世無請后者. 雖欲得請之, 鄰國不與也.」中山王遂立以爲后, 趙王亦無請言也.

【陰姬】 앞의 陰簡.
【江姬】 역시 中山의 미녀.
【豫道】 미리 말함. 鮑彪 주에 "言將厚報之, 未可先言"이라 하였다.
【准頮權衡】 准은 코, 알(頮)은 이마, 權은 顴과 같으며 양 빰, 衡은 눈썹 부분을 말함.
【犀角偃月】 犀角은 물소 뿔을 말하나 여기서는 머리 뼈(頭骨)의 골상을 뜻함. 偃月은 이마 뼈(額骨)의 골상을 뜻함.
【趙王】 趙나라 武靈王.

1. 앞장 495장과 연관된 이야기이며 趙 武靈王 17년(B.C. 309년)쯤의 일이다.

2. 鮑本의 평어

『此兩章一事爾, 而曲折小差. 著書者, 自以所聞駁異也. 然則此書之作, 亦至愼矣. 補曰: 司馬喜繩陰姬以語趙王, 而脅君以行詐取寵, 視張儀於鄭袖, 其惡尤甚. 記者好夸, 何愼之有!』

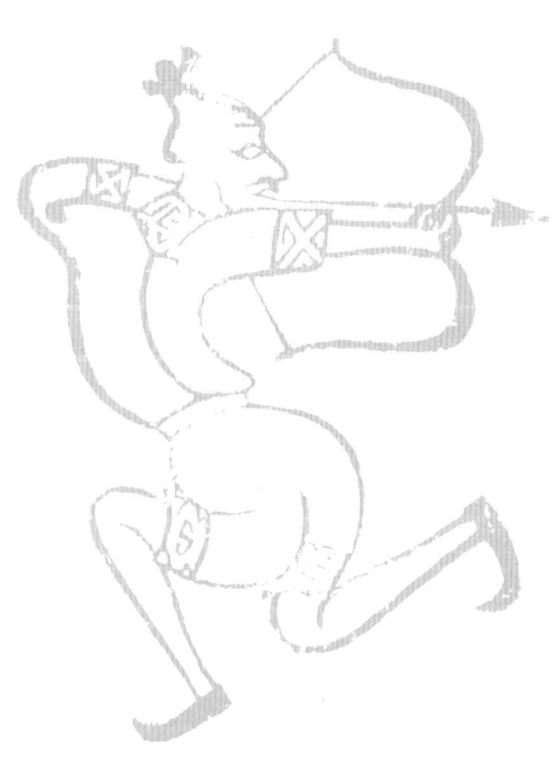

497(33-7) 主父欲伐中山
우리가 차지하지 않으면

주부主父, 趙 武寧王가 중산中山을 치려고 이자李疵로 하여금 정세를 살피고 오도록 하였다. 이자가 돌아와 이렇게 보고하였다.

"중산을 칠 수 있습니다. 만약 지금 쳐서 우리가 차지하지 않으면 천하 다른 제후에게 뒤질까 두렵습니다."

주부가 물었다.

"무슨 뜻이오?"

이자는 이렇게 말하였다.

"중산의 임금은 수레를 탈 때면 항상 수레 덮개를 기울여 놓고 마주하여 선비를 사귀고, 궁벽한 여항의 선비까지 찾아다니며 방문하고 있습니다. 이렇게 하여 벌써 70여 명의 현인을 얻었다 합니다."

이 말에 주부는 의아해서 물었다.

"그렇다면 어진 임금이 아니오? 어찌 그런 나라를 칠 수 있다는 말이오?"

이자는 이렇게 설명하였다.

"그렇지 않습니다. 선비만 높이 받들면 백성들은 명예만 찾아, 그 근본인 자기 임무를 다하지 않게 되고, 어진 이만 찾아다니면 농사짓는 자가 게을러지고 군대는 나약해집니다. 이렇게 되고도 망하지 않은 나라는 이제껏 없었습니다."

主父欲伐中山, 使李疵觀之. 李疵曰:「可伐也. 君弗攻, 恐後天下.」主父曰: 「何以?」對曰:「中山之君, 所傾蓋與車而朝窮閭隘巷之士者, 七十家.」 主父曰:「是賢君也, 安可伐?」李疵曰:「不然. 擧士, 則民務名不存本; 朝賢, 則耕者惰而戰士懦. 若此不亡者, 未之有也.」

【主父】趙나라 武靈王이 즉위한 후의 칭호. '주보'로도 읽는다.

【李疵】趙나라 신하.

【中山王】中山의 桓公.

【傾蓋與車】'傾蓋以交', '傾蓋與語'와 같은 성어이다. 수레를 몰다가 보고싶은 이를 만나 그 수레 덮개를 비스듬히 기대어 놓고, 시간 가는 줄 모르고 담론을 나눔을 말한다. ≪孔子家語≫, ≪韓詩外傳≫, ≪新序≫ 등에 이의 고사가 실려있다.

1. ≪史記≫ 趙世家에 의하면 趙 武靈王의 재위 전인 B.C. 306년에 中山을 공격한 것으로 되어 있다. 한편 본장의 내용은 오히려 趙策에 들어가야 맞는 것으로 보인다.

2. ≪韓非子≫ 外儲說左上

趙主父使李疵視中山可攻不也. 還報曰:「中山可伐也. 君不亟伐, 將後齊·燕.」 主父曰:「何故可攻?」李疵對曰:「其君見好巖穴之士, 所傾蓋與車以見窮閭隘巷之士以十數, 伉禮下布衣之士以百數矣.」君曰:「以子言論, 是賢君也, 安可攻?」 疵曰:「不然. 夫好顯巖穴之士而朝之, 則戰士怠於行陳; 上尊學者, 下士居朝, 則農夫惰於田. 戰士怠於行陳者, 則兵弱也; 農夫惰於田者, 則國貧也. 兵弱於敵, 國貧於內, 而不亡者, 未之有也. 伐之不亦可乎?」主父曰:「善.」擧兵而伐中山, 遂滅也.

3. 鮑本의 평어

『彪謂: 李疵小人也, 乃欲使人君廢賢而置士. 夫賢者在位, 將使耕者愈力, 戰士愈奮, 而誰敢惰懦? 且不賢而耕且戰, 民之分也, 何敢與賢者竝. 民惟不務名耳, 豈有務名而不趨於善者乎? 若疵者, 小人之無忌憚者也. 補曰: ≪韓非子≫有, 末云, 擧兵而伐中山, 遂滅也. 嘗讀商君之言曰, 國之所以興者, 農戰也. 民求官爵不以農戰, 而巧言虛道者, 其國必削. 詩·書·禮·樂·善·修·仁·廉·辯·慧, 國有十者, 上無使守戰, 敵至必削, 下民必貧. 此商君所以遺禮義, 上首功, 而富國強兵之術也. 武靈胡服騎射, 一反先王之敎, 其桀驁之志. 使卒不死而獲逞, 有以異於秦乎? 李疵者, 窺見其所大欲, 故以舍士急耕戰之說導之. 當時風聲氣習, 不約而合, 其悖謬固不足辨也. 抑其所稱中山之事者, 殆未必然. ≪大事記≫據 「呂氏春秋」, 「晉太史屠黍謂周威公曰: 天生民而令有別. 有別, 人之義也, 所以異

於禽獸麋鹿也, 君臣上下之所以立也. 中山之俗, 以晝爲夜, 以夜繼日 男女切倚,
固無休息, 其主弗之惡, 此亡國之風也. 居二年, 中山果亡」. 其亡之故可考矣.
使賢俊盛多, 尊禮無失, 則當時風俗, 安得至此乎?』

498(33-8) 中山君饗都士
양고기 국물 한 잔에 나라를 망치다

중산中山의 임금이 사대부들을 불러 잔치를 벌였다. 이때 대부 사마자기司馬子期도 초청을 받았다. 양고기 국을 나눠먹을 때 마침 사마자기에게 그 몫이 돌아가지 않았다. 그 일로 사마자기는 노하여 초楚나라로 달려가 초왕楚王을 달래 중산을 치게 하였다.

중산왕이 도망을 다니고 있을 때, 어떤 두 사람이 창을 들고 그 뒤를 따르며 지켜 주고 있는 것이었다. 왕이 뒤를 돌아보며 두 사람에게 물었다.

"그대들은 어떤 자들인가?"

그들의 대답은 이러하였다.

"저희들 아버지께서, 일찍이 배가 고파 죽기 직전에 왕께서 식은 밥을 내려 살려 주셨습니다. 아버님이 임종하시면서 '만약 중산왕에게 무슨 일이 생기거든 죽음으로써 보답하라'고 유언하셨습니다. 그래서 임금을 위하여 목숨을 바치려고 따라나선 것입니다."

왕은 하늘을 우러러 탄식하였다.

"남에게 무엇을 베풀 때는 양이 많고 적음에 있는 것이 아니라 그 곤액할 때 베푸는 것이 중요하며, 남에게 원한을 살 때는 깊고 얕음에 있는 것이 아니라 그 마음을 상하게 하는 데 있구나. 내가 한 잔의 양고기 국물에 나라를 망쳤고, 한 그릇의 찬밥에 두 용사를 얻었구나."

中山君饗都士, 大夫司馬子期在焉. 羊羹不遍, 司馬子期怒而走於楚, 說楚王伐中山, 中山君亡. 有二人挈戈而隨其後者, 中山君顧謂二人:「子奚爲者也?」二人對曰:「臣有父, 嘗餓且死, 君下壺飡餌之. 臣父且死, 曰:『中山有事, 汝必死之.』故來死君也.」中山君喟然而仰歎曰:「與不期衆少, 其於當厄; 怨不期深淺, 其於傷心. 吾以一杯羊羹亡國, 以一壺飡得士二人.」

【司馬子期】中山의 신하. 司馬는 성, 子期는 이름. 鮑本에 "中山人, 後爲楚昭卿.
正曰: 左氏定四年昭王出走, '子期似王'注, '昭王兄, 公子結也'. 後爲司馬. 惠王時,
白公殺之. 說苑屢稱司馬子期. '司馬', 官名. 此自一人, '司馬'則姓也"라 하였다.
【與不期衆少, 其於當厄; 怨不期深淺, 其於傷心】姚注에 "人之相怨, 不在深淺也.
苟傷其心, 則怨重也. 羊羹不徧, 而有出亡之患也"라 하였다.

499(33-9) 樂羊爲魏將
아들을 삶아죽인 국물을 받아 마시다

악양樂羊이 위魏나라 장수가 되어 중산中山을 공격하였다. 그런데 당시 악양의 아들이 마침 중산에 있었다. 화가 난 중산군이 이를 죽여 삶아 국을 만들어 악양에게 보내 버렸다. 그러자 악양은 이를 받아 마셔 버렸다. 예부터 이제까지 이를 두고 이렇게 칭하였다.

"악양은 자기 아들의 살로 삶은 국을 먹으면서 중산군에게 자기의 의지가 굳음을 표시하였고, 신명申鳴은 아버지의 죽음을 무릅쓰고 나라의 법을 지켰다."

樂羊爲魏將, 攻中山. 其子時在中山, 中山君烹之, 作羹致於樂羊. 樂羊食之. 古今稱之(曰): 「樂羊食子以自信, (信)名害父以求法.」

【樂羊】周 威烈王 18年(B.C. 408년)에 魏文侯가 樂羊으로 하여금 中山을 쳐부수게 한 일이다. 그러나 文侯는 그가 그렇게 殘酷함을 보고 의심을 하여 끝내 등용하지 않았다. 그의 후손에 유명한 樂毅가 나와 燕나라의 장수가 되어 齊나라를 치게 된다.

【其子時在中山】樂羊의 아들이 당시 中山의 대부가 되어 있었다. 中山王은 그 아들을 구실로 樂羊에게 침공을 중지할 것을 요구하였으나 들어주지 않자 죽여서 肉湯을 만들어 보냈다.

【明害父以求法】이에 대하여는 두 가지 해석이 있다. 우선 문자 그대로 "악양이 아버지로써의 의를 해치면서 나라의 법을 구하였다"이다. 다음으로 '明' 자 앞에 '信' 자가 더 있어야 하며, 이 '信明'을 '申鳴'의 가차자로 보아 그의 고사를 두고 평했다는 견해이다. 신명은 ≪韓詩外傳≫과 ≪說苑≫에 실려있는 춘추시대 인물로 임금의 부름에 가지 않았다가 '白公之亂'에 휩쓸려 백공이 아버지를 인질로 항복을 요구하자 아버지가 자결하였고, 신명 자신도 자살한 사건이다. 이에 대한 논의는 何建章의 ≪戰國策注釋≫과 繆文遠의 ≪戰國策校注≫에 자세히 실려있다.

1. 이 이야기는 魏策 290장과 같다.

2. ≪韓詩外傳≫ 卷十

楚有士曰申鳴, 治園以養父母, 孝聞於楚王, 召之, 申鳴辭不往. 其父曰:「王欲用汝, 何謂辭之?」申鳴曰:「何舍爲子, 乃爲臣乎?」父曰:「使汝有祿於國, 有位於廷, 汝樂, 而我不憂矣. 我欲汝之仕也.」申鳴曰:「諾.」遂之朝受命. 楚王以爲左司馬. 其年, 遇白公之亂, 殺令尹子西・司馬子期. 申鳴因以兵之衛. 白公謂石乞曰:「申鳴, 天下勇士也. 今將兵, 爲之奈何?」石乞曰:「吾聞申鳴, 孝子也. 劫其父以兵.」使人謂申鳴曰:「子與我, 則與子楚國; 不與我, 則殺乃父.」申鳴流涕而應之曰:「始則父之子, 今則君之臣, 已不得爲孝子矣. 安得不爲忠臣乎?」援枹鼓之, 遂殺白公, 其父亦死焉. 王歸, 賞之. 申鳴曰:「受君之祿, 避君之難, 非忠臣也; 正君之法, 以殺其父, 又非孝子也. 行不兩全, 名不兩立. 悲夫! 若此而生, 亦何以示天下之士哉!」遂自刎而死. 詩曰:『進退維谷.』

3. ≪說苑≫ 立節篇

楚有士申鳴者, 在家而養其父, 孝聞於楚國, 王欲授之相, 申鳴辭不受, 其父曰:「王欲相汝, 汝何不受乎?」申鳴對曰:「舍父之孝子而爲王之忠臣, 何也?」其父曰:「使 有祿於國, 立義於庭, 汝樂吾無憂矣, 吾欲汝之相也.」申鳴曰:「諾.」遂入朝, 楚王因授之相. 居三年, 白公爲亂, 殺司馬子期, 申鳴將往死之, 父止之曰;「棄父而死, 其可乎?」申鳴曰:「聞夫仕者身歸於君而祿歸於親, 今旣去子事君, 得無死其難乎?」遂辭而往, 因以兵圍之, 白公謂石乞曰:「申鳴者, 天下之勇士也, 今以兵圍我, 吾爲之奈何?」石乞曰:「申鳴者, 天下之孝子也, 往劫其父以兵, 申鳴聞之必來, 因與之語.」白公曰:「善.」則往取其父, 持之以兵, 告申鳴曰:「子與吾, 吾與子分楚國; 子不與吾, 子父則死矣.」申鳴流涕而應之曰:「始吾父之孝子也, 今吾君之忠臣也; 吾聞之也, 食其食者死其事, 受其祿者畢其能; 今吾已不得爲父之孝子矣, 乃君之忠臣也, 吾何得以全身!」授枹鼓之, 遂殺白公, 其父亦死, 王賞之金百斤, 申鳴曰:「食君之食, 避君之難, 非忠臣也; 定君之國, 殺臣之父, 非孝子也. 名不可兩立, 行不可兩全也, 如是而生, 何面目立於天下.」遂自殺也.

4. 鮑本의 평어

『此害於父道, 而羊爲之, 求爲殉國之法也. 補曰: 說見趙策.』(『趙策』은 『魏策』의 오기임)

500(33-10) 昭王旣息民繕兵
죽어도 패장이 될 수는 없습니다

진秦 소왕昭王이 이미 백성을 충분히 휴식시키고 군대를 다시 잘 정비한 후, 재차 조趙나라를 칠 준비를 서두르고 있었다. 이때 무안군武安君 백기白起가 반대하고 나섰다.

"안 됩니다."

왕이 물었다.

"지난해 장평長平 전투로 나라는 비고 백성은 굶주렸을 때만 해도 그대는 백성의 힘을 헤아리지 않고 군대와 식량을 더 요구하면서 조나라를 쳐서 없애자고 하더니, 지금 과인이 백성을 휴식시키고 군대를 길러 놓았으며 식량과 물자를 충분히 쌓아 삼군三軍이 그때보다 배로 늘었건만 그대가 안 된다고 하니 무슨 이유인지 말해보시오."

무안군이 이렇게 설명하였다.

"그 장평 전투 때에는 우리 진나라가 크게 이기고 조나라는 크게 깨졌습니다. 그래서 진나라 백성들은 환희에 찼었고 조나라는 두려움에 떨었지요. 그리고 진나라 백성으로 싸움에 죽은 자는 후한 장례를 치러주었고, 다친 자에게는 충분히 휴양하도록 하였으며 수고한 자에게는 잔치를 베풀어주고 음식과 먹을 것으로 그 재물의 손실도 충분히 보조해 주었습니다. 그러나 조나라로서는 죽은 자의 장례도 제대로 치러주지 못하였을 뿐더러, 다친 자에게는 제대로 치료도 해주지 못하고 있습니다. 이에 서로 붙들고 애통해 하면서 있는 힘을 다해 같은 근심으로 힘을 합치고 있습니다. 또 농사짓는 자는 그들 나름대로 부지런히 힘써서 그 재물을 만들어 내고 있습니다. 지금 왕께서 군대를 발동시키면 비록 옛날보다 곱절이 된다고는 하나 저는 조나라의 수비를 짐작컨대 역시 열 배를 해야 맞먹을 듯합니다. 조나라는 장평 전투 이래로 임금과 신하가 함께 걱정하면서 아침 일찍 일어나 밤늦게 귀가하여 사신을 보내되 스스로 외국에 겸손히 굴면서 중한 보배를 사방 제후국에 파견하고 있습니다. 그리하여 연燕·위魏 두 나라와는 혼인 친교를 맺었고, 제齊·초楚 두 나라와는 더욱 그 외교를

돈독히 하고 있습니다. 이처럼 쌓인 근심을 마음을 합하는 곳으로 유도하면서
오로지 우리 진나라 방비를 최우선의 급한 일로 여기고 있습니다. 그
나라는 안으로는 실實함을, 밖으로는 외교를 성취시키고 있습니다. 이런
때에는 조나라를 쳐야 성공을 거둘 수가 없습니다.”

그러나 왕은 듣지 않았다.

“내 이미 군에게 명령을 내렸소.”

그리고는 오교대부五校大夫 왕릉王陵을 장수로 삼아 조나라를 치도록
하였다. 결국 왕릉은 전쟁에 지고 오교五校를 잃고 말았다.

이렇게 되자 소왕은 무안군으로 하여금 조나라에 재도전을 하고자
불렀다. 그러나 무안군은 병을 핑계로 명령에 불복하고 있었다.

왕은 응후應侯, 范雎를 무안군에게 보내어 이렇게 질책하도록 하였다.

“초楚나라는 그 땅이 5천 리에 창을 든 군사만도 1백만이다. 그런데도
그대 무안군은 겨우 수만 명의 군대를 인솔하여 초나라에 들어가 언鄢·영郢
을 빼앗고 그 초나라 사당까지 불태웠다. 동쪽으로 경릉竟陵까지 휘젓고
들어가자 초나라 백성은 크게 놀라 서울까지 동쪽으로 옮기고 감히 서쪽
우리 진나라를 쳐다보지도 못하였다.

또 한·위 두 나라가 서로 합쳐 심히 많은 군대로 우리와 맞붙었을
때 그대가 거느린 군대는 그의 절반도 되지 않으면서 이궐伊闕에서 싸워
그 두 나라 군대를 크게 깨뜨려, 그 피가 질펀거릴 정도였으며 그때
참수斬首한 적군이 무려 24만이나 되었었다. 그래서 한韓·위魏 두 나라는
지금까지도 스스로 동쪽의 번속藩屬이라 칭하고 있다. 이 모든 것이
그대의 공인 줄을 천하에 모르는 자가 없다. 지금 조나라 사졸로서
장평 싸움에서 죽은 자가 열에 일곱, 여덟이나 되어 그 나라는 약해지고
말았다. 이 때문에 과인이 군대를 일으켰고, 우리 군대는 조나라 군중의
배가 넘는다. 그대를 장수로 삼아 반드시 이 조나라를 멸망시키고자
한다. 그대는 일찍이 적은 숫자로 많은 무리를 쳐부수어 그 승리가
신과 같았는데 하물며 강한 것으로 약한 것을 치고, 많은 무리로 적은
수를 치는 이번 전쟁에서야 말할 나위가 있겠는가!”

이 전갈에 무안군은 이렇게 반박하였다.

"초나라와 싸울 때는 초왕이 나라가 큰 것을 믿고 정치에 힘쓰지 않았으며 군신들조차도 서로 공을 질투하기에 바빠, 아첨과 비방으로 나라를 이끌었습니다. 그리하여 양신良臣은 배척 당하고 백성의 마음은 이반되었으며, 성지城池는 수비修備가 되지 않아 옳은 신하도 없고 수비도 없는 상태였지요.

그래서 제가 군대를 이끌고 깊이 들어가 초나라 성을 직접 공략하지 않고, 성을 등진 채 우리가 타고 간 배나 그곳의 다리를 모두 불살라 결심을 굳힌 다음, 오로지 그 나라 백성을 상대로 교외에서 약탈한 것으로 우리의 군량미를 충당하였었습니다. 이때에는 우리 진나라 사졸들은 군대를 곧 집이라 여겼고, 장수를 곧 부모라 여겨 서로 약속하지 않아도 굳게 뭉쳤으며, 도모하지 않아도 서로 믿었었지요. 그리하여 일심동체가 되어 죽어도 발걸음을 되돌리지 않았던 것입니다. 그때 초나라 군대는 어땠습니까? 모두가 집으로 돌아갈 꿈만 꾸어 각각 마음이 흩어져 전혀 투지가 없었습니다. 그래서 우리가 큰 공을 세울 수 있었던 것입니다.

다음 이궐의 전투에서는 한나라는 고립된 채, 위나라 눈치만 보며 스스로 자신의 무리를 먼저 쓰기를 꺼렸습니다. 위나라는 위나라대로 한나라의 정예부대를 믿고 그들이 선봉이 되리라 여겼던 것입니다. 두 나라 군대는 서로 그 쓰고자 하는 길이 달랐던 것입니다. 이 때문에 제가 그들이 서로 의심하도록 하여 먼저 한나라 군대와 지구전을 벌이면서 대신 우리의 정예부대를 묶어 위나라에 불의의 습격을 가하였던 것입니다. 그리하여 위나라 군대가 깨지자 한나라 군대는 스스로 무너지고 만 것입니다. 이 기회를 틈타 계속 북쪽으로 이들을 몰아 끝내 공을 세울 수 있었습니다.

모두가 형세의 이로운 점을 살핀 자연스러운 이치이지 어찌 신神과 같은 능력이 있어서 그렇게 한 것이었겠습니까! 그런데 지금 형세를 보십시오. 진나라가 지난해에 장평에서 조나라 군대를 쳐부술 때 우리에게 준 승리의 기회를 이용하여 이를 아예 멸망시켰어야 함에도 도리어 두려워 하면서 그들을 놓아주어, 그들로 하여금 열심히 농사지어 그 축적을 더욱 높여 주었고, 지쳤던 백성을 다시 휴양시켜 기를 여유를 주어 무리가 늘어나게 하였으며, 병갑을 조련하여 더욱 강하게 해주었고, 성벽과

방어 호수를 더욱 견고히 하게 해주었습니다. 게다가 그들은 지금 그 임금은 권위를 낮추어 신하보다 더욱 겸손히 굴며, 신하는 신하대로 몸을 낮추어 죽은 선비의 넋을 몸소 본받으려 하고 있습니다. 더군다나 조나라의 평원군平原君의 무리를 보십시오. 모두가 그 처첩까지도 군대 행렬 사이까지 달려가 군복을 꿰매고 깁도록 시키고 있습니다.

신하와 백성이 한마음이고 상하가 힘을 모으고 있는 모습은 마치 구천勾踐이 오왕 부차夫差에게 패하여 저 회계산會稽山에서 절치부심하던 때와 조금도 다름이 없습니다. 지금 이를 쳤다가는 그들은 틀림없이 견고히 수비하여 아무리 우리가 싸움을 걸어도 나와서 맞붙으려 하지 않을 것입니다. 조나라 도읍 한단邯鄲을 모두 포위한다 해도 그들을 이겨낼 수는 없을 것이며 그들의 많은 성을 공격한다 해도 결국 모두 함락시킬 수 없을 것입니다. 또 그들의 교야郊野를 모두 약탈한다 해도 아무런 소득이 없을 것입니다. 군대를 출동시켜 놓고 아무런 성공을 거두지 못하면 다른 제후들은 마음이 달라져 조나라를 구하려고 밖에서 달려들 것입니다.

이처럼 이번 전쟁은 우리에게 손해만 눈에 보일 뿐 이익은 한곳도 눈에 보이지 않습니다. 더구나 지금 저는 병이 나서 더 이상 나갈 수 없습니다.”

응후는 부끄러움을 머금은 채 물러서서 왕에게 그의 말을 전하였다. 그러나 왕은 막무가내였다.

“어디 보자. 백기가 없다고 내 조나라를 멸망시키지 못할까 보냐?”

그리고는 다시 더욱 많은 군대를 모아 이번에는 왕릉王陵 대신 왕흘王齕을 장군으로 삼아 조나라를 치도록 하였다. 그러나 한단을 포위한 지 여덟, 아홉 달이 지나도록 사상자만 많이 낸 채 함락시키지 못하고 있었다. 게다가 조왕趙王은 가벼운 정예부대를 이끌고 진나라의 후미를 습격하는 통에 진나라는 자주 불리한 경우에만 빠지게 되었다. 이때 무안군 백기가 이렇게 투덜거렸다.

“나의 계책을 듣지 않더니 지금 그 결과가 과연 어떤가?”

왕이 이 소식을 듣자 심하게 노하여 직접 무안군을 찾아갔다. 그리고 그를 억지로 일으켜 세우면서 이렇게 질책하였다.

"그대가 지금 비록 병이 들었다지만 나를 위해 억지로라도 누운 채로 군대를 이끄시오! 공을 세우면 내가 원하기는 장차 그대에게 후한 상을 내릴 것이되, 만약 끝까지 못하겠다고 버티면 내 그대를 깊이 원망하리다."

무안군은 머리를 조아리며 이렇게 말하였다.

"저는 나간다 해도 공을 세우지 못할 것임을 알고 있습니다. 그러나 죄는 면하겠지요. 비록 나서지 않는다고 죄가 될 것은 없겠지만 주살을 면할 수 없다는 것도 알고 있습니다. 그러나 대왕께서 저의 어리석은 생각을 한번 살펴 주시기만을 바랍니다. 조나라에 대한 전쟁을 풀고 백성들을 휴식시키면서 제후들 사이에 변화가 생기기를 기다리십시오. 그리하여 우리에게 겁내는 자들은 어루만져 주며 우리에게 교만하게 구는 자들은 토벌하여, 무도한 자는 주멸하여 제후들에게 호령하시면 천하를 안정시킬 수 있습니다. 그런데 이런 일을 어찌 지금 하필이면 조나라로부터 해야만 한다고 하십니까? 이것이 소위 하나의 신하(백기 자신)를 위해 허리를 굽힘으로써 천하를 이긴다는 뜻입니다. 대왕께서는 저의 어리석은 계책을 듣지 않으시고 반드시 조나라를 쳐서 없애야만 즐거움을 얻으며, 저에게 반드시 죄를 내려야 시원하시겠다면 이는 역시 한 신하(자기 자신)를 이겨 놓고 천하를 향해 허리를 굽혀야 한다는 뜻입니다.

무릇 한 신하를 이겨 놓고 위엄을 찾는 것과, 천하를 이겨 위대함을 이루는 것, 어느 것이 낫겠습니까? 제가 듣건대 '명석한 임금은 그 나라를 사랑하고, 충성된 신하는 그 명예를 사랑한다'라 하였습니다.

또 나라가 깨어지면 복원하기 어렵고, 병졸이 죽으면 다시 되살릴 수 없는 법입니다. 저는 차라리 무거운 죄를 뒤집어쓰고 주살을 당하여 죽을지언정 치욕스런 패배의 장수가 되는 것은 차마 못하겠습니다. 원컨대 대왕께서는 잘 살펴 주옵소서."

이 말에 왕은 아무 대답도 없이 나가 버렸다.

昭王旣息民繕兵, 復欲伐趙. 武安君曰:「不可.」王曰:「前年國虛民飢, 君不量百姓之力, 求益軍糧以滅趙. 今寡人息民以養士, 蓄積糧食, 三軍之俸有倍於前, 而曰『不可』, 其說何也?」武安君曰:「長平之事, 秦軍大剋,趙軍大破; 秦人歡喜, 趙人畏懼. 秦民之死者厚葬, 傷者厚養, 勞者相饗, 飲食餔饋, 以靡其財; 趙人之死者不得收, 傷者不得療, 涕泣相哀, 戮力同憂, 耕田疾作, 以生其財. 今王發軍, 雖倍其前, 臣料趙國守備, 亦以十倍矣. 趙自長平已來, 君臣憂懼, 早朝晏退, 卑辭重幣, 四面出嫁, 結親燕·魏, 連好齊·楚, 積慮幷心, 備秦爲務. 其國乃實, 其交外成. 當今之時, 趙未可伐也.」

王曰:「寡人旣以興師矣.」乃使五校大夫王陵將而伐趙. 陵戰失利, 亡五校. 王欲使武安君, 武安君稱疾不行. 王乃使應侯往見武安君, 責之曰:「楚, 地方五千里, 持戟百萬. 君前率數萬之衆入楚, 拔鄢·郢, 焚其廟, 東至竟陵, 楚人震恐, 東徙而不敢西向. 韓·魏相率, 興兵甚衆, 君所將之(卒)不能半之, 而與戰之於伊闕, 大破二國之軍, 流血漂鹵, 斬首二十四萬. 韓·魏以故至今稱東藩. 此君之功, 天下莫不聞. 今趙卒之死於長平者已十七·八, 其國虛弱, 是以寡人大發軍, 人數倍於趙國之衆, 願使君將, 必欲滅之矣. 君嘗以寡擊衆, 取勝如神, 況以彊擊弱, 以衆擊寡乎?」

武安君曰:「是時楚王恃其國大, 不恤其政, 而羣臣相妒以功, 諂諛用事, 良臣斥疎, 百姓心離, 城池不修, 旣無良臣, 又無守備. 故起所以得引兵深入, 多倍城邑, 發梁焚舟以專民, 以掠於郊野, 以足軍食. 當此之時, 秦中士卒, 以軍中爲家, 將帥爲父母, 不約而親, 不謀而信, 一心同功, 死不旋踵; 楚人自戰其地, 咸顧其家, 各有散心, 莫有鬭志. 是以能有功也. 伊闕之戰, 韓孤顧魏, 不欲先用其衆; 魏恃韓之銳, 欲推以爲鋒. 二軍爭便之力不同, 是以臣得設疑兵, 以待(持)韓陣, 專軍幷銳, 觸魏之不意. 魏軍旣敗, 韓軍自潰, 乘勝逐北, 以是之故能立功. 皆計利形勢, 自然之理, 何神之有哉! 今秦破趙軍於長平, 不遂以時乘其振懼而滅之, 畏而釋之, 使得耕稼以益蓄積, 養孤長幼, 以益其衆, 繕治兵甲以益其强, 增城浚池以益其固. 主折節以下其臣, 臣推體以下死士. 至於平原君之屬, 皆令妻妾補縫於行伍之間. 臣人一心, 上下同力, 猶勾踐困於會稽之時也. 以合(今)伐之, 趙必固守. 挑其軍戰, 必不肯出. 圍其國都, 必不可剋. 攻其列城, 必未可拔. 掠其郊野, 必無所得. 兵出無功, 諸侯生心, 外救必至. 臣見其害, 未覩其利. 又病, 未能行.」

應侯慙而退, 以言於王. 王曰:「微白起, 吾不能滅趙乎?」復益發軍, 更使王齕代王陵伐趙. 圍邯鄲八·九月, 死傷者衆, 而弗下. 趙王出輕銳以寇其後,

秦數不利. 武安君曰:「不聽臣計, 今果何如?」王聞之怒, 因見武安君, 彊起之,
曰:「君雖病, 彊爲寡人臥而將之. 有功, 寡人之願, 將加重於君. 如君不行,
寡人恨君.」武安君頓首曰:「臣知行雖無功, 得免於罪; 雖不行無罪, 不免
於誅. 然惟願大王覽臣愚計, 釋趙養民, 以諸侯之變. 撫其恐懼, 伐其憍慢,
誅滅無道, 以令諸侯, 天下可定, 何必以趙爲先乎? 此所謂爲一臣屈而勝
天下也. 大王若不察臣愚計, 必欲快心於趙, 以致臣罪, 此亦所謂勝一臣而
爲天下屈者也. 夫勝一臣之嚴焉, 孰若勝天下之威大耶? 臣聞明主愛其國,
忠臣愛其名. 破國不可復完, 死卒不可復生. 臣寧伏受重誅而死, 不忍爲辱
軍之將. 願大王察之.」王不答而去.

【武安君 白起】秦나라 장수. 253장 참조. ≪史記≫ 白起王翦列傳 참조.

【長平之戰】B.C. 262~260년 사이 趙나라와 싸운 일. 089·134·232·255·257장
 참조.

【五校大夫】五校는 군대의 편제인 듯하다. 혹은 五大夫의 잘못으로 보기도
 한다. '校'의 음이 '묘'(明孝反)라는 주장도 있다. 姚注에는 "五校, 軍營也.
 校, 音明孝反"이라 하였고, 鮑注에는 "衍'五'字. 集韻: 校, 木爲欄格也. 軍部及
 養馬用之. 故軍尉·馬官以爲號"라 하였으며, 黃注에는 "鮑衍'五'字. 丕烈案:
 此誤甚也, 當衍'校'字. 秦本紀云: '五大夫陵攻趙邯鄲'. 白起傳云: '使五大夫王
 陵攻趙邯鄲'. 是其證矣. 五大夫, 秦爵. 下'亡五校'云云, 今誤截其半入此句下"라
 하였다.

【王陵】秦나라 장수 이름.

【應侯 范雎】秦나라의 재상. 232·254·257·336장 등 참조.

【竟陵】楚나라 지명. 지금의 湖北省 天門縣 서북.

【伊闕】韓나라 지명. 지금의 河南省 洛陽縣 서남.

【斬首二十四萬】B.C. 293년의 일. 030·034·039·045·311장 등 참조.

【楚王】楚나라의 頃襄王.

【平原君】趙勝. 戰國 四公子의 하나. 孝成王의 叔父이며 長平之戰을 치뤘다.
 087·427장 등 참조.

【越王勾踐】이 사건은 일은 092·101·103·297·422·454장 등 참조.

【王齕】秦나라 장수 이름.

1. ≪史記≫ 秦本紀에 의하면 秦昭王이 王陵을 파견하여 趙나라 邯鄲을 포위 공격한 것은 B.C. 259년이며 王齕이 王陵을 대신하여 다시 趙나라를 친 것은 B.C. 258년, 秦昭王이 직접 武安君 白起를 만난 것은 B.C. 257년으로 되어 있다. 이 장의 맨 끝 부분 "王不答而去"는 결국 白起를 죽이겠다는 뜻을 가진 것으로 邯鄲之戰이 끝나기 전 昭王은 결국 白起에게 칼을 내려 자결토록 한다. 白起는 끝내 秦나라 서울 咸陽의 서쪽 교외 杜郵(지금의 陝西省 長安縣 동쪽)에서 자결하고 만다.

2. 이는 〈中山策〉과는 아무런 관계가 없으며 〈秦策〉에 들어 있어야 할 내용이다.

3. 鮑本의 총평

『彪謂: 起之策秦·楚·三晉, 可謂明切. 然人臣無以有己, 故孔子不俟駕行矣. 長平之敗屬耳, 趙何遽能益强? 以起之材智, 知己知彼而得算多, 不幸至於無功極矣, 何破國辱軍之有? 三請不行, 此自抽杜郵之劍也. 正曰: 應侯納蘇之說, 許韓·趙割地以和, 由是起與之有隙. 不從伐趙者爲此也. ≪大事記≫謂, 起之死, 皆雎之力. 鮑可謂不探其心者矣. 所引孔子不俟駕行, 蓋當仕有官職而以其官召之, 此不類也.』

4. ≪史記≫ 秦本紀

四十七年, 秦攻韓上黨, 上黨降趙, 秦因攻趙, 趙發兵擊秦, 相距. 秦使武安君白起擊, 大破趙於長平, 四十餘萬盡殺之. 四十八年十月, 韓獻垣雍. 秦軍分爲三軍. 武安君歸. 王齕將伐趙(武安)皮牢, 拔之. 司馬梗北定太原, 盡有韓上黨. 正月, 兵罷, 復守上黨. 其十月, 五大夫陵攻趙邯鄲. 四十九年正月, 益發卒佐陵. 陵戰不善, 免, 王齕代將. 其十月, 將軍張唐攻魏, 爲蔡尉捐弗守, 還斬之. 五十年十月, 武安君白起有罪, 爲士伍, 遷陰密. 張唐攻鄭, 拔之. 十二月, 益發卒軍汾城旁. 武安君白起有罪, 死. 齕攻邯鄲, 不拔, 去, 還奔汾軍二月餘. 攻晉軍, 斬首六千, 晉楚流死河二萬人. 攻汾城, 卽從唐拔寧新中, 寧新中更名安陽. 初作河橋.

戰國策

부록

五. 《戰國策》 각종 판본 자료

1. 《戰國策注》 高誘(注), 姚宏(續注)
2. 《鮑氏戰國策注》 鮑彪(注)
3. 《戰國策校注》 鮑彪(原注), 吳師道(補正)
4. 《戰國策高氏注》 高誘(注) 四部刊要本
5. 《戰國策》 高誘(注) 廣文書局 印本
6. 《帛書戰國策》(戰國縱橫家書) 長沙 馬王堆 출토
7. 《戰國策》 士禮居本
8. 《戰國策》 中華書局聚珍倣宋版 인본
9. 《戰國策》 李錫齡(校訂) 惜陰軒叢書本
10. 《戰國策正解》 (日)橫田惟孝
11. 《戰國策詳註》 郭希汾(輯註), 王懋(校訂)
12. 《戰國策》 四部備要本
13. 《戰國策》 明 萬曆 烏程閔氏刊本
14. 《戰國策注》 清 乾隆 文盛堂藏版本
15. 《戰國策》 明抄本
16. 《戰國策校注》 四部叢刊本

〈金縷玉衣〉 1968 河北 滿城 漢墓 출토

一. ≪戰國策≫ 해제

Ⅰ. 전국시대

〈1〉 개황

중국의 고대 주(周: B.C. 1027~B.C. 256년)나라는 오늘날 중국의 문화와 사상의 방향과 기틀을 확립한 시기였다. 그 주나라의 전반부(B.C. 770년)까지를 서주(西周: 鎬京을 도읍으로 하였음)라 하며, 후반부를 동주(東周: 동쪽의 洛陽을 도읍으로 하였음)라 하여 제후들이 각축전을 벌이던 시기가 된다. 그런데 다시 이 동주의 전반부(B.C. 770~475년)를 春秋時代라 하며 이는 孔子가 쓴 ≪春秋≫에서 다루는 시기와 비슷하여 편의상 부르는 시대명칭이다. 그리고 그 후반부를 戰國時代라 하여 춘추초기 200여 개의 나라가 7개의 대국과 몇 개의 소국이 살아남기 위해 미증유의 잦은 전쟁과 알력으로 200여 년 간을 숨가쁘게 견뎌온 시기로 역시 춘추와 더불어 편의상 부르는 속칭이며 정식 朝代 명칭은 아니다.

결국 전국칠웅이 약육강식의 대혼전을 벌이다가 진시황(秦始皇)이 천하를 통일하여 마감된 것이다.

春秋시대 대국으로써 戰國時代『七雄』까지 살아남은 나라는 楚, 燕 秦이었다. 齊나라는 姜氏 왕통이 田氏(陳氏) 왕통으로 바뀐 것이며 韓, 魏, 趙는 진(晉)나라에서 분열되어 칠웅의 반열에 오른 신흥국가였다. 그밖에 周室과 宋, 魯, 衛, 越, 中山 등은 대국의 틈바구니에서 겨우 명맥만을 유지하던 약소국에 불과하였다.

春秋時代가 중국민족의 大融合 시기라면 戰國시대는 그 발전을 위한 몸부림의 시기였다. 西周 시대의 氏族·血族 중심의 고유한 제도는 春秋 時代에 무너지기 시작하였다. 그 주요 원인은 경제적인 면에서 생산의 증대를 들 수 있다.

그러나 춘추시대에는 그나마 天子(周室)을 완전히 인정하고 200여 諸侯國 이 공존하면서, 다만 그 제후의 長(霸)을 중심으로 역사를 움직인 시기라는 특징을 지니고 있다. 즉, 春秋五霸가 바로 그것이다.

그러나 역사의 필연성은 어쩔 수 없어 西周 이전에는 天子가 실질적으로 지배하던 것이 춘추시대에는 제후 중에 五霸의 손에 넘어갔고, 다시 春秋말기에 이르러서는 卿大夫들이 권력의 주체가 되어 그들의 손으로 들어가는 형국이 조성되고 만 것이다.

〈2〉 시기구분

戰國은 물론 春秋의 다음이다.

그러나 孔子가 찬술한 《春秋》는 魯 隱公 元年(周 平王 49年, B.C. 722년)부터 魯 哀公 40年(周 敬王 39年, B.C. 481년)까지 242年間이다.

그런데 이 전국시기를 대체로 周 威烈王 23년(B.C. 403년)으로부터 秦王 政 26년(B.C. 221년) 천하통일을 그 기간으로 삼고 있다. 이러한 紀年을 주장하는 예는 司馬光의 《資治通鑑》, 그리고 袁樞의 《通鑑紀事本末》 및 近代 范文瀾의 《中國通史簡篇》 등이 있다. 이는 춘추의 뒤를 이은 전국시대는 일반적으로 『三家分晉』을 그 시발로 보는 견해인 것이다. 즉 春秋의 그 군웅할거하던 수많은 나라들 중에 中原에 군림하였던 강대국 晉나라는 그 실권이 여섯 대부(知, 韓, 趙, 魏, 范, 中行)에게 넘겨졌다가 다시 셋(韓·魏·趙)로 축소되어 그 땅을 과분(瓜分)하게 되고(B.C. 453년), 드디어 周 威烈王 23년(B.C. 403년)에 이 셋이 정식 "侯"로 봉하여 임명된 것을 시작으로 삼는 것이다. 그리고 다시 B.C. 376년에는 周 安王이 晉 幽公까지 폐하여 晉나라는 정식으로 역사 속에 사라지게 된다.

그러나 이렇게 되면 春秋의 끝인 B.C. 481년부터 B.C. 403년의 77년이 공백 상태로 남게 된다. 이에 周谷城같은 이는 그의 《中國通史》에서 "戰國時代, 始於周敬王43年, 卽B.C.408年, 終於秦始皇25年, 卽B.C. 222年, 爲時共258年"이라 주장하기도 하였다.

〈3〉 삼진(三晉)

春秋 중엽 이후에 소위 五霸 중에 秦나라 이외의 宋나라는 쉽게 약화되었고, 齊·楚·晉의 정치권력은 卿大夫의 수중으로 넘어가고 말았다. 즉

齊나라는 高氏, 國氏, 崔氏, 慶氏 등이 권력의 핵심이었다가 뒤에 결국 王位를 찬탈한 陳(田)氏에게 나라가 넘어가고 말았으며, 楚나라는 昭氏, 景氏, 屈氏가 주체권력이었으며, 晉나라는 范氏, 中行氏, 知氏(智氏), 韓氏, 魏氏, 趙氏 등이 나라의 실질적인 권세가였다. 물론 그 밖의 小國들도 경대부의 손에 넘어갔다가 결국 이웃 나라에게 병탄 당하거나 쇠퇴의 늪에서 헤어나오지 못하는 결과를 초래하기도 하였다. 魯나라의 三桓, 鄭나라의 七穆 등이 그 예이다.

춘추 말기의 이들 경대부들의 세력은 극대해져서 임금까지도 쥐고 흔들었으며, 경우에 따라서는 군대를 일으켜 왕을 치기도 하였으니, 魯 昭公은 季平子를 어쩌지 못해 齊나라로 도망하여 보호를 요청한 것이 그 예이다.

그 중 晉나라는 B.C. 454年 이전에 이미 여섯 명의 大夫들이 서로 겸병하여 范氏와 中行氏가 제일 먼저 知氏 등에게 망하고, 나머지 넷 중에 知氏가 가장 강한 상태였다. 그러나 知氏(知伯)는 가장 교만하여 나머지 셋에게 무례히 굴며 탐욕을 부리다가 도리어 셋이 연합하여 멸망시키는 역전패를 당하고 만다. 이에 《戰國策》의 〈韓策〉·〈魏策〉· 〈趙策〉의 각 앞부분은 이 知氏와의 싸움 사건으로 점철되어 있다. 이에 끝으로 남은 趙(襄子), 韓(康子), 魏(桓子)가 晉나라의 토지를 三分하여 차지하게 된다.

이에 晉 出公이 楚나라로 도망하자 세 大夫는 敬公을 세워 18年 동안 명맥을 유지시켜준 후 다시 마지막 幽公을 세우게 된다. 그러나 晉 왕실의 토지는 겨우 絳·曲沃 등 두세 개의 邑이 고작이었고, 왕이 도리어 대부에게 굴복하는 형세가 되고 말았으며, 결국 周 威烈王은 이 세 대부를 "子爵에서 侯爵으로" 격상하여 제후로 봉하게 된다.(B.C.403년)

이때부터 韓虔(韓康子의 손자), 趙登(趙襄子의 손자), 魏斯(魏桓子의 손자)는 각각 周室로부터 韓景侯, 趙烈侯, 魏文侯로 정식 인정되어 七雄의 반열에 올라 대등한 세력을 과시하게 된 것이다.

〈4〉 전국의 형세

전국시대 형세의 변화는 흔히 3단계로 정리된다.

① 최초 흥성한 魏나라 주도 시기:

魏文侯는 李克을 등용하여 法治의 실행을 엄중히 하고 吳起를 임용하여 발전의 기틀을 마련하였으며, 뒤를 이은 武侯가 동으로 齊나라를, 북으로 趙나라, 남으로 楚나라를 쳐서 戰國 최강의 세력을 떨쳤던 시기이다.

② 齊나라 秦나라가 동서 양대 세력으로 맞섰던 시기:

齊 威王은 孫臏을 맞아 魏나라를 쳤고, 秦 孝公은 商鞅을 등용하여 變法을 거쳐 법치국가의 기틀을 잡아 강력한 세력으로 발돋움한 시기이다.

③ 合從連橫의 시기:

결국 秦나라가 천하통일의 분위기를 만들고 많은 인재를 모아 이를 실현시킨 시기이다. 진나라는 張儀를 등용하여 齊, 楚의 연맹에 이간질을 하여 楚나라를 쳤으며, 齊나라는 燕나라의 침입으로 쇠퇴의 늪에 빠져 더 이상 강국의 지위를 누리지 못하고 말아 결국 秦나라로서는 천하에 대적할 상대가 없어진 국면이 되고 말았다. 이에 秦나라는 范雎의 遠交近攻策을 써서 六國을 차례로 소멸시켜 천하통일의 대업을 달성하게 된다.

〈5〉 商鞅의 변법

秦나라는 서쪽에 치우쳐 있어 춘추 때까지만 해도 야만국으로 취급을 받았다. 이 때문에 중원 패자들의 會盟에 참여의 허락을 받지도 못하였다. 그러나 孝公(B.C. 361~338년 재위) 때에 이르러 결국 중원에서 불기 시작한 개혁 세력을 제약없이 받아들였고 이에 따라 달려온 商鞅을 등용하여 2차에 걸쳐 변법을 단행, 상벌제도를 엄격히 하고 토지를 개간하며, 무력을 키워 軍功을 높였으며, 縣制를 도입 강력한 중앙집권을 이루었다. 이로 인하여 10여년 만에 급속한 농업발전과 우수한 전투력을 갖추게 되었으며, 더욱이 雍에서 咸陽으로 도읍을 옮겨 동방진출의 꿈을 시도하기에 이르렀다.

〈6〉 合從連橫과 蘇秦·張儀

　앞서 설명하였듯이 전국 중기에는 秦나라와 齊나라가 동서 양대 세력
으로 팽팽히 맞선 시기였다. 이에 진나라는 張儀의 連橫說(가로로 秦나라와
대등하게 외교를 맺어 진나라의 보호를 받되 진나라가 다른 나라를 침략할 경우 상대와
연합하지 못하게 한다는 정책)을 채용하여 齊, 楚의 연맹을 이간시켜 楚나라
북쪽 토지를 차지하였다.

　한편 山東六國(函谷關 동쪽의 여섯 나라)은 蘇秦의 合從說(세로로 여섯 나라가
연합하여 공동전선을 펴 진나라를 대적하자는 정책)을 써서 이에 맞섰다. 이에
이제까지 蘇秦과 張儀는 동시대 인물이며 소진이 합종설로 육국의 재상이
되어 일대를 풍미하다가 먼저 죽은 것으로 알려져 있으나 司馬遷은
《史記》에서 이에 의문을 제기하였고, 마침 1973년 湖南 長沙 馬王堆에서
발굴된 《戰國從橫家書(帛書戰國策)》에 의해 장의가 소진보다 대략 반세기
앞선 인물이었음이 밝혀지기도 하였다.

〈7〉 戰國四公子

　전국시대에 公子들 사이에 번진 것은 養士 풍조였다. 周初에 정해진
봉건제도의 유명무실로 문제로 대두된 것은, 출신 성분은 권력계급이었
으나 그 권력을 실행할 수도 없었을 뿐더러 경제적 능력조차 없어진
소위 "士"라는 특수 계급들이다. 이들 상당수는 時代의 疏外客, 亂世의
流浪兒가 되어 발붙일 곳이 없게 되었으며 이름 그대로 高等流氓이었던
것이다.

　이들은 자기의 學問을 바탕으로 학자, 상인, 세객, 책사 등으로 변신하는
자도 있었지만 기회를 보아 관료로써 정치에 참여해 보려는 의도를
버리지 못하고 있었다. 더구나 그 시대적 요건으로도 숱하게 얽히고
설킨 국내외의 정치문제를 자기의 탁견을 군주가 들어주기만 하면 그
자리에서 고위직을 얻을 수 있고 나아가 재상까지도 될 수 있는 가능성을
열어 놓고 있었기 때문이다.

　이러한 길을 뚫고 성공한 자들이 바로 蘇秦·張儀·商鞅·范睢·李斯·
呂不韋 등 戰國을 주름잡은 재상, 정치가, 책사들이다.

그러나 아무리 뛰어난 모책을 가졌다 하더라도 군주를 만나 뜻을 말해 볼 기회를 얻기가 우선 힘든 것이었다. 그리하여 이들은 중간 역할을 해주는 세력가의 집에 기식하며 그 유력자의 힘으로 얻어먹고 지내며 기회를 살피게 된다. 이들이 바로 '食客'이며 그 식객을 거느리고 정치에 압력집단으로 나서게 된 자들이 바로 戰國 시대의 멋진 일화와 역사를 끌고 간 유명한 戰國 四公子이다. 이 사공자는 이름 그대로 왕족의 서얼들로 왕위계승권에 들지는 못하였으나 자신의 타고난 두뇌와 정치적 위세를 이용하여 흔히 三千食客을 거느리고 덕과 재치, 촌철살인의 해결책을 남겨, 諸子百家의 기록은 물론 역사책마다 거론되고 있었으며 전국시대를 거론할 때 이들의 위풍은 빼놓을 수 없는 이야깃거리로 나타난다. 전국 사공자는 다음과 같다.

① 齊, 孟嘗君 : 이름은 田文이며 靖郭君(田嬰)의 아들로서, 田嬰은 바로 齊 威王의 아들이었다. 田文은 천첩의 소생으로 田嬰의 사십여 아들 중에 가장 뛰어난 인물이었다.

그는 5월 5일에 태어나 전영이 불길하다고 하여 버리도록 했던 자식이었다. 어머니가 숨겨 자라난 뒤에 아버지에게 자신을 밝히고 5월 5일에 태어난 자식이 불길한 이유를 물었다.

"5월 5일에 난 자식은 키가 문설주만큼 커지면 부모를 해친다더라."

"정 그렇다면 그 문설주를 높이면 될 것이 아닙니까?"

이렇게 재치를 부려 자신의 뛰어남을 인정받기 시작하였으며, 끝내 아버지가 죽은 후 아버지의 작위를 이어 받았다.

그 외에도 『鷄鳴狗盜』, 『長鋏(馮諼)』의 이야기 등은 유명하다.

② 趙, 平原君 : 이름은 趙勝으로 趙나라 여러 公子 중의 하나였다. 惠文王의 동생이며, 惠文王과 孝成王의 相國을 역임하였다. 平原君은 전국 四公子 중 제일 어질었다.

그의 일화로는 『毛遂自薦』과 『跛足汲井』이 있으며 특히 趙나라 서울 邯鄲이 秦나라에게 포위당했을 때 魏나라 公子 信陵君(無忌)이 晉鄙의 兵을 빼앗아 구한 사건은 유명하다.

③ 魏, 信陵君 : 이름은 無忌, 魏昭王의 아들이며 安釐王의 異母弟이다. 당시 信陵君의 어짊으로 인하여 다른 나라는 10年 동안 魏나라를 넘보지 않았다고 한다. 그의 일화로는 『竊符救趙』의 고사와 귀천을 가리지 않고 侯嬴, 朱亥 등을 대접한 이야기는 유명하다.

④ 楚, 春申君: 이름은 黃歇, 박학다식하였으며, 楚나라 頃襄王을 섬겼다. 외교술에 능하여 楚를 縱約의 長으로 끌어올렸고 25년 간 楚나라 相國을 지냈다. 그러나 불행히도 楚 考烈王이 죽자 그의 정적인 李園에게 살해당하고 멸족의 화까지 입고 말았다.

〈8〉 七雄의 영역

① 魏 : 지금의 山西 서남·河南 서부 黃河 이남 일부, 河北 大名, 廣平 사이, 山東 冠縣, 陝西의 韓城縣 남부 및 華陰縣 부근 일대였다.

都邑은 원래 安邑(山西 夏縣)이었으나 그 후 惠王 때 大梁(지금의 河南 開封)으로 옮겨 이 때부터 흔히 魏나라를 梁나라로 칭하게 되었다.

② 韓 : 지금의 山西 동남부, 河南 중부였다.

都邑을 원래 平陽(山西 臨汾縣)이었으나 景侯 때 陽翟(河南 禹縣)으로 옮겼다가 그 뒤에 다시 鄭(河南 新鄭縣)으로 옮겼다.

③ 趙 : 지금의 陝西 동북부, 山西의 중부, 동남부, 동북부, 그리고 山西의 서부일대였다.

都邑은 원래 晉陽(지금의 山西 太原)이었으나, 獻侯 때 中牟(河南 湯陰縣)로 옮겼다가 景侯 때 다시 邯鄲(河北 邯鄲)으로 옮겼다.

④ 齊 : 지금의 山東 및 河北 서남부 일대였다.

都邑은 臨淄(山東 淄博市 臨淄鎭)이었다.

⑤ 秦 : 지금의 甘肅 서쪽 및 陝西 중부, 河南 중부였으며, 뒤에 四川까지 확장하였다.

都邑은 원래 雍(陝西 鳳翔縣)이었으나, 孝公 때에 咸陽(陝西 咸陽縣)으로 옮겼다.

⑥ 楚 : 지금의 湖北 전체, 湖南 동북부, 四川 동부, 江西 동부, 安徽 북부, 陝西 동남부, 河南 남부, 江蘇 서북부 지역으로 가장 넓은 영토를 가지고 있었다.

초기 도읍은 丹陽이었으나, 그 뒤 鄢·郢(湖北省 宜城縣)에서 중흥하여, 惠王 때 西陽(湖北 黃岡縣)으로 옮겼다가 다시 鄢郢으로 옮겼다. 그러나 考烈王 때에는 壽春(安徽 壽縣)으로 옮기기도 하였다.

⑦ 燕 : 지금의 河北 북부, 山西 동북부 지역이었다. 가장 동북쪽에 치우쳐 있었다.

都邑은 薊(지금의 北京)였다.

〈9〉 秦의 흥기와 천하통일

秦나라의 六國統一에 대한 서막은 孝公과 商鞅에서 비롯되었고 이를 이어 받은 것은 惠王과 張儀였으며, 또한 昭王과 魏冉의 역할이 괄목할 만하였다. 게다가 실제 싸움터에서 공을 세운 명장 白起야말로 무섭고도 강인하며 패배를 모르는 인물이었다. 먼저 伊闕에서 韓나라 군사 24만을 섬멸하였고, 大梁 싸움에서 魏나라 군사 15만을 섬멸하였으며, 戰國시대 가장 치열한 싸움인 長平之戰에서는 趙나라 군사 40만이 항복해 오자 이를 생매장시키기도 하였다. 이어서 莊襄王(B.C. 250~247년)때에도 계속 三晉을 압박하여 영토를 넓혔다.

그를 이은 政(후에 秦始皇, 嬴政)이 즉위하자 10년 간 실제 정권은 呂不韋에게 있었다. 그 후 政은 呂不韋를 몰아내고 실권을 잡은 후부터 李斯의 책략을 써서 마침내 본격적인 통일전쟁을 벌이게 된다. 변사에게 금옥을 휴대시켜 각 제후와 명사를 찾아다니며 귀순을 권유하면서 동시에 이간·협박의 방법을 총동원하였다. 이에 귀순해 오면 후한 대접으로 받아들이고 거절하면 무력으로 해결하였다. 尉繚 역시 秦王을 설득하여 많은 재물을 풀어 각국 모사들을 끌어들였다. 이렇게 하여 戰國 말기에 결국 秦나라에는 수많은 인재가 몰려들기 시작하였다.

그 예로 앞서의 張儀와 尉繚는 魏나라에서 왔고, 呂不韋는 韓나라에서, 李斯는 楚나라에서 달려와 야심을 실현시키고자 신명을 바치게 된다.

이러한 객경客卿이 한때는 秦王의 근심거리가 되어 유명한 〈逐客令〉을 내릴 정도였다. 물론 이를 무마한 李斯의 〈上秦皇逐客疏〉같은 것은 유명한 文章으로 남아있기도 하다.

결국 秦의 천하통일은 인재중심의 정책과 실력주의의 정치가 바탕이 된 것이다. 다시 말해 周室이 血肉 중심이었다면 秦은 人物 중심으로 천하를 통일한 것이었다.

趙나라와의 長平 싸움 뒤에 秦나라는 趙나라 도읍 邯鄲을 포위하였으나 信陵君(無忌)이 魏·楚의 군사를 이끌고 趙나라를 구해주는 일로 일시 주춤하고 말았다. 그러나 莊襄王 말년에 信陵君(무기)이 다시 三晉과 楚·燕을 연합시켜 函谷關을 공격하였고 秦王 政 초년에 다시 각국이 연합하여 진나라를 공격해 와 곤혹을 치러야 했다. 그런데 이 싸움에서 秦나라가 승리함으로써 秦나라는 즉시 李斯와 尉繚의 책략을 써서 적극 六國 잠식을 시작하였다. 이 통일전쟁에 제일 먼저 韓나라가 굴복하였고(B.C. 230년), 다음으로 趙나라가 滅亡(B.C. 228년)하였으며, 2년 후에 燕나라가 무너졌으며(B.C. 226년), 다시 이어 魏나라가 병합(B.C. 225년)되고 말았다. 이는 모두 장군 王翦과 王賁 부자의 공이었다.

한편 楚나라는 토지가 넓을 뿐 아니라 저항도 강하였다. 20만 군으로 공격을 감행하였으나 패하자 秦王 政 24년(B.C. 223년)에 王翦으로 하여금 다시 60만 대군으로 공격토록 하여 1년만에야 겨우 뜻을 이룰 수 있었다.

끝으로 齊나라는 秦나라와 가장 멀리 떨어져 있어 평소 대비가 허술하였다. 이에 燕나라 굴복시킨 王賁이 남으로 내려오면서 일거에 齊나라의 도읍 臨淄를 쳐서 마지막 전쟁을 마무리짓게 된다(B.C. 221년). 총 10년간(B.C. 230~221년)의 전쟁이었다.

이로써 복잡다단하고 휘황찬란했던 전국시대는 마지막 戰火의 열기를 내뿜으며 막을 내리고 말았다.

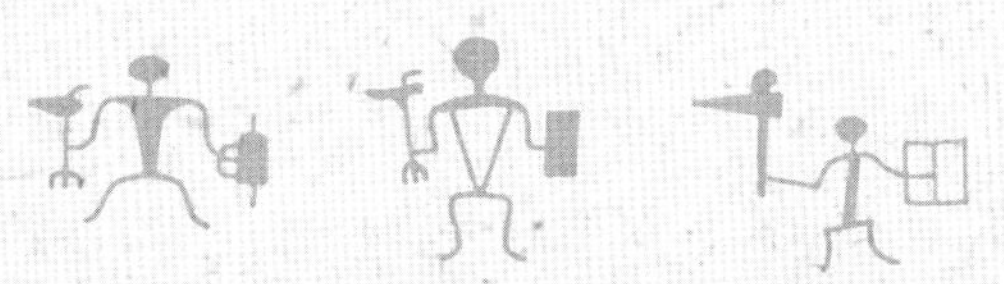

Ⅱ. 《戰國策》

〈1〉《전국책》

실상 『戰國』이란 이름은 《戰國策》에 이미 나타난다. 즉, 〈燕策〉에 蘇代가 燕王 噲에게 "凡天下戰國七, 燕處弱焉"이라 한 것이 그것이다. 또 〈趙策〉에도 "今取古之爲萬國者, 分以爲戰國七"이라 하여 역시 『戰國七(雄)』 이라는 말이 나타나고 있다. 그러나 이는 그저 국가간의 전쟁상태를 이른 것으로 시대를 대표하는 용어는 아니었다.

또한 漢代에 이르러 司馬遷 《史記》의 〈儒林傳〉에 "自孔子卒後, 七十子 之徒, 散游諸侯. 大者爲師傅卿相, 小者又敎士大夫, 或隱而不見. 故子路居衛·子張居陳·澹臺子羽居楚·子夏居西河·子貢終於齊·如田子方·段干木·吳起·禽滑釐之屬, 皆受業於子夏之門, 爲王者師. 是時獨魏文侯好學, 後陵遲以至於始皇, 天下並爭於戰國, 儒術遂絀焉"이라 하였으나 이 역시 시대를 대표하는 명칭은 아니다.

그러나 班固의 《漢書》에 이르러 그의 〈地理志序〉에 "采摭舊聞, 考跡 詩書, 以綴禹貢·周官·春秋下及戰國秦漢"이라 하여 드디어 시대를 뜻하는 말로 쓰이기 시작한 것이다.

이 전국시대 각 나라 사이에 교전이 거의 日常과 같았음은 陳漢章의 《上古史》를 보면 짐작할 수 있다.

"戰國 242년간 싸움을 종합해 보면 魏趙의 싸움 47번, 魏韓 49번, 魏秦 7번, 魏楚 2번, 魏나라가 宋·鄭·中山을 친 것이 각각 2번 씩, 韓秦의 싸움 21번, 韓이 齊·鄭을 친 것이 각각 3번, 宋을 친한 것이 2번, 魯를 救한 싸움이 1번, 趙秦의 싸움 20번, 燕을 친 것이 1번, 燕이 齊·趙를 친 것이 각각 1번, 齊가 魏를 친 것이 9번, 魯와 燕을 친 것을 각각 3번, 趙·莒를 친 것이 각각 1번, 楚가 鄭을 구한 것이 2번, 鄭을 친 것이 2번, 魯를 공격한 것이 3번, 燕秦齊를 친 것이 각각 1번, 秦이 楚를 친 것이 9번, 燕을 친 것이 3번, 齊를 친 것이 3번, 蜀을 친 것도 3번, 五國이 연합하여 秦을 친 것이 2번, 三國이 연합하여 秦을 친 것은 2번, 五國이 秦을 격퇴시킨 것이 1번, 四國이 楚를 친 것이 1번, 三國이 楚를 친 것이 2번, 三國이 연합하여 趙를 救한 것이 1번, 六國이 秦과 對抗한 것은 무수하다."

이렇게 交戰과 混戰이 거듭되어 同盟·聯合 등 離合集散의 변화가 무쌍하여 戰國이란 과연 그에 걸맞은 명칭이었다. 戰國은 흔히 七雄이 대표한다. 앞서의 〈燕策〉에서 蘇代가 말한 『戰國七』로 보아 당시에는 이미 七國은 강성함을 바탕으로 그 판도를 확정짓고 있었던 것으로 여기고 있었던 것이다.

七雄의 정식 명칭은 《昭明文選》에서 張衡의 〈東京賦〉의 『七雄並爭』에서 시작된다. 즉 薛綜의 注에 "七雄謂韓·魏·燕·趙·齊·楚·秦也"라 한 것이 그것이다.

물론 전국시대에는 이 七雄 외에도 명맥을 유지하고 있던 나라는 많았다. 즉 宋·魯·鄭·衛·莒·鄒·杞·蔡·郯·任·滕·薛·蜀·巴·中山·義渠·大荔 등의 국가이다. 그러나 이들은 아주 미약하거나 거의 그 존재를 확인하기 어려운 나라도 있었다.

이 《戰國策》은 西漢 말 劉向이 輯錄, 교정하여 33편으로 정리하면서 쓴 〈敍錄〉에 의하면 "원래 《國策》, 《國事》, 《短長》, 《事語》, 《長書》, 《修書》 등으로 불리었으나 전국시대 유세객의 책략을 모은 것이므로 《戰國策》이라 함이 마땅하다"라 하여 書名이 확정된 것이며, 최초에는 전국 시대의 史官, 혹은 策士들이 집록한 것으로 제대로 책을 이루지 못한 상태였을 가능성이 있다. 그러나 이것도 다시 北宋에 이르러서는 이미 11편이 사라진 상태로 있었다. 이에 북송의 曾鞏이 사대부가에서 찾아 補訂하여 12개국(東周, 西周, 秦, 齊, 楚, 趙, 魏, 韓, 燕, 宋, 衛, 中山), 486장으로 나누어 정리하였다.

한편 東漢의 高誘가 注를 달았던 것은 북송 때에는 겨우 10편(권)이 남아 있었다. 이에 남송 姚宏이 曾鞏本과 錢藻, 劉敞本을 근거로 교정한 것이 오늘날 우리가 보는 《高氏注戰國策》이다

그러나 같은 시기의 鮑彪는 高氏注를 없애고 따로 《戰國策注》라 하여 내놓았다. 그런데 이는 姚宏本보다 상세하기는 하나 編次와 文字를 마구 고쳐 世人의 비평을 받아왔다. 다시 元代에 이르러 吳師道는 이 鮑彪本을 근거로 하고 동시에 姚宏本을 참작하여 《戰國策校注》를 출간, 포씨본의 오류를 바로잡았다.

근래 金正煒는 《戰國策補釋》을 내어 이 방면을 커다란 업적을 이루었으며, 1978년 上海古籍出版社에서는 姚本의 原文에 姚氏, 鮑氏, 吳氏本과 黃丕烈의 注를 모두 모아 밝히고 부록으로 《戰國從橫家書(帛書戰國策)》을 실어 校點本 《戰國策》을 내어 귀중한 자료로 널리 활용되고 있다. 이상을 정리하면 다음과 같다.

① 東漢 高誘注 21권이 있었으나 이의 원본은 唐 이후의 殘卷으로 겨우 10권이었으며 北宋 曾鞏이 校補한 것이 있다.

② 南宋 초 姚宏의 續注本으로, 요굉은 원래 刪定官으로 曾鞏本과 高誘注 殘卷을 근거로 다시 교정을 시도하되 교정위주이며 訓釋은 매우 적다. 그는 북송의 원본 면모를 살리기에 애썼으며 이것이 지금 널리 퍼진 《高氏注戰國策》 33권이며 본 역주본은 이를 바탕으로 한 것이다.

③ 南宋 鮑彪가 撰한 10권이 있다. 포표는 고유주를 중심으로 《史記》 등 여러 관련서를 참고하여 고씨주의 오류를 바로잡았다고 여기며 紹興 16년(丙寅, 1146년)에 이를 완성하였다. 그는 유향의 篇定本을 史迹 年月에 맞추어 임의로 새롭게 차례를 정하여 〈西周〉를 첫머리에 두었다. 이의 이러한 작업은 도리어 후세 많은 사람의 질책과 비평을 받기도 하였다. 이는 지금 〈四部叢刊本〉에 수록되어 있으며 바로 元 至正 연간의 〈鮑氏注 吳師道校正本〉을 영인하여 실은 것이다.

이 鮑彪本을 이어 《戰國策校注》, 혹은 《戰國策鮑注補正》이라는 이름으로 나온 것이 元代 吳師道(1283~1344년)가 撰한 10권으로 鮑彪의 《戰國策注》가 高誘주의 오류를 바로잡았다고 하였으나 여전히 많은 문제점을 안고 있음을 보고 姚宏의 續注와 鮑彪注를 참고하고, 아울러 여러 관련서를 參校하여 새로운 시도를 편 것이다. 그는 篇第와 注文은 포표의 구설을 그대로 따르되 매 條 아래에 '補曰'(포주를 보충), '正曰'(포주의 오류를 바로잡음)이라 구분하여 밝혔으며 역시 劉向과 曾鞏의 교정본에 따라 13편 486편으로 하되 〈西周〉를 첫머리로 하고 있다.

이로 보아 《戰國策》은 대체로 2가지 계통으로 흘러왔음을 알 수 있다. 즉 南宋 초 剡川(지금의 浙江 嵊縣) 姚宏의 校注本과 縉雲(지금의 浙江 縉雲) 鮑彪의 校注本이 그것이다.

　姚氏本은 태도가 엄근하고 원본에 충실하고자 하였으며 紹興 丙寅에 완성을 본 것으로, 이것이 淸代 黃丕烈의 〈士禮居叢書〉로 복인되어 오늘날 가장 널리 알려진 정본으로 자리 잡았으며, 그 속에 고유의 殘注와 姚宏의 續注가 실려있다.

　다음으로 鮑氏本은 原文과 編次를 고쳐 세인의 논란과 비판을 받은 것이다. 이를 근거로 元代 吳師道가 補正을 가하여 이루어진《戰國策注》이며, 〈四部叢刊〉에는 至正 15년 刻印本을 영인하여 실은 것이다.

　참고로 전국책 관련 서목을 들어 간략히 설명하면 다음과 같다.

　1.《春秋後語》(일명《春秋後國語》): 東晉 孔衍(268~320년)이 편찬한 10권.《史記》를 근거로《戰國策》을 고증하였으며 秦孝公부터 楚漢에 이르기까지의《戰國策》내용을 다시 秦, 齊, 楚, 趙, 魏, 漢, 燕 7국으로 나누어 편찬함. 지금은 失傳되었음.

　2.《戰國策注》

　① 高誘주: 원래 모습을 알 수 없음.(21권이었음)

　② 南宋 姚宏주: 33권으로 南宋 초에 姚宏이 注를 단 것. 이 注를 '續'(續注)라 함. 淸 嘉慶 8년(1803년) 黃丕烈이 〈士禮居叢書〉본에 넣어 간행함. 가장 원본에 가까움.

　③ 南宋 鮑彪: 10권, 1147년(혹 1146년)에 완성하였으며 年月에 맞추어 새로 편목을 정함. 〈四部叢刊〉본에 들어있는 至正 연간에 吳師道의 校注本과 합하여 편한 〈鮑注吳校本〉이 유행함.

　한편 鮑彪는 南宋 處州 縉雲人, 혹은 龍川人이라고도 하며 자는 文虎, 進士에 급제하여 常州州學敎授, 太常博士를 지냄. 紹興末에 尙書司封員外郞을 지냈던 인물로 당시 吳允文, 洪邁등이 그의 才學을 극찬하였다 한다.

　3.《戰國策校注》(일명《戰國策鮑注補正》)

　元 吳師道(1283~1344년), 10권: 鮑彪의《戰國策注》를 근거로 高誘의 오류를 바로잡았으며 姚宏의 續注와 鮑彪의 注를 참조하여 考正함. 각각 '補曰'(鮑注의 빠진 부분), '正曰'(포주의 오류를 바로 잡음)이라 하여 구분함. 아울러 劉向(B.C. 77?~A.D. 6년), 曾鞏(1019~1083년)이 교정한 33편을 따랐으며

486의 장(원래 鮑彪가 분리한 것임)으로 확정함. 〈四部叢刊〉본에 들어있음.
그 판본에는 續(姚宏의 續注), 曾(曾鞏본), 錢(錢藻본), 劉(劉敞본), 集(集賢院本),
後語(孔衍의 《春秋後語》) 등으로 구분하여 밝히고 있음.

〈2〉 作者 문제

이 《戰國策》의 作者 문제는 오랜 시간을 두고 논란의 대상이 되었다.
그 중요한 것들을 간추려 보면 다음과 같다.

① 潘辰, 〈試論戰國策的作者問題〉: "戰國策前身本是幾部無名氏的著作."

② 紀昀, 《四庫全書總目提要》: "戰國策乃劉向裒合提起, 並爲一篇·作
者旣非一人."

③ 宋, 晁公武, 《郡齋讀書志卷十一子類縱橫家》: "蓋出於學縱橫家所著."

④ 淸, 顧廣圻, 〈戰國策札記序〉: "實向一家之學."

등이라고 다른 의견들을 제시하고 있다.

그러나 이 《戰國策》 작자 문제를 가장 깊이 연구한 사람은 羅根澤이다.
그의 논문 〈戰國策作始蒯通考〉(1929·河南中山大學 週刊第12期, 〈戰國策作者巧〉)
및 〈戰國策作始蒯通考補證〉(1933), 〈跋金德建先生戰國策作者之推測〉(1929),
〈潘辰先生試論戰國策的作者問題商榷〉 등에서 蒯通의 作이라 主張했다.
그러나 아직 定說로 認定된 것은 아니다. 특히 張心澂은 《僞書通考》에서
이 설을 반박하고 있다.

〈3〉 編者와 註者

본 《戰國策》을 연구하면서 거론되는 編者와 撰者, 註者, 그리고 序跋등
敍錄에 관련된 인물을 간단히 정리하면 다음과 같다.

1. 劉向書錄 (漢, 劉向)

劉向: (B.C. 77?~A.D. 6)

字는 子政 본명은 更生. 楚元王 劉僑의 玄孫 中國 目錄學의 鼻祖·經學家·
文學家이다. 그가 校勘·著述한 책으로는 본 《戰國策》 외에 《別錄》·
《說苑》·《新序》·《列女傳》·《列仙傳》 등이 있다.

2. 曾鞏序 (宋, 曾鞏)

曾鞏: (1019~1083)

字는 子固. 宋代의 大文章家로 唐宋八大家의 하나. 그는 館閣任職 때 《戰國策》·《新序》·《說苑》 등의 整理·校勘하였다.

3. 姚宏題 (宋, 姚宏)

姚宏: (남송 초의 인물)

宋 剡縣人. 字는 令聲. 徽宗 宣和 때에 國子監學生이 되었다가 宋이 南遷하자 知縣 등의 벼슬을 하였다. 이 서문은 紹興 丙寅(1146년)에 씌어졌다.

4. 姚寬書 (宋, 姚寬)

姚寬: (남송 초의 인물)

姚宏의 아우로써 함께 《戰國策》에 대하여 연구하였다.

5. 鮑彪序 (宋, 鮑彪)

鮑彪: (남송 때의 인물)

宋 縉雲 사람. 字는 文虎 일찍이 尙書郎을 지냈으며 기타 사적은 자세하지 않다. 그의 《鮑氏注戰國策》은 國別로 된 것을 다시 君(王)侯別로 차례를 정하였다. 서문에 의하면 紹興 丁卯(1147년)에 쓰인 것으로 姚宏보다 1년 늦으나 姚氏本을 참조한 흔적은 전혀 보이지 않는다.

6. 吳師道序 (元, 吳師道)

吳師道: (1283~1344)

字는 正傳. 元 婺州 蘭溪人. 至治 원년(1321년)에 진사가 되었으며, 뒤에 國子博士 등을 지냄. 그는 《戰國策校注》 외에 《易詩書雜說》·《春秋胡傳補說》·《敬鄕錄》 등이 있음. 본 서문은 泰定 二年 乙丑(1325년)에 쓴 것임.

7. 吳師道識 (元, 吳師道)

이는 1333년에 씌어진 것임.

8. 重刻剡川姚氏本戰國策幷札記序 (清, 黃丕烈)

黃丕烈

字는 蕘圃·紹武. 호는 復翁, 求古居士. 淸나라 吳縣 사람. 乾隆 때 벼슬에 올라 兵部主事를 지냄. 嘉慶 때의 유명한 장서가. 그의 장서를 覆刻한 것이 『士禮居叢書』임. 따라서 高誘注의 士禮居本《戰國策》은 黃丕烈이 宋本을 근거로 한 姚宏續校 高注本임. 위의 서문은 嘉慶 癸亥(1803년)에 씌어진 것임.

9. 孫元忠書閣本戰國策後 (宋, 孫元忠)

(附) 孫元忠記劉原父語 (宋, 劉原父)

孫元忠의 생애는 자세하지 않으나 宋 哲宗(元祐는 1086~1093년) 때 사람. 元祐 8년(1093년)에 씌어진 것이다. 그리고 劉原父는 본명은 劉敞이며, 字는 原父. 慶曆(1041~1048년) 때《戰國策》교정본을 내었으며 이를 曾鞏에게 빌려 준 것으로 여겨짐.

10. 晁公武

字는 子止. 紹興年間에 진사를 지냈으며《郡齋讀書志》외에《昭德易楠訓傳》·《昭德文集》 등이 있음.

그의 〈戰國策敍〉는《郡齋讀書志》卷十一. 縱橫家類에 실려 있음.

11. 戰國策考跋 (宋, 洪邁)

洪邁

자는 景盧. 호는 容齋.《容齋隨筆》이 남아 있음. 일찍이《戰國策考》를 지었으며 그 跋文이《文獻通考》卷212 및《歷代經籍典》370에 실려 있음.

12. 戰國策正誤十一卷序 (元, 吳萊)

吳萊(?):

字는 立夫. 시호는 淵穎先生. 吳師道와 同姓同鄕으로《吳正傳戰國策正誤十一卷》이 있었으며 吳師道의 本을 바탕으로 論駁正誤한 것으로 여겨짐.

<4> 내용 및 가치

《戰國策》을 읽다 보면 蘇秦과 張儀를 위한 책이 아닌가 할 정도로 두 遊說家가 자주 등장한다.

그뿐만 아니라 수많은 策士들의 이야기는 모두 詭譎로 점철되어 있고, 특히 秦나라의 강해짐에 대비한 숱한 정책들이 쏟아져 나온다. 특히 《세설신어》참험讒險篇에는 이러한 고사가 전하고 있다.

『袁悅有口才, 能短長說, 亦有精理. 始作謝玄參軍, 頗被禮遇, 後丁艱, 服除還都, 唯齎戰國策而已. 語人曰: “少年時讀論語老子, 又看莊易, 此皆是病痛, 事當何所益邪? 天下要物, 正有戰國策.” 旣下, 說司馬文孝王, 大見親待, 幾亂機軸; 俄而見誅.』

(원열袁悅은 말솜씨도 뛰어났을 뿐만 아니라, 유세설短長說도 아주 조리에 합당하였다. 처음에는 사현謝玄의 참군이 되어 자못 총애도 받았다. 뒤에 친상親喪을 입었다가 상이 끝나자 다시 서울로 돌아올 때는 다만 《전국책戰國策》 하나만 가지고 왔을 뿐이다. 그리고 사람들에게 이렇게 말하였다. “젊어서는 《논어論語》·《노자老子》를 읽고, 다시 《장자莊子》·《주역周易》을 읽어보았다. 그러나 이 모두 병통病痛만 될 뿐 일을 처리하는 데는 아무런 이익이 되지 않더라.” 그리고 곧 사마문효왕司馬文孝王에게 유세를 하여 크게 신임을 받았다. 끝내 그는 거의 정권을 어지럽히는 지경까지 이르게 되자, 얼마 후 주살당하고 말았다.)

美國에서의 이 책명은 陰謀, 術策, 詭譎의 뜻인 『Intrigues』로 삼아 번역되어 있음은 이러한 특징을 아주 잘 반영한 것이라 할 수 있다.

이 책은 王·諸侯 중심의 이야기가 아닌 策士, 謀士, 說客들의 言論과 사기술, 온갖 꾀를 다 부린 이야기가 거의 전부이기는 하다. 그러나 실제 웃어 넘기기에는 우리에게 시사하는 바가 역시 부지기수이다.

그런가 하면 역사적 史實의 기술이나 사건경위의 설명은 지극히 적어 오히려 읽기가 난해한 부분이 많다.

이 책은 東周(1卷 28篇), 西周(1卷 17篇), 秦(5卷 65篇), 齊(6卷 59篇), 楚(4卷 52篇), 趙(4卷 66篇), 魏(4卷 83篇), 韓(3卷 71篇), 燕(3卷 34篇), 宋·衛(1卷 15篇)·中山(1卷 10篇)으로 모두 12國 33卷 500篇으로 되어있으며 이는 물론 처음 劉向의 編定本은

아닐 것으로 보고 있다. 이에 따라 그 이전의 일문佚文에 대한 연구도 지금 활발한 상태이다.

또한 앞에서 밝힌 바와 같이 司馬遷의 《史記》와 비교하여 《史記》 속에서 《戰國策》을 인용 전재했음이 분명하나 지금 전하는 《戰國策》에는 빠진 것이 발견된다. 또한 내용 중에는 서로 비슷한 사건의 중복이나, 혹은 완전 중복된 것 둘을 합해야 한 篇이 되는 것 등 매우 복잡하며, 특히 《詩》, 《書》, 《易》 등을 인용한 부분에는 지금의 《詩》, 《書》, 《易》에는 없는 것이 있어 관심거리가 되며 연구대상이 되기도 한다.

또한 〈秦策〉의 『張儀說秦王』篇 이야기는 《韓非子》의 첫 머리 〈初見秦〉과 아주 같아 《韓非子》와 《戰國策》 作者의 어떤 關係를 추측하게 하기도 한다.

한편 이 책에 실린 인물들을 대강 간추려 보면 다음과 같다.

吳起, 聶政, 孫臏, 商鞅, 蘇秦, 蘇代, 蘇厲, 張儀, 孟嘗君, 馮諼, 陳軫, 犀首, 平原君, 虞卿, 甘茂, 趙奢, 樗里子, 穰侯, 白起, 樂毅, 信陵君, 春申君, 孟子, 范雎, 蔡澤, 田單, 魯仲連, 呂不韋, 太子丹, 荊軻 高漸離, 荀卿, 墨子, 惠施, 淳于髡, 王翦, 蒙恬, 蒙毅, 甘羅, 子順 등 전국시대 이름난 책사들과 사상가들이 총망라되어있다.

〈5〉 연구 동향

劉向의 편정 이후 지금까지 2천 年 동안 이 《戰國策》에 대한 연구와 언급은 헤아릴 수 없이 많다.

앞서의 高誘, 姚宏, 曾鞏 외에도 王念孫의 〈讀書雜志〉에 실린 《戰國策》 이 있다.

그리고 근래 羅根擇・朱太忙 등이 있으며, 金正煒의 《戰國策補釋》과 諸祖耿의 《戰國策集注匯考》, 繆文遠의 《戰國策新校注》, 何建章의 《戰國策注釋》, 上海古籍出版社의 校點本 《戰國策》, 日人 橫田維孝의 《戰國策正解》, 王延棟의 《戰國策詞典》(南開大), 張正男의 《戰國策初探》, 鄭良樹의 《戰國策研究》, 《戰國策集證》(鄭良樹・1971, 臺灣大學博士學位論文), 그리고 《帛書戰國策》(河洛圖書) 등은 귀중한 참고자료이며, 陳銤의 《戰國策》, 秦同培의 《國策精華》,

그 외에 余宗瑜의 《戰國人物》, 李唐의 《戰國七雄》이 있으며, 白話本으로는 馮作民의 《白話戰國策》(상중하), 溫洪隆의 《新譯戰國策》(상하), 王守謙 등의 《戰國策全譯》 등이 있으며, 日譯으로는 全釋漢文大系 《戰國策》(상중하, 近藤光男, 集英社)와 新釋漢文大系 《戰國策》(상중하, 林秀一, 明治書院), 英譯으로는 美國 J. I. Crump의 《Intrigues》(Studies of the chan-kuo. Ts'e, 미시간대학)가 있고, 국내 역본으로는 《戰國策》(林東錫 초략본)과 《戰國策》(李相玉)등이 있어 연구에 많은 도움을 주고 있다.

二. 《戰國從橫家書(帛書戰國策)》(馬王堆 漢墓 出土)

　　1973년 湖南省 長沙 馬王堆 漢墓(西漢 時代)에서 『金縷玉衣』 및 靑銅의 『馬踏飛燕』 등이 나왔다. 특히 그에 못지 않게 중요한 대량의 竹簡·木簡과 帛書가 출토되어 세상을 놀라게 하였다. 즉 《帛書孫子兵法》·《帛書孫臏兵法》·《帛書經法》·《帛書老子》·《帛書戰國策》 등이다. 그 중에 三號墓에서 나온 帛書로서 《戰國策》(標題는 없었음) 27장, 총 1만 1천여 자는 오늘날 《전국책》 연구에 상당한 도움을 주고 있다. 한편 이 27장은 標題가 없어 흔히 《帛書戰國策》, 또는 《戰國縱橫家書》 등으로 불린다. 이 27장의 내용을 살펴보면 그 중 11장은 지금의 《戰國策》이나 《史記》 등의 내용과 같거나 그 근거를 찾을 수 있는 것이지만 나머지 16장은 지금은 어디에서도 볼 수 없는 일문(佚文)이다.

　　구체적로 일문 16장외에 나머지 11장 가운데에 6장(15장·16장·18장·20장·21장·24장)은 今本 《戰國策》이나 《史記》와 같고, 2장(19장·23장)은 《戰國策》과 같으며, 1장(22장)은 《史記》와 같다. 또 제4장과 제5장은 《戰國策》의 일부만 같고 文字의 出入이 심한 상태이다.

　　특히 앞 14장은 蘇秦이 燕昭王과 齊湣王에게 보낸 편지와 유세의 내용이 주를 이루고 있으며, 후반부 13장은 須賈, 信陵君, 觸龍, 그리고 秦나라 客卿, 蘇秦, 虞卿, 公仲倗, 李園, 麛皮 등의 유세 내용이다. 대체로 전국시대가 마감되기 전 80여 년의 일이며 齊湣王의 이야기가 16장이나 되어 다소 편중된 느낌을 주고 있다. 한편 《戰國策》과 《史記》 중의 蘇秦에 관한 기록은 미해결 부분이 많았으나 이로써 정리를 보게 되었으며, 齊湣王에 관한 紀年과 秦, 魏의 華陽之戰, 그리고 春申君의 뒤를 이은 李園의 楚나라 執政, 秦나라가 楚나라 鄢을 취하게 된 사건 등이 구체적으로 밝혀지기도 하였다. 이는 1976년 文物出版社에서 정리한 標點本이 출간되어 있으며, 이를 같은 해 臺灣에서 《帛書戰國策》(河洛圖書出版社)이라는 서명을 출간하기도 하였다.

　　이를 우선 장별로 그 判讀文(釋文)을 싣고 그에 관련된 부분을 附記하기로 한다. (원본의 影印은 資料編 6.《帛書戰國策》 및 《帛書戰國策》(河洛圖書出版社, 1976, 臺灣, 臺北)을 참조할 것.)

1. 佚文: 自趙獻書燕王曰

自趙獻書燕王曰:「始臣甚惡事, 恐趙足(缺二十餘字)臣之所惡也, 故冒趙而欲說丹與得, 事非(缺五六字)臣也. 今奉陽君(缺十餘字)封秦也, 任秦也, 比燕於趙. 令秦與莌(兌)(缺五六字)宋不可信, 若□□□□我其從徐□□□□□□制事, 齊必不信趙矣. 王毋憂事, 務自樂也. 臣聞王之不安, 臣甚願□□□□□之中重齊□□□□□齊, 秦毋惡燕梁(梁)以自持(恃)也. 今與臣約, 五和, 入秦使, 使齊韓梁(梁)(缺七八字)約卻(却)軍之日無伐齊‧外齊焉. 事之上, 齊趙大惡; 中, 五和, 不外燕; 下, 趙循合齊秦以謀燕. 今臣欲以齊大(惡趙)而去趙, 胃(謂)齊王, 趙之禾(和)也, 陰外齊‧謀齊, 齊趙必大惡矣. 奉陽君徐爲不信臣, 甚不欲臣之之齊也, 有(又)不欲臣之之韓梁(梁)也, 燕事小大之諍(爭), 必且美矣. 臣甚患趙之不出臣也. 知(智)能免國, 未能免身. 願王之爲臣故此也. 使田伐若使使孫疾召臣, 自辭於臣也. 爲予趙甲因在梁(梁)者.」

2. 佚文: 使韓山獻書燕王曰

使韓山獻書燕王曰:「臣使慶報之後, 徐爲之與臣言甚惡. 死亦大物已. 不快於心而死, 臣甚難之. 故臣使辛謁大之. 王使慶謂臣不利於國, 且我憂之, 臣爲此無敢去之. 王之賜使使孫與弘來, 甚善已. 言臣之後, 奉陽君徐爲之視臣益善, 有遣臣之語矣. 今齊王使李終之勺(趙), 怒於勺(趙)之止臣也, 且告奉陽君, 柎撟於宋, 與宋通關. 奉陽君甚怒於齊, 使勺(趙)足問之臣, 臣對以弗知也. 臣之所患, 齊勺(趙)之惡日益, 奉陽君盡以爲臣罪, 恐久而後不可□救也. 齊王之言臣, 反不如已. 願王之使人反復言臣, 必毋使臣久於勺(趙)也.」

3. 佚文: 使盛慶獻書於(燕王曰)

使盛慶獻書於(燕王曰):「□□胃(謂)雖未功(攻)齊, 事必□者, 以齊之任臣, 以不功(攻)宋, 欲從韓梁(梁)取秦, 以謹謀勺(趙). 勺(趙)以(已)用薛公徐爲之(缺八九字)相□也. 今齊王使宋竅謂臣, 曰:『奉陽君使周納告寡人曰:'燕王請毋任蘇秦以事', 信□□□奉陽君使周納言之曰:'欲謀齊', 寡人弗信也. 周納言: 燕勺(趙)循善矣, 皆不任子以事. 奉陽(君)□□□丹若得也, 曰笴毋

任子講, 請以齊爲上交. 天下有謀齊者請功(攻)之.』蘇脩在齊, 使□□□□
□□□□中齊勾(趙)矣. 今(齊)王使宋竅詔臣曰:『魚(吾)將與子□有謀也.』
臣之所(缺八九字)不功(攻)齊, 全於□. 所見於薛公徐爲, 其功(攻)齊益疾.
王必勾(趙)之功(攻)齊, 若以天下(缺五六字)焉. 外齊於禾(和), 必不合齊秦
以謀燕, 則臣請爲免於齊而歸矣. 爲趙擇□□韓□□□□必趙之不合齊秦
以謀燕也, 齊王雖歸臣, 臣將不歸. 諸可以惡齊勾(趙)(者), 將□□之. 以□
可(也), 以蓐(辱)可也, 以與勾(趙)爲大讎可也. 今王曰:『必善勾(趙), 利於國.』
臣與不知其故. 奉陽君之所欲, 循(善)齊秦 以定其封, 此其上計也. 次循善
齊以安其國. 齊勾(趙)循善, 燕之大過(禍).(將)養勾(趙)而美之齊乎, 害於燕,
惡之齊乎, 奉陽君怨臣, 臣將何處焉? 臣以齊善勾(趙), 必容焉, 以爲不利國
故也. 勾(趙)非可與功(攻)齊也, 無所用. 勾(趙)毋惡於齊爲上. 齊勾(趙)不惡,
國不可得而安, 功不可得而成也. 齊趙之惡從已, 願王之定慮而羽鑚(贊)臣也.
勾(趙)止臣而它(他)人取齊, 必害於燕. 臣止於勾(趙)而侍(待)其魚肉, 臣□
不利於身.」

4. 自齊獻書於燕王曰

(《戰國策》燕策二.『蘇代自齊獻書燕王』(462장)의 中間부분과 首尾가 같음.)

自齊獻書於燕王曰:「燕齊之惡也久矣. 臣處於燕齊之交, 固知必將不信.
臣之計曰: 齊必爲燕大患. 臣循用於齊, 大者可以使齊毋謀燕, 次可以惡齊
勾(趙)之交, 以便王之大事, 是王之所與臣期也. 臣受敎任齊交五年, 齊兵數出,
未嘗謀燕. 齊勾(趙)之交. 壹美壹惡, 壹合壹離. 燕非與齊謀勾(趙), 則與趙
謀齊. 齊之信燕,(至於虛)北地(行)其甲. 王信田代繰去(疾)之言功(攻)齊,
使齊大戒而不信燕, 臣秦拜辭事. 王怒而不敢强. 勾(趙)疑燕而不功(攻)齊,
王使襄安君東, 以便事也. 臣豈敢强王哉. 齊勾(趙)遇於阿, 王憂之. 臣與於遇,
約功(攻)秦去帝. 雖費, 毋齊趙之患, 除羣臣之恥. 齊殺張雇, 臣請屬事, 辭爲
臣於齊. 王使慶謂臣, 不之齊危國, 臣以死之圍, 治齊燕之交. 後薛公乾(韓)
徐爲與王約功(攻)齊, 奉陽君鬻臣, 歸罪於燕, 以定其封於齊. 公玉丹之勾
(趙)致蒙, 奉陽君受之, 王憂之, 故强臣之齊. 臣之齊, 惡齊勾(趙)之交, 使毋
予蒙而通宋使. 故王能材(裁)之, 臣以死任事. 之後, 秦受兵矣, 齊勾(趙)皆

嘗謀. 齊勺(趙)未嘗謀燕, 而俱諍(爭)王於天下. 臣雖無大功, 自以爲免於罪矣.
今齊有過辭, 王不諭齊王多不忍(仁)也, 而以爲臣罪, 臣甚懼. 哭之死也,
王辱之. 襄安君之不歸哭也, 王苦之. 齊改葬其后而召臣, 臣欲毋往, 使齊棄臣.
王曰:『齊王之多不忍(仁)也, 殺妻逐子, 不以其罪, 何可怨也?』故强臣之齊.
二者大物也, 而王以赦臣, 臣受賜矣. 臣之行也, 固知必將有口, 故獻御書而行.
曰:『臣貴於齊, 燕大夫將不信臣. 臣賤, 將輕臣. 臣用, 將多望於臣, 齊有不善,
將歸罪於臣. 天下不功(攻)齊, 將曰善與齊謀. 天下功(攻)齊, 將與齊兼棄臣.
臣之所處者重卵也.』王謂臣曰:『魚(吾)必不聽衆口與造言, 魚(吾)信若壬
(猶)落也. 大可以得用於齊, 次可以得信, 下笱(苟)毋死, 若無不爲也. 以奴
自信可, 與言去燕之齊可, 甚者與謀燕可, 期於成事而已.』臣恃之詔, 是故
無不以口齊王而得用焉. 今王以衆口與造言罪臣, 臣甚懼. 王之於臣也, 賤而
貴之, 蓐(辱)而顯之, 臣未有以報王. 以求卿與封不中意, 王爲臣有之兩,
臣舉天下使臣之封不懟. 臣止於勺(趙), 王謂韓徐爲:『止某不道, 道(猶)免
寡人之冠也.』以振(拯)臣之死. 臣之德王, 罙(深)於骨隨(髓). 臣甘死蓐(辱),
可以報王, 願爲之. 今王使慶令(命)臣曰:『魚(吾)欲用所善.』王笱(苟)有所
善而欲用之, 臣請爲王事之. 王若欲剶舍臣而搏任所善, 臣請歸, 擇(釋)事,
句(苟)得時見, 盈願矣.」

5. 謂燕王曰

(《戰國策》燕策一. 『人有惡蘇秦於燕王者』(446장), 『蘇代謂燕昭王』(455장)과 유사함.)

謂燕王曰:「今日願藉於王前. 叚(假)臣孝如增(曾)參, 信如犀(尾)星(生),
廉如相伯夷, 節(卽)有惡臣者可毋懟乎.」王曰:「可矣.」「臣有三資者以事王,
足乎?」王曰:「足矣.」「王足之, 臣不事王矣. 孝如增(曾)參, 乃不離親, 不足
而(以)益國. 信如犀(尾)星(生), 乃不延(誕), 不足而(以)益國. 廉如相(伯)夷,
乃不竊, 不足以益國. 臣以信不與仁俱徹, 義不與王皆(偕)立.」王曰:「然則
仁義不可爲與?」對曰:「胡爲不可! 人無信則不徹, 國無義則不王. 仁義所以
自爲也, 非所以爲人也. 自復之術, 非進取之道也. 三王代立, 五相(伯)蛇
正(政), 皆以不復亓(其)掌(常). 若以復元(其)掌(常)爲可王, 治官之主, 自復
之術也, 非進取之路也. 臣進取之臣也, 不事無爲之主. 臣願辭而之周, 負籠

操首, 毋辱大王之廷.」王曰:「自復不足乎?」對曰:「自復而足, 楚將不出雎
(沮)章(漳), 秦將不出商閹(於), 齊不出呂隧, 燕將不出屋注, 晉將不荺(逾)泰
(太)行, 此皆以不復亓(其)常爲進者.」

6. 佚文: (自)梁(梁)獻書於燕王曰

(自)梁(梁)獻書於燕王曰:「齊使宋竅侯潟謂臣曰:『寡人與子謀功(攻)宋,
寡人恃燕勺(趙)也. 今燕王與羣臣謀破齊於宋而功(攻)齊甚急, 兵衛有子循
而不知寡人得地於宋, 亦以八月歸兵, 不得地亦以八月歸兵.』今有(又)告薛
公之使者田林, 薛公以告臣, 而不欲亓(其)從已聞也. 願王之陰知之而毋有
告也. 王告人, 天下之欲傷燕者與羣臣之欲害臣者, 將成之. 臣請疾之齊觀之,
而以報. 王毋憂, 齊雖欲功(攻)燕, 未能, 未敢. 燕南方之交完, 臣將令陳臣許
蒭以韓梁(梁)問之齊. 足下雖怒於齊, 請養之以便事. 不然, 臣之苦齊王也,
不樂生矣.」

7. 佚文: 自梁(梁)獻書於燕王曰

自梁(梁)獻書於燕王曰:「薛公未得所欲於晉國, 欲齊之先變以謀晉國也.
臣故令遂恐齊王曰:『天下不能功(攻)秦□□□齊人取秦□.』(齊)王懼而欲
先天下, 慮從楚取秦, 慮反乾(韓)曇, 有(又)慮從勺(趙)取秦. 今梁勺(趙)韓
(秦)□□□□□薛公・徐爲有辭, 言勸晉國變矣. 齊先鬻勺(趙)以取秦, 後賣
秦以取勺(趙)而功(攻)宋, 今有(又)鬻天下以取秦. 如是而薛公・徐爲不能以
天下爲亓(其)所欲, 則天下故(固)不能謀齊矣. 願王之使勺(趙)弘急守徐爲,
令田賢急守薛公, 非是毋有使於薛公徐之所, 它(他)人將非之以敗臣. 毋與
奉陽君言事, 非於齊, 一言毋舍也. 事必□南方强, 燕毋首. 有(又)愼毋非令
羣臣衆義(議)功(攻)齊. 齊王以燕爲必侍(待)亓(其)敝而功(攻)齊, 未可解
(懈)也. 言者以臣□賤而邈於王矣.」

8. 佚文: 謂齊王曰

謂齊王曰:「薛公相靑齊也, 伐楚・九歲, 功(攻)秦・三年, 欲以殘宋, 取進

(淮)北, 宋不殘, 進(淮)北不得. 以齊封奉陽君, 使梁(梁)乾(韓)皆效地, 欲以取勾(趙), 勾(趙)是(氏)不得. 身率梁(梁)王與成陽君, 北面而朝奉陽君於邯鄲而勾(趙)氏不得. 王棄薛公, 身斷事, 立帝, 帝立; 伐秦, 秦伐. 謀取勾(趙)·得, 功(攻)宋, 宋殘, 是則王之明也. 雖然, 願王之察之也. 是無它(他)故, 臣之以燕事王循也. 矞謂臣曰:『傷齊者必勾(趙)也. 秦雖强, 終不敢出塞涑河, 絶中國而功(攻)齊. 楚, 越遠, 宋魯弱, 燕人承, 乾(韓)梁(梁)有秦患, 傷齊者必勾(趙), 勾(趙)氏終不可得已. 爲之若何?』臣謂矞曰:『請劫之. 子以齊大重秦, 秦將以燕事齊, 齊燕爲一, 乾(韓)梁(梁)必從. 勾(趙)悍則伐之, 願則摯(執)而功(攻)宋.』矞以爲善. 臣以車百五十乘入齊, 矞逆於高間, 身御臣以入. 事曲當臣之言, 是則王之敎也, 然臣亦見亓(其)必可也. 猶矞不知變事以功(攻)宋也, 不然, 矞之所與臣前約者善矣. 今三晉之敢據薛公與不敢據, 臣未之識. 雖使據之, 臣保燕而事王, 三晉必不敢變. 齊燕爲一, 三晉有變, 事乃時爲也. 是故當今之時, 臣之爲王守燕, 百它(他)日燕, 而臣不能使王得志於三晉, 臣亦不足事也.」

9. 佚文: 謂齊王曰

謂齊王曰:「始也燕累臣以求摯(質), 臣爲是未欲來, 亦未可爲王爲也. 今南方之事齊者多故矣, 是王有憂也, 臣何可以不亟來? 南方之事齊者, 欲得燕與天下之師, 而入之秦與宋以謀齊, 臣諍(爭)之於燕王, 燕王必弗聽矣. 臣有(又)來則大夫之謀齊者大解(懈)矣. 臣爲是, 雖無燕, 必將來. 管子之請, 貴循也, 非以自爲也. □□公聽之. 臣賢王於桓□, 臣不敢忘(妄)請, □□□□王誠重御臣, 則天下必曰: 燕不應天下以師, 有(又)使蘇□□□□□貴(缺十八九字)□齊□矞之□□□□之車也. 王□□□□知□可以百五十乘, 王以諸侯御臣. 若不欲□□□請以五(十)乘來. 請貴重之□(缺約十字)高賢足下, 故敢以聞也.」

10. 佚文: 謂齊王

謂齊王:「燕王□於王之不信己也則有之, 若慮大惡焉則無之. 燕大□□□臣必以死諍(爭)之, 不能, 必令王先知之. 必毋聽天下之惡燕交者. 以臣所

□□□魯甚□, □臣大□□息士民, 毋庸發怒於宋魯也. 爲王不能, 則完天下
之交, 復與梁(梁)王遇. □□宋之事, 士民句(苟)可復用, 臣必王之無外患也.
若燕, 臣必以死必之. 臣以燕重事齊, 天下必無敢東. □□□兄(況)臣能以天
下功(攻)秦, 疾與秦相萃也而不解, 王欲復功(攻)宋而復之, 不而舍之, 王爲
制矣.」

11. 佚文: 自勺(趙)獻書於齊王曰

自勺(趙)獻書於齊王曰:「臣曁(既)從燕之梁(梁)矣, 臣至勺(趙), 所聞於
乾(韓)梁(梁)之功(攻)秦, 毋變志矣. 以雨, 未得邀(速)也. 臣之所得於奉陽
君者, 乾(韓)梁(梁)合, 勺(趙)氏將悉上黨以功(攻)秦. 奉陽君謂臣:『楚無秦事,
不敢與齊遇, 齊楚果遇, 是王收秦已. 曁(其)不欲甚.』欲王之赦梁(梁)王而
復見之. 勺(趙)氏之慮, 以爲齊秦復合, 必爲兩敵以功(攻)勺(趙), 若出一口.
若楚遇不必, 雖必, 不爲功, 願王之以毋遇喜奉陽君也. 臣以足下之所與臣
約者告燕王, 臣以(已)好處於齊. 齊王終臣之身不謀燕, 燕臣得用於燕, 終臣
之身不謀齊. 燕王甚兌(悅), 亓(其)於齊循善. 事卬(昂)曲盡從王. 王賢(堅)
三晉亦從王, 王取秦楚亦從王. 然而燕王亦有苦. 天下惡燕而王信之. 以燕
之事齊也爲盡矣. 先爲王絶秦摯(質)子宦二萬甲自食以功(攻)宋, 二萬甲自
食以功(攻)秦, 乾(韓)梁(梁)豈能得此於燕哉? 盡以爲齊. 王逪(猶)聽惡燕者
(上此下四十九字錯簡移後)燕王甚苦之. 願王之爲臣甚安燕王之心也. 燕齊
循善, 爲王何患無天下?」

12. 佚文: 自勺(趙)獻書於齊王曰

自勺(趙)獻書於齊王曰:「臣以令告奉陽君曰:『寡人之所以有講慮者有,
寡人之所爲功(攻)秦者, 爲梁(梁)爲多. 梁(梁)氏留齊兵於觀, 數月不逆,
寡人失望, 一. 擇齊兵於滎陽成皋, 數月不從而功(上以下錯簡在前宋), 再.
寡人之□功(攻)宋也, 請於梁(梁)閉關於宋而不許. 寡人已擧宋, 講矣, 乃來
諍(爭)得, 三. 今燕勺(趙)(原錯在行下)之兵皆至矣, 俞(愈)疾功(攻)蓄, 四.
寡人有(又)聞梁(梁)(原錯在行上)入兩使陰成於秦, 且君嘗曰: 吾縣免於梁

(梁)是(氏), 不能(原錯在行下) 辭已. 雖乾(韓)亦然. 寡人恐粱(梁)氏之棄與國而獨取秦也, 是以有講慮. 今曰不(原錯在行上)女(如)□(下)之疾之, 講從. 功(攻)秦. 寡人之上計; 講最寡人之大(太)下也. 粱(梁)氏不恃寡人, 樹寡人曰: 齊道楚取秦, 蘇脩在齊矣. 故天下洶洶然, 曰: 寡人將反量也. 寡人無之. 乃量固於齊, 使人於齊大夫之所, 而俞(偸)語則有之. 寡人不見使者□□對(懟)也. 寡人有反量之慮, 必先與君謀之. 寡人(上以下錯簡四十八字已移前)與韋非約曰: 若與楚遇, 將與(下)乾(韓)粱(梁)四遇, 以約功(攻)秦. 若楚不遇, 將與粱(梁)王復遇於圍地, 收秦等, 遂明功(攻)秦, 大(太)上破之, 其(次)賓(擯)之, 亓(其)下完交而□講, 與國毋相離也. 此寡人之約也. 韋非以粱(梁)王之令(命)欲以平陵蛇(貽)薛, 以陶封君. 平陵雖(惟)城而已, 亓(其)鄙盡入粱(梁)氏矣. 寡人許之已.』臣以□告奉陽君, 奉陽君甚兌(悅), 曰:『王有(又)使周濕·長駟重令(命)挩(兌), 挩(兌)也敬受令(命).』 奉陽君合(答)臣曰:『篠(彗)有私義(議), 與國不先反而天下有功(攻)之者, 雖知不利, 必據之. 與國有先反者, 雖知不利, 必怨之.』今齊勺(趙)燕 循相善也. 王不棄與國而先取秦, 不棄篠(彗)而反量也, 王何患於不得所欲. 粱(梁)氏先友, 齊勺(趙)功(攻)粱(梁), 齊必取大粱(梁)以東, 勺(趙)必取河內, 秦案不約而應, 王何患於粱(梁)? 粱(梁)·乾(韓)無變, 三晉與燕爲王功(攻)秦, 以便王之功(攻)宋也, 王何不利焉? 今王棄三晉而收秦反量也, 是王破三晉而復臣天下也. 天下將入地與重摯(質)於秦而獨爲秦臣以怨王. 臣以爲不利於足不下, 願王之完三晉之交, 與燕也講亦以是. 疾以取止.」

13. 佚文: 乾(韓)量獻書於齊曰

乾(韓)量獻書於齊曰:「秦悔不聽王以先事而後名. 今秦王請侍(待)王以三四年. 齊不收秦, 秦焉□晉國. 齊秦復合, 使量反(返), 且復故事, 秦卬曲盡聽王. 齊取宋, 請令楚粱(梁)毋敢有尺地於宋, 盡以爲齊. 秦取粱(梁)之上黨. 乾(韓)粱(梁)從, 以功(攻)勺(趙), 秦取勺(趙)之上地, 齊取河東. 勺(趙)從, 秦取乾(韓)之上地, 齊取燕之陽地. 三晉大破, 而□□, 秦取鄢田雲夢, 齊取東國下蔡. 使從親之國如帶而□. 齊秦雖立百帝, 天下孰能禁之.」

14. 佚文: 謂齊王曰

謂齊王曰:「臣恐楚王之勤豎之死也. 王不可以宋故解(懈)之. 臣使蘇厲告楚王曰:『豎之死也. 非齊之令(命)也. 漁子之私也. 殺人之母而不爲亓(其)子禮, 豎之罪固當死. 宋以淮北與齊講, 王功(攻)之, 擊勺(趙)信. 齊不以爲怨, 反爲王誅勺(趙)信, 以亓(其)無禮於王之邊吏也. 王必毋以豎之私怨, 敗齊之德.』前事願王之盡加之於豎也, 毋與它(他)人矣, 以安夫薛公之心. 王尙(嘗)與臣言甘薛公以就事. 臣甚善之. 今爽也, 强得也, 皆言王之不信薛公, 薛公甚懼. 此不便於事. 非薛公之信莫能合三晉以功(攻)秦, 願王之甘之也. 臣負齊燕以司(伺)薛公, 薛公必不敢反王. 薛公有變, 臣必絶之. 臣請終事而與王勿計, 願王之固爲終事也. 功(攻)秦之事成, 三晉之交完於齊, 齊事從橫盡利. 講而歸亦利, 圍而勿舍亦利, 歸息士民而復之, 使如中山, 亦利. 功(攻)秦之事敗, 三晉之約散而靜(爭)秦, 事卬曲盡害. 是故臣以王令曰:『薛公驕(矯)敬(檠)三晉, 勸之爲一, 以疾功(攻)秦, 必破之. 不然而賓(擯)之. 不則與齊共講, 欲而復之. 三晉以王爲愛己忠己. 今功(攻)秦之兵方始合, 王有(又)欲得兵以功(攻)平陵, 是害功(攻)秦也. 天下之兵皆去秦而與齊諍(爭)宋地, 此亓(其)爲□不難矣. 願王之毋以此畏三晉也. 獨以甘楚. 楚雖毋伐宋, 宋必聽. 王以(已)和三晉伐秦, 秦必不敢言救宋. □弱宋服則王事遬(速)夬(決)矣. 夏后堅欲爲先薛公得平陵, 願王之勿聽也. 臣欲王以平陵予薛公, 然而不欲王之無事予之也. 欲王之縣陶平陵於薛公奉陽君之上以勉之, 終事然後予之, 則王多資矣. 御『御』事者必曰: 三晉相豎(堅)也而傷秦, 必以其餘驕王, 願王之勿聽也. 三晉伐秦, 奉未至否而王已盡宋息民矣. 臣保燕而循事王, 三晉必無變. 三晉若願乎, 王遂伇(役)之. 三晉若不願乎, 王收秦而齊(劑)亓(其)後. 三晉豈敢爲王驕. 若三晉相豎(堅)也以功(攻)秦, 案以負(倍)王而取秦, 則臣必先智(知)之. 王收燕循楚而啗秦以晉國, 三晉必破. 是故臣在事中, 三晉必不敢反. 臣之所以備患者百餘. 王句(苟)爲臣安燕王之心, 而毋聽傷事者之言, 請毋至三月而王不見王天下之業, 臣請死. 臣之出死以要事也, 非獨以爲王也, 亦自爲也. 王以不謀燕爲臣賜, 臣有以德燕王矣. 王舉霸王之業而以臣爲三公, 臣有以矜於世矣. 是故事句(苟)成, 臣雖死不丑.』」

15. 華軍, 秦戰勝魏

(《戰國策》魏策三 『秦敗魏於華』(335장) 및 《史記》 穰侯列傳 秦昭王 32년 기록과 같음.)

華軍, 秦戰勝魏, 走孟卯, 攻大梁(梁). 須賈說穰侯曰: 「臣聞魏長吏胃(謂)
魏王曰: 『初時者, 惠王伐趙, 戰勝三梁(梁), 拔邯鄲, 趙氏不割而邯鄲復歸.
齊人攻燕, 拔故國, 殺子之, 燕人不割而故國復反. 燕趙之所以國大兵強而
地兼諸侯者, 以亓(其)能忍難而重出地也. 宋中山數伐數割, 而國隋(隨)以亡.
臣以爲燕趙可法而宋中山可毋爲也. 秦貪戾之國也而無親, 蠶食魏氏, 盡晉國,
勝暴子, 割八縣, 地未畢入而兵復出矣. 夫秦何厭之有哉! 今有(又)走孟卯,
入北宅, 此非敢梁(梁)也, 且劫王以多割, 王必勿聽也. 今王循楚趙而講,
楚趙怒而與王爭秦, 秦必受之. 秦挾楚趙之兵以復攻, 則國求毋亡, 不可得已.
願王之必毋講也. 王若欲講, 必小(少)割而有質, 不然必欺.』此臣之所聞於
魏也, 願君之以氏(是)慮事也.《周書》曰: '唯命不爲常', 此言幸之不可數也.
夫戰勝暴子, 割八縣之地, 此非兵力之請(精)也, 非計慮之攻(工)也, 夫天幸
爲多. 今有(又)走孟卯, 入北宅, 以攻大梁(梁), 是以天幸自爲常也. 知(智)者
不然. 臣聞魏氏悉亓(其)百縣勝甲以上, 以戎戍大梁(梁), 臣以爲不下卅萬.
以卅萬之衆, 守七仞之城, 臣以爲湯武復生, 弗易攻也. 夫輕信楚趙之兵,
陵七仞之城, 犯卅萬之衆而必舉之, 臣以爲自天地始分, 以至於今未之嘗有也.
攻而弗拔, 秦兵必罷(疲), 陶必亡, 則前功有必棄矣. 今魏方疑, 可以小(少)割
而收也. 願君逕(逮)楚趙之兵未至於梁(梁)也, 亟以小(少)割收魏, 魏方疑而
得以小(少)割爲和, 必欲之, 則君得所欲矣. 楚趙怒於魏之先己也, 必爭事秦,
從已散而君後擇焉. 且君之得地也, 豈必以兵哉. □晉國也, 秦兵不功(攻)而
魏效降(絳), 安邑, 有(又)爲陶啓兩, 幾盡故宋, 而卒衛效單尤. 秦兵笱(苟)全
而君制之, 何索而不得? 奚爲(而不可)? 願君之孰(熟)慮之, 而毋行危也.」
君曰: 「善.」乃罷梁(梁)圍.

16. 謂魏王曰

(《戰國策》魏策三 『魏將與秦攻韓』(340장) 및 《史記》 魏世家 安釐王 11년 기록과 같음.)

謂魏王曰: 「秦與戎翟同俗, 有□□(之)心, 貪戾好利, 無親, 不試(識)禮義

德行. 笱(苟)有利焉, 不顧親戚弟兄, 若禽守(獸)耳. 此天下之所試(識)也.
非□□厚積德也. 故大(太)后母也, 而以憂死. 穰侯呇(舅)也, 功莫多焉,
而諒(竟)逐之. 兩弟无罪而再挩(奪)之國. 此於(親)戚若此, 而兄(況)仇讎之
國乎? 今王與秦共伐韓而近秦患, 臣甚惑之. 而王弗試(識), 則不明; 君臣莫
以□則不忠. 今韓氏以一女子奉一弱主, 內有大亂, 外支秦魏之兵, 王以爲
不亡乎? 韓亡, 秦有(鄭)地, 與大梁(梁)鄰, 王以爲安乎? 王欲得故地而今負
强秦之禍, 王以爲利乎? 秦非無事之國也. 韓亡之後必將更事, 更事必就易
與利, 就易與利, 必不伐楚與趙矣. 是何也? 夫(越山與河, 絶)韓上黨而攻强趙,
氏(是)復闕與之事也, 秦必弗爲也, 若道河內, 倍鄴·朝歌, 絶漳·鋪(滏)
(約缺五六字)邯鄲之鄗(郊), 氏(是)知伯之過(禍)也, 秦(又)不敢. 伐楚, 道涉谷,
行三千里而攻冥阨之塞, 所行甚遠, 所攻甚難, 秦有(又)弗爲也. 若道河外,
倍大梁(梁), 右蔡·召, 與楚兵夬(決) 於陳鄗(郊), 秦有(又)不敢. 故曰: 秦必
不伐楚與趙矣. 有(又)不攻燕與齊矣. 韓亡之後, 兵出之日, 非魏無攻已.
秦固有壞(懷)·茅·刑(邢)丘, 城垝津以臨河內, 河內共墓必危. 有鄭地, 得垣
雍, 決熒澤, 大梁(梁)必亡. 王之使者大過而惡安陵是(氏)於秦, 秦之欲許久矣.
秦有葉·昆·陽, 與舞陽鄰, 聽使者之惡, 隨(墮)安陵是(氏)而亡之. 繚舞陽
之北以東臨許, 南國必危. 國先害已. 夫增(憎)韓, 不愛安陵氏, 可也. 夫不患秦,
不愛南國, 非也. 異日者, 秦在河西, 晉國去梁(梁)千里, 有河山以闌之, 有周
韓而間之. 從林軍以至於今, 秦七攻魏, 五入圍中, 邊城盡拔, 支臺隨(墮),
垂都然(燃), 林木伐, 麋鹿盡, 而國續以圍. 有(又)長殴(驅)梁(梁)北, 東至虖
(乎)陶衛之(郊, 北至乎)監. 所亡秦者, 山南·山北·河外, 河內, 大縣數十,
名都數百. 秦乃在河西, 晉國去梁(梁)千里而過(禍)若是矣.(又況於使)秦無韓,
有鄭地, 無(河)山而闌之, 無周韓而間之, 去梁(梁)百里,(禍)必百此矣. 異日者,
從(縱)之不(成)也,(楚)魏疑而韓不(可得也). 今韓受兵三年, 秦撓以講, 識亡
不聽. 投質於趙, 請爲天(下雁)行頓(刃), □□□疾□.(皆)識秦□□(無)躬
(窮)也, 非盡亡天下之兵而臣海內, 必不休.是故臣願以從事王, 王□□□□□
偃韓之質, 以存韓而求故地, 韓必效之. 此士民不勞而故地盡反矣. 亓(其)功
多於與秦共伐韓,(而)必無與强秦鄰之禍. 夫存韓安魏而利天下, 此亦王之
大時已. 通韓上黨於共寧, 使道安成之□, 出入賦之, 是魏重質韓以亓(其)上

黨也. 合有亓(其)賦, 足以富國, 韓必德魏·重魏·畏魏, 韓必不敢反魏, 是韓, 魏之縣也. 魏得韓以爲縣, 以衛大梁(梁), 河北必安矣. 今不存韓, 貳(二)周安陵必貽(弛), 楚趙大破, 燕齊甚卑, 天下西舟而馳秦, 而入朝爲臣不久矣.」

17. 佚文: 胃(謂)起賈曰

胃(謂)起賈曰:「私心以公爲爲天下伐齊, 共約而不同慮. 齊秦相伐, 利在晉國. 齊晉相伐, 重在秦. 是以晉國之慮奉秦, 以重虞秦. 破齊, 秦不妒得, 晉之上也. 秦食晉以齊, 齊毀, 晉敝, 餘齊不足以爲晉國主矣. 晉國不敢倍秦伐齊, 有(又)不敢倍秦收齊, 秦兩縣(懸)齊晉以持大重, 秦之上也. 是以秦晉皆策若計以相笥(伺)也. 古之爲利者養人□□立重, 立重者畜人以利. 重立而爲利者卑, 利成而立重者輕. 故古之人患利·重之自奪□□□唯賢者能以重□, 察於見反, 故能制天下. 願御史之孰(熟)慮之也. 且使燕盡陽地, 以河爲竟(境), 燕齊毋□難矣. 以燕王之賢, 伐齊, 足以刷先王之餌(恥), 利擅河山之間, 執(勢)無齊患, 交以趙爲死友, 地不與秦攘(壤)介(界), 燕畢□□之事, 難聽尊矣. 趙取濟西, 以方河東, 燕·趙共相, 二國爲一, 兵全以臨齊, 則秦不能與燕·趙爭□□□□亡宋, 得南陽, 傷於魯, 北地歸於燕, 濟西破於趙, 餘齊弱於晉國矣. 爲齊計者不逾强□□□□□秦□□不合, 莫尊秦矣. 魏亡晉國猷(猶)重秦也. 與之攻齊, 攻齊已, 魏爲□國重楚爲□□□□, 重不在梁(梁)西矣. 一死生於趙, 毀齊, 不敢怨魏, 魏, 公之魏已. 楚割淮北, 以爲下蔡啓□, 得雖近越, 寬必利郢. 天下且功(攻)齊, 且屬從, 爲傳梦(焚)之約. 終齊事. 備患於秦, □是秦重攻齊也, 國必慮. 意齊毀未當於秦心也. 盧(慮)齊(劑)齊而□事於□□□與天下交長, 秦無過(禍)矣. 天下齊(劑)齊不侍(待)夏, 近慮周, 周必半歲, 上黨寧陽非一擧之事也. 然則韓□一年有餘矣. 天下休, 秦兵適敝, 秦有慮矣. 非是猶不倍齊也, 畏齊大(太)甚也. 公孫鞅之欺魏卬也, 公孫鞅之罪也. 身在於秦, 請以其母質, 襄疵弗受也. 魏至今然者, 襄子之過也. 今事來矣, 此齊之以母質之時也, 而武安君之棄禍存身之夬(訣)也.」

18. 趙大(太)后規用事

(《戰國策》趙策四. 『趙太后新用事』(286장) 및 《史記》趙世家 孝成王 元年 기록과 같음.)

趙大(太)后規用事. 秦急攻之, 求救於齊, 齊曰:「必(以)大(太)后少子長安君來質, 兵乃出.」大(太)后不肯, 大臣强之. 大(太)后明胃(謂)左右曰:「有復言令長安君質者, 老婦必唾亓(其)面.」左師觸龍言, 願見. 大(太)后盛氣而胥之. 入而徐趨, 至而自(謝)曰:「老臣病足, 曾不能疾走. 不得見久矣. 竊自□老興(與), 恐玉體(體)之有所郄也, 故願望見大(太)后.」曰:「老婦持(恃)連(輦)而景(還).」曰:「食飲得毋衰乎?」曰:「侍(恃)鬻, 鬻(粥)耳.」曰:「老臣間者殊不欲食, 乃自强步, 日三四里, 少益耆(嗜)食, □於身.」曰:「老婦不能.」大(太)后之色少解. 左師觸龍曰:「老臣賤息□□, 寂(最)少, 不宵(肖), 而衰竊愛憐之. 願令得補黑衣之數, 以衛王宮. 昧死以聞.」大(太)后曰:「敬若(諾). 年幾何矣?」曰:「十五歲矣. 雖少, 願及未實(塡)壑谷而託之.」曰:「丈夫亦愛憐少子乎?」曰:「甚於婦人.」曰:「婦人異甚.」曰:「老臣竊以爲媼之愛燕后賢長安君.」曰:「君過矣. 不若長安君甚.」左師觸龍曰:「父母愛子則爲之計深遠. 媼之送燕后也, 攀亓(其)踵爲之泣, 念亓(其)遠也. 亦哀矣. 已行, 非弗思也. 祭祀則祝之曰:‘必不使反.’豈非計長久子孫相繼爲王也哉?」大(太)后曰:「然.」左師觸龍曰:「今三世以前, 至於趙之爲趙, 趙主之子侯者, 亓(其)繼有在者乎?」曰:「無有.」曰:「微獨趙, 諸侯有在者乎?」曰:「老婦弗聞.」曰:「此亓(其)近者, 禍及亓(其)身, 遠者及亓(其)孫. 豈人主之子侯則必不善哉? 位尊而無功, 奉厚而無勞, 而挾重器多也. 今媼尊長安之位, 而封之膏腴之地, 多予之重器, 而不汲(及)今令有功於國, 山陵崩, 長安君何以百託於趙? 老臣以媼爲長安君計之短也. 故以爲亓(其)愛也不若燕后.」大(太)后曰:「若(諾). 次(恣)君之所使之.」於氏(是)爲長安君約車百乘, 質於齊, 兵乃出. 子義聞之曰:「人主子也, 骨肉之親也, 猷(猶)不能持無功之尊, 不勞之奉, 而守金玉之重也. 然兄(況)人臣乎!」

19. 胃(謂)穰侯

（《戰國策》秦策三. 『秦客卿造謂穰侯』(076장)과 같음.)

胃(謂)穰侯:「秦封君以陶, 假君天下數年矣. 攻齊之事成, 陶爲萬乘長, 小國率以朝, 天下必聽, 五伯之事也. 攻齊不成, 陶爲廉監而莫(之)據. 故攻齊之於陶也, 存亡之幾也. 君欲成之, 侯不使人胃(謂)燕相國曰:『聖人不能爲時, 時至亦弗失也. 舜雖賢, 非適遇(遇)堯, 不王也. 湯武雖賢, 不當桀紂, 不王天下. 三王者皆賢矣, 不曹(遭)時不王. 今天下攻齊, 此君之大時也. 因天下之力, 伐讎國之齊, 報惠王之恥, 成昭襄王之功, 除萬世之害, 此燕之利也, 而君之大名也. 詩曰: ‘樹德有莫如玆(滋), 除怨者莫如盡.’ 吳不亡越, 越故亡吳. 齊不亡燕, 燕故亡齊. 吳亡於越, 齊亡於燕, 餘(除)疾不盡也. 非以此時也成君之功, 除萬世之害, 秦有它(他)事而從齊, 齊趙親, 其讎君必深矣. 挾君之讎, 以於燕, 後雖悔之, 不可得矣. 君悉燕兵而疾贊之, 天下之從於君也, 如報父子之仇. 誠爲儀(鄰), 世世無患. 願君之剸(專)志於攻齊而無有它(他)慮也.』」

20. 胃(謂)燕王曰

（《戰國策》燕策一. 『齊伐宋』(454장) 및 《史記》蘇秦列傳의 蘇代傳과 같음.)

胃(謂)燕王曰:「列在萬乘, 奇(寄)質於齊, 名卑而權輕. 奉萬乘助齊伐宋, 民勞而實費. 夫以宋加之淮北, 强萬乘之國也, 而齊兼之, 是益齊也. 九夷方一百里, 加以魯衛, 强萬乘之國也, 而齊兼之, 是益二齊也. 夫一齊之强, 燕猶弗能支. 今以三齊臨燕, 亓(其)過(禍)必大. 雖然, 夫知(智)者之(擧)事, 因過(禍)(而爲)福, 轉敗而爲功. 齊紫敗素也, 賈十倍. 句淺棲會稽, 亓(其)後殘吳, 霸天下. 此皆因過(禍)爲福, 轉敗而爲功. 今王若欲因過(禍)而爲福, 轉敗而爲功, 則莫若招(遙)霸齊而尊之, 使明(盟)周室而芬(焚)秦符, 曰:『大(太)上破秦, 亓(其)次必長毖之.』秦□毖以侍(待)破, 秦王必患之. 秦五世伐諸侯, 今爲齊下. 秦王之心苟得窮齊, 不難以國壹棲(接). 然則王何不使辯士以若說說秦王曰:『燕趙破宋, 肥齊, 尊之, 爲之下者, 燕趙非利之也. 燕趙弗利而執(勢)爲者, 以不信秦王也. 然則王何不使可信者, 棲(接)收燕趙, 如經(涇)陽君, 如高陵君, 先於燕趙, 曰: ‘秦有變.’ 因以爲質, 則燕趙信秦. 秦爲西帝,燕爲北帝, 趙爲中帝, 立三帝以令於天下. 韓魏不聽則秦伐, 齊不聽則燕趙伐, 天下孰敢不聽? 天下服聽, 因驅韓魏以伐齊, 曰: ‘必反宋, 歸楚淮北.’ 反宋·歸楚淮北, 燕趙之所利也. 并立三王, 燕趙之所願也. 夫實得所利, 尊得所願, 燕趙之棄齊說(脫)沙(屣)也. 今不收燕趙, 齊伯必成. 諸侯贊齊而王弗從, 是國伐也. 諸侯伐齊而王從之, 是名卑也. 今收燕趙, 國安名尊, 不收燕趙, 國危而名卑. 夫去尊安, 取卑危, 知(智)者弗爲.』秦王聞若說必如諫(刺)心. 然則(王)何不使辯士以如說(說)秦, 秦必取, 齊必伐矣, 夫取秦上交也, 伐齊正利也, 尊上交, 務正利, 聖王之事也.」

21. 獻書趙王

(《戰國策》趙策一.『趙收天下且伐齊』(230장) 및《史記》趙世家 惠文王 16년 기록과 같음.)

獻書趙王:「臣聞(甘)洛(露)降, 時雨至, 禾谷絳(豐)盈, 衆人喜之, 賢君惡之. 今足下功力非數加於秦也, 怨竺(毒)積怒, 非深於齊, 下吏皆以秦爲憂趙而曾(憎)齊. 臣竊以事觀之, 秦幾(豈)憂趙而曾(憎)齊哉? 欲以亡韓呷(吞)兩周, 故以齊餌天下. 恐事之不諴(成), 故出兵以割革趙魏. 恐天下之疑己. 故出摯(質)以爲信. 聲德與國, 實伐鄭韓. □以秦之計, 必出於此. 且說士之計, 皆曰韓亡參(三)川, 魏亡晉國, 市朝未罷, 過(禍)及於趙. 且物固(有事)異而患同者. 昔者, 楚久伐, 中山亡. 今燕盡齊之河南, 距莎(沙)丘巨鹿之圍三百里, 距廉關北至於□□者千五百里. 秦盡韓魏之上黨則地與王布屬壤芥(界)者七百里. 秦以强弩坐羊腸之道則地去邯鄲百廿里, 秦以三軍功(攻)王之上常(黨)而包其北, 則注之西非王之有也. 今增注葕恒山而守三百里過通燕陽曲逆, 此代馬胡狗(駒)不東, 綸(崙)山之玉不出, 此三葆(寶)者或非王之有也. 今從强秦久伐齊, 臣恐亓(其)過(禍)出於此也. 且五國之主嘗合衡謀伐趙, 疏分趙壤, 箸之盤竽(盂), 屬之𥙿譜, 五國之兵, 兵出有日矣. 齊乃西師, 以唫(禁)强秦, 史(使)秦廢令疏服而聽, 反溫·軹·高平於魏, 反王·公符逾於趙, 此天下所明知也. 夫齊之事趙, 宜正爲上交, 乃以柢(抵)罪取伐, 臣恐後事王者不敢自必也. 今王收齊, 天下必以王爲義矣, 齊保社稷事王, 天下必重王. 然則齊義, 王以天下就之. 齊逆, 王以天下□之, 是一世之命制於王也. 臣願王與下吏羊(詳)計某言而竺(篤)慮之也.」

22. 齊宋攻魏

(《史記》田敬仲完世家 湣王 12년 기록과 같음.)

齊宋攻魏, 楚回(圍)翁(雍)是(氏), 秦敗屈炯. 胃(謂)陳軫曰:「願有謁於公, 其爲事甚完, 便楚利公, 成則爲福, 不成則爲福. 今者秦立於門, 客有言曰:『魏王胃(謂)韓佣・張義(儀): 煮棘(棗)將楡(逾), 齊兵有(又)進, 子來救(寡)人可也, 不救寡人, 寡人弗能枝(支).』榑(轉)辭也. 秦韓之兵毋東, 旬餘, 魏是(氏)榑(轉), 韓是(氏)從, 秦逐張義(儀), 交臂而事楚, 此公事成也.」陳軫曰:「若何史(使)毋東?」合(答)曰:「韓佣之救魏之辭, 必不胃(謂)鄭王曰:『佣以爲魏.』必將曰:『佣將榑(搏)三國之兵, 乘屈丐之敝, 南割於楚, 故地必盡.』張義(儀)之救魏之辭, 必(不)胃(謂)秦王曰:『義(儀)以爲魏』必將曰:『義(儀)且以韓秦之兵, 東巨(拒)齊宋, 義(儀)(將)榑(搏)三國之兵, 乘屈丐之敝,(南割於)楚, 名存亡(國), □□□□而歸, 此王業也.』公令楚(王與韓氏地, 使)秦制和. 胃(謂)秦曰:(缺七字)施三□(韓)是(氏)之兵不用而得地(於楚)(缺二十餘字)□魏, 魏是(氏)不敢不聽. 韓欲地而兵案聲(威發)於魏, 魏是(氏)(缺八九字), 魏氏(轉), 秦韓爭事齊, 楚王欲毋予地, 公令秦韓之兵不(用而得地, 有一大)德. 秦韓之王劫於韓佣・張義(儀)而東兵以服魏, 公常操□□□責於秦(缺四五字)公□□(張)義(儀)多資矣.」

23. 胃(謂)春申君曰

(《戰國策》楚策四『虞卿謂春申君』(221장)과 같음.)

胃(謂)春申君曰:「臣聞之, 於安思危, 危則慮安. 今楚王之春秋高矣, □□□地不可不蚤定. 爲君慮封, 莫若遠楚. 秦孝王死, 公孫鞅殺. 惠王死, 襄子殺. 公孫央(鞅)功臣也, 襄子親因(姻)也, 皆不免, 封近故也. 太公望封齊, 召公奭封於燕, 欲遠王室也. 今燕之罪大, 趙之怒深, 君不如北兵以德趙, 淺(踐)亂燕國, 以定身封, 此百世一時也.」「所道攻燕, 非齊則魏, 齊魏新惡楚, 唯(雖)欲攻燕, 將何道哉?」對曰:「請令魏王可.」君曰:「何?」曰:「臣至魏, 便所以言之.」乃胃(謂)魏王曰:「今胃(謂)馬多力則有. 言曰勝千鈞, 則不然者, 何也? 千鈞非馬之任也. 今胃(謂)楚強大則有矣. 若夫越趙魏, 關甲於燕, 幾(豈)楚之任哉? 非楚之任而爲之, 是敝楚也. 敝楚強楚, 亓(其)於王孰便?」

24. 秦韓戰於蜀潢

(《戰國策》韓策一 『秦韓戰於濁澤』(387장) 및 《史記》韓世家 宣惠王 16년 기록과 같음. 《韓非子》十過篇에도 실려 있음.)

秦韓戰於蜀潢, 韓是(氏)急. 公中(仲)倗胃(謂)韓王曰:「治(與)國非可持(恃)也. 今秦之心欲伐楚, 王不若因張義(儀)而和於秦, 洛(賂)之以一名縣, 與之南伐楚, 此以一爲二之計也.」韓王曰:「善.」乃警公中(仲)倗, 將使西講於秦. 楚王聞之, 大恐. 召陳軫而告之. 陳軫曰:「夫秦之欲伐王久矣. 今或得韓一名縣具甲, 秦韓幷兵南鄉(向)楚, 此秦之所廟祠而求也, 今已得之, 楚國必伐. 王聽臣之爲之, 警四竟(境)之內, 興師救韓, 名(命)戰車, 盈夏路, 發信(臣, 多)亓(其)車, 重亓(其)敝(幣), 史(使)信王之救己也. 韓爲不能聽我, 韓之德王也, 必不爲逆以來, 是(秦)韓不和也.(兵雖)至, 楚國不大病矣. 爲能聽我, 絶和於秦, □必大怒, 以厚怨韓. 韓南□□必輕秦, 輕秦, 亓(其)應必不敬矣. 是我困秦韓之兵, 免楚國楚國之患也.」楚之王若(諾). 乃警四竟(境)之內, 興師, 言救韓, 發信臣, 多車, 厚亓(其)敝(幣), 使之韓, 胃(謂)韓王曰:「不穀唯(雖)小, 已悉起之矣. 願大國肆意於秦, 不穀將以楚□韓.」(韓王)說(悅), 止公中(仲)之行. 公中(仲)曰:「不可. 夫以實苦我者秦也. 以虛名救(我)者楚也. 楚之虛名, 輕絶强秦之適(敵), 天下必芯笑王. 且楚韓非兄弟之國也, 有(又)非素謀伐秦也. 已伐刑(形), 因興師言救韓, 此必陳軫之謀也. 夫輕絶强秦而强□楚之謀臣, 王必悔之.」韓王弗聽, 遂絶和於秦. 秦因大怒, 益師, 與韓是(氏)戰於岸門. 楚救不至, 韓是(氏)大敗. 故韓是(氏)之兵非弱也, 亓(其)民非愚蒙也, 兵爲秦禽, 知(智)爲楚笑者, 過聽於陳軫, 失計韓倗. 故曰:『計聽知順逆, 唯(雖)王可.』

25. 佚文: 秦使辛梧據梁(梁)

秦使辛梧據梁(梁), 合秦梁(梁)而攻楚. 李園憂之. 兵未出, 謂辛梧:「以秦之强, 有梁(梁)之勁, 東面而伐楚. 於臣也, 楚不侍(待)伐割摯馬免而西走, 秦餘(與)楚爲上交, 秦禍案環(還)中梁(梁)矣. 將軍必逐於梁(梁), 恐誅於秦. 將軍不見幷忌乎? 爲秦據趙而攻燕, 拔二城. 燕使蔡鳥股符肤壁, 姦(間)趙入秦. 以河間十城封秦相文信侯. 文信侯弗敢受, 曰:『我無功.』蔡鳥明日見,

帶長劍, 案(按)其劍, 擧其末, 視(示)文信侯曰: 『君曰我無功, 君無功, 胡不解
君之璽, 以佩蒙敖·王齮也? 秦王以君爲賢, 故加君二人之上. 今燕獻地.
此非秦之地也. 君弗受, 不忠.』 文信侯敬若(諾). 言之秦王, 秦王令受之.
餘(與)燕爲上交, 秦禍案環(還)歸於趙矣. 秦大擧兵東面而齎趙, 言毋攻燕.
以秦之强, 有燕之怒, 割勺(趙)必罙(深). 趙不能聽, 逐井忌, 誅於秦. 今臣竊
爲將軍私計, 不如少案(按)之, 毋庸出兵, 秦未得志於楚, 必重梁(梁), 梁(梁)
未得志於楚, 必重秦, 是將軍兩重. 天下人無不死者, 久者壽. 願將軍之察之也.
梁(梁)兵未出, 楚見梁(梁)之未出兵也, 走秦必緩. 秦王怒於楚之緩也, 悤(怨)
必深. 是將軍有(又)重矣.」 梁(梁)兵果六月乃出.

26. 佚文: 見田僑於梁(梁)南

見田僑於梁(梁)南, 曰: 「秦攻鄢陵幾拔矣. 梁(梁)計將奈何?」 田僑曰: 「在楚
之救梁(梁).」 對曰: 「不然. 在梁(梁)之計, 必有以自恃也. 無自恃計, 傳(專)
恃楚之救則梁(梁)必危矣.」 田僑曰: 「爲自恃計, 奈何?」 曰: 「梁(梁)之東地,
尙方五百餘里而與梁(梁)千丈之城, 萬家之邑, 大縣十七, 小縣有市者卅有餘.
將軍皆令縣急急爲守備, 譔(選)擇賢者, 令之堅守, 將以救亡. 令梁(梁)中都
尉□□大將, 其有親戚父母妻子, 皆令從梁(梁)王葆(保)之東地單父, 善爲
守備.」 田僑(曰): 「梁(梁)之羣臣皆曰: '梁(梁)守百萬, 秦人無奈梁(梁)何也?'
梁(梁)王出, 顧危.」 對曰: 「梁(梁)之羣臣必大過矣. 國必大危矣. 梁(梁)王自守,
一擧而地畢, 固秦之上計也. 今梁(梁)王居東地, 其危何也? 秦心不倍(背)梁
(梁)而東, 是何也? 多之則危, 少則傷. 所說謀者爲之而秦無所關其計矣.
危弗能安, 亡弗能存, 則奚貴於智矣? 願將軍之察也. 梁(梁)王出梁(梁),
秦必不攻梁(梁), 必歸休兵, 則是非以危爲安·以亡爲存邪, 是計一得也.
若秦拔鄢陵, 必不能掊(背)梁(梁)·黃·濟陽·陶·睢陽而攻單父, 是計二得也.
若欲出楚地而東攻單父, 則可以轉禍爲福矣, 是計三得也. 若秦拔鄢陵而不
能東攻單父, 欲攻梁(梁), 此梁(梁)楚齊之大福已. 梁(梁)王在單父, 以萬丈
之城, 百萬之守, 五年之食, 以梁(梁)餌秦, 以東地之兵爲齊楚爲前行, 出之
必死, 擊其不意, 萬必勝. 齊楚見亡不叚, 爲梁 (梁)賜矣. 將軍必聽臣, 必破秦
於梁(梁)下矣. 臣請爲將軍言秦之可可破之理, 願將軍察聽之(也) 今者, 秦之

攻粱(梁)□□□將□以□□行幾二千里, 至, 與楚粱(梁)大戰長社, 楚粱(梁)不勝, 秦攻鄢陵, 秦兵之□□死傷也, 天下之□□□□也. 秦兵戰勝, 必收地千里, 今戰勝不能倍(背)鄢陵而攻粱(梁)者少也. 鄢陵之□□守, □□□丈, 卒一萬. 今粱(梁)守, 城萬丈, 卒百萬. 臣聞之也, 兵者弗什弗圍, 弗□□□軍. 今粱(梁)守百萬, 粱(梁)王有(又)出居單父. 秦拔鄢陵, 必歸休兵. 若不休兵而攻□粱(梁), 守必堅. 是(何)也? 王在外, 大臣則有爲守, 士卒則有爲死, 東地民有爲勉, 諸侯有爲救粱 (梁), 秦必可破粱(梁)下矣. 若粱(梁)王不出粱(梁), 秦拔鄢陵, 必攻粱(梁), 必急. 將卒必□□, 守必不固. 是何也? 之王則不能自植士卒; 之將則以王在粱(梁)中也, 必輕; 之武則□□□如不□粱(梁)中必亂; 之東地則死. 王更有大慮, 之諸侯則兩心□□□無地; 之粱(梁)將則死王有兩心, 無以出死救粱(梁), 無以救東地而□□□□□□□□王不出粱(梁)之禍也.」田倂曰:「請使宜信君載先生見(缺十二三字)不責於臣, 不自處危. 今王之東地尚方五百餘里(缺十二三字)責於臣. 若王□□, 秦必攻粱(梁), 是粱(梁)無東地憂而王(缺十二三字)粱(梁)中, (王)不出, 攻粱(梁)必急. 王出, 則秦之攻粱(梁)必(缺十二三字)□□□□□則秦□□大破(缺二十餘字), □□□□臣來獻□□□□王弗用臣則(缺三至六七字).」

27. 佚文: (邯)鄲(缺八九字)□□□□也

(邯)鄲(缺八九字)□□□也. 工君(尹)奚泑□□□□□□將請師邪? 皮(彼)將□□□重此□毋北兼邯鄲, 南必□□□□□□□城必危, □□□□□□□則吾將悉興□□□□吾非敢以爲邯鄲賜也. 吾將以救吾□□□□曰:「主君若有賜, 興□□以救敝邑, 則使臣□□□□其日以復於□君乎!」工君(尹)奚泑曰:「大(太)緩, 救邯鄲, 邯鄲□□□鄲, 進兵於楚, 非國之利也. 子擇亓(其)日歸而已矣, □今從子之後.」聾皮歸, 復令(命)於邯鄲君. 曰:「□□□□□□□和於魏, 楚兵不足侍(恃)也.」邯鄲君曰:「子使, 未將令(命)也, 人許子兵甚愈, 何爲而不足恃(也)?」聾皮曰:「臣之□□□恃者, 以亓(其)□也. 彼亓(其)應臣甚辨(辯), 女(如)似有理. 皮(彼)非卒(猝)然之應也. 皮(彼)箭(伺)齊□□□□□守亓(其)□□□□矣. □□□兵之日, 不肯告臣. □然如進亓(其)左耳而後亓(其)右耳, 台乎亓(其)所後者, 必亓(其)也與□□□□□□□許我兵,

我必列(裂)地以和於魏, 魏必不敝, 得地於趙, 非楚之利也. 故兪許我兵者,
所勁吾國. 吾國勁而魏氏敝, □人然後擧兵, 兼承吾國之敝. 主君何爲亡邯
鄲以敝魏氏, 而兼爲楚人禽哉? 故蔞(數)和爲可矣.」邯鄲君榣(搖)於楚人之
許己兵而不肯和. 三年, 邯鄲□, 楚人然後擧兵, 兼爲正(征)乎兩國. 若由是
觀之, 楚國之口雖急乎? 亓(其)實未也. 故□□應, 且曾聞亓(其)音以知亓
(其)心. 夫頹然見於左耳, 聾皮巳計之矣.

　이상으로 보아 총 27장 중 16장은 지금 기록에는 어디에도 찾을 수
없는 佚文이며, 나머지 11장은 대체로 같거나 연관성이 있음을 발견할
수 있다.
　즉 6장(15장·16장·18장·20장·21장·24장)은 今本《戰國策》이나 《史記》와
같고 2장(19장·23장)은 《戰國策》과 같으며, 1장(22장)은 《史記》와 같다.
또 제4장과 제5장은 《戰國策》의 일부만 같고 文字의 出入이 심한 경우이다.

1. 〈劉向書錄〉(漢, 劉向)

● 劉向: (B.C. 77?~A.D. 6)

字는 子政. 본명은 更生. 楚元王 劉僑의 玄孫. 中國 目錄學의 鼻祖·經學家·文學家이다. 그가 校勘·著述한 책으로는 본 《戰國策》 외에 《別錄》·《說苑》·《新序》·《列女傳》·《列仙傳》 등이 있다. 원문과 대조하여 풀이하면 다음과 같다.

護左都水使者光祿大夫臣向言: 所校中戰國策書, 中書餘卷, 錯亂相糅莒. 又有國別者八篇, 少不足. 臣向因國別者, 略以時次之, 分別不以序者以相補, 除復重, 得三十三篇. 本字多誤脫爲半字, 以趙爲肖, 以齊爲立, 如此字者多. 中書本號, 或曰國

유향(劉向) 像

策, 或曰國事, 或曰短長, 或曰事語, 或曰長書, 或曰脩書. 臣向以爲戰國時, 游士輔所用之國, 爲之策謀, 宜爲 戰國策. 其事繼春秋以後, 訖楚·漢之起, 二百四十五年間之事, 皆定以殺靑, 書可繕寫.

敍曰: 周室自文·武始興, 崇道德, 隆禮義, 設辟雍泮宮庠序之敎, 陳禮樂弦歌移風之化. 敍人倫, 正夫婦, 天下莫不曉然. 論孝悌之義, 惇篤之行, 故仁義之道滿乎天下, 卒致之刑錯四十餘年. 遠方慕義, 莫不賓服, 雅頌歌詠, 以思其德. 下及康·昭之後, 雖有衰德, 其綱紀尙明. 及春秋時, 已四·五百載矣, 然其餘業遺烈, 流而未滅. 五伯之起, 尊事周室. 五伯之後, 時君雖無德, 人臣輔其君者, 若鄭之子産·晉之叔向, 齊之晏嬰, 挾君輔政, 以並立於中國, 猶以義相支持, 歌說以相感, 聘覲以相交, 期(朝)會以相一, 盟誓以相救. 天子之命, 猶有所行. 會享之國, 猶有所恥. 小國得有所依, 百姓得有所息. 故孔子曰: 能以禮讓爲國乎何有? 周之流化, 豈不大哉! 及春秋之後, 衆賢輔國者旣沒,

而禮義衰矣. 孔子雖論詩書, 定禮樂, 王道粲然分明, 以匹夫無勢, 化之者七十二人而已, 皆天下之俊也, 時君莫尙之. 是以王道遂用不興, 故曰: 非威不立, 非勢不行. 仲尼旣沒之後, 田氏取齊, 六卿分晉, 道德大廢, 上下失序. 至秦孝公, 捐禮讓而貴戰爭, 弃仁義而用詐譎, 苟以取强而已矣. 夫篡盜之人, 列爲侯王; 詐譎之國, 興立(兵)爲强. 是以傳相放效, 後生師之, 遂相吞滅, 并大兼小, 暴師經歲, 流血滿野, 父子不相親, 兄弟不相安, 夫婦離散, 莫保其命, 湣然道德絶矣. 晚世益甚, 萬乘之國七, 千乘之國五, 敵侔爭權, 蓋爲戰國. 貪饕無恥, 競進無厭; 國異政敎, 各自制斷; 上無天子, 下無方伯; 力功爭强, 勝者爲右; 兵革不休, 詐僞並起. 當此之時, 雖有道德, 不得施謀; 有設之强, 負阻而恃固; 連與交質, 重約結誓, 以守其國. 故孟子·孫卿儒術之士, 弃捐於世, 而游說權謀之徒, 見貴於俗. 是以蘇秦·張儀·公孫衍·陳軫·代·厲之屬, 生從橫短長之說, 左右傾側. 蘇秦爲從, 張儀爲橫; 橫則秦帝, 從則楚王; 所在國重, 所去國輕. 然當此之時, 秦國最雄, 諸侯方弱, 蘇秦結之, 時六國爲一, 以儐背秦. 秦人恐懼, 不敢闚兵於關中, 天下不交兵者, 二十有九年. 然秦國勢便形利, 權謀之士, 咸先馳之. 蘇秦初欲橫, 秦弗用, 故東合從. 及蘇秦死後, 張儀連橫, 諸侯聽之, 西向事秦. 是故始皇因四塞之固, 據崤·函之阻, 跨隴·蜀之饒, 聽衆人之策, 乘六世之烈, 以蠶食六國, 兼諸侯, 并有天下. 杖於謀詐之弊, 終於(無)信篤之誠, 無道德之敎, 仁義之化, 以綴天下之心. 任刑罰以爲治, 信小術以爲道. 遂燔燒詩書, 坑殺儒士, 上小堯·舜, 下邈三王. 二世愈甚, 惠不下施, 情不上達; 君臣相疑, 骨肉相疏; 化道淺薄, 綱紀壞敗; 民不見義, 而懸於不寧. 撫天下十四歲, 天下大潰, 詐僞之弊也. 其比王德, 豈不遠哉! 孔子曰: 道之以政, 齊之以刑, 民免而無恥, 道之以德, 齊之以禮, 有恥且格. 夫使天下有所恥, 故化可致也. 苟以詐僞偸活取容, 自上爲之, 何以率下? 秦之敗也, 不亦宜乎! 戰國之時, 君德淺薄, 爲之謀策者, 不得不因勢而爲資, 據時而爲. 故其謀, 扶急持傾, 爲一切之權, 雖不可以臨敎化, 兵革救急之勢也. 皆高才秀士, 度時君之所能行, 出奇策異智, 轉危爲安, 運亡爲存, 亦可喜, 皆可觀. 護左都水使者光祿大夫臣向所校戰國策書錄.

호좌도수사자護左都水使者 광록대부光祿大夫 신臣 유향劉向이 아뢰옵니다.

교감한 가운데《전국책戰國策》은 중서中書에 남아 있는 죽간竹簡이 착란錯亂되어 있고 나라별로 된 8편이 있었으나 분량이 적어서 온전하지 못하였습니다. 신 유향은 나라별로 된 것을 근거로 대략 시대별로 차례를 정하되, 차례에 따라 나눌 수 없는 것은, 서로 보충하고 중복된 것은 삭제하여 33편을 얻었습니다. 글자의 오탈誤脫과 반자半字로 된 것이 많아 '조趙'는 '초肖'로, '제齊'는 '립立'으로 된 것 등 이런 글자가 많습니다.

중서에 보관된 책의 본래 서명은 혹《국책國策》,《국사國事》,《단장短長》,《사어事語》,《장서長書》,《수서脩書》 등으로 되어 있으나 저의 생각으로는 전국시대 유사游士들이 그들을 임용하는 나라의 정사를 보좌하여 모책策謀하였으니,《전국책戰國策》이라 함이 마땅할 듯합니다. 그 일은 춘추시대 이후를 이어 초楚·한漢이 일어나기까지 245년간의 일을 정하여 모두 죽간에다 써 놓았는데 선사繕寫할 만한 것이었습니다.

이에 다음과 같이 서敍합니다.

주周나라는 문왕文王·무왕武王이 처음 흥하면서 도덕을 숭상하고 예의를 높여 벽옹辟雍·반궁泮宮·상서庠序의 학교를 설치하였으며, 예악禮樂·현가弦歌로 풍속을 바꾸는 교화를 베풀었습니다. 그리하여 인륜을 펴고 부부 관계를 바로잡아 천하에 환히 밝혀지지 않음이 없었습니다. 효제의 의와 돈독한 행실을 논하여 그 때문에 인의의 도가 천하에 가득하여 마침내 40여년 동안 형벌을 쓰지 않아도 되었던 것입니다. 먼 이역에서 그 의를 사모하여 빈복賓服해 오지 않음이 없었으니, 아雅와 송頌으로 이것을 노래하고 읊어 그 덕을 사모하였습니다.

그 아래 강왕康王·소왕昭王 이후에는 비록 덕은 쇠하였지만 강기綱紀는 그래도 밝았습니다. 춘추시대에 이르러서는 이미 4·5백년이 되었는데도 그 여업餘業과 유훈遺訓이 흘러 아직 사라지지 않았었습니다. 오패五霸가 일어나서는 주나라를 높이 섬겼으며 오패 이후에는 당시 군주가 비록 덕은 없었으나 신하로서 그 임금을 잘 보좌한 자들, 이를테면 정鄭나라의 자산子産, 진晉나라의 숙향叔向, 제齊나라의 안영晏嬰은 임금을 끼고 정치를 보필하여 중국中原에 병립하였는데도 오히려 의로써 서로 지지하고 가설歌說로 서로 교감하고 빙근聘覲으로 서로 교제하였으며, 조회朝會하여

서로 하나가 되고, 회맹會盟하여 서로 구제하였습니다. 천자의 명은 그런
대로 시행되는 바가 있었으며 회향會享하는 나라가 아직도 염치를 알았습
니다. 그리하여 작은 나라는 의지할 바를 얻을 수 있었으며 백성은
휴식을 얻을 수 있었습니다. 그랬기 때문에 공자는 "능히 예양禮讓으로써
나라를 다스리면 무슨 어려움이 있겠는가?"라 하였으니 주나라의 유화
流化가 어찌 크다고 하지 않겠습니까?

춘추시대 이후에 이르러서는 나라를 보필하던 여러 현인들이 이미 사라
지고 예의는 쇠퇴하게 되었습니다. 공자가 비록 시서詩書를 논하고, 예악禮樂을
정하여 왕도王道가 찬연히 밝아졌지만 필부로서 권세가 없어 교화시킨
자가 72인뿐이었고 모두 천하의 준재들이었지만 당시 군주가 숭상하지
않았습니다. 그래서 왕도가 마침내 중흥되지 못하였기 때문에 '위엄이
아니면 서지 못하고, 세력이 아니면 행할 수가 없다'라고 한 것입니다.

중니가 몰한 후 전씨田氏가 제齊나라를 취하였고, 육경六卿이 진晉나라를
분할하여 도덕이 크게 무너지고 상하의 질서를 잃고 말았습니다. 진秦나라
효공孝公에 이르러서는 예의와 양보를 버리고 전쟁을 숭상하였으며,
인의를 버리고 사휼詐譎을 쓰면서 구차하게 강대함만 취하였습니다.
이에 찬탈하는 자가 후왕侯王이 될 수 있었고, 사휼을 부리는 나라가
군사를 일으켜 강국이 되었습니다. 그래서 서로 전해 가며 이를 모방하고
흉내내어 뒤에 태어난 자들이 스승으로 삼아 드디어 서로를 멸망시켜서
크고 작은 나라를 병탄하며, 전쟁이 해를 넘기어 유혈이 들에 가득하였으며,
부자가 서로 친할 수 없고, 형제가 서로 편안할 수 없었으며, 부부가
이산하여 목숨을 보전할 수 없게 되어 도덕이 아주 끊어지고 말았습니다.

만세晩世에는 더욱 심하여 만승의 나라가 일곱이요, 천승의 나라가
다섯이었는데 서로 세력이 비슷하여 권력을 다투어 전국시대가 된 것입
니다. 탐욕스럽고 염치가 없었으며 다투기기에 싫증 낼 줄을 몰랐으며,
나라마다 정교가 달라 각자 전단專斷하였습니다. 그래서 위로는 천자가
없고 아래로는 방백이 없었으며 힘과 속임수로 강자가 되기를 다투어,
이긴 자가 우위를 차지하니, 전쟁이 그치지 않고 속임수와 허위가 아울러
일어났습니다. 이때를 당하여 비록 도덕이 있다 하더라도 시행할 수가

없었으며, 부강하기를 꾀하고 험조함을 자랑하고 믿었습니다. 연달아 인질을 교환하고, 거듭 맹약을 맺어 나라를 지켰습니다. 그래서 맹자孟子와 손경孫卿, 荀子 같은 유술지사儒術之士는 세상에서 버림을 받고 도리어 유세·권모의 무리가 세속의 귀함을 받았습니다. 그래서 소진蘇秦·장의張儀·공손연公孫衍·진진陳軫·소대蘇代·소려蘇厲의 무리가 합종合從·연횡連橫의 장단설을 내놓자 좌우가 거기에 쏠리게 되었습니다. 소진은 합종설을 주장하였고, 장의는 연횡설을 내세웠으니, 연횡하면 진秦나라가 제帝가 되는 것이요, 합종하면 초楚나라가 왕王이 된다는 것으로 그들이 머물고 있는 나라는 중시되고 떠나버리면 경시되었습니다.

그러나 이때는 진秦나라가 가장 웅강하고 나머지 제후는 바야흐로 약해서 소진이 이를 결집시켜 당시 육국이 하나가 되어 진나라를 배척하였습니다. 진나라 사람들은 이를 두려워하여 감히 관중關中에서 싸울 엄두를 내지 못하여 천하에 29년 동안이나 교전이 없었습니다. 그러나 진나라의 형세가 유리해지자 권모의 선비들이 모두 앞다투어 진나라로 달려갔습니다. 소진이 초기에는 연횡책을 쓰려고 하였으나 진나라에서 써 주지 않자 동쪽으로 가서 합종책을 폈습니다.

소진이 죽고 나서 장의가 연횡설을 주장하니, 제후들이 이를 듣고 서쪽 진나라를 섬기게 된 것입니다. 그런 까닭으로 진시황秦始皇은 사방이 막힌 요새를 이용하여 효산崤山과 함곡관函谷關의 험고함을 의거하고, 다시 농촉隴蜀의 풍요함을 차지해서 많은 사람의 모책을 듣고 육대六代의 공렬에 편승해 육국을 잠식하고 제후를 겸병하여 천하를 차지하였습니다. 그러나 모사謀詐의 폐단에 의지하여 끝내 신독信篤의 성실함이 없었으며 도덕의 가르침과 인의의 교화로 천하의 마음을 묶지 못하여 형벌로 다스림을 삼았으며, 소술小術을 도로 여겼습니다. 그리하여 마침내 시서詩書를 불태우고 유사儒士를 갱살坑殺하여 위로는 요·순을 하찮게 여기고 아래로는 삼왕을 깔보았습니다. 이세二世, 胡亥가 더욱 심하여 아래로 은혜를 베풂이 없고, 아래의 뜻이 위로 통하지 않았으며, 군신이 서로 의심하고 골육이 서로 소원해졌으며, 교화와 도덕은 천박해지고 기강이 무너졌으며, 백성들이 의를 보지 못하고 불안에 시달려야 했습니다.

이에 천하를 다스린 지 14년 만에 천하가 크게 궤멸하고 말았으니 이는 사위詐僞의 폐해로, 왕도의 덕에 비하면 어찌 거리가 멀지 않습니까.

　공자는 "정사政事로 인도하고 형벌로 가지런하게 하면 백성들이 형벌을 면할 수는 있으나 부끄러워함은 없을 것이다. 덕으로 인도하고 예로써 가지런하게 하면 부끄러워함이 있고 또 선에 이르게 될 것이다"라 하였습니다. 천하로 하여금 부끄러워함이 있게 하기 때문에 교화를 이룰 수 있는 것입니다. 참으로 거짓되고, 구차히 살기를 꾀하고, 구차히 영합하는 일을 윗사람이 먼저 한다면 어떻게 아랫사람을 통솔할 수 있겠습니까? 진나라가 망한 것은 마땅하다고 하지 않겠습니까!

　전국시대는 임금의 덕이 천박하여 모책하는 자들이 부득이 그런 형세를 바탕으로 삼고 시대에 부응하지 않을 수 없었습니다. 그리하여 그 모책이 위급함을 붙들고, 기우는 것을 부축하는 것이어서 일체의 권변權變을 행하여, 비록 교화에 이르게 하지는 못했지만 전쟁의 급함을 구제하는 힘은 되었습니다. 그 인물들은 모두 재주가 높은 빼어난 선비들로서 당시 임금의 행할 바를 헤아려 기이한 계책과 특이한 지모를 내어 위험을 돌려 안전하게 하고, 망할 것을 돌려 존속하게 해서 재미있고 읽어 볼 만합니다.

　호좌도수사자 광록대부 신 유향이 교정한 전국책 서록입니다.

【中書】 帝王의 장서를 보관하던 곳.

【如此字】 일부 본에는 '字'자가 '類'로 되어 있다.

【敍曰】 集賢院本에는 '曰'자 아래에 '夫'자가 더 있다.

【期(朝)會】 高誘 주에 "集賢院本에는 朝會라고 되어 있다"라 하여 이를 따랐다.

【興立(兵)】 高誘 주에 "錢藻本에는 立, 曾鞏本에는 兵으로 되어 있다"라 하였다. 여기서는 曾鞏本을 따라 '立'을 '兵'의 誤字로 보았다.

【是以傳】 일부 本에는 '傳'자가 '轉'으로 되어 있다.

【力功】 曾鞏本에는 '功'자가 '巧'로 되어 있다.

【蘇秦結】 '結'자는 錢藻本·劉敞本에는 모두 그 아래에 '從'자가 더 있다.

【兼諸侯】 일부 本에는 '侯'자 다음에 '而'자가 더 있다.

【終於(無)】 四部刊要本에는 '於'로 되어 있으나 '無'의 誤字로 보인다.

【兵革】 錢藻本에는 '革'자 아래에 '亦'자가 더 있다.

2. 曾鞏序(宋, 曾鞏)

❋ 曾鞏: (1019~1083)

字는 子固. 宋代의 大文章家로 唐宋八大家의 하나. 그는 館閣任職 때《戰國策》·《新序》·《說苑》등의 整理·校勘하였다.

劉向所定著《戰國策》三十三篇,《崇文總目》稱十一篇者闕. 臣訪之士大夫家, 始盡得其書, 正其誤謬, 而疑其不可考者, 然後《戰國策》三十三篇復完.

敍曰: 向敍此書. 言周之先, 明敎化, 修法度, 所以大治. 及其後, 詐謀用而仁義之路塞, 所以大亂. 其說旣美矣, 率以謂此書, 戰國之謀士, 度時君之所能行, 不得不然, 則可謂惑於流俗而不篤於自信者也.

夫孔·孟之時, 去周之初, 已數百歲, 其舊法已亡, 其舊俗已熄久矣. 二子乃獨明先王之道, 以爲不可改者, 豈將强天下之主以後世之所不可爲哉? 亦將因其所遇之時, 所遭之變, 而爲當世之法, 使不失乎先王之意而已也. 二帝三王之治, 其變固殊, 其法固異, 而其爲國家天下之意, 本末先後未嘗不同也. 二子之道, 如是而已. 蓋法者所以適變也, 不必盡同; 道者所以立本也, 不可不一: 此理之不易者也. 故二子者守此, 豈好爲異論哉? 能勿苟而已矣. 可謂不惑於流俗而篤於自信者也.

戰國之游士則不然, 不知道之可信, 而樂於說之易合. 其設心注意, 偸爲一切之計而已. 故論詐之便而諱其敗, 言戰之善而蔽其患. 其相率而爲之者, 莫不有利焉而不勝其害也, 有得焉而不勝其失也. 卒至蘇秦·商鞅·孫臏·吳起·李斯之徒以亡其身, 而諸侯及秦用之, 亦滅其國. 其爲世之大禍明矣, 而俗猶莫之悟也. 惟先王之道, 因時適變, 法不同而考之無疵, 用之無敝, 故古之聖賢, 未有以此而易彼也.

或曰: 邪說之害正也, 宜放而絶之. 則此書之不泯, 不泯其可乎? 對曰: 君子之禁邪說也, 固將明其說於天下. 使當世之人, 皆知其說之不可從, 然後以禁則齊; 使後世之人, 皆知其說之不可爲, 然後以戒則明. 豈必滅其籍哉? 放而絶之, 莫善於是. 故孟子之書, 有爲神農之言者, 有爲墨子之言者, 皆著而非之. 至於此書之作, 則上繼春秋, 下至秦·漢之起, 二百四五十年之間,載其行事, 固不得而廢也.

　　此書有〈高誘注〉者二十一篇, 或曰三十二篇.《崇文總目》存者八篇, 今存者十篇云. 編校史館書籍臣曾鞏序.

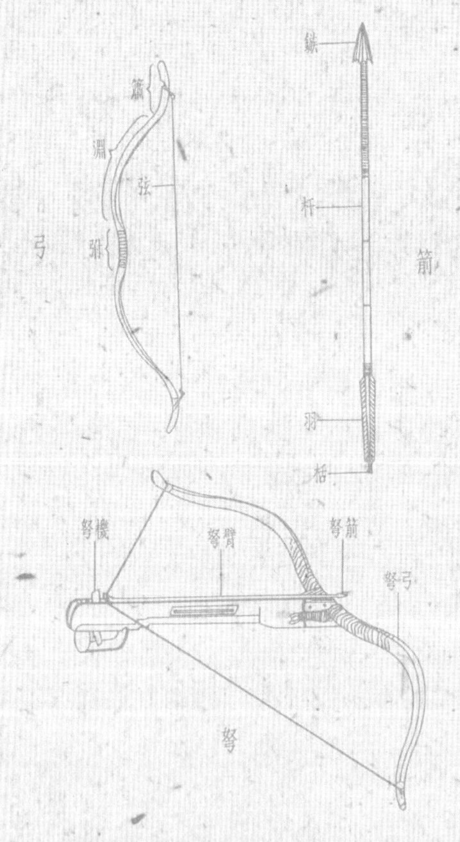

3. 姚宏題 (宋, 姚宏)

❋ 姚宏: (?)

宋 剡縣人. 字는 令聲. 徽宗 宣和 때에 國子監學生이 되었다가 宋이 南遷하자 知縣 등의 벼슬을 하였다. 이 서문은 紹興 丙寅(1146년)에 씌어졌다.

右《戰國策》,《隋》〈經籍志〉:「三十四卷, 劉向錄, 高誘注, 止二十一卷; 漢京兆尹延篤論一卷.」《唐》〈藝文志〉:「劉向所錄已闕二卷, 高誘注乃增十一卷, 延叔堅之論尙存. 今世所傳三十三卷.」《崇文總目》:「高誘注八篇, 今十篇, 第一・第五闕. 前八卷, 後三十二・三十三, 通有十篇. 武安君事, 在『中山』卷末, 不知所謂. 叔堅之論, 今他書時見一二. 舊本有未經曾南豐(曾鞏)校定者, 舛誤尤不可讀. 南豐所校, 乃今所行. 都下建陽刻本, 皆祖南豐, 互有失得.」

余頃於會稽得孫元忠所校於其族子慤, 殊爲疏略. 後再扣之, 復出一本, 有元忠跋, 幷標出錢・劉諸公手校字, 比前本雖加詳, 然不能無疑焉. 如用‘坒’・‘恶’字, 皆武后字, 恐唐人傳寫相承如此. 諸公校書, 改用此字, 殊所不解. 竇苹作《唐史釋音》, 釋武后字內‘坒’字云:「古字, 見《戰國策》.」不知何所據云然? 然‘坒’乃古‘地’字. 又‘坒’字, 見《亢倉子》・《鶡冠子》, 或有自來: 至於‘恶’字, 亦豈出於古歟? 幽州僧行均《切韻訓詁》, 以此二字皆古文, 豈別有所見耶? 孫舊云五百五十籤, 數字雖過之, 然間有謬誤, 似非元書也. 括蒼(耿延禧)所刊, 因舊無其增損. 余萃諸本, 校定離次之, 總四百八十餘條. 太史公所採, 九十餘條, 其事異者, 止五・六條. 太史公用字, 每篇間有異者, 或見於他書, 可以是正, 悉注於旁. 辨‘灤水’之爲‘潩水’, ‘案’字之爲語助, 與夫不題校人, 幷題續注者, 皆余所益也. 正文遺逸, 如司馬貞引『馬犯謂周君』・徐廣引『韓兵入西周』・李善引『呂不韋言周三十七王』・歐陽詢引『蘇秦謂元戎以鐵爲矢』・《史記正義》『竭石九門, 本有宮室以居』・《春秋後語》『武靈王游大陵夢處女鼓瑟』之類, 略可見者如此, 今本所無也. 至如『張儀說惠王』乃《韓非》『初見秦』, 『癘憐王』引《詩》乃韓嬰《外傳》, 後人不可得而質矣. 先秦古書, 見於世者無幾. 而余居窮鄕, 無書可檢閱, 訪《春秋後語》, 數年方得之, 然不爲無補. 尙覬博採, 老得定本, 無劉公之遺恨. 紹興丙寅中秋, 剡川姚宏伯聲父題.

4. 姚寬書(宋, 姚寬)

✹ 姚寬: (?)

姚宏의 아우로써 함께 《戰國策》에 대하여 연구하였다.

右《戰國策》, 《隋》〈經籍志〉:「三十四卷, 劉向錄; 高誘注, 止二十卷; 漢京兆尹延篤論一卷.」《唐》〈藝文志〉:「劉向錄已闕二卷, 高誘注乃增十一卷, 延篤論時尙存. 今所傳三十三卷.」《崇文總目》:「高誘注八篇, 印本存者有十篇.」武安君事在『中山』卷末, 不詳所謂. 延篤論今亡矣. 其未曾經曾南豐(曾鞏)校定者, 舛誤尤不可讀. 其浙·建原小字刊行者, 皆南豐所校本也. 括蒼耿(延禧)氏所刊, 鹵莽尤甚. 宣和間, 得館中孫固·孫覺·錢藻·曾鞏·劉敞·蘇頌·集賢院共七本, 晚得晁以道本, 并校之, 所得十二焉. 如用'坔'·'恖'字, 皆武后字, 恐唐人相承如此. 諸公校書, 改用此字, 殊不可解. 竇苹作《唐書》, 釋武后用'坔'字云:「古字, 字見《戰國策》.」不知何所據而云然? '坔'乃古'地'字. 又'坔'字, 見《亢倉子》·《鶡冠子》, 或有自來; 至於'恖'字, 幽州僧行均作《切韻訓詁》, 以此二字云古文, 豈別有所見耶? 太史公所採九十三事, 內不同者五. 《韓非子》十五事, 《說苑》六事, 《新序》九事, 《呂氏春秋》一事, 《韓詩外傳》一事, 皇甫謐《高士傳》三事, 《越絶書》記李園一事, 甚異. 如正文遺逸引《戰國策》者, 司馬貞《隱》五事, 《廣韻》七事, 《玉篇》一事, 《太平御覽》二事, 《元和姓纂》一事, 《春秋後語》二事, 《後漢》〈地理志〉一事, 《後漢》第八贊一事, 《藝文類聚》一事, 《北堂書鈔》一事, 徐廣注《史記》一事, 張守節《正義》一事, 舊《戰國策》一事, 李善注《文選》一事, 皆今本所無也. 至如『張儀說惠王』乃《韓非子》『初見秦』書, 『癘憐王』引《詩》乃《韓詩外傳》, 旣無古書可以考證, 第嘆息而已. 某以所聞見, 以爲集注, 補高誘之亡云. 上章執徐仲冬朔日, 會稽姚寬書.

右此序題『姚寬撰』, 有手寫附于姚注本者, 文皆與『宏序』同, 特疏列逸文加詳. 考其歲月則在後, 乃知姚氏兄弟皆嘗用意此書. 寬所注者, 今未之見, 不知視宏又何如也? 因全錄著之左方, 以俟博考者. 吳師道識.

5. 鮑彪序 (宋, 鮑彪)

❋ 鮑彪: (?)

宋 縉雲 사람. 字는 文虎. 일찍이 尙書郞을 지냈으며 기타 사적은 자세하지 않다. 그의 《鮑氏注戰國策》은 國別로 된 것을 다시 君(王)侯別로 차례를 정하였다. 서문에 의하면 紹興 丁卯(1147년)에 쓰인 것으로 姚宏보다 1년 늦으나 姚氏本을 참조한 흔적은 전혀 보이지 않는다.

《國策》, 史家流也. 其文辯博, 有煥而明, 有婉而微, 有約而深, 太史公之所考本也. 自漢稱爲《戰國策》, 雜以『短長』之號, 而有蘇·張縱橫之說. 學者諱之置不論, 非也. 夫史氏之法, 具記一時事辭, 善惡必書, 初無所決擇. 楚曰《檮杌》, 書惡也. 魯曰《春秋》, 善惡兼也. 司馬《史記》. 班固《漢書》, 有『佞幸』等列傳, 學者豈以是爲不正, 一擧而棄之哉? 矧此書, 若張孟談·魯仲連發策之慷慨, 諒毅·觸讋納說之從容, 養叔之息射, 保功莫大焉; 越人之投石, 謀賢莫尙焉; 王斗之愛轂, 憂國莫重焉. 諸如此類不一, 皆有合先王正道, 孔·孟之所不能違也. 若之何置之? 曾鞏之序美矣, 而謂犯邪說者, 固將明其說於天下, 則亦求其故而爲之說, 非此書指也.

起秦迄今千四百歲, 由學者不習, 或衍或脫, 或後先失次, 故'肖''立'半字, 時次相糅, 劉向已病之矣. 舊有高誘注, 旣疏略無所稽據, 注又不全, 浸微浸滅, 殆於不存. 彪於是考《史記》諸書爲之注, 定其章條, 正其衍說, 而存其舊, 愼之也. 地理本之『漢志』, 無則缺; 字訓本之《說文》, 無則稱猶. 雜出諸書, 亦別名之. 人姓名多不傳見, 欲顯其所說, 故繫之一國. 亦時有論說, 以翊宣教化, 可以正一史之謬, 備《七略》之缺. 以之論是非, 辨得失, 而考興亡, 亦有補於世. 紹興十七年丁卯仲冬二十有一日辛巳冬至縉雲鮑彪序.

劉氏定著三十三篇, 東周一·西周一·秦五·齊六·楚四·趙四·魏四·韓三·燕三·宋衛一·中山一. 今按, 西周, 正統也, 不得後於東周, 定爲首卷.

彪校此書, 四易槁而後繕寫. 己巳仲春重校, 始知〈東周策〉「嚴氏之賊, 陽堅與焉」爲〈韓策〉嚴遂·陽堅也. 先哲言:『校書如塵埃風葉, 隨掃隨有.』豈不信哉? 尙有舛謬, 以俟君子. 十一日書.

6. 吳師道序 (元, 吳師道)

✸ 吳師道: (?)

字는 正傳. 元 婺州 蘭溪人. 至治 원년(1321)에 진사가 되었으며, 뒤에 國子博士 등을 지냄. 그는 《戰國策校注》 외에 《易詩書雜說》·《春秋胡傳補說》·《敬鄕錄》 등이 있음. 본 서문은 泰定 二年 乙丑(1325)에 쓴 것임.

先秦之書, 惟《戰國策》最古, 文最訛舛, 自劉向校定已病之. 南豊曾鞏再校, 亦疑其不可考者. 後漢高誘爲注, 宋尙書郞括蒼鮑彪訛其疏略繆妄, 乃序次章條, 補正脫誤, 時出己見論說, 其用意甚勤. 愚嘗並取而讀之, 高氏之疏略信矣, 若繆妄, 則鮑氏自謂也. 東萊呂子《大事記》, 間取鮑說而序次之, 世亦或從之. 若其繆誤, 雖未嘗顯列, 而因此考彼, 居然自見, 遂益得其詳焉. 蓋鮑專以《史記》爲據, 馬遷之作, 固采之是書, 不同者當互相正, 《史》安得全是哉? 事莫大於存古, 學莫善於闕疑. 夫子作《春秋》, 仍夏五殘文; 漢儒校經, 未嘗去本字, 但云「某當作某, 某讀如某」, 示謹重也. 古書字多假借, 音亦相通. 鮑直去本文, 徑加改字, 豈傳疑存舊之意哉? 此事次時, 當有明徵, 其不可定知者, 闕焉可也, 豈必强爲傅會乎?

又其所引書, 止於《淮南子》·《後漢志》·《說文》·《集韻》, 多摭彼書之見聞, 不問本字之當否. 《史》注自裴·徐氏外, 《索隱》·《正義》皆不之引, 而《通鑑》諸書亦莫考. 淺陋如是, 其致誤固宜. 顧乃極訛高氏以陳賈爲《孟子》書所稱, 以伐燕爲齊宣, 用是發憤更注; 不思宣王伐燕, 乃《孟子》明文, 宣·閔之年, 《通鑑》謂史失其次也. 鮑以赧王爲西周君, 而指爲正統, 此開卷大誤, 不知河南爲西周, 洛陽爲東周. 韓非子說秦王以爲何人, 魏惠王盟曰里以爲他事, 以魯連約矢之書爲後人所補, 以魏幾·鄢陵爲人名, 以公子牟非魏牟, 以中山司馬子期爲楚昭王卿, 此類甚多, 尙安得訛高氏哉? 其論說自謂「翊宣敎化」, 則尤可議. 謂張儀之誑齊·梁爲將死之言善, 周人詐以免難爲君子所恕, 張登狡獪非君子所排, 蘇代之詌爲不可廢, 陳軫爲絶類離羣, 蔡澤爲明哲保身, 聶政爲孝, 樂羊爲隱忍, 君王后爲賢智婦人, 韓幾瑟爲義嗣, 衛嗣君爲賢君, 皆悖義害正之甚者. 其視名物·人·地之差失, 又不足論也.

鮑之成書, 當紹興丁卯. 同時剡川姚宏, 亦注是書, 云得會稽孫朴所校, 以閣本標出錢藻・劉敞校字, 又見晉孔衍《春秋後語》, 參校補注, 是正存疑, 具有典則.《大事記》亦頗引之, 而世罕傳, 知有鮑氏而已. 近時, 浚儀王應麟嘗斥鮑失數端, 而盧陵劉辰翁盛有所稱許. 以王之博洽, 知其未暇悉數, 而劉特愛其文采, 他固弗之察也. 呂子有云, 觀《戰國》之事, 取其大旨, 不必字字爲據. 蓋以游士增飾之詞多, 矧重以誑舛乎? 輒因鮑注, 正以姚本, 參之諸書, 而質之《大事記》, 存其是而正其非, 庶幾明事跡之實, 求義理之當焉!

或曰:《戰國策》者, 六經之棄也. 予深辨而詳究之, 何其戾? 鮑彪之區區, 又不足攻也. 夫人患理之不明耳! 知至而識融, 則異端雜說, 皆吾進德之助, 而不足以爲病也. 曾氏之論是書曰:『君子之禁邪說者, 固將明其說於天下, 使皆知其不可爲, 然後以禁則齊, 以戒則明.』愚有取焉爾. 是非之在人心, 天下之公也. 是, 雖芻蕘不遺; 非, 雖大儒必斥. 愚何擇於鮑氏哉! 特寡學諛聞, 謬誤復恐類之. 世之君子有正焉, 固所願也. 泰定二年歲乙丑八月日金華吳師道序.

《國策》之書, 自劉向第錄, 逮南豐曾氏, 皆有序論以著其大旨. 向謂戰國謀士, 度時君所能行, 不得不然. 曾氏譏之, 以爲『惑流俗而不篤於自信.』故因之推言先生之道, 聖賢之法, 而終謂『禁邪說者, 固將明其說於天下』, 其論正矣. 而鮑氏以爲是, 特求其故而爲之說者.《策》乃史家者流, 善惡兼書, 初無決擇, 其善者孔・孟之所不能違, 若之何置之? 鮑之言, 殆後出者求備邪?

夫天下之道, 王伯二端而已. 伯者猶知假義以爲名, 仗正以爲功. 戰國名義蕩然, 攻鬭併吞, 相詐相傾, 機變之謀, 唯恐其不深; 捭闔之辭, 唯恐其不工; 聲風氣習, 舉一世而皆然. 間有持論立言不戾乎正, 殆千百而一二爾. 若魯仲連蓋絕出者, 然其排難解紛, 忼慨激烈, 每因事而發, 而亦未聞其反正明本, 超乎事變之外也, 況其下者乎? 當是之時, 本仁祖義, 稱述唐・虞三代, 卓然不爲世俗之說者, 孟子一人而已. 求之是書無有也. 荀卿亦宗王者, 今唯載其絕春申之書, 而不及其他. 田子方接聞孔氏之徒, 其存者僅僅一言. 又何略於此而詳於彼邪? 史莫大於《春秋》,《春秋》善惡兼書, 而聖人之心, 則欲寓褒貶以示大訓. 是書善惡無所是非, 而作者又時出所見, 不但記載之, 爲談季子之金多位高, 則沾沾動色; 語安陵嬖人之固寵, 則以江乙爲善謀, 此其最陋者. 夸從親之利, 以爲秦兵不出函谷十五年, 諸侯二十九年不相攻, 雖甚失實, 不顧也. 厠《雅》於鄭, 則音不純; 置薰於蕕, 則氣必奪. 善言之少, 不足以勝不善之多. 君子所以擧而謂之邪說者, 蓋通論當時習俗之敝, 擧其重而名之也. 近代晁子《讀書志》, 列於縱橫家, 亦有見者. 且其所列, 固有忠臣義士之行, 不係於言者. 而其繼春秋, 抵秦·漢, 載其行事, 不得而廢, 曾氏固已言之, 是豈不知其爲史也哉?

竊謂天下之說, 有正有邪. 其正焉者主于一, 而其非正者, 君子小人各有得焉. 君子之於是書也, 考事變. 究情僞, 則守益以堅, 知益以明. 小人之於是書也, 見其始利而終害, 小得而大喪, 則悔悟懲創之心生. 世之小人多矣, 固有未嘗知是書, 而其心術行事無不合者. 使其得是書而究之, 則將有不爲者矣. 然則所謂明其說於天下, 爲放絶之善者, 詎可訾乎?

7. 吳師道識 (元, 吳師道)

✸ 이는 1333년에 쓴 것임.

頃歲, 予辨王鮑彪《戰國策》註, 讀呂子《大事記》引剡川姚宏, 知其亦註
是書. 考近時諸家書錄皆不載, 則世罕有蓄者. 後得於一舊士人家, 卷末載
李文叔·王覺·孫朴·劉敞語. 其自序云:『嘗得本於孫朴之子懿. 朴元祐初在
館中, 取南豐曾鞏本, 參以蘇頌·錢藻·劉敞所傳, 倂集賢院新本, 上標錢·
劉校字, 而姚又會稡諸本定之. 每篇有異及他書可正者. 悉註于下. 因高誘註,
間有增續, 簡質謹重, 深得古人論撰之意, 大與鮑氏率意竄改者不同.』又云,
訪得《春秋後語》, 不爲無補. 蓋晉孔衍所著者, 今尤不可得, 尙賴此而見其
一二, 詎可廢耶? 考其書成, 當紹興丙寅, 而鮑註出丁卯, 實同時. 鮑能分次
章條, 詳述註說, 讀者眩於浮文, 往往喜稱道之; 而姚氏殆絶, 無足怪也.
　宏字令聲, 今題伯聲甫, 待制舜明廷輝之子, 爲刪定官, 忤秦檜, 死大理獄.
弟寬令威·憲令則, 皆顯于時, 其人尤當傳也.
　余所得本, 背紙有『寶慶』字, 已百餘年物, 時有碎爛處. 旣據以校鮑誤,
因序其說于此. 異時當廣傳寫, 使學者猶及見前輩典則, 可仰可慕云. 至順
二年癸酉七月吳師道識.

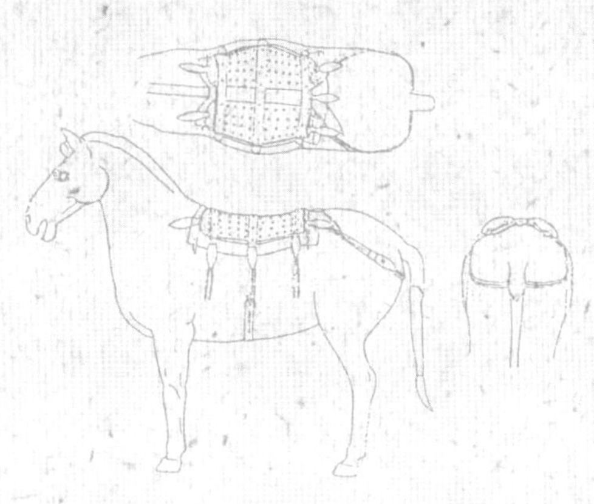

8. 重刻剡川姚氏本 《戰國策》 幷札記序(淸, 黃丕烈)

✹ 黃丕烈:

字는 堯圃·紹武. 호는 復翁, 求古居士. 淸나라 吳縣 사람. 乾隆 때 벼슬에 올라 兵部主事를
지냄. 嘉慶 때의 유명한 장서가. 그의 장서를 覆刻한 것이 『士禮居叢書』임. 따라서 高誘注의
士禮居本 《戰國策》은 黃丕烈이 宋本을 근거로 한 姚宏續校 高注本임. 위의 서문은 嘉慶 癸亥
(1803년)에 씌어진 것임.

　曩者, 顧千里爲予言, 曾見宋槧剡川姚氏本《戰國策》, 予心識之. 厥後遂
得諸鮑綠飮所, 楮墨精好, 蓋所謂梁溪高氏本也. 千里爲予校盧氏〈雅雨堂〉
刻本一過, 取而細讀, 始知盧本雖據陸敕先抄校姚氏本所刻, 而實失其眞,
往往反從鮑彪所改及加字幷抹除者, 未知盧·陸誰爲之也. 未鮑之率意竄改,
其謬妄固不待言, 乃更援而知諸姚氏本之中, 是爲厚誣古人矣. 金華吳正傳
氏重校此書, 其自序有曰:「事莫大於存古, 學莫大於闕疑.」入言也哉! 後之
君子, 未能用此爲藥石, 可一嘅已!
　今年, 命工纖悉影橅宋槧而重刊焉. 幷用家藏至正乙巳吳氏本互勘, 爲之
《札記》, 凡三卷. 詳列異同, 推溪盧本致誤之由, 訂其失, 兼存吳氏重校語之
涉於字句者, 亦下己意, 以益姚氏之未備. 大旨專主師法乎闕疑存古, 不欲苟
取文從字順, 願貽諸好學深思之士.
　吳氏校每云『一本』, 謂其所見浙·建·括蒼本(鮑本)也. 今皆不可復得, 故悉
載之. 宋槧更有所謂梁原安氏本, 今未見. 見其影鈔者, 在千里之從兄抱沖家.
其云「經前輩勘對疑誤, 采正傳補註, 標擧行間」, 惜乎不幷存也. 非一刻小
小有異, 然皆較高氏本爲遜, 故不復論. 嘉慶八年八月八日吳縣黃丕烈撰.

9. 孫元忠書閣本 《戰國策》後(宋, 孫元忠)

❋ 孫元忠:

생애는 자세치 않으나 宋 哲宗(元祐는 1086~1093년) 때 사람. 元祐 8년(1093년)에 씌어짐.

臣自元祐元年十二月入館, 卽取曾鞏三次所校定本, 及蘇頌·錢藻等不足本. 又借劉敞手校書肆印賣本參考, 比鞏所校, 補去是正凡三百五十四字. 八年, 再用諸本及集賢院新本校, 又得一百九十六字, 共五伯(百)五十籤, 遂爲定本, 可以修寫黃本入祕閣. 集賢本最脫漏, 然亦間得一兩字. 癸酉歲臣朴校定.
右十一月十六日書閣本後孫元忠

(附)孫元忠記劉原父語(宋, 劉原父)

❋ 劉原父:

본명은 劉敞. 字는 原父. 慶曆(1041~1048년) 때《戰國策》교정본을 내었으며 이를 曾鞏에게 빌려 준 것으로 여겨짐.

此書舛誤特多, 率一歲再三讀, 略以意屬之而已. 比劉原父云:『吾老當得定本正之否耶?』

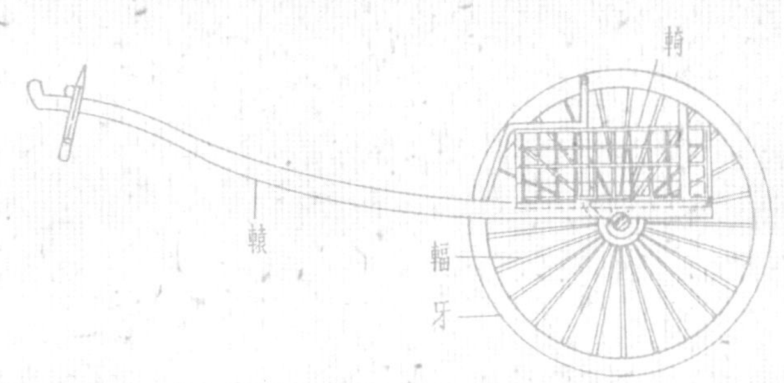

10. 四庫全書《戰國策注三十三卷》衍聖公孔昭煥家藏本提
(清, 阮元, 撰)

❋《四庫全書總目》史部七, 雜史類

舊本題漢高誘注. 今考其書, 實宋姚宏校本也.

《文獻通考》引《崇文總目》曰: 「《戰國策》篇卷亡闕, 第二至第十・第三十一至第三十三闕. 又有後漢高誘注本二十卷今闕第一・第五・第十一至二十, 止存八卷.」曾鞏校定序曰: 「此書高誘注者二十一篇, 或曰三十二篇. 《崇文總目》存者八篇, 今存者十篇.」此爲毛晉汲古閣影宋鈔本. 雖三十三卷皆題曰〈高誘注〉, 而有誘注者僅二卷至四卷・六卷至十卷, 與《崇文總目》八篇數合. 又最末三十二・三十三兩卷, 合前八卷, 與曾鞏序十篇數合. 而其餘二十三卷, 則但有考異而無注. 其有注者多冠以『續』字. 其偶遺『續』字者, 如〈趙策〉一『郄疵』注・『雒陽』注, 皆引唐林寶《元和姓纂》; 〈趙策〉二『甌越』注, 引魏孔衍《春秋後語》; 〈魏策〉三『芒卯』注, 引《淮南子》注. 衍與寶在誘後, 而《淮南子》注卽誘所自作, 其非誘注, 可無庸置辨. 蓋鞏校書之時, 官本所少之十二篇, 誘書適有其十, 惟闕第五・第三十一. 誘書所闕, 則官書悉有之, 亦惟闕第五・第三十一. 意必以誘書足官書, 而又於他家書內摭二卷補之. 此官書・誘書合爲一本之由.

然鞏不言校誘注, 則所取惟正文也. 迨姚宏重校之時, 乃併所存誘注入之. 故其自序稱, 「不題校入幷題續注者, 皆余所益.」知爲先載誘注, 故以『續』爲別. 且凡有誘注復加校正者, 幷於夾行之中又爲夾行, 與無注之卷不同. 知校正之時, 注已與正文幷列矣.

卷端曾鞏・李格・王覺・孫朴諸序跋, 皆前列標題, 各題其字. 而宏序獨空一行, 列於末, 前無標題. 序中所言體例, 又一一與書合, 其爲宏校本無疑. 其卷卷題高誘名者, 殆傳寫所增, 以贋古書耳.

書中校正稱曾者, 曾鞏本也; 稱錢者, 錢藻本也; 稱劉者, 劉敞本也; 稱集者, 集賢院本也; 無姓名者, 卽宏序所謂不題校人爲所加入者也. 其點勘頗爲精密. 吳師道作《戰國策鮑注補正》, 亦稱爲善本. 是元時猶知注出於宏. 不知毛氏宋本, 何以全題高誘? 考周密《癸辛雜識》, 稱賈似道嘗刊是書. 豈其門客廖瑩中等皆媟褻下流, 昧於檢校, 一時誤題, 毛氏適從其本影鈔歟? 近時揚州所刊, 卽從此本錄出, 而仍題誘名, 殊爲沿誤. 今於原有注之卷題高誘注, 姚宏校正續注原注已佚之卷. 則惟題姚宏校正續注, 而不列誘名. 庶幾各存其眞.

宏字令聲, 一曰伯聲, 剡川人. 嘗爲刪定官, 以忼直忤秦檜, 瘐死大理獄中. 蓋亦志節之士, 不但其書足重也.

案《漢》〈藝文志〉, 《戰國策》與《史記》爲一類, 歷代史志因之. 晁公武《讀書志》始改入『子部』縱橫家, 《文獻通考》因之. 案班固稱司馬遷作《史記》, 據《左氏》·《國語》, 采《世本》·《戰國策》, 述《楚漢春秋》, 接其後事, 迄於天漢. 則《戰國策》當爲史類, 更無疑義. 且子之爲名, 本以稱人, 因以稱其所著, 必爲一家之言, 乃當此目. 《戰國策》乃劉向裒合諸記併爲一編, 作者旣非一人, 又均不得其主名, 所謂子者安指乎? 公武改隸子部, 是以記事之書爲立言之書, 以雜編之書爲一家之書, 殊爲未允. 今仍歸之史部中.

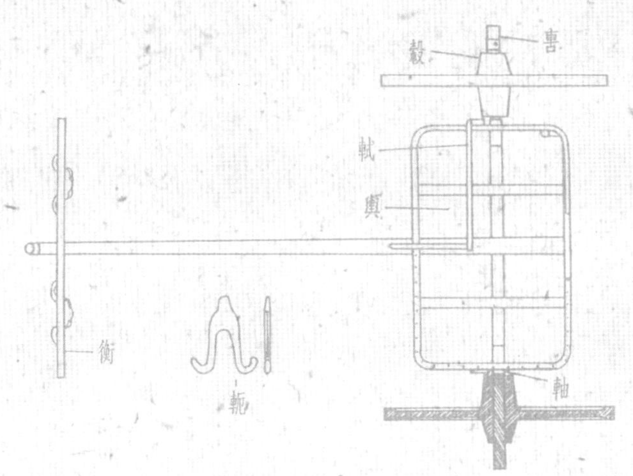

11. 四庫全書《鮑氏戰國策十卷》內府藏本 提要 (淸, 阮元, 撰)

● 《四庫全書總目》史部七, 雜史類

元吳師道撰. 師道字正傳, 蘭谿人, 至始元年進士. 仕至國子博士, 致仕. 后授禮部郞中. 事蹟具《元史》〈儒學傳〉. 師道以鮑彪注《戰國策》, 雖云糾高誘之譌漏, 然仍多未善. 乃取姚宏續注與彪注參校, 而雜引諸書考正之. 其篇第注文, 一仍鮑氏之舊. 每條之下, 凡增其所闕者, 謂之『補』; 凡糾其所失者, 謂之『正』. 各以『補曰』・『正曰』別之. 復取劉向・曾鞏所校三十三篇四百八十六首, 舊策爲彪所改竄者, 別存於首. 蓋旣用彪注爲稿本, 如更其次第, 則端緖益棼, 節目皆不相應. 如泯其變亂之迹, 置之不論, 又恐古本遂亡. 故附錄原次以存其舊: 孔穎達《禮記正義》, 每篇之下附著別錄第幾; 林億等新校《素問》, 亦每篇之下附著『全元起本』第幾: 卽其例也.

前有師道自序, 撮舉彪注之大紕繆者凡十九條, 論議皆極精審. 其他隨文駁正, 亦具有條理. 古來注是書者, 固當以師道爲最善矣. 舊有曲阜孔氏刊本, 頗未是正. 此本猶元時舊刻, 較孔本多爲可據云.

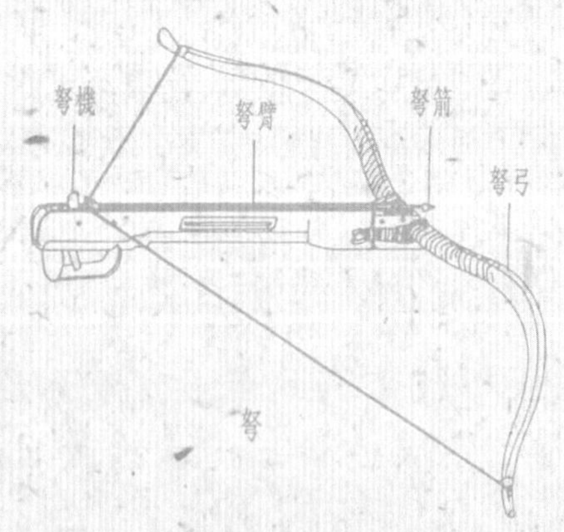

12. 四庫全書《戰國策校注十卷》兵部侍郎紀映家藏本提要
(清, 阮元 撰)

● 《四庫全書總目》史部七, 雜史類

　宋鮑彪撰. 案黃鶴《杜詩補注》, 郭知達集注《九家杜詩》引彪之語, 皆稱
爲鮑文虎說, 則其字爲文虎也. 縉雲人, 官尚書郎.

　《戰國策》一書, 編自劉向, 注自高誘. 至宋而誘注殘闕, 曾鞏始合諸家之
本校之, 而於注文無所增損. 姚宏始稍補誘注之闕, 而校正者多, 訓釋者少.
彪此注成於紹興丁卯, 其序中一字不及姚本. 蓋二人同時, 宏又因忤秦檜死,
其書尚未盛行於世, 故彪未見也.

　彪書雖首載劉向·曾鞏二序, 而其篇次先後, 則自以己意改移, 非復向·
鞏之舊. 是書竄亂古本, 實自彪始. 然向序稱:「中書餘卷, 錯亂相糅莒. 又有
國別者八篇, 少不足. 臣向因國別者, 略以時次之, 分別不以序者以相補,
除重複, 得三十三篇.」又:「中書本號, 或曰《國策》, 或曰《國事》, 或曰
《短長》, 或曰《事語》, 或曰《長書》, 或曰《脩書》云云.」則向編此書, 本裒合
諸國之記, 刪併重複, 排比成帙. 所謂三十三篇者, 實非其本來次第. 彪核其
事蹟年月而移之, 尚與妄改古書者有間. 其更定東·西二周, 自以爲考據之
特筆, 元吳師道作補正, 極議其誤.

　考趙與峕《賓退錄》曰:「《戰國策》舊傳高誘注, 殘闕疏略, 殊不足觀. 姚
令威, 寬補注, 亦未周盡. 獨縉雲鮑氏校注爲優. 雖間有小疵, 殊不害大體.
惟東·西二周一節, 極其舛謬, 深誤學者, 反不若二氏之說.」是則南宋人已
先言之矣.

　師道注中所謂『補』者, 卽補彪注; 所謂『正』者, 亦卽正彪注: 其精核實勝
於彪. 然彪注疏通詮解, 實亦殫一生之力. 故其自記稱:「四易稿后, 始悟
〈周策〉之嚴氏·陽竪, 卽〈韓策〉之嚴遂·陽堅.」而有校書如『塵埃風葉』
之歎. 雖踵事者益密, 正不得遽沒刱始之功矣.

13. 晁公武 郡齋讀書志 《戰國策三十三卷》(宋, 晁公武)

* 晁公武:

字는 子止. 紹興年間에 진사를 지냈으며 《郡齋讀書志》 외에 《昭德易楠訓傳》·《昭德文集》 등이 있음.

이글은 《郡齋讀書志》 卷十一, 縱橫家類에 실려 있음.

右漢劉向校定三十三篇, 東西周各一, 秦五, 齊六, 楚趙魏各四, 韓燕各三· 宋衛, 舊有五號, 向以爲皆戰國時游士策謀, 改定今名. 其事則上繼春秋, 下訖楚漢之起, 凡二百四十五年. 《崇文總目》多闕. 至皇朝曾鞏校書, 訪之士大夫家, 其書始復完. 高誘注今止十篇, 餘逸. 歷代以其記諸國事, 載於史類; 予謂其紀事不皆實錄, 難盡信, 蓋出學縱橫者所著, 當附于縱橫家云.

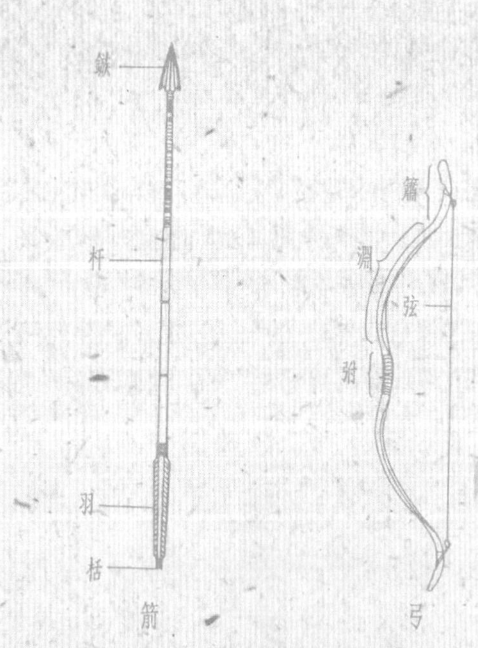

14. 《戰國策考》跋(宋, 洪邁)

● 洪邁

자는 景盧. 호는 容齋. 《容齋隨筆》이 남아 있음. 일찍이 《戰國策考》를 지었으며 그 跋文이 《文獻通考》 卷212 및 《歷代經籍典》 370에 실려 있음.

劉向敍《戰國策》言:「其書錯亂相糅莒, 本字多脫誤爲半字: 以『趙』爲『肖』, 以『齊』爲『立』; 如此類者多.」余按今傳於世者, 大抵不可讀; 其《韓非子》·《新序》·《說苑》·《韓詩外傳》·《高士傳》·《史記索隱》·《太平御覽》·《北堂書鈔》·《藝文類序(聚)》諸書所引用者, 多今本所無.

向博極羣書, 但擇焉不精; 不止於文字脫誤而已. 惟太史公《史記》所采之事九十有三, 則明白光豔, 悉可稽考, 視向爲有間矣!

高氏子略曰:「班固稱太史公取《戰國策》·《楚漢春秋》·陸賈《新語》作《史記》, 三書者一經太史公采擇, 後之人遂以爲天下奇書, 予惑焉. 每讀此書, 見其叢脞少倫, 同異錯出, 事或著於秦齊, 又復見於楚趙, 言辭謀議, 如出一人之口, 雖劉向校定, 卒不可正其淆駁, 會其統歸, 是故書之汨有不可得而辯者, 況于《楚漢春秋》·陸賈《新語》乎! 二書紀載, 殊無奇耳; 然則太史公獨何有取於此? 夫戰國楚漢之事, 舍三書他無可考者, 太史公所以加之采擇者在此乎!」

柳子厚嘗謂:「左氏《國語》, 其閎深傑異, 固世之所耽嗜而不已也; 而其說多誣淫, 不概於聖; 余懼世之學者, 惑於文采而淪於是非, 作非《國語》.」昔讀是書, 殊以子厚言之或過矣; 反覆《戰國策》而後三歎, 非《國語》之作, 其用意切且深也. 予遂效此, 盡取《戰國策》與《史記》同異, 又與《說苑》·《新序》雜見者, 各彙正之, 名曰《戰國策考》.

15. 戰國策正誤十一卷序(元, 吳萊)

❋ 吳萊:

字는 立夫. 시호는 淵穎先生. 吳師道와 同姓同鄕으로 《吳正傳戰國策正誤十一卷》이 있었
으며 吳師道의 本을 바탕으로 論駁正誤한 것으로 여겨짐.

《戰國策》十有一卷, 凡言周·秦·六國·宋·衛·中山之事. 古有高誘注,
最爲疏略. 近世縉雲鮑彪, 乃復分析章數, 竄易字文; 悉合可讀, 而不致有嗛
口敝舌之虞. 雖然, 古意寖已失矣.

要之, 古今之字義, 曾不一同: 南北之方言, 或隨以異. 而彪欲以後世窮鄕
曲學, 而盡通之, 吾知其必至於穿鑿粉飾, 而强其所不可通; 則反不若誘之
疏略也.

宗人正傳, 嗜古書, 嘗以《國策》之多誤, 暇日則取太史公《史記》及戰國
諸子所自著書, 前後比較. 旣又考夫近世劉敞·錢藻·姚宏等本, 參伍錯求,
然後有以見其語言之殊異, 傳寫之缺訛, 而是正之; 蓋頗貴乎誘之近古, 而深
惜乎彪之妄作也. 於是世人之讀國策者, 文從字順, 不失其眞; 戰國君臣從
橫游說之事, 倂可得而極論矣.

蓋夫古者先王之世, 道德同, 敎化行, 而風俗一. 士之有賢材學業者, 脩之
於身, 著於其國; 或以德擧, 或以言敎; 要皆可以考名覈實, 而趨事赴功; 無或
敢爲熒惑變亂, 而懵乎是非黑白之混淆也. 然而聖人當夫天下極治之世, 每有
慮焉; 蓋言: 『朕聖讒說殄行, 震驚朕師.』豈不以世人讒人傷絶善人之事,
震駭衆人之聽; 邪僻自此焉而進用, 矯僞自此焉而假託, 出入起居, 發號施令,
將無所適而不戾於道? 苟謂世爲極治, 而慮不及此, 吾恐其漸爲始亂之基矣.
是故, 聖人深以讒邪之說, 有未易化; 而且有以敎之, 必使其遷善改適, 而後
承之·庸之, 否則威之; 夫然後士之有德有言者, 各稱其任; 而天下之欲趨事
赴功者, 亦皆實有所稽而無慊矣.

自戰國以來, 先王之治, 日以遠甚; 聖人之敎, 若罔聞. 知士之紛騰馳驟於
天下者, 曾無常有之善心, 而惟磨厲其舌肆, 爲讒說莫之能恤. 析言則離於理,
破律則壞於法, 亂名則喪其實, 改作則反其常. 此固先聖王之所必誅, 而不
以聽者; 而戰國之世, 乃安然而行之; 孱君弱將, 纖兒佞妾, 劫之以敗降賊戮

之苦, 誘之以聲色狗馬之好. 情知非是, 故爲文飾, 勢欲離合, 强相傾陷, 卒使上世元德顯功之胄, 日就淪亡而後已.

嗚呼! 讒邪之說, 有可畏哉: 蓋昔孔子, 曾用於魯, 未幾而卽有少正卯之誅, 徒謂其言行爲僞而不由其誠, 學術之非而不出於是. 雖吾孟子, 亦甚惡夫處士之橫議, 異端之並起, 詖淫邪遁不可勝窮. 惜乎孔孟之道, 久矣不明於世; 戰國之士, 不復知有義理之當, 然而惟以利害相勝. 故今斷斷然, 悉以爲古之讒說可聖者也.

然今誘也注之, 彪也釋之, 吾正傳乃從而是正其誤, 又豈不以《國策》之言爲不可廢歟! 雖然, 正傳學孔孟之學者也; 自先王道德敎化之治, 本諸人心, 播於簡冊, 充衍洋溢, 遠而未斬. 是故春秋之世, 鄭之賢大夫, 且能善於辭令, 應對諸侯, 鮮有敗事; 聖門言語之學, 達如子貢, 亦或一出於魯, 而彼齊晉吳越等國爲之有變; 至於排難解紛, 成强取霸而後定焉. 前乎此矣, 於是而後, 公孫衍‧張儀‧陳軫‧樓緩‧蘇秦‧秦弟代厲之流, 揣摩捭闔, 權謀術數, 浩乎著江海之浸, 恍乎若鬼神之不可端倪; 雖其讒邪之說罔知義理, 而顚倒錯謬; 一時口頰之移人, 固有非後世膚見謏聞者之所可遽及. 嗚呼! 古先聖王道德敎化之澤, 一旦而遂至於此, 言之可爲於邑矣!

然自其文辭言語而觀之, 惟楚漢而戰爭之世尙爲近焉; 已不能盡及; 它則曹魏鼎足而割據, 李唐參布而分藩, 交兵之際, 奉使往來; 權術相傾, 議臣蜂起, 曾無異於戰國楚漢紛秉之時者, 竟未嘗有一言語之慢動, 一文辭之譎勝. 雖以當世史臣, 極力摹擬而爲之, 亦且羞澀畏懦, 衰耗促數, 無復有昔時辯士說客之遺風矣. 是故世之讀《戰國策》者, 卓然自爲. 先秦之古書, 不可廢也; 必也本之以心術之功, 約之以義理之正, 謹之以辭令之發, 戰國其文而非欲戰國其學也. 此則正傳之志也; 又在乎世之學者, 善讀而已矣.

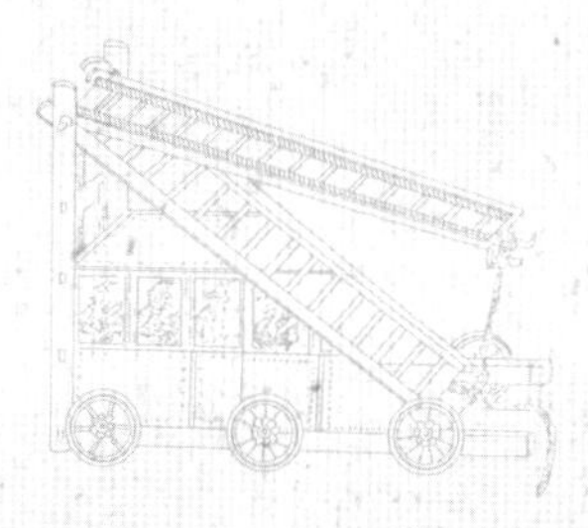

Ⅱ. 周代諸侯 一覽表

(가) 君國

(1) 周

首都: 成周(B.C. 516~314? 下都라고도 칭하며 뒤에 洛陽으로 부름. 지금의 河南省 洛陽縣 동쪽)王城(B.C. 314~256, 河南이라고 부름. 지금의 河南省 洛陽縣 서쪽)

(2) 西周

首都: 王城(B.C. 440?~256)

(3) 東周

首都: 鞏(B.C. 426~333 이전, 지금의 河南省 鞏縣)成周(B.C.333 이전~249)
＊ 이상 周나라의 강역: 河南·洛陽·穀城·平陰·偃師·鞏·柳氏 등 7개 縣이었다.

(나) 七雄

(1) 燕

① 首都: 계(薊. B.C. ?~222) 지금의 北京 근처
② 疆域: 지금의 河北省 북부, 山西省 동북부. 동북으로는 胡와 연접, 서쪽은 中山·趙와 연접, 남으로는 齊와 바다로 연결됨.
③ 면적: 전국칠웅 중의 다섯번째.

(2) 韓

① 首都: 平陽(B.C. ?~416) 지금의 山西省 臨汾縣
　　　　宜陽(B.C. 416~408?)
　　　　陽翟(B.C. 400 이전~376)
　　　　新鄭(B.C. 376~230) 지금의 河南省 新鄭縣
② 疆域: 지금의 山西省 동남부, 河南省 중부. 周를 포괄하고 있었으며

서쪽은 秦·魏와 연접, 남쪽은 楚, 동남쪽은 鄭, 동쪽은 宋·魏와 연접.
③ 면적: 전국칠웅 중 가장 적음. 7위.

(3) 魏

① 首都: 安邑(B.C. ?~340)
      大梁(B.C. 340~225)

② 別稱: 梁

③ 疆域: 지금의 陝西省 渭水 이남의 華陽부터 山西省 서부 및 河南省
북부, 그리고 河北省의 大名·廣平, 또한 山東省의 冠縣. 주위에 각각
秦·趙·韓·鄭·齊·衛 등에 둘러싸임.

④ 면적: 전국칠웅 중 제6위.

(4) 秦

① 首都: 雍(B.C. ?~350) 지금의 陝西省 鳳翔縣
      咸陽(B.C. 350~?)

② 疆域: 甘肅省 동남부, 섬서성 전체. 동쪽은 魏·韓, 남쪽은 楚·蜀,
서쪽은 戎, 북쪽 역시 이민족과 연접됨.

③ 면적: 전국칠웅 중 제4위.

(5) 齊

① 首都: 臨淄(B.C. ?~221)

② 疆域: 지금의 山東省 대부분과 河北省 동남부. 동쪽은 황해, 남쪽은
楚, 북은 燕, 서쪽은 趙·魏와 연접.

③ 면적: 전국칠웅 중 제3위.

(6) 楚

① 首都: 鄢郢(B.C. ?~278. 西陽으로 옮긴적이 있음)
      郢陳(B.C. 278~253)
      鉅陽(B.C. 253~241)
      壽春(B.C. 241~223. 지금의 安徽省 壽縣)

② 別稱: 荊

③ 疆域: 지금의 四川省 동부, 湖北省 전부, 湖南省 동북부, 江西省 북부,
안휘성 북부, 섬서성 동남부, 강소성 중부. 동쪽은 越, 남쪽은 百越, 북쪽은
韓·鄭·宋, 동북쪽은 秦과 연접.

④ 면적: 전국칠웅 중 제일 넓음.

(7) 趙

① 首都: 晉陽(B.C. ?~425)
　　　　 中牟(B.C. 425~386. 지금의 河南省 湯陰縣)
　　　　 邯鄲(B.C. 386~222)

② 疆域: 섬서성 동북부, 산서성 일부, 하북성 동남부, 산동성 서부, 河南省
북부. 동북쪽은 東胡·燕, 그리고 동쪽은 中山·齊, 남쪽은 衛·魏·韓,
서쪽은 魏·韓과 연접됨.

③ 면적: 전국칠웅 중 제2위.

(다) 侯國

(1) 衛

首都: 樞陽. B.C. 254년에 魏에게 멸망.

(2) 越

首都: 會稽.(B.C. ?~494) 지금의 江蘇省 紹興縣(B.C. ?~379)
뒤에 B.C. 306년 楚에게 멸망.

(3) 吳

(B.C. 379~B.C. 473) 지금의 강소성 蘇州市. 越에게 멸망.

(4) 莒

首都: 莒. B.C. 431년 楚에게 망함.

(5) 義渠

　지금의 섬서성 북부, 감숙성 동부지역에 있던 나라. B.C. 270년 秦에게
멸망.

(6) 虞

　首都: 虞. 지금의 山西省 平陸縣. B.C. 655년 晉에게 멸망.

(7) 蔡

　首都: 蔡. 지금의 河南省 上蔡縣 서남. 新蔡. B.C. 447년 초에게 멸망.

(8) 蜀

　四川省 일대. B.C. 316년 秦에게 멸망.

(9) 晉: 春秋 시대 五霸의 하나.

　① 首都: 晉(지금의 山西省 太原縣)
　　　　　 曲沃(산서성 聞喜縣)
　　　　　 絳(산서성 新絳縣)
　　　　　 新田(산서성 曲沃縣)
　② B.C. 369년 秦에 멸망.

(10) 西周

　① 平王이 洛陽으로 東遷하기 전의 天子 國.
　② 王城의 전국 시대 나라.

(11) 宋

　首都: 商丘. 지금의 河南省 商丘縣. B.C. 286년 齊에게 멸망.

(12) 鄒(邾)

　지금의 山東省 鄒縣. 楚에게 망함.

(13) 中山

지금의 河北省 定縣에 있던 白狄의 나라. B.C. 296년 趙에게 망함.

(14) 陳

首都: 宛丘. B.C. 479년 楚에게 멸망.

(15) 鄭

首都: 新鄭. B.C. 375년 韓에게 멸망.

(16) 東周

① 平王의 東遷 후 천자국, 즉 春秋戰國 시대의 명목상 천자국.
② 鞏에 수도를 두었던 나라.

(17) 巴

四川省에 있던 戎國. B.C. 361년 秦에게 멸망.

(18) 萃

山東省 萃縣에 있던 나라. B.C. 567년 齊에게 멸망.

(19) 魯

首都: 曲阜. B.C. 256년 楚에게 멸망.

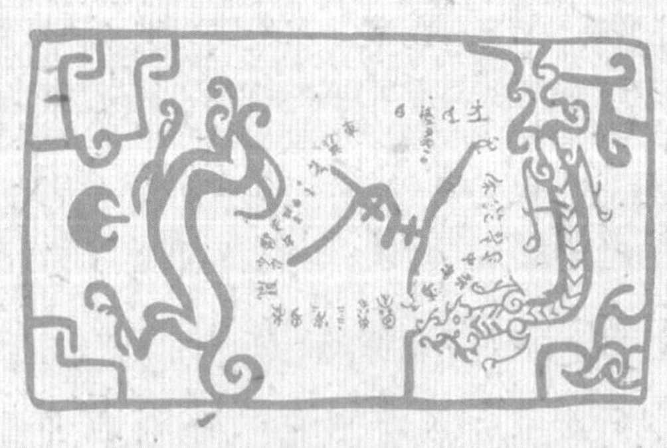

Ⅲ. 周代 諸侯 興亡表

번호	국명	존 속 기 간		멸망
1	衛	紀元前11C ～ 前209년		秦에게
2	齊	〃 ～ 前221		秦
3	晉	〃 ～ 前369		韓魏趙
4	燕	〃 ～ 前222		秦
5	魯	〃 ～ 前256		楚
6	宋	〃 ～ 前286		齊
7	蔡	〃 ～ 前447		楚
8	陳	〃 ～ 前478		楚
9	許	〃 ～ 前475(?)		楚
10	邢	〃 ～ 前635		衛
11	曹	〃 ～ 前487		宋
12	杞	〃 ～ 前445		楚
13	楚	? ～ 前223		秦
14	徐	? ～ 前512(뒤)		吳楚
15	吳	? ～ 前473		越
16	越	? ～ 前306(?)		楚
17	西周	前440(?) ～ 前256년		秦에게
18	東周	前367 ～ 前249		秦
19	東虢	? ～ 前767		鄭
20	西虢	? ～ 前655		晉
21	韓	前403 ～ 前230		秦
22	趙	〃 ～ 前286		秦
23	魏	〃 ～ 前447		秦
24	芮	? ～ 前640		秦
25	滕	? ～ 前286		宋
26	息	? ～ 前680		楚
27	莒	? ～ 前431		楚
28	鄧	? ～ 前678		楚
29	黃	? ～ 前648		楚
30	邾(鄒)	? ～ 前281(뒤)		楚
31	鄭	前806 ～ 前375		韓
32	中山	? ～ 前296		趙

Ⅳ.　戰國紀年表

B.C.	干支	周	秦	魏	韓	趙	楚	燕	田齊	齊	晉
475	丙寅	元王(姬仁) 1	厲共公 2			襄子 1	惠王 14	孝公 23		平公 6	定公 37
474	丁卯	2	3			2	15	24		7	出公 1
473	戊辰	3	4			3	16	25		8	2
472	己巳	4	5			4	17	26		9	3
471	庚午	5	6			5	18	27		10	4
470	辛未	6	7			6	19	28		11	5
469	壬申	7	8			7	20	29		12	6
468	癸酉	貞定王(姬介) 1	9			8	21	30		13	7
467	甲戌	2	10			9	22	31		14	8
466	乙亥	3	11			10	23	32		15	9
465	丙子	4	12			11	24	33		16	10
464	丁丑	5	13			12	25	34		17	11
463	戊寅	6	14			13	26	35		18	12
462	己卯	7	15			14	27	36		19	13
461	庚辰	8	16			15	28	37		20	14
460	辛巳	9	17			16	29	38		21	15
459	壬午	10	18			17	30	39		22	16
458	癸未	11	19			18	31	40		23	17
457	甲申	12	20			19	32	41		24	18
456	乙酉	13	21			20	33	42		25	19
455	丙戌	14	22			21	34	43		宣公 1	20
454	丁亥	15	23			22	35	成公 1		2	21
453	戊子	16	24			23	36	2		3	22
452	己丑	17	25			24	37	3		4	23
451	庚寅	18	26			25	38	4		5	敬公 1
450	辛卯	19	27			26	39	5		6	2
449	壬辰	20	28			27	40	6		7	3
448	癸巳	21	29			28	41	7		8	4
447	甲午	22	30			29	42	8		9	5
446	乙未	23	31			30	43	9		10	6
445	丙申	24	32	文侯 1		31	44	10		11	7
444	丁酉	25	33	2		32	45	11		12	8
443	戊戌	26	34	3		33	46	12		13	9
442	己亥	27	躁公 1	4		34	47	23		14	10
441	庚子	28	2	5		35	48	14		15	11
440	辛丑	考王(姬嵬) 1	3	6		36	49	15		16	12
439	壬寅	2	4	7		37	50	16		17	13
438	癸卯	3	5	8		38	51	文公 1		18	14
437	甲辰	4	6	9		39	52	2		19	15
436	乙巳	5	7	10		40	53	3		20	16
435	丙午	6	8	11		41	54	4		21	17
434	丁未	7	9	12		42	55	5		22	18
433	戊申	8	10	13		43	56	6		23	幽公 1
432	己酉	9	11	14		44	57	7		24	2
431	庚戌	10	12	15		45	簡王 1	8		25	3
430	辛亥	11	13	16		46	2	9		26	4
429	壬子	12	14	17		47	3	10		27	5
428	癸丑	13	懷公 1	18		48	4	11		28	6
427	甲寅	14	2	19		49	5	12		29	7
426	乙卯	15	3	20		50	6	13		30	8
425	丙辰	威烈王(姬午) 1	4	21		51	7	14		31	9

B.C.	干支	周	秦	魏	韓	趙	楚	燕	田齊	齊	晉
424	丁巳	威烈王(姬午) 2	靈公 1	文侯 22	武子 1	桓子 1	簡王 8	文公 15		宣公 32	幽公 10
423	戊午	3	2	23	2	獻侯 1	9	16		33	11
422	己未	4	3	24	3	2	10	17		34	12
421	庚申	5	4	25	4	3	11	18		35	13
420	辛酉	6	5	26	5	4	12	19		36	14
419	壬戌	7	6	27	6	5	13	20		37	15
418	癸亥	8	7	28	7	6	14	21		38	16
417	甲子	9	8	29	8	7	15	22		39	17
416	乙丑	10	9	30	9	8	16	23		40	18
415	丙寅	11	10	31	10	9	17	24		41	烈公 1
414	丁卯	12	簡公 1	32	11	10	18	簡公 1		42	2
413	戊辰	13	2	33	12	11	19	2		43	3
412	己巳	14	3	34	13	12	20	3		44	4
411	庚午	15	4	35	14	13	21	4		45	5
410	辛未	16	5	36	15	14	22	5	悼子 1	46	6
409	壬申	17	6	37	16	15	23	6	2	47	7
408	癸酉	18	7	38	景侯 1	烈侯 1	24	7	3	48	8
407	甲戌	19	8	39	2	2	聲王 1	8	4	49	9
406	乙亥	20	9	40	3	3	2	9	5	50	10
405	丙子	21	10	41	4	4	3	10	6	51	11
404	丁丑	22	11	42	5	5	4	11	和子 1	康公 1	12
403	戊寅	23	12	43	6	6	5	12	2	2	13
402	己卯	24	13	44	7	7	6	13	3	3	14
401	庚辰	安王(姬驕) 1	14	45	8	8	悼王 1	14	4	4	15
400	辛巳	2	15	46	9	9	2	15	5	5	16
399	壬午	3	惠公 1	47	烈侯 1	10	3	16	6	6	17
398	癸未	4	2	48	2	11	4	17	7	7	18
397	甲申	5	3	49	3	12	5	18	8	8	19
396	乙酉	6	4	50	4	13	6	19	9	9	20
395	丙戌	7	5	武侯 1	5	14	7	20	10	10	21
394	丁亥	8	6	2	6	15	8	21	11	11	22
393	戊子	9	7	3	7	16	9	22	12	12	23
392	己丑	10	8	4	8	17	10	23	13	13	24
391	庚寅	11	9	5	9	18	11	24	14	14	25
390	辛卯	12	10	6	10	19	12	25	15	15	26
389	壬辰	13	11	7	11	20	13	26	16	16	27
388	癸巳	14	12	8	12	21	14	27	17	17	桓公 1
387	甲午	15	13	9	13	22	15	28	18	18	2
386	乙未	16	出子 1	10	文侯 1	敬侯 1	16	29	1	19	3
385	丙申	17	2	11	2	2	17	30	2	20	4
384	丁酉	18	獻公 1	12	3	3	18	31	3	21	5
383	戊戌	19	2	13	4	4	19	32	齊侯剡 1	22	6
382	己亥	20	3	14	5	5	20	33	2	23	7
381	庚子	21	4	15	6	6	21	34	3	24	8
380	辛丑	22	5	16	7	7	蕭王 1	35	4	25	9
379	壬寅	23	6	17	8	8	2	36	5	26	10
378	癸卯	24	7	18	9	9	3	37	6		11
377	甲辰	25	8	19	10	10	4	38	7		12
376	乙巳	26	9	20	哀侯 1	11	5	39	8		13
375	丙午	烈王(姬喜) 1	10	21	2	12	6	40	9		14
374	丁未	2	11	22	懿侯 1	成侯 1	7	41	桓公 1		15
373	戊申	3	12	23	2	2	8	42	2		16
372	己酉	4	13	24	3	3	9	43	3		17
371	庚戌	5	14	25	4	4	10	44	4		18
370	辛亥	烈王(姬喜) 6	15	26	5	5	11	45	5		19

B.C.	干支	周	秦	魏	韓	趙	楚	燕	田齊	齊	晉
369	壬子	烈王(姬喜) 7	獻公 16	惠王 1	懿侯 6	成侯 6	宣王 1	桓公 1	桓公 6		桓公 20
368	癸丑	顯王(姬扁) 1	17	2	7	7	2	2	7		
367	甲寅	2	18	3	8	8	3	3	8		
366	乙卯	3	19	4	9	9	4	4	9		
365	丙辰	4	20	5	10	10	5	5	10		
364	丁巳	5	21	6	11	11	6	6	11		
363	戊午	6	22	7	12	12	7	7	12		
362	己未	7	23	8	昭侯 1	13	8	8	13		
361	庚申	8	孝公 1	9	2	14	9	文公 1	14		
360	辛酉	9	2	10	3	15	10	2	15		
359	壬戌	10	3	11	4	16	11	3	16		
358	癸亥	11	4	12	5	17	12	4	17		
357	甲子	12	5	13	6	18	13	5	18		
356	乙丑	13	6	14	7	19	14	6	威王 1		
355	丙寅	14	7	15	8	20	15	7	2		
354	丁卯	15	8	16	9	21	16	8	3		
353	戊辰	16	9	17	10	22	17	9	4		
352	己巳	17	10	18	11	23	18	10	5		
351	庚午	18	11	19	12	24	19	11	6		
350	辛未	19	12	20	13	25	20	12	7		
349	壬申	20	13	21	14	肅侯 1	21	13	8		
348	癸酉	21	14	22	15	2	22	14	9		
347	甲戌	22	15	23	16	3	23	15	10		
346	乙亥	23	16	24	17	4	24	16	11		
345	丙子	24	17	25	18	5	25	17	12		
344	丁丑	25	18	26	19	6	26	18	13		
343	戊寅	26	19	27	20	7	27	19	14		
342	己卯	27	20	28	21	8	28	20	15		
341	庚辰	28	21	29	22	9	29	21	16		
340	辛巳	29	22	30	23	10	30	22	17		
339	壬午	30	23	31	24	11	威王 1	23	18		
338	癸未	31	24	32	25	12	2	24	19		
337	甲申	32	惠文王 1	33	26	13	3	25	20		
336	乙酉	33	2	34	27	14	4	26	21		
335	丙戌	34	3	35	28	15	5	27	22		
334	丁亥	35	4	後元 1	29	16	6	28	23		
333	戊子	36	5	2	30	17	7	29	24		
332	己丑	37	6	3	宣惠王 1	18	8	易王 1	25		
331	庚寅	38	7	4	2	19	9	2	26		
330	辛卯	39	8	5	3	20	10	3	27		
329	壬辰	40	9	6	4	21	11	4	28		
328	癸巳	41	10	7	5	22	懷王 1	5	29		
327	甲午	42	11	8	6	23	2	6	30		
326	乙未	43	12	9	7	24	3	7	31		
325	丙申	44	13	10	8	武靈王 1	4	8	32		
324	丁酉	45	更元 1	11	9	2	5	9	33		
323	戊戌	46	2	12	10	3	6	10	34		
322	己亥	47	3	13	11	4	7	11	35		
321	庚子	48	4	14	12	5	8	12	36		
320	辛丑	慎靚王(姬定) 1	5	15	13	6	9	燕王噲 1	37		
319	壬寅	2	6	16	14	7	10	2	宣王 1		
318	癸卯	3	7	襄王 1	15	8	11	3	2		
317	甲辰	4	8	2	16	9	12	4	3		
316	乙巳	5	9	3	17	10	13	5	4		
315	丙午	6	10	4	18	11	14	6	5		

B.C.	干支	周	秦	魏	韓	趙	楚	燕	田齊	齊	晉
314	丁未	赧王(姬延) 1	更元 11	襄王 5	宣惠王 19	武靈王 12	懷王 15	燕王噲 7	宣王 6		
313	戊申	2	12	6	20	13	16	8	7		
312	己酉	3	13	7	21	14	17	9	8		
311	庚戌	4	14	8	襄王 1	15	18	昭王 1	9		
310	辛亥	5	武王 1	9	2	16	19	2	10		
309	壬子	6	2	10	3	17	20	3	11		
308	癸丑	7	3	11	4	18	21	4	12		
307	甲寅	8	4	12	5	19	22	5	13		
306	乙卯	9	昭王 1	13	6	20	23	6	14		
305	丙辰	10	2	14	7	21	24	7	15		
304	丁巳	11	3	15	8	22	25	8	16		
303	戊午	12	4	16	9	23	26	9	17		
302	己未	13	5	17	10	24	27	10	18		
301	庚申	14	6	18	11	25	28	11	19		
300	辛酉	15	7	19	12	26	29	12	湣王 1		
299	壬戌	16	8	20	13	27	30	13	2		
298	癸亥	17	9	21	14	惠文王 1	頃襄王 1	14	3		
297	甲子	18	10	22	15	2	2	15	4		
296	乙丑	19	11	23	16	3	3	16	5		
295	丙寅	20	12	昭王 1	釐王 1	4	4	17	6		
294	丁卯	21	13	2	2	5	5	18	7		
293	戊辰	22	14	3	3	6	6	19	8		
292	己巳	23	15	4	4	7	7	20	9		
291	庚午	24	16	5	5	8	8	21	10		
290	辛未	25	17	6	6	9	9	22	11		
289	壬申	26	18	7	7	10	10	23	12		
288	癸酉	27	19	8	8	11	11	24	13		
287	甲戌	28	20	9	9	12	12	25	14		
286	乙亥	29	21	10	10	13	13	26	15		
285	丙子	30	22	11	11	14	14	27	16		
284	丁丑	31	23	12	12	15	15	28	17		
283	戊寅	32	24	13	13	16	16	29	襄王 1		
282	己卯	33	25	14	14	17	17	30	2		
281	庚辰	34	26	15	15	18	18	31	3		
280	辛巳	35	27	16	16	19	19	32	4		
279	壬午	36	28	17	17	20	20	33	5		
278	癸未	37	29	18	18	21	21	惠王 1	6		
277	甲申	38	30	19	19	22	22	2	7		
276	乙酉	39	31	安釐王 1	20	23	23	3	8		
275	丙戌	40	32	2	21	24	24	4	9		
274	丁亥	41	33	3	22	25	25	5	10		
273	戊子	42	34	4	23	26	26	6	11		
272	己丑	43	35	5	桓惠王 1	27	27	7	12		
271	庚寅	44	36	6	2	28	28	武成王 1	13		
270	辛卯	45	37	7	3	29	29	2	14		
269	壬辰	46	38	8	4	30	30	3	15		
268	癸巳	47	39	9	5	31	31	4	16		
267	甲午	48	40	10	6	32	32	5	17		
266	乙未	49	41	11	7	33	33	6	18		
265	丙申	50	42	12	8	孝成王 1	34	7	19		
264	丁酉	51	43	13	9	2	35	8	齊王建 1		
263	戊戌	52	44	14	10	3	36	9	2		
262	己亥	53	45	15	11	4	孝烈王 1	10	3		
261	庚子	54	46	16	12	5	2	11	4		
260	辛丑	55	47	17	13	6	3	12	5		

B.C.	干支	周	秦	魏	韓	趙	楚	燕	田齊	齊	晉
259	庚子	赧王(姬延) 56	昭王 48	安釐王 18	宣惠王 14	孝成王 7	孝烈王 4	武成王 13	齊王建 6		
258	辛丑	57	49	19	15	8	5	14	7		
257	壬寅	58	50	20	16	9	6	孝王 1	8		
256	癸卯	59	51	21	17	10	7	2	9		
255	甲辰		52	22	18	11	8	3	10		
254	乙巳		53	23	19	12	9	燕王喜 1	11		
253	丙午		54	24	20	13	10	2	12		
252	丁未		55	25	21	14	11	3	13		
251	戊申		56	26	22	15	12	4	14		
250	己酉		孝文王 1	27	23	16	13	5	15		
249	庚戌		莊襄王 1	28	24	17	14	6	16		
248	辛亥		2	29	25	18	15	7	17		
247	壬子		3	30	26	19	16	8	18		
246	癸丑		秦王政(始皇帝) 1	31	27	20	17	9	19		
245	甲寅		2	32	28	21	18	10	20		
244	乙卯		3	33	29	悼襄王 1	19	11	21		
243	丙辰		4	34	30	2	20	12	22		
242	丁巳		5	景湣王 1	31	3	21	13	23		
241	戊午		6	2	32	4	22	14	24		
240	己未		7	3	33	5	23	15	25		
239	庚申		8	4	34	6	24	16	26		
238	辛酉		9	5	韓王安 1	7	25	17	27		
237	壬戌		10	6	2	8	幽王 1	18	28		
236	癸亥		11	7	3	9	2	19	29		
235	甲子		12	8	4	趙王遷 1	3	20	30		
234	乙丑		13	9	5	2	4	21	31		
233	丙寅		14	10	6	3	5	22	32		
232	丁卯		15	11	7	4	6	23	33		
231	戊辰		16	12	8	5	7	24	34		
230	己巳		17	13	9	6	8	25	35		
229	庚午		18	14		7	9	26	36		
228	辛未		19	15		8	10	27	37		
227	壬申		20	魏王假 1		代王嘉 1	楚王負芻 1	28	38		
226	癸酉		21	2		2	2	29	39		
225	甲戌		22	3		3	3	30	40		
224	乙亥		23			4	4	31	41		
223	丙子		24			5	5	32	42		
222	丁丑		25			6		33	43		
221	戊寅		26						44		

四. 우리나라 朝鮮時代《戰國策》관련 기록

《전국책》이 언제 우리나라에 들어왔는지는 정확한 기록을 찾을 수
없다. 《高麗史》世家 宣宗 8년(1091년)에 宋나라가 고려에게 요구한 대량의
도서목록에 이《전국책》은 보이지 않는다. 이는 당시 중국에서도 曾鞏
(1019~1083년)이나 鮑彪의 校註本(1147년)은 물론 吳師道(1283~1344년)가 정리
하기 이전이며 劉向 찬집의 高誘 註만이 있었던 시기로 중국에서조차
온전한 상태가 아니었으므로 〈高誘註本〉이 아니면 그 이후의 것은 당연
히 고려에 수입되지 않았을 것이다.

한편 조선시대에 이르러서는 이《전국책》의 出刊, 經筵, 蒐集, 引用, 史評,
讀書 등의 기록이 散見되어 당시《전국책》에 대한 인식과 독서 경향을 일부나마
엿볼 수 있다. 특히 조선 건국 후 儒學 일변도의 孔孟숭상으로 인해《전국책》
특유의 내용, 즉 詭譎과 術策에 대해 상당히 부정적이었으며 국가 경영에는
孔孟之道에 위배된다는 이유로 임금이 이를 수용하지 말 것을 강하게 상주한
글들이 보이고 있다.

그러나《전국책》문장은 중국에서 이미 先秦 산문으로 漢나라 때 정리된
것으로 宋代 古文運動家들과 그 이후 고문학자들에 의해 "文必秦漢, 詩必盛唐"의
기치아래 그 문장이 고문 텍스트로 거론된 만큼 古文學習을 중시하던 조선시대
에도 읽어야 할 책이라는 긍정적인 평가도 아울러 내리고 있다.

이에 우리나라 각종 문헌에 산견되는 전국책 관련 기록을 살펴보면 다음과
같다.

❀《朝鮮王朝實錄》의 기록

1.《成宗實錄》14년 12월 8일 丁卯.

侍講官 李世佑가《전국책》을 講하려 하자 領事 洪應이 經學을 근본으로
해야 하는 만큼 이《전국책》은 교재로 쓸 수 없다 하여《尙書》로 대체
하였다.

2. 《成宗實錄》 21년 3월 13일 乙丑

行副司果 金欣이 吳師道가 重校한 《전국책》 1질을 바치자 馬粧 1부를
하사하도록 명하였다.

3. 《燕山君日記》 2년 7월 4일 己酉

司憲府가 폐비 尹氏의 神主와 사당을 세우는 일에 대하여 《전국책》
齊策(1) 123장의 齊王과 章子(匡章)의 일화를 들어 반대하였다.

4. 《中宗實錄》 10년 11월 2일 甲申 및 같은 달 4일 丙戌

弘文館 副提學 金謹思가 중국을 통해 서적을 수집할 것을 上箚하여
재가를 얻은 기록에 《전국책》이 포함되어 있으며 이틀 뒤 중종 10년(1515년)
11월 4일(丙戌)에 禮曹에 내린 傳敎에 《전국책》을 印刊할 것을 허락하였다.

5. 《宣祖實錄》 30년 8월 5일 癸酉

壬辰, 丁酉 왜란 중 서적을 謄寫하여 보관하기를 의논하면서 柳夢寅이
《전국책》 楚策(1, 189장)의 蒙穀 일화를 들어 주청하자 임금이 윤허하였다.

6. 《肅宗實錄》 30년 8월 5일 壬申

副應敎 李觀命이 權尙游와 함께 《思辨錄》을 지어 보고하라는 왕명에
의해 說을 지어 바치면서 《戰國策》 曾鞏의 序文을 인용하면서 없애지
말고 후세에 그 誣悖함을 알도록 함이 좋을 것이라 아뢰었다.

◉ 기타 문집의 《전국책》 관련 문장

1. 《於于集》 後集 卷三. 於于 柳夢寅(1559~1623)

〈戲效戰國策, 奉贈全州府尹鄭公行序〉

客謂柳子曰: "仕者不得諸朝, 則外邑而已矣. 子不見鄭侍郎尹全州乎? 今子仕於朝官不達, 胡不圖之外邑乎, 而挈之而南爲?"柳子曰: "然, 有人於此. 舍狐腋而好布褐, 舍熊蹯而嗜韭薤, 是出於大性然乎? 原所好, 在彼不在此, 而直貴者難繼而賤者易求. 故從其所欲焉爾. 今鄭侍郎出朝而之外. 其之外也, 雖於鄭子爲失, 是得之吾所不得者. 其於吾優矣. 而吾且不欲焉. 何耶? 昔人有遇友于塗, 友遑忙然走, 追而詰之'而焉如?' 卽曰: '朝家設不求聞達, 科往且疾求之, 今吾仕于朝官不達, 求之外亦知其難繼. 安知山林之不求聞達? 不爲眞聞達也. 吾所以遑忙然走也.' 鄭尹乎豈求於外者? 他日得諸朝, 招我以安車蒲輪, 我其辭狐腋熊蹯乎哉!"

2. 《疏菴集》卷八: 疏菴 任叔英(1576~1623)

〈讀戰國策, 贈李斗陽〉

余讀戰國策, 而悲文武之澤亡也. 蓋自二南之化興於西土, 天下之民, 皆欲集於其國, 及孟津之師, 諸侯至者八百. 夫豈有發徵期會哉! 是德盛而天下順之也. 武王旣受命爲君, 戢干戈·放牛馬, 偃武修文, 坐明堂而朝諸侯. 於是四海之內, 莫非其有也; 億兆之衆, 莫非其臣也. 武王崩, 周公立幼子而輔之. 天下大悅, 雖管蔡與武庚祿父爲亂, 而國不搖, 禮樂作而敎化行. 民習於爲善. 故司寇操八刑而莫之施者, 至四十餘年. 成康旣沒, 後嗣不君, 斷墜祖宗之訓. 及乎幽厲有國, 而典刑盡矣. 平王東遷, 盡失岐豐之地. 自是王室日卑, 僅比於列國之小者, 諸侯不用命. 然五霸迭興, 猶以尊周爲名, 假仁義以成其私. 嗚呼! 仁義豈五霸之謂乎? 彼計有所出, 不得不假於仁義也. 蓋不如是, 則無以服一世之人矣. 何也? 夫周之所以得天下者仁義也; 化天下者仁義也. 天下之人, 無不乎於尋, 頌於口, 形於詩, 披於樂, 說其遺風餘俗, 歷數百歲而不斬. 是以莫亂於春秋, 莫弱於周, 莫强於桓文之屬. 其潤行途施之極矣. 猶不敢去仁義之名. 以濟其事, 則先王之德, 豈不感(?)矣乎? 入人者深, 故累世而不敢忘. 雖不善者, 不得此亦不立. 故雖五霸, 必假於是也. 不然, 又安事乎仁義哉! 故春秋之事, 其書於左傳·國語者, 較然可考也. 顧其人雖未必盡賢也, 乃其言則鮮不合於道理. 君子固無取乎言矣. 然若戰國之時, 則雖求一言之幾乎道理者, 亦安可得也? 久矣, 天下之無道也. 其末也, 游者主事, 若蘇秦·張儀·陳軫·犀首·樓緩之徒. 各以其術鳴諸侯, 不東附於齊, 則必西附於秦. 不南合於楚, 則必北合於三晉. 天下之士, 相率而趍之. 知有其利而不知其他. 下之所求于上者, 上之所責于下者, 非是不急也. 嗚呼! 好利如此, 則雖言語之間, 其可稱者何有? 陋哉! 當時之習也. 春秋雖甚衰亂, 固不至於此也. 故曰文武之澤, 至戰國而亡也. 然則所謂戰國策者, 誠百誕之本也. 而世之學士大夫, 或不能廢之者何也? 蓋取其文之工也. 文雖工, 其如理不工何? 理不工, 則不足以爲文矣. 業之者, 務工於理, 而不專工於文可也. 李君斗陽, 有志於古文, 方讀戰國策, 命嘉其好古, 而恐不得其正. 故告之如此.

3. 《雪校集》卷五: 雪橋 安錫儆(1718~1774)

〈書姜翊周戰國策抄後〉

榛楚之荒穢也, 而木爲數仞之高難也; 溝洫之斷裂也, 而水爲百里之遠難也. 人之卑也, 獨無榛楚乎? 人之微也, 獨無溝洫乎? 卑於能聳然有自高, 微於能決然有自遠. 顧不爲難乎哉! 余之到□城也, 識姜翊周義尊, 義尊於其輩流中, 殆可謂高遠不常者也. 翰墨波馳, 葩菜映人, 抑亦場屋之豪乎! 間者義尊寫國策之選者若干, 將讀習焉. 學爲先秦文, 問可不可於余. 余曰: "可矣, 義尊勉之哉! 木能數仞, 固高於榛楚矣. 視百仞之幹何如也? 水能百里, 固遠於溝洫矣. 視萬里之流何如也? 數仞而十仞, 一仞而百仞, 莫汝禁也. 百里而千里, 千里而萬里, 莫汝沮也. 義尊勉之哉!"

4. 《海左集》卷三十七: 海左 丁範祖(1723~1801)

〈戰國策說〉

余讀戰國策書, 而知秦之所以亡也. 夫天下之理亂無常. 故邪正係乎時, 趣舍循乎習, 勢使之然也. 然而卒能回斡運化, 變亂爲治者, 本乎天植秉彝之善, 根諸心而以時發作於外也. 若秦之世, 則政敎與民彝俱喪, 宜其以亂繼亂, 而終於亡矣. 夫史氏書事善惡, 兼明勸懲也. 故孔子作春秋, 善善惡惡而爲天下萬世敎者, 勸懲之道明焉耳. 周道衰, 大夫僭亂而列國君子若鄭子産, 晉之叔向,齊之晏嬰, 猶秉持禮義, 尊主庇民而王室亦賴以存, 當是時, 天下昏濁, 而義理之天, 本孔子而明之也. 夫所謂策書者, 記戰國策士之事, 而所記惡而已. 非故闕善已著惡, 所斷之曰已見而曰善者, 惡而已. 陰陽捭闔, 不仁之甚者, 慫慂譸張; 不義之甚者, 貪瑣讒諂; 無恥之甚者, 而咸以君子曰斷之, 而曰能曰知曰賢. 何其悖哉? 遊說之徒, 乘機殉變, 以中時好而睹勢利者, 其言無怪其如此, 而山林秉筆之士, 其趣尙亦隨而污何哉? 豈非世敎衰而人心陷, 牿盡其秉彝之天故耶? 六國旣以此陵夷而亡于秦. 秦方壹六合而制四海, 其雄威大勢可以無窮, 而卒二世而亡. 蓋秦亦以六國之所以亡者, 亡天下也? 彼商鞅·范雎輩亡論, 李斯固所稱讀書學先王之道者, 而跡其所以, 特甚於儀·秦, 而卒誅夷其身而亡秦國. 戰國之禍所中人憯矣哉! 嗟夫! 天理之在人心者未嘗亡, 而時使之明晦. 君子卓然獨觀衆人之表, 而毋猥以時俗好惡準則, 天下國家之幸爾.

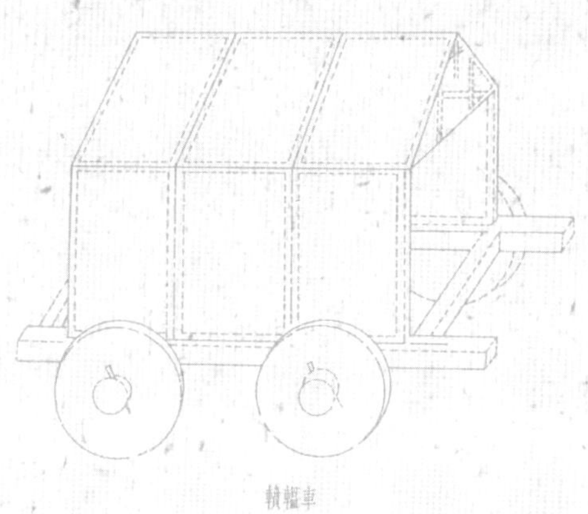

五. 《戰國策》 각종 판본 자료

1. 《戰國策注》 高誘(注), 姚宏(續注)

2. 《鮑氏戰國策注》 鮑彪(注)

3. 《戰國策校注》 鮑彪(原注), 吳師道(補正)

4. 《戰國策高氏注》 高誘(注) 四部刊要本

5. 《戰國策》 高誘(注) 廣文書局 印本

6. 《帛書戰國策》(戰國縱橫家書) 長沙 馬王堆 출토

7. 《戰國策》 士禮居本

8. 《戰國策》 中華書局聚珍倣宋版 인본

9. 《戰國策》 李錫齡(校訂) 惜陰軒叢書本

10. 《戰國策正解》 (日)橫田惟孝

11. 《戰國策詳註》 郭希汾(輯註), 王懋(校訂)

12. 《戰國策》 四部備要本

13. 《戰國策》 明 萬曆 烏程閔氏刊本

14. 《戰國策注》 清 乾隆 文盛堂藏版本

15. 《戰國策》 明抄本

16. 《戰國策校注》 四部叢刊本

1. 《戰國策注》漢 高誘(注) 宋 姚宏(續注)

四庫全書 史部 164 雜史類 文淵閣本

欽定四庫全書

戰國策卷一

　　　　漢　高誘　注

　　　　宋　姚宏　續注

東周

秦興師臨周而求九鼎，周君患之，以告顏率。顏率曰：「大王勿憂，臣請東借救於齊。」顏率至齊，謂齊王曰：「夫秦之為無道也，欲興兵臨周而求九鼎，周之君臣內自盡計（劉曾集一作畫，錢作盡），與秦，不若歸之大國。夫存危國，美名也；得九鼎，厚寶也。願大王圖之。」齊王大悅，發師五萬人，使陳臣思將以救周，而秦兵罷。

齊將求九鼎，周君又患之。顏率曰：「大王勿憂，臣請東解之。」顏率至齊，謂齊王曰：「周賴大國之義，得君臣父子相保也，願獻九鼎，不識大國何塗之從而致之齊？」齊王曰：「寡人將寄徑於梁。」顏率曰：「不可。夫梁之君臣欲得九鼎，謀之暉臺之下、少海之上，其日久矣，鼎入梁，必不出。」齊王曰：「寡人將寄徑於楚。」對曰：「不可。楚之君臣欲得九鼎，謀之於葉庭之中（續後語作章華之庭，注云其。徐廣曰：華容有章華亭），其日久矣，若入楚，鼎必不出。」王曰：「寡人終何塗之從而致之齊？」顏率曰：「弊邑固竊為大王患之。夫鼎者，非效醯壺醬甀（甀，一作瓵）耳，可懷挾提挈以至齊者；非效鳥集烏飛、兔興馬逝，灕然止於齊者。昔周之伐殷，得九鼎，凡一鼎而九萬人輓之，九九八十一萬人，士卒師徒、器械被具，所以備者稱此。今大王縱有其人，何塗之從而出？臣竊為大王私憂之。」齊王曰：「子之數來者，猶無與耳。」顏率曰：「不敢欺大國，疾定所從出，弊邑遷鼎以待命。」齊王乃止。

秦攻宜陽，周君謂趙累曰：「子以為何如？」對曰：「宜陽必拔。」君曰：「宜陽城方八里，材士十萬，粟支數年，公仲之軍二十萬，景翠以楚之眾臨山而救之，秦必無功。」對曰：「甘茂，羈旅也，攻宜陽而有功，則周公旦也；無功，則削迹於秦。秦王不聽群臣父兄之議而攻宜陽，宜陽不拔，秦王恥之。臣故曰拔。」君曰：「子為寡人謀，且奈何？」對曰：「君謂景

2.《鮑氏戰國策注》宋 鮑彪(注) 四庫全書 史部 164 雜史類 文淵閣本.

★ 西周를 제1권으로 하고 東周를 제2권으로 하였다.

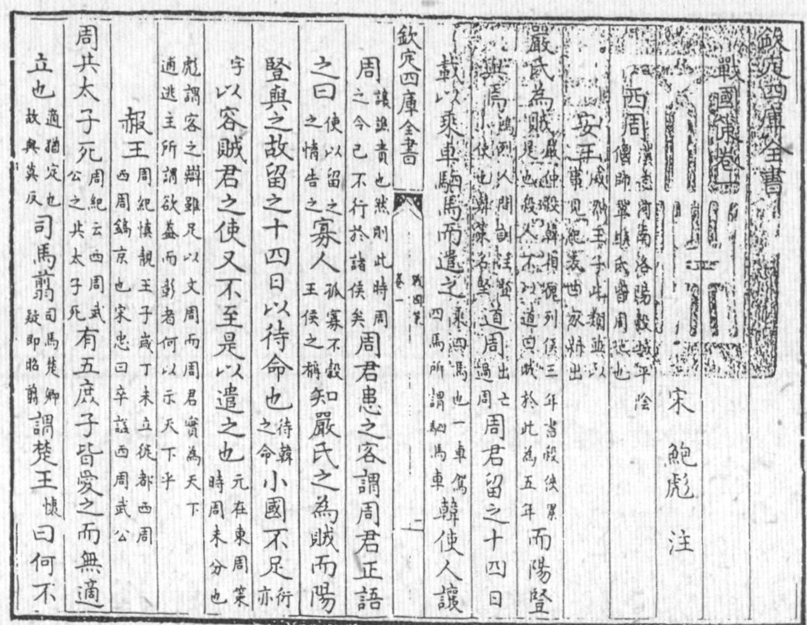

欽定四庫全書

戰國策卷一

宋 鮑彪 注

西周 漢志河南洛陽殷城平陰 億師華帙氏皆用延也

安王 威烈王子此類並以

嚴氏為賊是也 段父殺人不以道 奧賊於此為五年而陽豎

與馬鴻烈人間副注各堅 道周出之周過周君留之十四日

載以乘車騎馬而遣之 乘四馬也一車駕四馬所謂駟馬車 韓使人讓

周之令己不行於諸侯矣 周君患之客謂周君正語

讓與責也然則此時周 周之情告之 寡人 王侯之稱知嚴氏之為賊而陽

之曰使以留之

豎與之故留之十四日以待命也 待韓之命小國不足亦衍 時周未分也 元在東周策

字以容賊君之使又不至是以遣之也

虎謂客之辭雖足以文周而周君實為天下

通逃主所謂欲蓋而彰者何以示天下乎

報王 西周紀慎覲王子歲丁未立徙都西周 周紀云西周武 西周武公

周鍚京也宋忠曰辛譁西周武公

周共太子死 公之共太子死 有五庶子皆愛之而無適

立也 故與其反 適猶定也 司馬翦 司馬楚卿疑即昭翦 謂楚王懷曰何不

欽定四庫全書

戰國策卷二

宋 鮑彪 注

東周 漢志河南鞏 周紀君所居

惠公 周紀號王封其弟於河南是為桓公子 惠公

秦興師臨周而求九鼎 周君患之以告顏率 顏率周人

大王勿憂臣請東借救於齊 顏率至齊謂齊王曰

夫秦之為無道也 欲與兵臨周而求九鼎 周之君臣

內自盡其計與秦謀 計猶不若歸之大國 齊 夫存危

國兵危也 周有秦 美名也得九鼎厚寶也 重猶 願大王圖之

齊王大發師五萬人使陳臣思 後田臣思凡族 將以

救周而秦兵罷 齊將求九鼎 周君又患之顏率 顏率至齊謂齊王曰周

王勿愛臣請東解之 東之齊 解免之 顏率至齊謂齊王曰周

3. 《戰國策校注》 宋 鮑彪(原注) 元 吳師道(補正)

四庫全書 史部 165 雜史類 文淵閣本

★ 역시 西周를 제1권으로 하였다.

欽定四庫全書

戰國策校注卷一

宋　鮑彪　原注

元　吳師道補正

西周

漢志河南洛陽敖城平陰偃師鞏緱氏皆周地也。正曰：按大事記，周貞定王二十八年考王初立，封其弟揭於河南，是為河南桓公，即郟鄏，武王遷九鼎，周公營以為都，是為王城。洛陽即周公所營下都，以遠頑民，是為成周。平王東遷都王城，王子朝之亂，敬王遷都成周。至是考王以王城故地封桓公，為平王東遷之後所謂西周者。河豐鎬也，東周者東都也，威烈王以後所謂西周者南也，東周者洛陽也。何以稱河南為西周，自洛陽下都視王城則在西也；何以稱洛陽為東周，自河南王城視下都則在東也。河南桓公卒于威公立，威公卒于惠公立，考王十五年河南惠公復自封其少子班於鞏以奉王號，東周沒亦謚惠，是時東西周雖未分治。河南惠公既號，莘王者為東周亦必自號西周矣。顯王二年趙與韓分周為二，於是周君者皆謂二周也。周本紀云赧王時東西周分，傳所載致伯賜胙之類，周王也，征伐謀策稱東西，東西各為列國。顯王雖在東周特建空名，足後史治非也。赧王特從都西周耳，富以趙世家為西周分。公名班居洛陽及索隱正義所載甚詳，獨郟于經。周今洛陽世本云西周桓公名揭居河南，東周惠公仍舊誤也。鮑考之不精，即以西周為王謂之周公。世書紀赧王為西周君與東周惠公，止而不紀西正紀，謂東不得先於西，亂易舊次，此開卷第一欸。近時陳振孫書錄特舉其首，西周為美，小失考所。

欽定四庫全書　卷一　附周策校注

當改正從舊。又考春秋書王城、成周，公羊傳曰：王城者何？西周也。成周者何？東周也。說亦甚明。昭二十六年天王入于成周，左傳以十二月入王城。三十二年城成周，益敬王定遷在既城之後，而孫莘老、胡康侯皆以成周即京師，亦未考王城、成周之貫而誤合為一也。此文古今說者多，以遂皆之，致誤，故大事記辨且貫，因鮑氏而發，近有著東西周解者其說亦然，而不引呂子，宜未之見。即徐廣云周比亡七縣，河南止緱氏，此是合東西周地言之，今總注益因正統之說而誤者。

安王

正曰：威烈王于此頲並以事見紀表世家，新出稱決不富，係之王。鮑以西周即王故此係以安公。著在史册獨不見乎安王、烈王？賈都東周而王，赧王而東周係以惠公，彼西周桓、威、惠、武等可係之西周。于按策中周君皆指東西二君故。

欽定四庫全書　卷一　戰國策校注　二

多稱主君，其稱王者則附以見（以秦興師求賂為周最故）。卓鮑止以嚴氏為賊一條，遂出安王，不知乃烈王時事，又誤也，鮑用意雖勤。傅會舛誤者多，並見各章。

嚴氏為賊（人嚴仲殺韓相俱以道曰賊於列侯三年書殺俠景是也殺）此作豎字有訛，索隱曰賊遂使嚴政教，俠景事也，說見上及韓策。而陽豎與焉（小使也韓策名出亡周君留之十）四日，載以乘車駟馬而遣之（乘四馬此謂駟馬車韓使人）。讓周侯，熱責也，然則此時周之令已不行於諸小國。之客謂周君正語之曰：客使以留之之情告之（補曰一本）。

4.《戰國策高氏注》漢 高誘(注) 四部刊要本

世界書局 印本 臺灣 1975

戰國策卷第一

東周 高誘注

秦興師臨周續周顯王後語而求九鼎周君患之以告顏率續率名也當如字或云力出切後語注顏率曰大王勿憂臣請東借救於齊顏率至齊謂齊王續齊宣王後語曰夫秦之爲無道也欲興兵臨周而求九鼎周之君臣內自盡劉曾集一作畫錢作盡計與秦不若歸之大國夫存危國美名也得九鼎厚寶也願大王圖之齊王大悅發師五萬人使陳臣思將以救周而秦兵罷齊將求九鼎周君又患之顏率曰大王勿憂臣請東解之顏率至齊謂齊王曰周賴大國之義得君臣父子相保也願獻九鼎不識大

戰國策卷第二

西周 高誘注

薛公以齊爲韓魏攻楚薛齊邑也齊公子田嬰也孟嘗君田文之父也封於薛號靖郭毛君令屬魯國也又與韓魏攻秦而藉兵乞食於西周食粮也韓慶爲西周續史記蘇代爲西周謂薛公韓慶西周臣也曰君以齊爲韓魏攻楚九年而取宛葉以北以強韓魏今又攻秦以益之益韓魏之強也韓魏南無楚憂西無秦患則地廣而益重厚多也重尊也齊必輕矣益韓魏韓魏重而齊輕也夫本末更盛虛實有時竊爲君危之謂薛公危不安也君不如令弊邑陰合於秦而君無攻陰私也無攻秦也又無藉兵乞食勿示秦以少兵少粮也君臨函谷而無攻臨猶守也函谷關名也在弘農城北今在新安東無攻秦令弊邑以君之情謂

戰國策卷第一　東周　　　　高誘注

秦興師臨周而求九鼎，周君患之，以告顏率。顏率曰：「大王勿憂，臣請東借救於齊。」顏率至齊，謂齊王曰：「夫秦之為無道也，欲興兵臨周而求九鼎，周之君臣內自盡計，與秦不若歸之大國。夫存危國，美名也；得九鼎，厚寶也。願大王圖之。」齊王大悅，發師五萬人，使陳臣思將以救周，而秦兵罷。

齊將求九鼎，周君又患之。顏率曰：「大王勿憂，臣請東解之。」顏率至齊，謂齊王曰：「周賴大國之義，得君臣父子相保也，願獻九鼎。不識大國何塗之從而致之齊？」齊王曰：「寡人將寄徑於梁。」顏率曰：「不可。夫梁之君臣欲得九鼎，謀之暉臺之下，少海之上，其日久矣。鼎入梁，必不出。」王曰：「寡人將寄徑於楚。」對曰：「不可。楚之君臣欲得九鼎，謀之於葉庭之中，其日久矣。若入楚，鼎必不出。」王曰：「寡人終何塗之從而致之齊？」顏率曰：「弊邑固竊為大王患之。夫鼎者，非效醯壺醬甀耳，可懷挾提挈以至齊者；非效鳥集烏飛、兔興馬逝，灕然止於齊者。昔周之伐殷，得九鼎，凡一鼎而九萬人輓之，九九八十一萬人，士卒師徒，器械被具，所以備者稱此。今大王縱有其人，何塗之從而出？臣竊為大王私憂之。」齊王曰：「子之數來者，猶無與耳。」顏率曰：「不敢欺大國，疾定所從出，弊邑遷鼎以待命。」齊王乃止。

秦攻宜陽，周君謂趙累曰：「子以為何如？」對曰：「宜陽必拔也。」君曰：「宜陽城方八里，材士十萬，粟支數年，公仲之軍二十萬，景翠以楚之眾臨山而救之，秦必無功。」對曰：「甘茂，羈旅也，攻宜陽而有功，則周公旦也；無功，則削迹於秦。秦王不聽群臣父兄之議而攻宜陽，宜陽不拔，秦王恥之。臣故曰拔。」君曰：「子為寡人謀，且奈何？」對曰：「君謂景翠曰：『公爵為執圭，官為柱國，戰而勝則無加焉矣；不勝則死。不如背秦援宜陽。公進兵，秦恐公之乘其弊也，必以寶事公；公中慕公之為己乘秦也，亦必盡其寶。』」

秦拔宜陽，景翠果進兵。秦懼，遽效煮棗，韓氏果亦效重寶。景翠得城於秦，受寶於韓，而德東周。

東周與西周戰，韓救西周。或為東周謂韓王曰：「西周者，故天子之國也，多名器重寶。案兵而勿出，可以德東周，西周之寶可盡矣。」

東周與西周爭西周

6.《帛書戰國策注》

★ 1973년 湖南 長沙 馬王堆 3호 漢墓에서《老子》와 함께 총 27편이
출토되었다. 그중 16편은 佚文이며 標題가 없어《戰國縱橫家書》로도
불린다.

秦攻宜陽，周君謂趙累曰，子以爲何如。對曰，宜陽必
拔也。君曰，宜陽城方八里，材士十萬，粟支數年，公仲
之軍二十萬，景翠以楚之衆臨山而救之，秦必無功，
對曰，甘茂羈旅也，攻宜陽而有功，則周公旦也，無功
則削迹於秦。秦王不聽羣臣父兄之義而攻宜陽，宜
陽不拔，秦王恥之。臣故曰拔。君曰，子爲寡人謀，且奈
何。對曰，君謂景翠曰，公爵爲執圭，官爲柱國，戰而勝
則無加焉矣（集、曾作耳，劉、錢作矣），不勝則死。不如背秦援宜陽，
公進兵，秦恐公之乘其弊也，必以寶事公，公中慕公
之爲己，乘秦也，亦必盡其寶，秦拔宜陽，景翠果進兵。
秦懼，遽效煑棗，韓氏果亦效重寶，景翠得城於秦，受
寶於韓而德東周。

號曰商君。商君治秦，法令至行，（至，大也。）公平無私，罰不諱強大，（諱，辟也。《詩》云……仲山甫……）賞不私親近。法及太子，（太子為惠王也。）黥劓其傅。（黥，墨其頟；劓，截其鼻也。故曰……刑太子之傅……）期年之後，道不拾遺，（道無遺物，不取在路也。）民不妄取，（民不敢取其物也。）兵革大強，（革，甲也。）諸侯畏懼。然刻深寡恩，（刻，重也。寡恩，少恩也。）特以強服之耳。孝公行之八年，（一本下有「八」字。）疾且不起，欲傳商君，（劉作「傳」，或作「禪」也。）辭不受。孝公已死，惠王代後，（惠王，孝公子也。）蒞政有頃，商君告歸。（懼惠王誅之，歸魏也。）人說惠王曰：「大臣太重者國危，左右太親者身危。今秦婦人嬰兒皆言商君之法，莫言大王之法。（莫，無也。）是商君反為主，大王更為臣也。且夫商君固大王仇讎也，願大王圖之。」商君歸還，惠王車裂之，而秦人不憐。（……商君之法怨，魏人怨而不納，故……一曰下有……以其謀惠公……）

戰國策　秦三
中華書局聚珍倣宋版印

9.《戰國策》李錫齡(校注)　惜陰軒叢書本

戰國策秦卷第三　元本重雕

三原李錫齡校訂

秦　蘇張說外自弘農故關以西京兆扶風馮翊北地上郡西河安定天水隴西皆秦地南有巴蜀廣漢犍為武都西有金城武威張掖酒泉敦煌又西南有牂牁越巂益州皆滇焉

孝公　孝公于顯王八年庚申立　此為重今考其舛謬不合者各見本章注意專以據史

衛鞅　衛之庶孽公孫氏于姓公孫氏　亡魏入秦　見魏策鞅事魏相公叔座此據史　公孫衛之公孫也庶孽公子恐非蓋因為中庶子而生此文

孝公以為相封之於商，號曰商君。商君治秦，法令至行　至猶極，公平無私，罰不諱強大　辭猶避也強宗大族，賞不私親近，法及太子　是為惠王，黥劓其傅　涅其額曰黥截鼻曰劓黥太子犯法鞅曰法之不行自上犯之太子君嗣也不可刑刑其傅公子虔黥其師公孫賈。期年之後，道不拾遺，民不妄取，兵革大強　革甲也以革為札，諸侯畏懼　慴然刻深寡恩。

戰國策卷三　一　惜陰軒叢書

（日） 横田惟孝가 1826년 刊印한 것(臺灣 河洛圖書 인본)

鏡謂其妻曰，我孰與城北徐公美。其妻曰，君美甚，徐公何能及君也。城北徐公，齊國之美麗者也。忌不自信，而復問其妾曰，吾孰與徐公美。妾曰，徐公何能及君也。且曰，客從外來，與坐談，問之曰，吾與徐公孰美。客曰，徐公不若君之美也。[2] （朝直遙反。下除市朝餘皆同。復扶又反。○旦日，明日也。）

明日徐公來，孰視之，自以爲不如，窺鏡而自視，又弗如遠甚。暮寢而思之曰，吾妻之美我者，私我也。妾之美我者，畏我也。客之美我者，欲有求於我也。[3] （孰熟同。○思之思。妾客所以美我。）

於是入朝見威王曰，臣誠知不如徐公美。臣之妻私臣，臣之妾畏臣，臣之客欲有求於臣，皆以美於徐公。今齊地方千里，百二十城，宮婦左右莫不私王，朝廷之臣莫不畏王，四境之內莫不有求於王。由此觀之，王之蔽甚矣。[4] （高誘曰，下人敝王者矣。）

王曰，善。乃下令，羣臣吏民能面刺寡人之過者，受上賞。上書諫寡人者，受中賞。能謗議於市朝，聞寡人之耳者，受下賞。[5] （上書之上，時常反。○上賞之上。市朝猶市非也，朝朝恐之朝，而非朝廷之朝也。古者民朝聚非汲水，因將貨物於。故曰市朝亦曰市井，而遂爲貿易故之通稱也。図王策曰，市朝則逃夕則盈，非朝愛市而夕。）

吳縣 郭希汾(輯註), 吳興 王懋(校訂) 1975 臺灣 時代書局 인본

戰國策詳註

卷一

東周

東周，鞏也，今河南鞏縣，西周，河南也，今河南洛陽縣西北故王城是，考王初立，封其弟揭於河南，是為河南桓公，應傳威公惠公，惠公復自封其少子班於鞏以奉王，號東周，亦謚惠，衛子昭文君，於是趙與韓分周為二，東西各為列國，周特建空名，策稱周君，皆指東西二周之君，至赧王立，始徙都西周。

① 秦興師臨周〔周顯王三年〕而求九鼎，周君患之，以告顏率〔顏率，周臣〕。顏率曰：「大王勿憂，臣請東借救於齊。」顏率至齊，謂齊王曰：「夫秦之為無道也，欲興兵臨周而求九鼎，周之君臣，內自畫計，與秦，不若歸之大國。夫存危國，美名也；得九鼎，厚寶也。願大王圖之。」齊王大悅，發師五萬人，使陳臣思將以救周，而秦兵罷。

齊將求九鼎，周君又患之。顏率曰：「大王勿憂，臣請東解之。」顏率至齊，謂齊王曰：「周賴大國之義，得君臣父子相保也，願獻九鼎。不識大國何塗之從而致之齊？」齊王曰：「寡人將寄徑於梁。」顏率曰：「不可。夫梁之君臣欲得九鼎，謀之暉臺之下、少海之上，其日久矣。鼎入梁，必不出。」齊王曰：「寡人將寄徑於楚。」對曰：「不可，楚之君臣欲得九鼎，謀之於葉庭之中，其日久矣。若入楚，鼎必不出。」王曰：「寡人終何塗之從而致之齊？」顏率曰：「弊邑固竊為大王患之。夫鼎者，非效醯壺醬甀耳，可懷挾提挈以至齊者；非效鳥集烏飛、兔興馬逝，灕然止於齊者。昔周之伐殷，得九鼎，凡一鼎而九萬人輓之，九九八十一萬人，士卒師徒、器械被具所以備者稱此。今大王縱有其人，何塗之從而出？臣竊為大王私憂之。」齊王曰：「子之數來者，猶無與耳。」顏率曰：「不敢欺大國，疾定所從出，弊邑遷鼎以待命。」齊王乃止。

【註釋】九鼎，夏禹收九州之金，鑄為九鼎，遂以為傳國之重器。顏率，周人。齊王，齊宣王。內自畫，自相計畫也。寡人，諸侯自謙之詞。大國，猶言貴國之人。寄徑，途也。少海，開封縣北有沙海。葉庭，葉，今河南葉縣。得九鼎，周定鼎於郟鄏，卜世三十，卜年七百。輓，挽也。與，黨也。逝，往也。灕然，水速流貌。被具，士卒所服用之具。數，頻數也。猶無與耳，不以鼎予齊也。疾，速也。所從出，從山出鼎也。

② 秦攻宜陽〔周赧王七年〕，周君謂趙累曰：「子以為何如？」對曰：「宜陽必拔也。」君曰：「宜陽城方八里，材士十萬，粟支數年，公仲之軍二十萬，景翠以楚之……

戰國策卷第一

東周　　高誘注

秦興師臨周而求九鼎，周君患之，以告顏率。顏率曰：「大王勿憂，臣請東借救於齊。」

顏率至齊，謂齊王曰：「夫秦之為無道也，欲興兵臨周而求九鼎，周之君臣內自盡計，與秦，不若歸之大國。夫存危國，美名也；得九鼎，厚寶也。願大王圖之。」齊王大悅，發師五萬人，使陳臣思將以救周，而秦兵罷。

齊將求九鼎，周君又患之。顏率曰：「大王勿憂，臣請東解之。」顏率至齊，謂齊王曰：「周賴大國之義，得君臣父子相保也，願獻九鼎。不識大國何塗之從而致之齊？」齊王曰：「寡人將寄徑於梁。」顏率曰：「不可。夫梁之君臣欲得九鼎，謀之暉臺之下、少海之上，其日久矣。鼎入梁，必不出。」齊王曰：「寡人將寄徑於楚。」對曰：「不可，楚之君臣欲得九鼎，謀之於葉庭之中，其日久矣。若入楚，鼎必不出。」王曰：「寡人終何塗之從而致之齊？」顏率曰：「弊邑固竊為大王患之。夫鼎者，非效醯壺醬甀耳，可懷挾提挈以至齊者；非效鳥集烏飛、兔興馬逝，灕然止於齊者。昔周之伐殷，得九鼎，凡一鼎而九萬人輓之，九九八十一萬人，士卒師徒，器械被具，所以備者稱此。今大王縱有其人，何塗之從而出？臣竊為大王私憂之。」齊王曰：「子之數來者，猶無與耳。」顏率曰：「不敢欺大國，疾定所從出，弊邑遷鼎以待命。」齊王乃止。

秦攻宜陽，周君謂趙累曰：「子以為何如？」對曰：「宜陽必拔也。」君曰：「宜陽城方八里，材士十萬，粟支數年，公仲之軍二十萬，景翠以楚之眾臨山而救之，秦必無功。」對曰：「甘茂，羈旅也，攻宜陽而有功，則周公旦也；若無功，則削跡於秦。秦王不聽群臣父兄之義而攻宜陽，宜陽不拔，秦王恥之。臣故曰拔。」君曰：「子為寡人謀，且奈何？」對曰：「君謂景翠曰：『公爵為執圭，官為柱國，戰而勝，則無加焉矣；不勝，則死。不如背秦援宜陽。公進兵，秦恐公之乘其弊也，必以寶事公；公中慕公之為己乘秦也，亦必盡其寶。』」秦拔宜陽，景翠果進兵。秦懼，遽效煮棗，韓氏果亦效重寶。秦王怒，景翠得城於秦，受寶於東周，故德東周。

東周與西周戰，韓救西周。為東周謂韓王曰：「西周者，故天子之國也，多名器重寶。君案兵而勿出，可以德東周，西周之寶必可以盡矣。」

東周與西周爭，西周欲和於楚、韓。齊明謂東周君曰：「臣恐西周之與楚、韓寶，令之為己求地於東周也。不如謂楚、韓曰『西周之欲入寶，持二端。今東周之兵不急西周，西周之寶不入楚、韓。』楚、韓欲得寶，即且趣我攻西周。西周寶出，是我為楚、韓取寶以德之也，西周弱矣。」

東周欲為稻，西周不下水，東周患之。蘇子謂東周君曰：「臣請使西周下水，可乎？」乃往見西周之君曰：「君之謀過矣！今不下水，所以富東周也。今其民皆種麥，無他種矣。君若欲害之，不若一為下水，以病其所種。下水，東周必復種稻；種稻而復奪之。若是，則東周之民可令一仰西周而受命於君矣。」西周君曰：「善。」遂下水。蘇子亦得兩國之金也。

13. 《戰國策》 明 萬曆 己未(1619) 烏程閔氏刊.
朱墨藍三色套印本. 〈中國子學名著集成〉印本 1988 北京

戰國策第一
西周

考王封弟揭於河南，是爲河南桓公。實西周之始。時則東有王，西有公，而東西之名猶未立也。桓公生威公，威公生惠公，惠公別封少子班於鞏，以奉王。號東周。沒，亦諡惠。惠時則西爲西周，有公東亦有公，二公雖各有所食，而周尚爲一。至顯王二年，趙韓分周爲二。二周公治之。於是王宜寄焉而已矣。飽氏致之不確，卽以西周爲王，故此係以安王報王。而東周係以惠公。彼西周桓威惠武等公著在史冊，獨不見乎。安王實居東周，可係之西周乎。

安王

嚴氏爲賊而陽豎與焉、道周周君啻之十四日載以乘車駟馬而遣之韓使人讓周周君患之客謂周君正語之曰寡人知嚴氏之爲賊而陽豎與之、故留之十四日以待命也小國不足以容賊君之使又不至是以遣之也、

殺人不以道曰賊嚴遂殺韓相傀是也。賢小使韓策陽豎道周出亡過周也

報王

周共太子死有五庶子皆愛之而無適立也司馬翦謂楚王曰何不封公子咎而爲之請太子、左成謂司馬翦曰周君不聽是公之智困而交絕於周。

戰國策卷第一

東周

高誘注

秦興師臨周〔續周顯王後語〕而求九鼎，周君患之，以告顏率〔顏率名也當如守或力出切後語注〕。顏率曰：「大王勿憂，臣請東借救於顏率〔於齊〕。」顏率至齊，謂齊王〔續齊宣王後語〕曰：「夫秦之為無道也，欲興兵臨周而求九鼎，周之君臣內自盡〔劉會集作畫〕計，與秦不若歸之大國。夫存危國，美名也；得九鼎〔劉會集作一〕，厚寶也。願大王圖之。」齊王大悅，發師五萬人，使陳臣思將以救周，而秦兵罷。齊將求九鼎，周君又患之。顏率曰：「大王勿憂，臣請東解之。」顏率至齊，謂齊王曰：「周賴大國之義，得君臣父子相保也，願獻九鼎。不識大國何塗之從而致之齊？」齊王曰：「寡人將寄徑於梁。」顏

戰國策西周卷第一
縉雲　鮑彪　校注
東陽　吳師道　重校

西周〔漢地志河南郡雒陽周公所營故曰雒邑是爲王城即平王東遷所都其後考王封弟于河南是爲西周桓公桓公卒子威公立威公卒子惠公立惠公封少子于鞏以奉王號東周威公之少子別封洛陽者也東周也西周治河南矣穎王二年趙與韓分周爲二於是東西周分爲二於是東西周分周爲二於是東西周〕

安王〔威烈王子此西周類並分以王事見紀在上表世以家東新西周雖並分以王事見紀在上表世以家東〕

嚴氏爲賊〔此西周策周武公即西周桓公鮑附以西周故此一條以〕

而陽豎與焉〔鮑此韓山作豎即字韓有嚴沈非陽豎人名也入韓策訓名注堅豎道周〕

周君留之十四日載以乘車駟馬而遣之〔駟馬車所乘此韓車所乘也乘一四車馬〕

韓使人讓周〔讓己遣不行也於諸侯此時正周曰之四車馬過出周亡〕

周君患之客謂周君正語之曰〔留周之君之情告之補正猶一本也客寡人王佩侯郭之不稱殺知嚴〕

寡人〔〕

氏之爲賊而陽豎與之故留之十四日以待命也〔謂周君之曰正語之補正猶一本也客東之周策雖時足周以未文分周也若以〕

小國不足亦〔字補上曰一疑本無不以容賊君之〕

使又不至是以遣之也〔之待命韓東都周爲平實正曰大則彪元烈所謂客東之周策五欲年盖彰西面都東者周何若以〕

赧王〔京周鎬京也覩宋王忠子曰盈卒曰盈謚西立周徙武都西公正周曰西〕

報王〔考者然賈東周當鎬爲京慎也之王宋忠考周公之昭所強附報君已晷之謚彪論辛是之謚未史西立周徙武都西公正周曰西〕

임동석(茁浦 林東錫)

慶北 榮州 上茁에서 출생. 忠北 丹陽 德尙골에서 성장. 丹陽初中 졸업. 京東高 서울 敎大 國際大 建國大 대학원 졸업. 雨田 辛鎬烈 선생에게 漢學 배움. 臺灣 國立臺灣師範大學 國文研究所(大學院) 博士班 졸업. 中華民國 國家文學博士(1983). 建國大學校 敎授. 文科大學長 역임. 成均館大 延世大 高麗大 外國語大 서울대 등 大學院 강의. 韓國中國言語學會 中國語文學研究會 韓國中語中文學會 會長 역임. 저서에 《朝鮮譯學考》(中文) 《中國學術槪論》 《中韓對比語文論》. 편역서에 《수레를 밀기 위해 내린 사람들》 《栗谷先生詩文選》. 역서에 《漢語音韻學講義》 《廣開土王碑研究》 《東北民族源流》 《龍鳳文化源流》 《論語心得》 〈漢語雙聲疊韻研究〉 등 학술 논문 50여 편.

임동석중국사상100

전국책戰國策

劉向 編 / 林東錫 譯註

1판 1쇄 발행/2009년 12월 12일

5쇄 발행/2020년 1월 10일

발행인 고정일

발행처 동서문화사

창업 1956. 12. 12. 등록 16-3799

서울 중구 마른내로 144 ☎546-0331~6 (FAX)545-0331

www.dongsuhbook.com

잘못 만들어진 책은 바꾸어 드립니다.

*

*

사업자등록번호 211-87-75330

ISBN 978-89-497-0560-6 04080

ISBN 978-89-497-0542-2 (세트)